Zypern

Michael Will

GPX-Daten zum Download

www.kompass.de/gpx

Kostenloser Download der GPX-Daten der im Wanderführer enthaltenen Wandertouren.

AUTOR

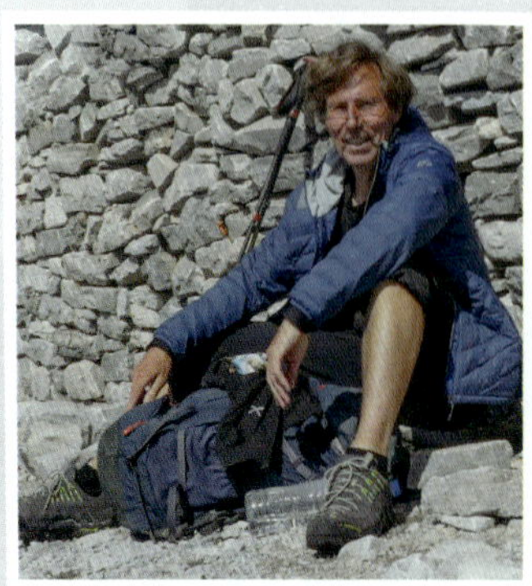

Michael (Willo) Will • geboren 1962 im Alpenrosenweg in Hamburg, Flugtriebwerkmechaniker, Skilehrer, Flugzeugbauingenieur, Abenteurer, Weltwanderer, Extremskifahrer, „Director Business Development" a. D., Wanderbuchautor und stolzer Vater von zwei Söhnen, lebt in Kiel.

Frei nach Franz Kafka ist sein Treibstoff ... Wege zu gehen, damit sie entstehen .... Ein großer Anteil seiner persönlichen Glücksformel ist: Wanderführer schreiben als Lebensmodell. Durch seine starke Naturverbundenheit und langjährige Wandererfahrung vermittelt er in seinen Wandervorschlägen den einzigartigen Reiz und die beeindruckende Mannigfaltigkeit der Region. Die Einbindung von Sehenswürdigkeiten und Naturschönheiten gestaltet die Wanderung – das Abenteuer – immer spannend. Dabei hat er einen hohen Anspruch an individuelle Übernachtungsmöglichkeiten und einmalige Restaurants.

Mehr über Michael Will gibt es auf der Webseite: gpstrackfinder.com.

VORWORT

Zypern – auf Griechisch „Kípros" und auf Türkisch „Kıbrıs" genannt – ist nach Sizilien und Sardinien die drittgrößte Insel im Mittelmeer und eines der beliebtesten Reiseziele. Seine strategisch günstige und wirtschaftlich bedeutende Lage – gelegen am Schnittpunkt der Kulturen im Mittelmeerraum – machte Zypern seit 1100 vor Christi bis heute zum Austragungsort von Interessenkonflikten. So wird und wurde die Geschichte des Eilands von Fremdherrschaft geprägt: Achaier, Ptolemäer, Perser, Römer, Byzantiner, englische und französische Kreuzritter, Venezianer, Osmanen, Briten und Türken kamen – die meisten gingen auch wieder.

Auf Schritt und Tritt begegnet man den stillen Zeitzeugen der langen Geschichte Zyperns: Kühnen Bergfestungen, den Stadtburgen Nikosia und Famagusta, Schutzburgen, Basiliken, gotischen Kathedralen, osmanischen Karwansereien, Moscheen, Klöstern, Kirchen, Bauwerken aus britischer Kolonialzeit und zahlreichen Museen. Lässt der Urlaubsreisende die großen Städte hinter sich, so entdeckt er die abwechslungsreiche und landschaftliche Schönheit – das Naturerlebnis der Mittelmeerinsel: Die beiden Gebirge – das Besparmak-Gebirge in Nordzypern und das Troodos-Gebirge in Südzypern – romantische Buchten mit türkisfarbenem Wasser und langen Sandständen, schroffen Felsküsten, den typischen Olivenhainen und gelegentlichen Zitrusplantagen. Auch kulinarisch haben die zahlreichen Kulturen die zypriotische Küche geprägt, die aus griechischen, türkischen, arabischen, italienischen und französischen Elementen besteht.

Aber ein bedrückendes Gefühl bleibt auf einer Zypernreise, wenn der Ausnahmezustand zum Alltag gehört – gemeint ist die türkische Invasion in der Republik Zypern vom Juli 1974. Den Wanderurlauber erwarten in diesem Führer 55 Touren zwischen Natur und Kultur. Und dabei wünsche ich Ihnen entdeckungsreiche und spannende Erlebnisse auf der Sonneninsel Zypern – dem Juwel am Rande Europas.

Michael (Willo) Will

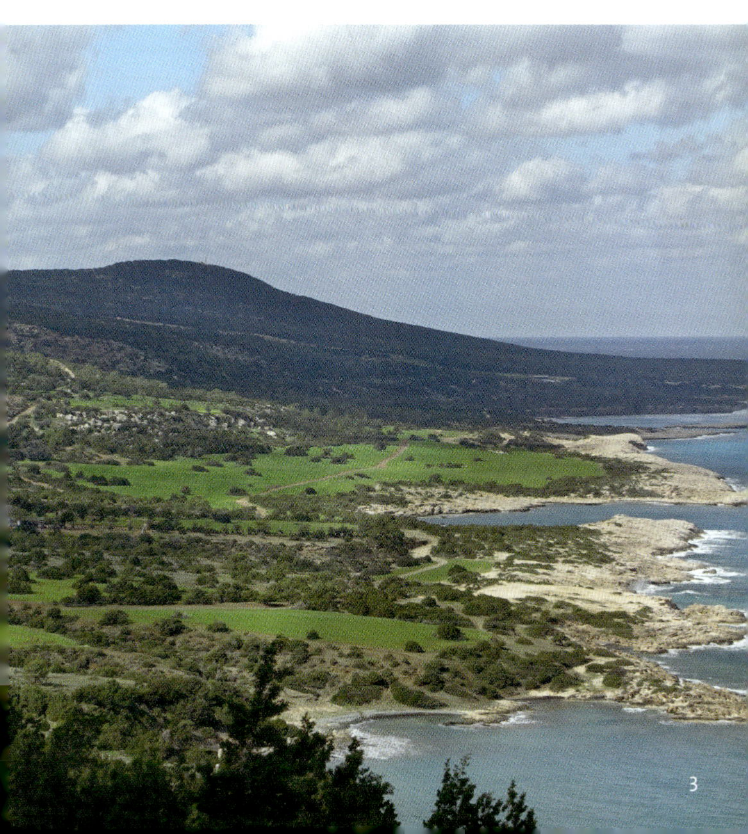

INHALT UND TOURENÜBERSICHT

AUFTAKT

Vorwort ... 2
Inhalt und Tourenübersicht ... 4
Gebietsübersichtskarte ... 10
Das Gebiet ... 12
Allgemeine Tourenhinweise ... 23
Meine Highlights ... 34

Tour		Seite
1	Akamas National Park	40
2	Akamas Peninsula	44
3	Lara-Beach	49
4	Agios Georgios Pegeias – Coral Bay	52
5	Horteri Nature-Trail	55
6	Millomeris Waterfall	58
7	Fikardou – Lazanias – Machairas-Trail	61
8	Avakas Gorge	64
9	Kaledonia - Pouziaris-Trail	67
10	Akrotiri Peninsula	70

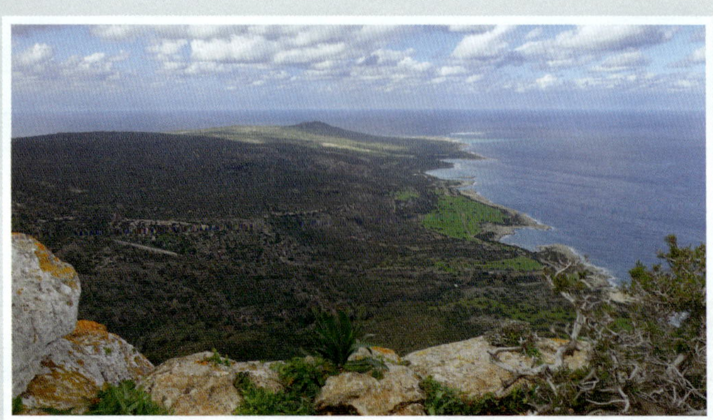

Die Akamas-Halbinsel vom 370 m hohen Berg Moutti tis Sortiras gesehen.

ANHANG

Alles außer Wandern 216
Reiseinformationen 224
Sprache 226
Übernachtungsverzeichnis 232
Impressum 240

km	h	hm	hm									Karte
10,1	3:15	460	460	✓	✓				✓			
20	6:15	430	430	✓	✓							
18,6	6:30	520	520	✓			✓					
9,7	2:45	50	49	✓	✓		✓		✓			
5,7	1:30	379	380	✓					✓			
5,5	2:00	250	250	✓	✓				✓			
10,2	4:00	600	600	✓			✓		✓			
6,3	2:30	300	300	✓					✓			
9	3:00	500	500	✓	✓				✓			
9,5	2:40	30	28	✓					✓			

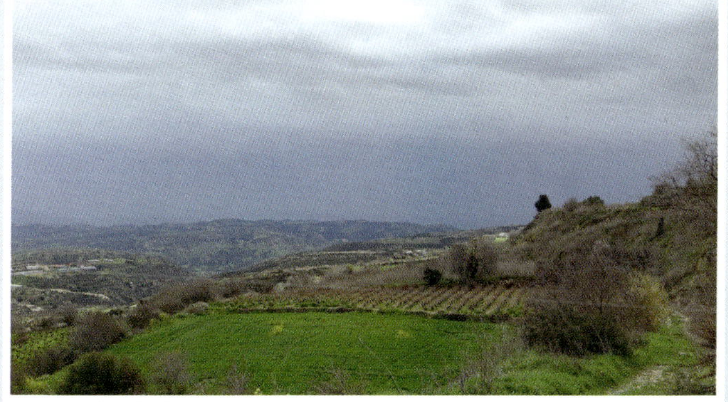

Ein aussichtsreicher Höhenweg.

INHALT UND TOURENÜBERSICHT

Tour		Seite
11	Gialia Nature-Trail	73
12	Argaka Dam Nature-Trail	76
13	Paphos Cultural Heritage	79
14	Xyliatos Dam	83
15	Tripylos • 1362 m	86
16	Omodos – Wine Village	89
17	Atalanti Nature-Trail	92
18	Makria Kontarka • 1645 m	95
19	Marathasa Valley	98
20	Venetian Bridges Nature-Trail	101
21	Papoutsa Peak • 1554 m	104
22	Kallepia	107

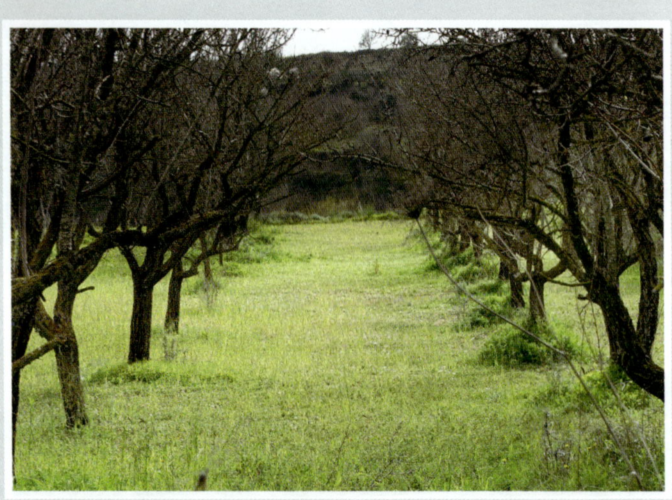

In Reih und Glied wurden Mandelbäume gepflanzt.

km	h	hm	hm									Karte
8,9	3:00	100	100	✓					✓			
9,1	3:15	180	179	✓					✓			
10,6	3:30	30	30	✓	✓		✓		✓			
7,6	2:10	225	225	✓					✓			
5,9	2:15	300	300	✓				✓				
6,2	2:00	160	160	✓	✓		✓		✓			
14,2	3:45	300	300	✓	✓				✓			
7,1	2:45	460	460	✓					✓			
5,8	2:15	270	270	✓					✓			
3,8	1:15	125	125	✓			✓		✓			
6,4	2:30	425	425	✓				✓	✓			
6,4	2:00	225	225	✓			✓		✓			

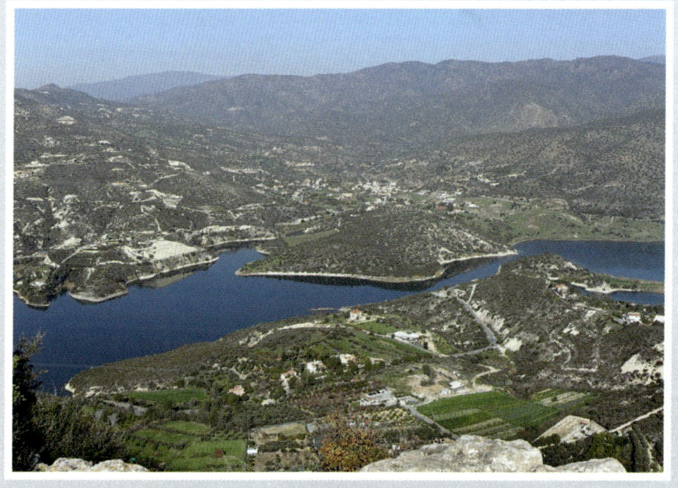

Der Germasogeia-Stausee vom 371 m hohen Mouttagiaka.

INHALT UND TOURENÜBERSICHT

Tour		Seite
23	Doros	110
24	Mouttagiaka • 371 m	113
25	Vouni-Trail	116
26	Madari-Trail	119
27	Cape Aspro	122
28	Cape Aspro Beach	125
29	Panagia of Arakas – Stavros Tou Agiasmati	128
30	Olympos • 1939 m	131
31	Ezousa-Trail	134
32	Gialias River	137
33	Athalassa National Park	140
34	Kakkaristra – Apalos-Trail (Agios Georgios)	143

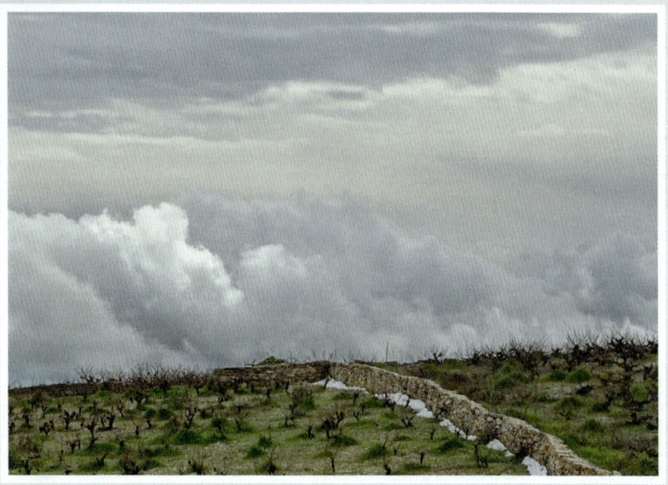

Uralte und verknöcherte Rebstöcke gibt es am Wegesrand zu bestaunen.

km	h	hm	hm									Karte
6,5	2:25	160	160	✓			✓		✓			
6	2:15	270	270	✓	✓			✓				
7,4	2:45	320	320	✓	✓			✓	✓			
12,3	4:45	650	650	✓			✓	✓	✓			
8,5	3:45	280	280	✓			✓		✓			
13,7	4:25	500	500	✓					✓			
14,3	5:30	780	780	✓	✓				✓			
8,7	3:15	270	270	✓	✓			✓	✓			
8,4	3:05	200	200	✓	✓		✓		✓			
14,3	5:30	700	700	✓					✓			
9,4	2:40	100	100	✓	✓				✓			
7,6	2:45	170	170	✓	✓			✓	✓			

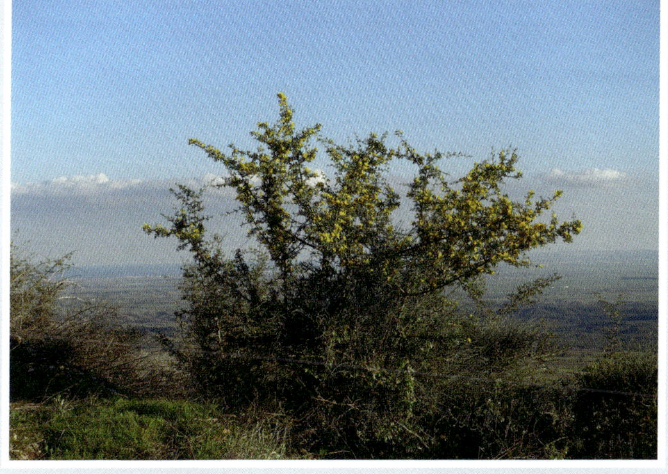

Ginsterbusch mit der Bucht von Famagusta im Hintergrund.

INHALT UND TOURENÜBERSICHT

Tour		Seite
35	Saltlake Larnaka	146
36	Stavrovouni Monastery	149
37	Cape Greco	152
38	North-Nicosia – Lefkoşa	155
39	Kumyalı – Karpaz Beach	159
40	Golden Beach	162
41	Incirli Mağara	165
42	Castle Kantara	168
43	Yudi Dağı • 248 m	171
44	Alevkayası	174
45	Tünel Patika	177

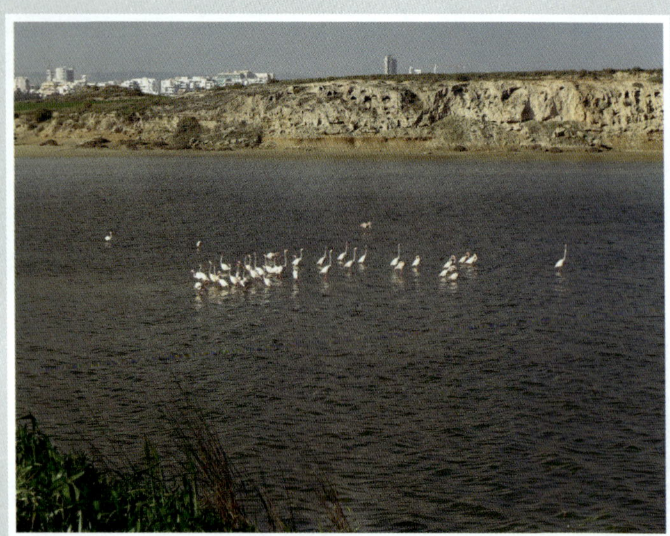

Flamingos am Saltalke Larnaca.

km	h	hm	hm									Karte
9,9	3:30	20	20	✓	✓				✓			
5,1	1:50	320	320	✓				✓	✓			
6,4	2:00	60	60	✓	✓				✓			
4,1	1:55	0	0	✓	✓		✓		✓			
10,2	3:20	60	60	✓	✓				✓			
10,3	3:00	80	80	✓			✓		✓			
7	2:30	100	100	✓					✓			
10,2	3:15	320	320	✓				✓	✓			
7,5	2:30	250	250	✓				✓	✓			
7,1	2:30	300	300	✓					✓			
6,4	2:20	310	310	✓	✓				✓			

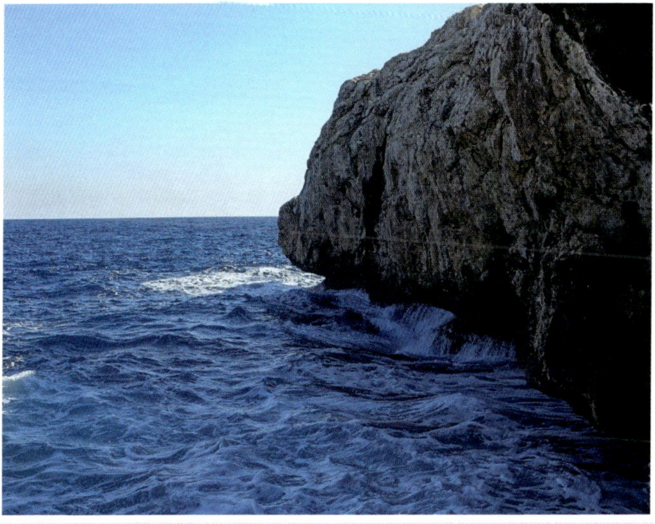

Die Ayioi Anargyroi Cave.

INHALT UND TOURENÜBERSICHT

Tour		Seite
46	Famagusta (Gazimağusa)	180
47	Salamis	184
48	Akdeniz – Morphou Bay – Akdeniz Dam	187
49	St. Hilarion Castle	192
50	Alevkayası – Sourp Magar	195
51	Melounta	198
52	Sadrazamköy-Trail	201
53	Buffavento	204
54	Lefka	207
55	Morphou Bay	210

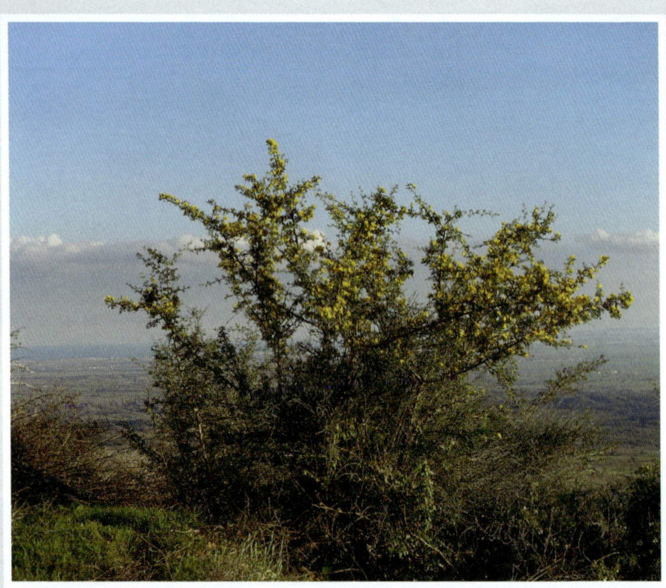

Ginsterbusch mit der Bucht von Famagusta im Hintergrund.

km	h	hm	hm									Karte
5,8	2:25	30	30	✓	✓		✓		✓			
4,5	2:00	20	20	✓	✓		✓		✓			
17,3	4:40	100	100	✓	✓		✓		✓			
9,3	3:30	600	600	✓				✓	✓			
4,6	1:45	260	260	✓					✓			
10,6	3:45	370	370	✓					✓			
9,1	2:45	30	30	✓					✓			
8,4	3:00	550	550	✓				✓	✓			
10,1	2:30	160	160	✓	✓		✓		✓			
7,6	2:45	220	220	✓					✓			

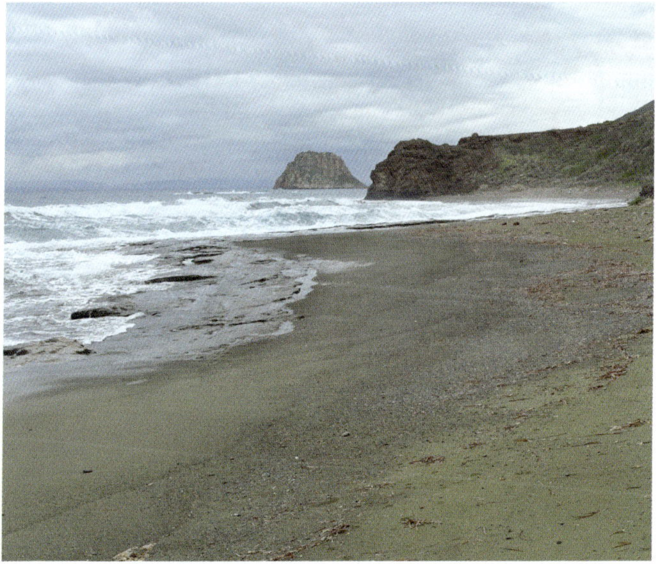

Der Morphou Bay II-Strand im Westen von Nordzypern.

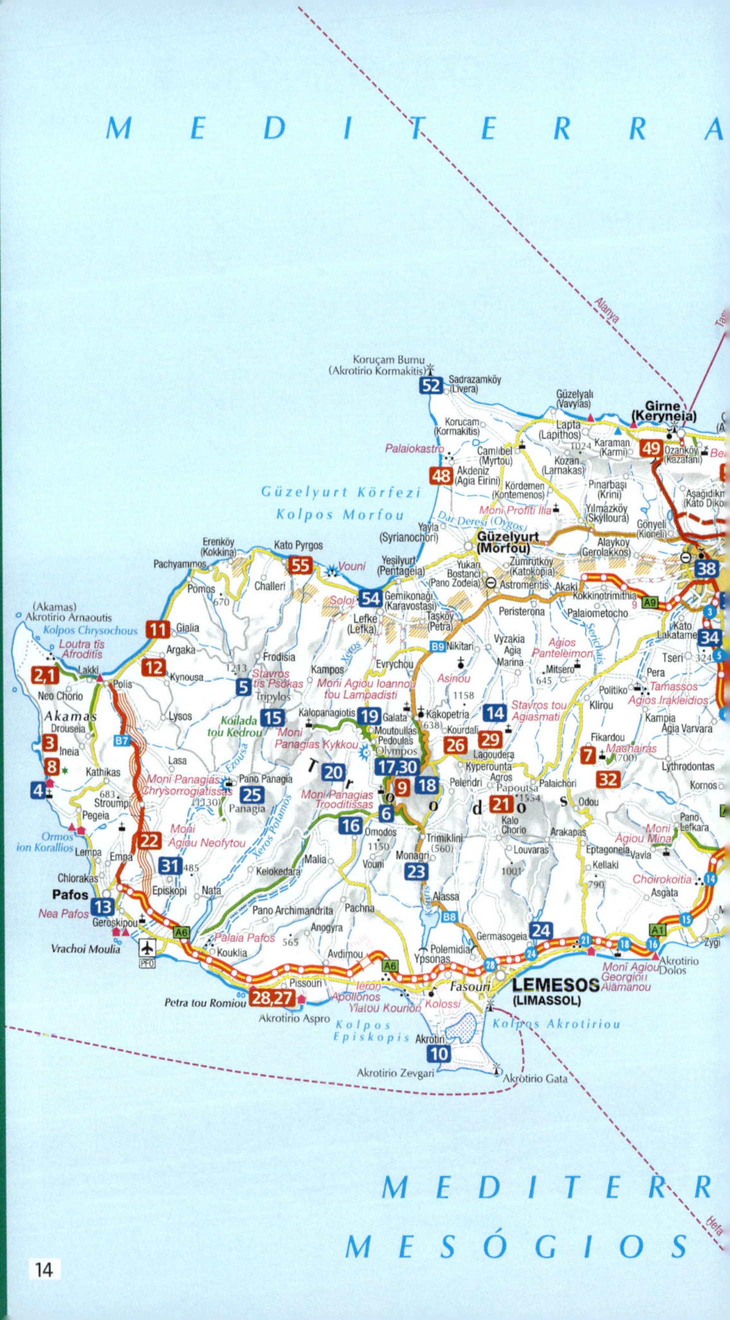

MEDITERRA

Alanya

Koruçam Burnu (Akrotirio Kormakitis)
52 Sadrazamköy (Livera)
Güzelyalı (Vavylas)
Girne (Keryneia)
Korucam (Kormakitis)
Lapta (Lapithos)
Palaiokastro
Camlıbel (Myrtou)
1024
Karaman (Karmi)
49 Ozanköy (Kazafani)
48 Akdeniz (Agia Eirini)
Kozan (Larnakas)
Kördemen (Kontemenos)
Pınarbaşı (Krini)
Aşağıdikmen (Kato Dikomo)
Güzelyurt Körfezi
Kolpos Morfou
Moni Profiti Ilia
Yılmazköy (Skylloura)
Dar Deresi (Ovgos)
Yayla (Syrianochori)
Gönyeli (Kioneli)
Erenköy (Kokkina)
Kato Pyrgos
Güzelyurt (Morfou)
Alaykoy (Gerolakkos)
Pachyammos
55
Vouni
Yeşilyurt (Pentageia)
Yukarı Bostancı (Pano Zodeia)
Zümrütköy (Katokopia)
38
Pomos
670
Challeri
Astromeritis
Akaki
Soloi
54 Gemikonağı (Karavostasi)
Kokkinotrimithia
A9
(Akamas) Akrotirio Arnaoutis
Kolpos Chrysochous
11 Gialia
Lefke (Lefka)
Taşköy (Petra)
Peristerona
Palaiometocho
Loutra tis Afroditis
Kato Lakatameia
34
Argaka
Frodisia
B9 Nikitari
Vyzakia
Agia Marina
Agios Panteleimon
Serrachis
Tseri
324
2,1 Lakki
12 Kynousa
1213
Xeros
Evrychou
Mitsero
645
Pera
Polis
Stavros tis Psokas
Kampos
Asinou
Politiko
Tamassos
Neo Chorio
5 Tripylos
Moni Agiou Ioannou tou Lampadisti
1158
Klirou
Agios Irakleidios
Akamas
Lysos
15
Kalopanagiotis
19 Galata
Kakopetria
14 Stavros tou Agiasmati
Kampia
Agia Varvara
Drouseia
Koilada tou Kedrou
(638)
B7
Moni Panagias Kykkou
Moutoullas
Kourdali
Fikardou
3 Ineia
Pedoulas
26
29
Machairas
Olympos
Lagoudera
7
(700)
Lasa
8
Kathikas
Ezousa
20
17,30
Kyperounta
Lythrodontas
Moni Panagias Chrysorrogiatissas
Troodos
Agros
32
4
Pano Panagia
9
18
Pelendri
Papoutsa
Palaichori
Kornos
683
Stroumpi
25
(1130)
Panagia
Moni Panagias Trooditissas
1554
21
Odou
Pegeia
6
Kalo Chorio
Xeros Potamos
16
Omodos
Trimiklini (560)
Arakapas
Pano Lefkara
Ormos ion Korallios
Moni Agiou Neofytou
22
1150
Louvaras
Moni Agiou Mina
Lempa
Empa
Eptagoneia
Vavla
Malia
Vouni
Monagri
Kellaki
31
485
Kelokedara
23
1001
Chlorakas
790
Choirokoitia
14
Episkopi
Nata
Kouris
Alassa
Asgata
Pafos
13
Nea Pafos
Pano Archimandrita
Pachna
B8
15
Geroskipou
Anogyra
A6
24
A1
Palaia Pafos
565
Germasogeia
21
18
16
Zygi
Vrachoi Moulia
PFO
Kouklia
Avdimou
Polemidia
Ypsonas
28
24
Moni Agiou Georgiou Alamanou
Akrotirio Dolos
A6
Pissouri
Fasouri
LEMESOS (LIMASSOL)
Ieron Apollonos Ylatou Kourion
Petra tou Romiou
28,27
Kolossi
Akrotirio Aspro
Kolpos Episkopis
Akrotiri
Kolpos Akrotiriou
10
Akrotirio Zevgari
Akrotirio Gata

Hefa

MEDITERR
MESÓGIOS

GEBIETSÜBERSICHTSKARTE

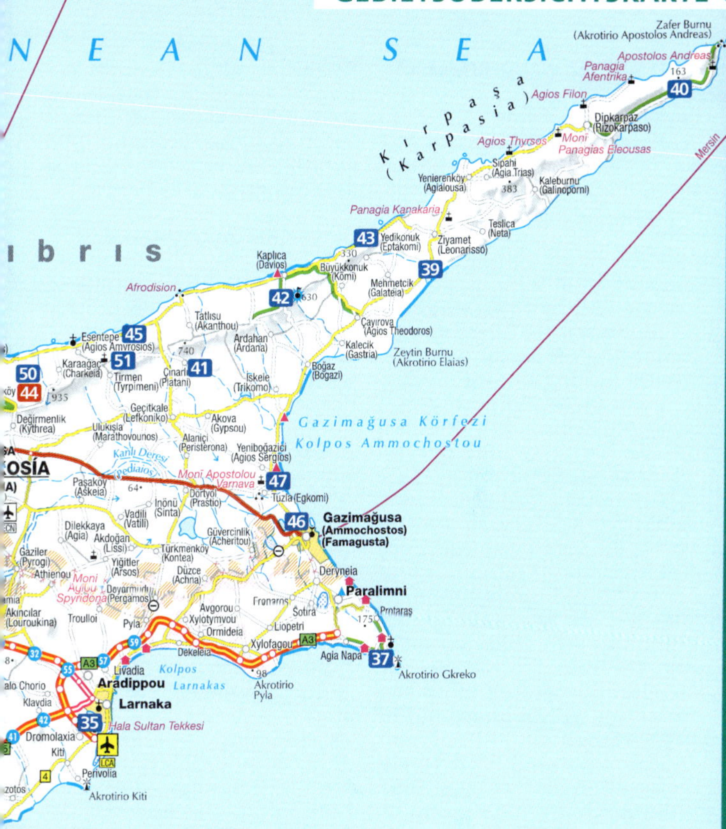

FAKTEN DIESES WANDERFÜHRERS

Obwohl Zypern flächenmäßig kleiner als Schleswig-Holstein ist, bietet die Mittelmeerinsel eine überraschend große Vielfalt an verschiedenen Landschaften.

Dank des ganzjährig günstigen Klimas ist es an **310 Tagen** im Jahr möglich, auf Wanderschaft zu gehen. Aus diesem Wanderführer liefern die 18 Wanderungen in der Türkischen Republik Nordzypern und 37 Wanderungen in der Republik Zypern genügend Stoff für gleich mehrere Urlaube. Sie decken **165 Stunden** Wanderabenteuer auf **473 km** Länge ab. Davon sind 35 mit dem Schwierigkeitsgrad Blau und 20 sind Rot klassifiziert. Die blauen Touren sind allesamt ideal für Kinder.

Insgesamt **183 Sehenswürdigkeiten** gibt es in diesem Führer zu entdecken. Die teilen sich wie folgt auf: 46 Sehenswürdigkeiten auf Wanderungen und weitere 23 Tipps für Sehenswürdigkeiten für Nordzypern, 76 Sehenswürdigkeiten auf Wanderungen und weitere 38 Tipps für Sehenswürdigkeiten in Südzypern.

Der Einleitungsteil dieses Buches gibt **nützliche Hintergrundinformationen** zur Insel Zypern mit den Themen Geschichte, Fakten und Zahlen, Geografie, Gebirge, Geologie, Fauna und Flora, Klima, mögliche Gefahren bei Wanderungen, Ausrüstungstipps für Wanderungen, Orientierung und Markierung; Tipps für Wanderkarten, Reiseführer, zum nachhaltigeren Reisen und besondere Unterkünfte gehören genauso dazu. Im Kapitel praktische Reiseinformationen von A bis Z vermitteln wir das passende Rüstzeug für die einfache **Reiseplanung.** Dank all dieser detaillierten Informationen wird Ihnen bei einem Zypernurlaub nichts entgehen – wenn sie denn genügend Zeit mitbringen.

GESCHICHTE IM ZEITRAFFER

Historiker schätzen, dass die Insel seit mehr als **10.000 Jahren** bewohnt ist.

Aus dem Zeitabschnitt **8200–1050** vor Christus liegen keine schriftlichen Überlieferungen vor.

Zu den ältesten Spuren menschlicher Besiedlung auf Zypern zählt die Steinzeitsiedlung Choirokoitia, die bis ins Jahr **7000 vor Christus** zurückgeht und heute UNESCO-Weltkulturerbe ist.

Nach dem Trojanischen Krieg (**13.** Juli 1182 vor Christi) wurde die Insel so langsam von Griechen, die in der Ilias (kraftvolle Erzählkunst Homers) meist Achaier – seltener Danaer oder Argiver genannt werden – besiedelt.

Seit dem **11. Jahrhundert vor Christi** hatte Salamis dann bereits die Führungsrolle unter den zypriotischen Stadtkönigtümern.

Zypern ist seit der Antike (**800 vor Christi bis 500 nach Christi**) bekannt für seine Bodenschätze, Weine und fruchtbaren Felder.

Die Königsgräber rund um die antike Fundstätte Salamis sind für die Archäologen Gold wert, sie ermöglichen einen detaillierten Einblick in die Lebensweise zwischen **800–700 vor Christi**.

Zu welchem Zeitpunkt Zypern Teil des Persischen Großreiches wurde, ist unter Historikern umstritten. Unter Führung von Alexander dem Großen wurden die Perser in der Entscheidungsschlacht von **333 vor Christus** bei Issus besiegt.

Die griechische Kultur und Sprache setzte sich (Hellenismus) auf der gesamten Insel durch. Während der Herrschaftszeit der Ptolemäer von **325–58 vor Christi** entwickelte sich Zypern zu einer Wirtschaftsoase im Mittelmeerraum.

Bei der Expansion der Ptolemäer im 2. Jahrhundert vor Christi wurden sie von den Römern unterstützt. Als Gegenleistung erhielten sie **58 vor Christi** Zypern, das dann bis **647** römisch war.

Als die Araber **647** Zypern eroberten, war auch Hala Sultan dabei, die Tante väterlicherseits des Propheten Mohammed. Diese stürzte bei der späteren Hala-Sultan-Tekke-Moschee von ihrem Maultier und verstarb. Sie wurde an Ort und Stelle bestattet und ihr Grab entwickelte sich zu einer Wallfahrtsstätte.

Ab dem **7. Jahrhundert** führten Naturkatastrophen und Überfälle zum Untergang der einstigen Handelsmetropole Salamis.

965 löste der byzantinische Kaiser Nikephoros Phokas Zypern aus dem Einflussbereich der Araber. Es entstanden die Schutzburgen St. Hilarion, Buffavento und Kantara. Diese wurden etwa 200 Jahre später von den Lusignans eindrucksvoll ausgebaut.

1185 erfolgte die Abspaltung Zyperns als Kaiserreich Zypern unter dem byzantinischen Kaiser Isaak Komnenos.

1191 wurde Zypern nach dem dritten Kreuzzug von Richard Löwenherz von England erobert.

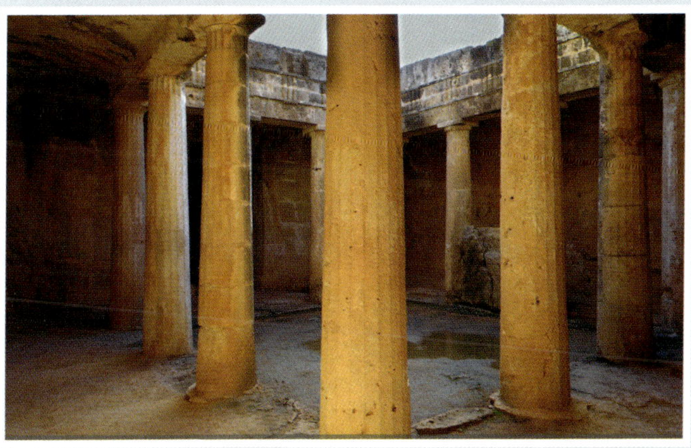

Ein spektakuläres Grab auf der Anlage der Tombs of the King.

1192 verkaufte er die Insel an den fränkischen Kreuzritter Guido von Lusignan, der bis dahin König von Jerusalem war. Famagusta entwickelte sich zur reichsten Stadt im Mittelmeerraum.

Die fränkischen Neuankömmlinge gaben der Stadt den Namen **„Nicosia"**. Dagegen beharrte die griechische Bevölkerungsmehrheit auf **„Levkosia"**, wie schon zu Zeiten, als Zypern eine Provinz des Byzantinischen Reiches gewesen war. Die Herrschaft der Lusignans dauerte knapp 400 Jahre.

1468 folgte das Ende der Herrschaft der Lusignans, als König Jacques II. die venezianische Patriziertochter Caterina Cornaro heiratete und 6 Monate später verstarb.

Caterina Cornaro dankte nach dem Tod ihres Mannes als Alleinherrscherin **1489** Zypern an Venedig ab. Für die Venezianer war Zypern vor allem als militärische Basis.

Unter Selim I. (1470–1520) und Selim II. (1524–1574) stiegen die Osmanen zur Großmacht auf und bedrohten die Venezianer auf Zypern. Die waren zu einem aufwendigen Festungsbau gezwungen. Alles, was sich außerhalb der Stadtmauern von Nikosia befand, wurde kurzerhand abgerissen: Gotische Kirchen, Herrenhäuser und der Königspalast der Lusignans. Noch heute zeugen die venezianischen Wälle von Nikosia von der ursprünglichen Verteidigungsanlage der Stadt. Im **Juli 1570** tauchte eine Flotte von 350 Schiffen vor der Südküste Zyperns auf. Die Osmanen hatten leichtes Spiel, denn die Venezianer leisteten keinen bedeutenden Widerstand.

Dann machten sich die Osmanen nach Famagusta auf, das sie im **August 1571** eroberten. Es folgten über 300 Jahre Herrschaft der osmanischen Türken.

Großbritannien und das Osmanische Reich einigten sich am **4. Juni 1878** in einer vertraglichen Abrede, dass die Insel Zypern an die Briten abgetreten werden solle.

Von **1878–1960** war Zypern eine britische Kolonie und seither herrscht auf der Insel Linksverkehr.

Am **16. August 1960** erlangte Zypern die Unabhängigkeit vom Vereinigten Königreich.

Daraufhin wurde die Republik Zypern gegründet – ein unabhängiger Staat, der am **20. September 1960** als Mitglied in die Vereinten Nationen aufgenommen wurde. Es fanden die ersten Wahlen in Zypern statt.

In den folgenden Jahren herrschte große Instabilität auf der Insel. Es gab Differenzen zwischen der griechisch-zypriotischen Mehrheit und der türkisch-zypriotischen Minderheit. Diese Spannungen gipfelten **1974** in einer Invasion der türkischen Armee.

Der Inselstaat Zypern ist seit **1974** in die international anerkannte Republik Zypern im Süden und die Türkische Republik Nordzypern geteilt.

1975 wurde ein türkisch-zypriotischer Staat im nördlichen Drittel der Insel gegründet. Der erklärte **1983** seine Unabhängigkeit und nennt sich Türkische Republik Nordzypern, die allerdings nur von der Türkei anerkannt wird.

Im Rahmen der EU-Erweiterung 2004 trat die Republik Zypern am **1. Mai 2004** der EU bei.

Im Zypernkonflikt sieht die Türkei keine Chance mehr auf eine Wiedervereinigung der Insel, sagt **2021** Präsident Erdoğan. Stattdessen verfolgt er Pläne, die heutige Geisterstadt Varosha zu besiedeln. Der UNO-Sicherheitsrat missbilligt diesen Kurs.

Die nun von **1974–2023** ungelöste Zypernfrage ist der älteste Konflikt in Europa. Sein Ausgang ist seit dem Ende des Zweiten Weltkrieges ungewiss.

FAKTEN UND ZAHLEN – ZYPERN

Die **zweigeteilte Insel** setzt sich aus der **Republik Zypern** und der **Türkischen Republik Nordzypern** zusammen. Die griechischen Zyprioten leben im südlichen Teil, die türkischen Zyprioten im Norden der Insel. Nur die Türkei erkennt die Türkische Republik Nordzypern als eigenständigen Staat an. Die von den Vereinten Nationen bewachte **Pufferzone** teilt Zypern und die einzige Hauptstadt der Welt. Nikosia ist zugleich Regierungssitz der Republik Zypern, aber auch Hauptstadt der Türkischen Republik Nordzypern. Zypern hat eine **Gesamteinwohnerzahl** von circa 1,3 Millionen, davon entfallen etwa 340.000 auf Nordzypern und 300.000 in der gemeinsamen Hauptstadt Nikosia.

Ungefähr 77 % der Bevölkerung sind **orthodoxe Christen**, dem muslimischen Glauben gehören 21 % der Zyprioten an. Nur 1 % der Bewohner gehört zur römisch-katholischen Kirche. Die **Arbeitslosenquote** in Südzypern liegt bei circa 14 % (keine verlässliche Datenlage für Nordzypern bei diesem Punkt und weiteren). 2022 betrug das **Bruttoinlandsprodukt** der Republik Zypern 28 Milliarden Euro. Mit einem 2021 verabschiedeten **EU-Konjunkturprogramm** (NGEU) erhält Südzypern 1,23 Milliarden € für den Wiederaufbauplan nach der Corona-Krise. Die **Preissteigerungsrate** betrug 2022 112 % in Nordzypern, in Südzypern waren es 8,8 %.

Die Entwicklung des Tourismus in der Türkischen Republik Nordzypern hätte noch viel Luft nach oben, wären da nicht der schwelende politische Konflikt. Zählt man Zypern zu Griechenland dazu, gehört die Region zum **zwölftbeliebtesten Reiseland** weltweit. Der Tourismus und die Bauwirtschaft erwirtschafteten vor der Coronakrise **6 % des BIP** in der

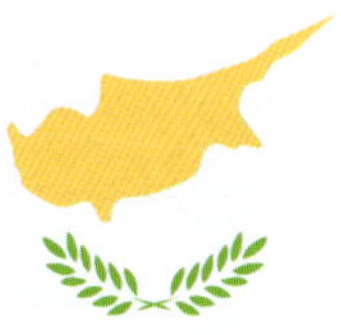

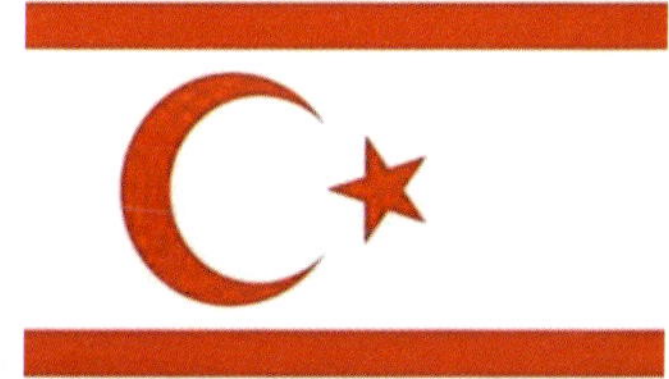

Die Fahnen der Republik Zypern und der Türkischen Republik Nordzypern.

Republik Zypern. Südzypern ist aber auch Finanzplatz – das Tor zum Nahen Osten – und Heimat von 100.000 sehr finanzkräftigen Russen. Um eine Reputation als nachhaltige Destination zu erlangen, sind die Investitionen in den **Ökotourismus**, Biolandwirtschaft, Energieeffizienz noch zu gering.

GEOGRAFIE – ZYPERN

Zypern ist die drittgrößte Insel im Mittelmeer. Sie gehört geografisch zu Asien, politisch und kulturell wird sie jedoch zu Europa gezählt. Aus der Google-Earth-Perspektive betrachtet liegt das Eiland im östlichen Mittelmeer circa 75 km südlich von der Türkei, 100 km westlich von Syrien und 350 km nördlich von Tel Aviv entfernt. Die Fläche der Insel beträgt 9.251 km², davon entfallen circa 59 % auf die Republik Zypern und 36 % auf die Türkische Republik Nordzypern. Die verbleibenden 5 % teilen sich auf die Pufferzone und militärische Einrichtungen auf. Die 671 km lange Küste der Republik Zypern und der Türkischen Republik Nordzypern besteht aus ausgedehnten Sand- und Kiesstränden sowie aus steil abfallenden Felsküsten mit kleinen Buchten. Die maximale Entfernung von West nach Ost beträgt 225 km und von Nord nach Süd 90 km. Die beiden wichtigsten Flüsse auf Zypern entspringen am 1.423 m hohen Berg Kionia im Machaira National Forest Park, der 100 km lange Pedieos und der 88 km lange Gialias.

GEBIRGE – ZYPERN

Zwei durch die **Mesaoria-Ebene** (zwischen den Bergen) getrennte Gebirgszüge prägen das Landschaftsbild auf Zypern – das Troodos-Gebirge und das Besparmak-Gebirge (türkisch: Beşparmak; griechisch: Pentadaktylos; deutsch: Fünffinger-Gebirge; auch gelegentlich Kyrenia-Berge (nach einem der antiken Namen der heutigen Stadt Kyrenia; verdeutscht und in diesem Wanderführer benutzt: Besparmak-Gebirge).

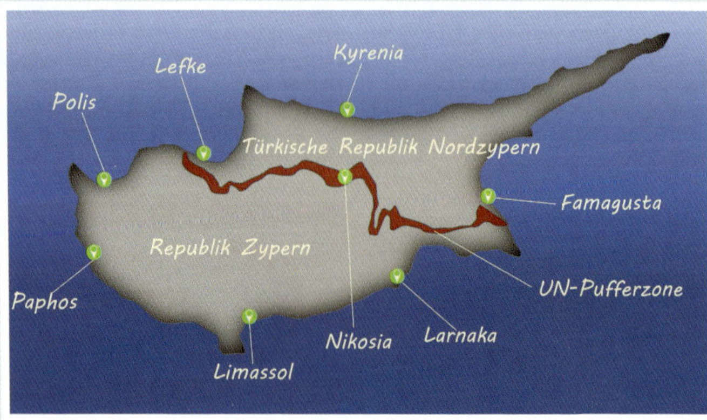

Die Geographie von Zypern.

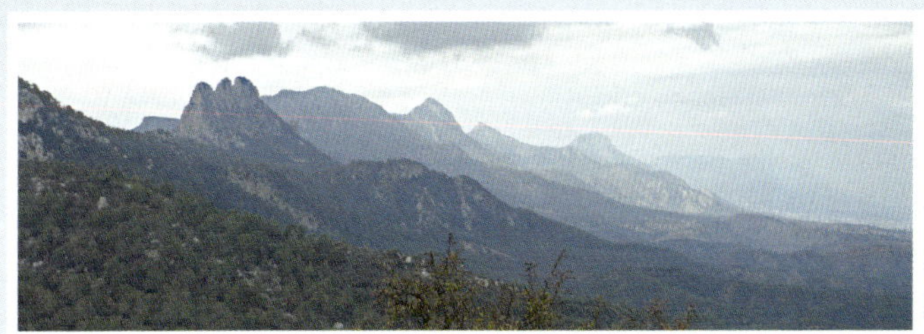

Wunderschöne Aussicht entlang der sanften Hügelketten des Besparmak-Gebirges.

Das **Troodos-Gebirge** liegt in der Republik Zypern und erstreckt sich im südwestlichen Landesinneren. Für das Gebirge charakteristisch sind ergiebige Niederschläge von 700 bis 1.000 mm im Jahr. Aufgrund der Höhe des Troodos-Gebirges kann im Winter auch viel Schnee fallen. Der höchste Berg des Troodos-Gebirges und Zyperns ist der 1.952 m hoher Olympos. Leider ist das Gipfelplateau mit einer militärischen Radarstation bebaut und kann somit nicht final erklommen werden. Felsige Bergspitzen gibt es nur wenige, landschaftsprägend sind die waldreichen und flach abfallenden Berghänge. Die Bergregionen sind ein Eldorado für Wanderer.

Das **Besparmak-Gebirge** erstreckt sich über 160 km Länge und liegt an der nördlichen Küste der Türkischen Republik Nordzypern. Es ist durch streckenweise schroffe Kalksteinfelsen, waldreiche breite Bergrücken und abschnittsweise steil zur Küste abfallende Berghänge gekennzeichnet. Den höchsten Gipfel Nordzyperns bildet der 1.024 m hohe Selvili Tepe. Die wohl markanteste Erhebung der Bergkette sind die zerklüfteten Felsspitzen des „5-Finger-Bergs" – die bei freier Sicht aus der Mesaoria-Ebene sehr gut zu erkennen sind. Zahlreiche Wanderwege im Besparmak-Gebirge eröffnen grandiose Blicke über Wälder, das Troodos-Gebirge in Südzypern und das Mittelmeer.

GEOLOGIE – ZYPERN

Vor circa 65 Millionen Jahren begann sich die Afrikanische Platte gegen die Eurasische Platte zu bewegen. Noch vor 38 bis 25 Millionen Jahren war der Raum um Zypern Tiefseegebiet. In den nachfolgenden Jahrmillionen fing der Meeresboden an, sich wegen der Plattentektonik weiter zu heben. Allmählich entstand im Gebiet des heutigen Zyperns ein großer unter dem Meer gelegener Berg. Schließlich erschien vor 20 Millionen Jahren das heutige Troodos-Gebirge mit dem Olympos als höchste Erhebung – ein Fragment der ozeanischen Kruste des Thetysmeeres. Wenig später, nach 10 Millionen Jahren, entstand dann nördlich davon das Besparmak-Gebirge. Zwischen beiden Massiven lag aber noch ein Flachmeer, die heutige Mesaoria-Ebene, das vorungefähr 1,8 Millionen Jahren verschwand und eine Landverbindung zwischen den Gebirgen freilegte. Zypern war entstanden.

FAUNA – „IN TERRA" – ZYPERN

Die folgende Erzählung erhebt keinen Anspruch auf Vollständigkeit und beschreibt meine Begegnung mit der Tierwelt während der Rechercheteise. Weniger reich gegliedert als die Flora ist die **Säugetierfauna** der Insel Zypern mit nur 30 Tierarten. Unter den Nutztieren sind die **Schafe** auf Zypern omnipräsent.

Hervorgegangen aus verwilderten Haustieren streifen die **zypriotischen Esel** in kleinen Gruppen durch die Natur der Karpas-Halbinsel. Die Population hat circa 1.000 geschützte Tiere, die sich zu einer Eselplage entwickeln.
Streunende Hunde sind oft auf den Inseln anzutreffen. Die meisten sind sehr ängstlich, bellen zwar, aber beißen nicht. Die sehr großen und sehr kräftigen **Herdenschutzhunde** hingegen können sehr aggressiv werden. Für den Fall der Fälle ist es sinnvoll, Wanderstöcke dabeizuhaben.

Am beeindruckendsten bei den Landtieren sind die unter Naturschutz stehenden Mufflons. Wegen seines schmackhaften Fleisches wurde das Mufflon gnadenlos gejagt und deshalb fast ausgerottet. So ging die Zahl der Tiere während der britischen Herrschaft bis auf 20 Tiere zurück. Heute hat sich der Bestand wieder erholt und es sollen bis zu 1.000 Tiere auf der Insel vorkommen. Die gedrehten Hörner des männlichen **Mufflons** werden in der Jägersprache als Schnecken bezeichnet. Sie dienen den Widdern während der Brunft als Rammbock im Kampf mit anderen Widdern. Die Mufflonweibchen haben kurze Hörner und sind grau oder dunkelbraun gefärbt. Das Mufflon ist das Nationaltier der Republik Zypern.

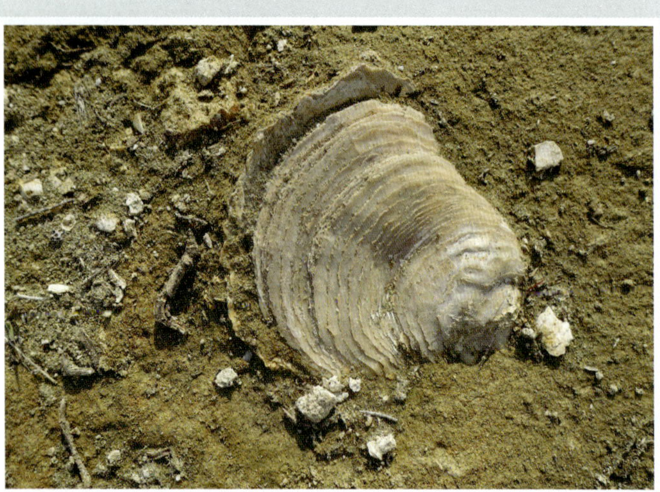

Versteinerte Muschelreste.

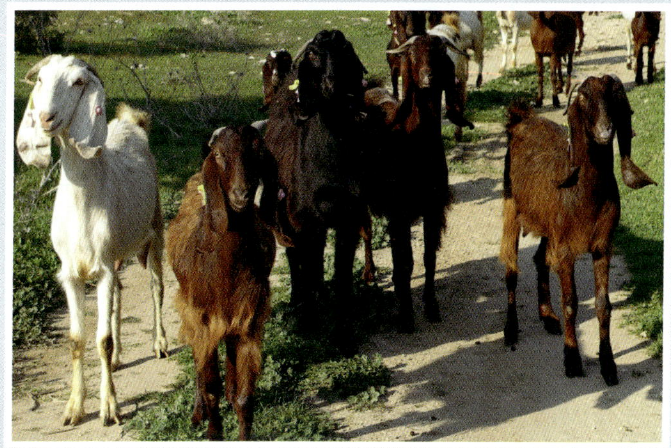

Schafe auf Zypern.

Weitere **Säugetiere** sind Mauswiesel, Wildkaninchen, Damhirsche, Kaukasische Eichhörnchen, der endemische Zypern-Ohrigel, Rotfüchse – das einzige fleischfressende Säugetier Zyperns – und Wildkatzen. 19 unterschiedliche Arten von **Fledermäusen** sind auf der Insel vertreten.

Bisher wurden ca. **6.000 Arten von Insekten** auf der Insel beschrieben. Ungefähr 52 schön gezeichnete **Schmetterlingsarten** leben auf Zypern, 9 davon sind endemisch. Die Vielfalt der **Käfer** ist riesig. Die **Spinnentiere** bilden mit 60 Arten einen großen Teil der Insektenfauna.

Auf der Insel Zypern kommen etwa 22 **Reptilienarten** und drei **Amphibienarten** aus Fröschen und Kröten vor. Unter den Reptilien findet man Harduns, Chamäleons, Geckos, Eidechsen und Skinke sowie giftige und ungiftige Schlangenarten. Die **Levanteotter** zählt zu den giftigsten Schlangen der Insel. Der Biss kann auch für den Menschen gefährlich sein.

Zypern weist eine artenreiche **Vogelfauna** mit 380 identifizierten Arten auf, darunter auch endemische Arten wie zum Beispiel den Zypern-Steinschmätzer und die Schuppengrasmücke. Häufig vorkommende heimische Arten sind der Fichtenkreuzschnabel und das Chukarhuhn, eine Vogelart aus der Familie der Fasane, der Buchfink, die Rostgans, der Schwarzmilan, der Bienenfresser oder der Rotfußfalke. Da Zypern auf einer der meistgenutzten Flugrouten in die Winterquartiere liegt, macht es die Insel zu einem der wichtigsten natürlichen Lebensräume für Zugvögel. Dazu gehören zum Beispiel das Rotkehlchen und die Singdrossel. An den Salzseen kann man in den Wintermonaten Flamingos beobachten.

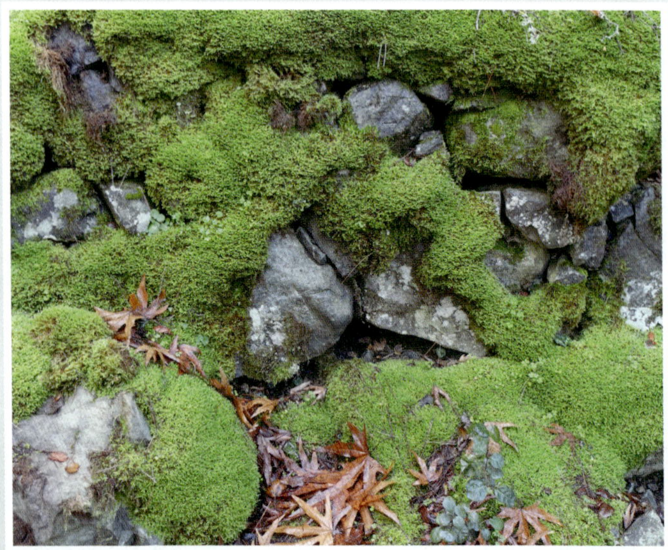

Der Pfad führt durch einen magischen Zauberwald.

FAUNA – „UT AQUA" – ZYPERN

Neben Papageifischen und dem Gelbflossen-Doktorfisch leben beispielsweise Meerbrassen, Seebarben und Steinbutts in den Gewässern Zyperns. Tintenfische sind selten geworden. Fische stehen allerorts auf der Speisekarte. Aber der Schein trügt, denn fangfrische **Fische** sind Mangelware – die Fanggründe sind leergefischt. Fisch ist inzwischen eine Delikatesse und dementsprechend teuer.

Da der Mensch sie verdrängt hat gehören **Mittelmeer-Mönchsrobben** zu den am stärksten vom Aussterben bedrohten Meeressäugetieren in Europa. Im Mittelmeer gibt es vielleicht noch 350 bis 450 erwachsene Individuen, an der Südküste Zyperns nutzen nur noch wenige Robben versteckte Höhlen zur Geburt.

Die vom Aussterben bedrohte **Unechte Karettschildkröte** nutzt die Strände der Halbinseln Akamas, Akrotiri und Karpas und den Varoscha-Strand bei Famagusta als Nistgebiete. Es ist sehr wichtig, die Gelege zu schützen, da die Überlebensrate der geschlüpften Schildkröten extrem niedrig ist: Nur ein bis zwei Schildkröten erreichen das Erwachsenenalter aus einem Gelege von 1.000 Eiern. Die zyprische Regierung hat ein Schutzprogramm erlassen, bei diesem für die Dauer der Eiablage die Strände für Menschen gesperrt werden. Eine große Herausforderung ist es, den Mittelweg zwischen dem Tourismus und dem Schutz der Unechten Karettschildkröte zu finden.

FLORA – ZYPERN

Zypern gilt als die **waldreichste Insel** des Mittelmeerraums. Die Wälder weisen eine große Biodiversität auf und sind von erheblicher ökologischer Bedeutung. Daher wurden viele Forste als Nationalparks und/oder Schutzraum für Flora und Fauna eingestuft und decken mehr als 70 Prozent des Natura-2000-Netzwerks auf Zypern ab. Besonders grün sind die sanften Hügelketten des Troodos-Gebirges. Aber die Waldfläche schrumpft stetig durch Rodungen und häufige Waldbrände. Die Renaturierung ist aufgrund des vorherrschenden Wassermangels extrem schwierig!

Der am häufigsten vertretene **Baum** ist die Kalabrische Kiefer, die in den Küstenregionen sowie bis 1.400 m Höhe wächst. In den höher gelegenen Gegenden des Troodos-Gebirges dominiert hingegen die Schwarzkiefer. In mittleren und hohen Lagen wächst oft auch die Erlenblättrige Eiche. Weiterhin gibt es die endemische Zypern-Zeder, Griechischer Wacholder und auch die Mittelmeer-Zypresse. An großen Flüssen und deren Umgebung sind die schattenspendende Morgenländische Platane und die Türkische Erle heimisch. Unterhalb von 900 m wächst der Erdbeerbaum. In den Ebenen findet man die Kermeseiche, Gall-Eiche oder auch Färber-Eiche, Johannisbrot-, Maulbeer-, Lorbeer-, Feigen-, Jade- und Olivenbäume sowie Eukalypten, Myrten, Tamarisken, Terpentin-Pistazie, der immergrüne Bosea-Strauch, Akazien, Schwarzpappeln und Palmen.

Das Landschaftsbild ist auch von **Busch- und Strauchland** geprägt. Der sogenannte Macchie dominierende Phönizische Wacholder, Dornige Bibernelle, Disteln, Kapernbüsche und der Mastixstrauch. Oleander blüht im Juni in ausgetrockneten Bachläufen.

Für die Landwirtschaft besonders wichtig sind die **Zitrusfrüchte** wie Orangen, Grapefruit und Zitronen. Im Herbst biegen sich in der Ebene von Güzelyurt die Äste der Obstbäume unter einer Vielzahl von Früchten. Die wichtigste Kulturpflanze ist die Weinrebe. Die unscheinbaren orange-gelben Japanischen Wollmispeln wachsen in vielen Vorgärten, die im späten Frühjahr geerntet und als Marmelade für den einheimischen Markt verarbeitet werden. Weihnachtssterne aus der Gattung der Wolfsmilchgewächse werden bis zu 5 m hoch. Auch Roter Hibiskus wächst auf der Mittelmeerinsel.

Auf Zypern gibt es knapp 2.000 **Wildblumenarten**, 140 davon sind endemisch. Am häufigsten begegnen wir auf Wanderungen Chrysanthemen, Affodill, Mohn, die endemischen roten wilden Tulpen, Hyazinthen, Ringelblumen, Schwertlilien, Narzissen, Scheinkrokusse, Pfingstrosen, Alpenveilchen, Gemeine Alraune und Anemonen. 52 Orchideenarten, so zum Beispiel die endemische Kotschys Ragwurz, blühen im Gebirge und an der Küste. Gut ausgeschilderte Naturlehrpfade im Troodos-Gebirge, auf der Akamas-Halbinsel und Kap Greco illustrieren die Pflanzen am Wegesrand.

An den **Salzseen** der Insel lassen sich ganz andere Pflanzen finden: Zum Beispiel der Meeresspargel, die Strandmelde oder die Artischockendistel. Diese Pflanzen sind besonders robust und können in der salzigen Umgebung überleben.

KLIMA

Auf Zypern herrscht mediterranes Klima mit milden, feuchten Wintern und heißen (in Spitzen bis zu 40 °C), trockenen Sommern. Frühling (Februar/April/März) und Herbst (Oktober/November/Dezember) währen nur kurz. Zwischen April und September scheint die Sonne im Durchschnitt täglich bis zu 11 Stunden. Insgesamt ergeben sich über 310 Sonnentage im Jahr. Die **Wassertemperatur** sinkt nie unter 16° Celsius; im Sommer steigt sie auf Werte bis zu 28° Celsius an.

Die **klimatischen Unterschiede** zwischen den Badeorten und dem Hochgebirge sind hoch! Dazu kommt, dass es in den Gebirgen deutlich häufiger regnet und die Temperaturen deshalb niedriger sind. Die Lufttemperatur nimmt mit der Höhe je nach Gehalt der Luftfeuchtigkeit ab. In trockener Luft reduziert sich die Temperatur um ca. 1 °C pro 100 Meter. In feuchter Luft (je nach Feuchtigkeitsgehalt) zwischen 0,4–0,9 °C. Beträgt zum Beispiel im März in Larnaka auf Meereshöhe die Lufttemperatur 20 °C, so beträgt die Lufttemperatur circa 2 °C auf dem 1.952 m hohen Gipfel Olympos. Dementsprechend fällt dort im Winter Schnee. Nicht ohne Grund gibt es hier ein Skigebiet.

Für einen **Wanderurlaub auf Zypern** eignen sich bevorzugt die Monate März bis Juni und September bis November. Februar bis März ist die Blüte und Reifezeit und es ist noch nicht so warm. In der Zeit Juni bis August, der Hauptreisezeit, fällt Niederschlag wenig bis gar nicht und es ist der sehr heiß. Von Dezember bis Februar haben viele Unterkünfte geschlossen und es ist Regenzeit. Es ist kühler und in den höheren Regionen der Berge fällt Schnee. Was aber nicht bedeutet, dass die Halbinsel in dieser Jahreszeit nicht sehenswert ist! Für alle Wanderbegeisterte ist Zypern im Winter ein Geheimtipp. Warme Sachen einpacken und die Halbinsel ganz für sich alleine haben und dabei auch noch das Leben der Einheimischen entdecken.

	J	F	M	A	M	J	J	A	S	O	N	D
Tages-temperatur	17	18	20	23	28	32	35	35	33	29	24	19
Nacht-temperatur	6	6	8	11	14	18	21	22	19	15	12	9
Sonnen-stunden	6	7	8	9	11	12	13	12	11	9	8	6
Wasser-temperatur	17	17	18	20	21	24	26	27	26	24	21	19
Regentage pro Monat	10	8	5	3	2	0	0	1	1	3	5	9

Klimatabelle für die Stadt Larnaka.

Die jeweils besten **Wetterberichte** gibt es meiner Meinung nach auf der Webseite von Meteoblue https://www.meteoblue.com/de/wetter/woche/zypern_zypern_146670. Dieser ist für 7 Tage abrufbar, dazu gibt es den Trend für die nächsten 14 Tage. Es werden jeweils Temperatur, Windrichtung, Windgeschwindigkeit, Niederschlag, Niederschlagswahrscheinlichkeit und zu erwartende Sonnenstunden angezeigt.

MÖGLICHE GEFAHREN BEI WANDERUNGEN AUF ZYPERN

Bei Wanderungen auf die höchsten Gipfel von Zypern kann in den Wintermonaten unerwartet dichter **Nebel** aufkommen. Aber fast überall befinden sich ausgetretene Pfade, teilweise mit Wegmarkierungen, um sich eindeutig zu orientieren. Ein zusätzlich heruntergeladener GPS-Track ist nicht zwingend notwendig.

Zypern wurde in den letzten Jahren vorzugsweise in den Sommermonaten von verheerenden **Waldbränden** mit Todesopfern heimgesucht. Bitte beachten Sie dementsprechende Warnungen von der Hotelrezeption, Vermietern, Medien, Ortskundigen oder Personen die sie beim Wandern treffen. Durch verantwortungsbewusstes und aufmerksames Handeln kann auch jeder Wanderer seinen Teil dazu beitragen, den Wald vor Bränden zu schützen. Was aber tun, wenn wir Urlauber in einen Waldbrand hineingeraten? Dann sollten wir „immer quer zum Wind flüchten" und peinlichst genau darauf achten, dass wir nicht in die Rauchwolken hineinkommen.

In den Sommermonaten ist die Hitze verbunden mit geringer Luftfeuchtigkeit und einer hohen **Sonneneinstrahlung** nicht zu unterschätzen. Es empfiehlt sich, Touren frühmorgens zu beginnen und für dementsprechenden Sonnenschutz und ausreichendem Wasser für sich zu sorgen. Selbst in dichter bewaldeten Regionen gibt es immer wieder Wegabschnitte unter der prallen Sonne.

Gewitter kündigen sich meistens langfristig durch hoch aufschießende Kumuluswolken an. Schutz gibt es oft in Gebäuden. Sollte dies auf einer Tour nicht der Fall sein wählen Sie einen niedrigen Punkt, beispielsweise eine Senke auf dem freien Gelände. Am sichersten ist es dann wenn Sie sich dort hinhocken – die Füße möglichst nah beieinander – um damit den Kontaktbereich zum Untergrund so gering wie möglich zu halten. Entgegen der landläufigen Meinung sollten Sie sich nicht auf den Boden legen. Auch breitbeiniges Stehen gilt es zu vermeiden, empfehlen die Gewitterforscher.

Schluchtenwanderungen sind ein spannendes Abenteuer, bergen aber auch ein erhöhtes Risiko. Vor jeder Durchquerung sollte der Wetterbericht genau studiert werden. Während und nach starken Niederschlägen können ausgetrocknete Bachbette zu reißenden Flüssen werden. In den engen Schluchten kann man vor den sehr schnell heranrauschenden Wassermassen nicht schnell genug flüchten, es besteht Lebensgefahr.

In **Hundehütten**, fest verankert an einer Kette, findet man auf Zypern viele Hunde an Ein- und Ausgängen von Ziegenhaltungen. So soll verhindert werden, dass die Ziegen ihr Revier verlassen. Neuankömmlinge wie wir Wanderer werden in der Regel durch aggressives und lautes Bellen gewarnt. Immer wieder aufs Neue erschrickt man, insbesondere, wenn der Hund an der langen Leine gehalten wird.

Auf Zypern gibt es nur die sehr scheue Levanteotter. Sie ist die einzig ernst zu nehmende **Giftschlange**, jeder Vollbiss sollte als eine gefährliche Situation beurteilt werden. Daher ist unter allen Umständen so schnell wie möglich nach einem Biss ein Arzt aufzusuchen. Jede körperliche Anstrengung nach einem Biss ist zu vermeiden. Am besten legt man sich auf den Boden und wartet auf die herbeigerufene Hilfe. Ein Arzt sollte möglichst nicht selber zu Fuß aufgesucht werden. Die Eidechsennatter und die Katzennatter haben ihre Giftzähne hinten im Maul, so kommt es sehr selten zu einem Vollbiss.

Es gibt mehrere Arten von **Skorpione** auf Zypern. Die meisten leben in wasserarmen Gebieten und verstecken sich tagsüber unter Steinen oder abgelagertem Holz. Dreht man diese um, so geraten sie in Bedrängnis und es besteht die Wahrscheinlichkeit, gestochen zu werden. Alle Skorpionarten sind giftig und der Stich ist zum Teil sehr schmerzhaft. Nach Skorpionbissen sollte ein Arzt aufgesucht werden.

Die meisten Unfälle im Gebirge ergeben sich aufgrund von **Überschätzung der eigenen Fähigkeiten**. Einige Bergtouren benötigen einen langen Zustieg und einige haben beträchtliche Höhenmeter. Verläuft man sich auf einer Tour, kommen noch schlechte Wetterbedingungen dazu, wie Temperaturen mit Regen und Nebel, ist die Tour gleich um einiges anstrengender. Bereiten Sie sich für alle Wanderungen gut vor. Auf vielen Besteigungen ist es nötig, im Vorfeld eine gute Kondition aufzubauen, um den Anforderungen gerecht zu werden.

Ausreichende **Flüssigkeitszufuhr** ist bei einem Wanderurlaub auf Zypern sehr wichtig. Wer mit zu wenig Wasser an den Start geht, dem drohen mit Sicherheit Probleme.

Besondere Aufmerksamkeit gilt den **Prozessionsspinnern**. Die haarige Plage bevorzugt die warmen und trockenen Kiefernwälder. Die Raupen werden bis zu 50 mm lang und sind mit Haaren besetzt. Diese sehr feinen Brennhaare der Raupe enthalten ein Gift, das beim Menschen eine Dermatitis auslösen kann in Kombination mit starken Hautreizungen, Allergien und Asthma. Die Spinnerinnen machen sich nachts auf Futtersuche und wandern hintereinander in Prozessionen, sind aber auch tagsüber immer öfter auf den Wanderwegen zu entdecken. Erste Hilfeempfehlung: Sollte man mit den Haaren in Kontakt gekommen sein, sofort duschen und Haare waschen, beim Abtrocknen nur tupfen und nicht reiben, um nicht weitere, eventuell noch verbliebene Nesselhaare zu zerbrechen. Betroffene Hautpartien können mit Antihistamin-Gel aus der Apotheke behandelt werden. Bei stärkerem Juckreiz oder auffälligeren Hautsymptomen einen Dermatologen aufsuchen, der, falls nötig, andere Fachärzte heranzieht. Bei heftigen allergischen Schockreaktionen ist sofort der Notarzt zu rufen!

SCHWIERIGKEITSGRADE

Die Touren sind in drei Schwierigkeitsgrade unterteilt: Blau (leicht), Rot (mittel) und Schwarz (schwer). Die Klassifizierung ist als Richtwert zu verstehen, ausschlaggebend dafür sind jene Wegabschnitte mit dem höchsten Schwierigkeitsgrad.

■ LEICHT

Spaziergänge oder einfache Wanderungen auf breiten Wegen und gut begehbaren Pfaden. Es gibt dabei keine besonderen Gefahrenstellen. Kräftige Steigungen, steinige oder rutschige Abschnitte sind jedoch möglich. Beschilderungen bestehen nicht überall und so kann es an Weggabelungen zu Orientierungsproblemen kommen.

■ MITTEL

Unwegsame und abgelegene Küstenstreifen, Bergregionen und Schluchten. Einzelne Stellen und Passagen können felsig und abschüssig sein. Diese erfordern dann Trittsicherheit, Schwindelfreiheit und die nötige Wandererfahrung. Manche dieser Strecken setzen guten Orientierungssinn im freien Gelände voraus.

■ SCHWER

Technisch anspruchsvoll und fordern aufgrund ihrer Länge und zu überwindenden Höhenmeter eine gute Kondition. Grundvoraussetzung für diese Touren sind Erfahrung und Kenntnisse bei der Orientierung im nahezu weglosen Gelände anhand von Landschaftsmerkmalen. Rechnen Sie mit schmalen, steilen, abschüssigen, rutschigen Abschnitten und schwierigen Passagen durch Schluchten. Diese Bereiche setzen Trittsicherheit, Schwindelfreiheit und teilweise erste Klettererfahrungen voraus. Diese Routen befinden sich in entlegenen Gebieten und somit ist keine rasche Hilfe zu erwarten.

EMPFOHLENE AUSRÜSTUNG

Auf allen roten und schwarzen Wanderwegen benötigt man feste über die Knöchel reichende **Wanderschuhe** mit einer griffigen Profilgummisohle.

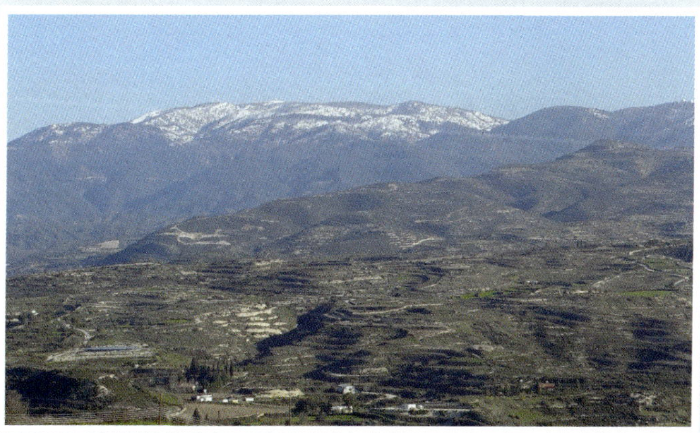

Das Troodos-Gebirge.

Leichte **„Fast-Hiking-Schuhe"** für den schnellen Wanderer oder ein technischer Schuh für Zustiege, mit denen man auch kleine Kletterpassagen problemlos meistern kann, setzen sich immer mehr durch und eignen sich für alle Wanderungen mit dem Schwierigkeitsgrad Blau.

Da oft Wege auf sehr rutschigem Untergrund verlaufen sind **Wanderstöcke** zur weiteren Unterstützung hilfreich.

Bei der Bekleidung gilt das **Zwiebelschalenprinzip**; mehrere Kleiderschichten von unterschiedlicher Dicke und Material können miteinander kombiniert werden. Dabei werden die Kleidungsstücke ähnlich den einzelnen Schichten einer Zwiebel übereinander angezogen. Der Vorteil dieses Kleidungsprinzips beruht unter anderem darauf, dass zwischen den Kleidungsschichten insgesamt mehr Luft als Wärmeisolator gespeichert wird. Außerdem lässt sich dadurch der Abtransport der beim Schwitzen entstandenen Feuchtigkeit positiv beeinflussen. So kann man sich jederzeit optimal an die äußeren Gegebenheiten anpassen. Aufgrund der Höhenstufung (bis 1.952 m Höhe) und je nach Jahreszeit (Spätherbst und Frühjahr) ist rasch trocknende Funktionskleidung sinnvoll. Sie besteht aus einer Trekkinghose und einem Windbreaker. Für Wanderungen in den alpinen Bergregionen ist Reservekleidung auch im Sommer wichtig. In den tieferen Lagen kann man aufgrund der hohen Durchschnittstemperaturen in der Regel auf

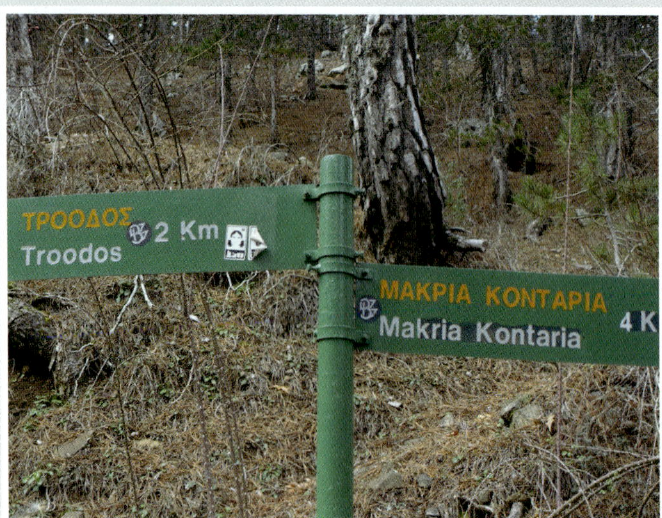

Der Wegweiser zum Pouziaris Trail.

Reservekleidung verzichten. Eine wasserfeste Jacke und Hose sind bei Gewitterschauern sehr hilfreich. Gerne wird der Regenschutz für den Rucksack vergessen.

Einige Wanderwege führen durch ständig nachwachsendes und stacheliges Buschwerk. Für diese Wegabschnitte ist eine **lange Hose** sehr sinnvoll.

Obligatorisch sind **Sonnencreme** sowie eine vor der Sonne schützende Kopfbedeckung. Eine kleine Reiseapotheke, insbesondere Desinfektionsspray, eine **Trillerpfeife** für den Notfall, gehören zur Standardausrüstung im **Rucksack**.

Ein **eingeschaltetes Handy** ist ein Muss – aber in den Schluchten gibt es nicht immer Empfang! Informieren Sie sich vor der Wanderung über die Notfallnummer und haben Sie diese auch dabei. Auf Streckenwanderungen und alpinen Wanderungen ist ein Navigationsgerät oder Smartphone mit einer Karte sowie dem heruntergeladenen **GPS-Track** sehr hilfreich.

Dort wo es keine Einkehrmöglichkeiten an den Wanderstrecken gibt, sollte dementsprechende **Tourenverpflegung** mit eingeplant werden. Genügend Müsliriegel, ein paar Bananen oder eine Handvoll Kekse reichen als Wegzehrung bei den kürzeren Touren aus. Da wir in Südeuropa wandern und die Sonneneinstrahlung sehr stark ist, sollten mindestens 1,5 l **Trinkwasser** pro Person eingeplant werden. Bei längeren Touren und an heißen Tagen sogar 3 Liter pro Person.

ORIENTIERUNG UND MARKIERUNG

Die meisten der in diesem Wanderführer beschriebenen Wege werden oft begangen, so ist fast immer ein Pfad zu erkennen. Auch Markierungen helfen bei der Orientierung – in Südzypern mehr als in Nordzypern. In Gebirgsregionen und unwegsamen Gelände unterstützen vereinzelt Steinhaufen die Wegfindung. Im nahezu weglosen Gelände erfolgt die Orientierung anhand von markanten Landschaftsmerkmalen. Dazu wird dann ein guter Orientierungssinn benötigt und die Fähigkeit, intuitiv sein Ziel zu finden. Ist dies der Fall, so wird in der jeweiligen Tourbeschreibung explizit darauf hingewiesen. Auf den meisten Wegen ist die Orientierung aber unkompliziert.

Zur weiteren Orientierung wird zum Startpunkt jeder Wanderung, jeder Sehenswürdigkeit und auch den empfohlenen Unterkünften ein **Link zur Google-Navigation** im Dezimalgrad mit angegeben. Zum Beispiel die GPS-Koordinaten: 34.871365 33.607829, definieren den Haupteingang vom Flughafen in Larnaka. Der erste aufgeführte Wert 34.871365 bezeichnet den **Breitengrad**, in diesem Beispiel nördlicher Breite, da sich der Kanal von Korinth bekannterweise oberhalb des Äquators befindet, so ist der Wert positiv. Der Breitengrad erreicht Werte von -90 ° am Südpol über -0 ° am Äquator bis +90 ° am Nordpol. Der zweite aufgeführte Wert, 33.607829, beschreibt den **Längengrad**. Die geografische Länge ist ein Winkel, der ausgehend vom Nullmeridian (0 °) – auch als Greenwich-Meridian bezeichnet – 0 ° bis **plus** 180° in östlicher und 0 ° bis minus 180 ° in westlicher Richtung gemessen wird. Da der Kanal von Korinth sich östlich vom Nullmeridian befindet, hat er ein positives Vorzeichen. Die GPS-Koordinaten in Dezimalgrad sind mit Google-Maps oder Google-Earth kompatibel. Kopiert man die GPS-Koordinaten in die Suchleiste der Webseite, so kann man sich den Punkt bis auf wenige Meter genau anschauen. Diese Werte können genauso zur Navigation bei Google Maps eingegeben werden.

WANDERKARTEN – REISEFÜHRER

Eine **Straßen- und Freizeitkarte** von Zypern, mit Ortsübersichtsplänen von Nikosia, Larnaka, Lemesos, Pafos, Famagusta, Kyrenia und Lageskizzen verschiedener antiker Ausgrabungsstätten bietet Freytag & Berndt an. | 1:150.000 | EAN: 9783707914115 |

Für Nordzypern gibt es keine adäquate Wanderkarte. Auch für Südzypern sind detaillierte Wanderkarten mit einem kleinen Maßstab Mangelware. Am meisten Detailtreue bieten die Karten:

| **Larnaka (Blatt 12)** | 1:100.000 | EAN: 9789604486694 |

| **Limassol (Blatt 13)** | 1:100.000 | EAN: 9789604486700 |

| **Paphos (Blatt 14)** | 1:100.000 | EAN: 9789604486717 |

| **AGIA NAPA – PROTARAS – PARALIMNI (Blatt 15)** | 1:100.000 | EAN: 9789604486724 |

Am besten hat mir der Reiseführer vom Michael-Mueller-Verlag gefallen. | Zypern-Reiseführer von Ralph-Raymond Braun | EAN / ISBN: 9783956546211 |

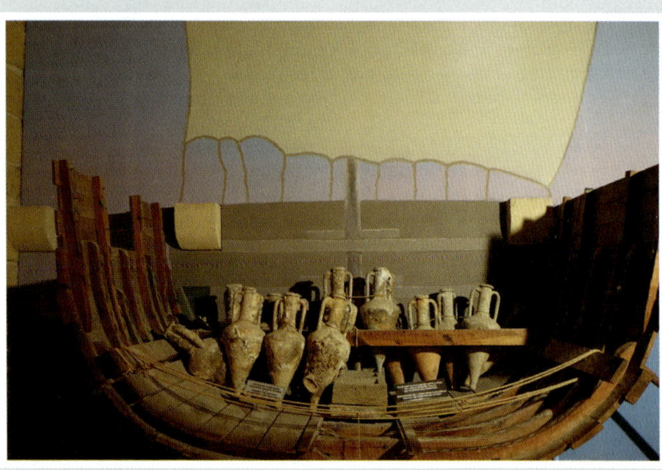

Das Schiffswrack-Museum in Nordzypern.

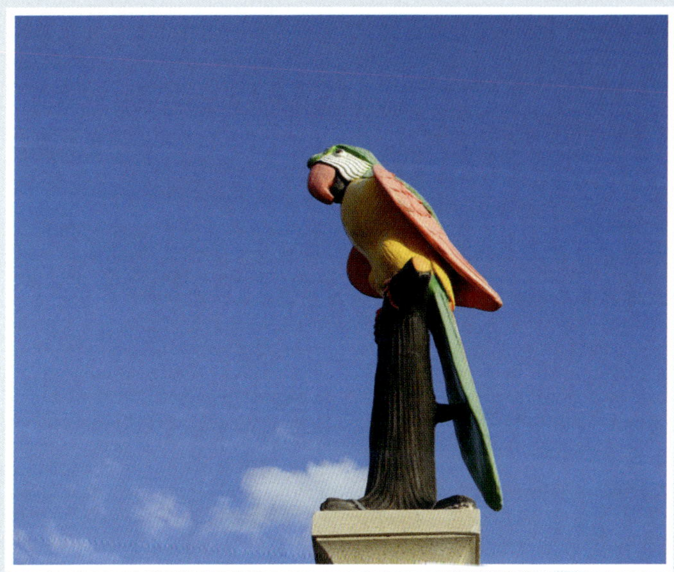

Pafos-Zoo in Südzypern.

WANDERN MIT KINDERN

Auf 35 der 55 Touren aus diesem Führer können wir als Familie auf Entdeckung gehen. Dabei nehmen wir nicht die Kinder mit – sie nehmen uns mit! Kinder brauchen keine Gipfelbesteigung, ihre Erfüllung liegt im Abenteuer oder Begegnungen mit Tieren, Pflanzen und Wasser. Auch gemeinsam Wandern mit Gleichaltrigen macht den Kindern viel mehr Spaß als alleine mit den Eltern! Als Richtwert für die Gehstrecke nennt der Deutsche Wanderverband: Lebensalter x 1,5. Ein siebenjähriges Kind schafft so zum Beispielungefähr 10,5 km. Im gebirgigen Gelände entsprechen 100 Höhenmeter einem Streckenkilometer.

TIPPS ZUM NACHHALTIGEREN REISEN AM BEISPIEL ZYPERN

Sich in ein Flugzeug zu setzen und nach Zypern zu fliegen ist schon einmal per Definition nicht umweltfreundlich. Ein Beispiel: Die einfache Flugstrecke von Frankfurt nach Larnaka beträgt circa 2.630 km. Daraus resultiert ein CO_2-Ausstoß (siehe Rechner) von ca. 1.000 Kilogramm pro Person! In Deutschland liegt der Ressourcenverbrauch bei 33 bis 40 Tonnen pro Kopf und Jahr – als global nachhaltiges Maß gelten 8 Tonnen pro Kopf und Jahr. Hin und zurück laden wir Zypern-Reisende 2 Tonnen in unseren ökologischen Rucksack. Der ökologische Rucksack drückt das Gewicht aller natürlichen Rohstoffe aus, die für Ihren Konsum anfallen. Sprich: Alle Produkte inklusive ihrer Herstellung, Nutzung und Entsorgung. Die Belastbarkeit dieser oben aufgeführten Daten ist ohne Frage streitbar. Bei Nachhaltigkeit geht es keinesfalls darum, vollständig auf das Reisen zu verzichten. Denn der Fremdenverkehr auf Zypern sichert viele Arbeitsplätze und Reisen fördert das interkulturelle Verständnis. So ist das Ziel eher einen sanften Tourismus zu praktizieren. Es bleibt unweigerlich die Frage, was kann ich Gutes für Tiere, Natur und lokale Bevölkerung tun, um nachhaltig zu reisen. Mit den nachfolgenden Tipps möchte ich Anregungen geben, die Sie auf jeder Reise anwenden können, wenn sie denn wollen.

Stand Mai 2023 wurden über 172 Millionen Bäume alleine durch den Gebrauch der Webseite **Ecosia** von Nutzern gepflanzt. Ein ausgezeichnetes Projekt für unseren Planeten!

Das Handelsblatt schreibt, dass circa 80 Buchen notwendig wären, um jedes Jahr 1 Tonne **CO_2 zu kompensieren**. Es wird dabei von Buchen ausgegangen, die im Bestand gewachsen sind, eine Höhe von 23 m aufweisen und auf einer Baumstammhöhe von 1,30 m einen Durchmesser von rund 30 cm besitzen. Um den Flug nach Zypern CO_2-neutral zu gestalten, bräuchten wir also circa 160 dieser Buchen!

Je mehr Sachen Sie mit in den Urlaub nehmen, umso **schwerer ist das Gepäck**. Desto weniger nachhaltig reisen Sie! Durch bewusstes und durchdachtes Packen spart man Gewicht, reduziert den Kraftstoffverbrauch, ist flexibler mit dem wenigen Gepäck und reist nachhaltig.

Einen Beitrag zum besseren Tourismus kann man leisten, indem man mit dem **Bus oder Zug** fährt. Leider liegen viele Wanderungen auf Zypern in abgelegenen Regionen und sind nur mit einem Fahrzeug erreichbar. Zugverbindungen gibt es nicht auf Zypern.

Die **Seife** von Dr. Bronner kann zur Pflege des Körpers, der Hände, des Gesichts, der Zähne, zur Reinigung von Kosmetikpinseln, als Tiershampoo, als Spülmittel und vieles mehr verwendet werden. Das alles ohne synthetische Schaumbildner, Verdickungsmittel und Konservierungsstoffe. Für alle umweltfreundlichen Produkte werden ethische, soziale und ökologische Verantwortung übernommen – die Welt nachhaltig zu verbessern. Der perfekte Begleiter, wenn man nur mit leichtem Gepäck unterwegs ist.

Per Definition ist **Outdoorbekleidung** schon von langer Lebensdauer. Der erste Pluspunkt auf dem Wege zu verbesserter Nachhaltigkeit. Weitere Kriterien sind ausschließlich nachwachsende Rohstoffe oder recycelte und recycelfähige Polyestermaterialien einzusetzen, Fasern bei der Erzeugung einzusetzen, die ressourcenschonender sind, weniger Energie gebrauchen, Artikel ohne Biozide herzustellen und zur Herstellung zu verwenden und bei wasserabweisenden Stoffen auf den chemischen Stoff (PFC) Fluorcarbon zu verzichten. Ideal ist, wenn der Bekleidungshersteller ein Kreislaufsystem betreibt, bei dem Produkte zurückgenommen werden und in Form eines neuen Kleidungsstückes ein zweites Leben erhalten. Gütesiegel wie der jedes Jahr auf der ISPO verliehene „Award Eco Responsibility, Bluesign Standard“ der gemeinnützigen Organisation FWF (Fair Wear Foundation) oder Gots (Global Organic Textile Standard) geben Entscheidungshilfe beim Kauf.

Wählen Sie für Ihre Übernachtungen **Biohotels, Biogasthöfe und Biobauernhöfe**. Siehe Webseite https://www.agrotourism.com.cy.

Organisieren Sie Ihre Tour über einen Reiseveranstalter, achten Sie darauf, dass er nach einem **etablierten Gütezeichen zertifiziert** ist – zur Erkennung von Reisen im Sinne des nachhaltigen Tourismus. Viele Reiseveranstalter orientieren sich an dem Gütesiegel TourCert. Nur so kann gewährleistet werden, dass der Reiseveranstalter soziale und ökologische Verantwortung übernimmt; über gesetzliche Vorgaben hinaus.

Nehmen Sie eine Trinkflasche mit auf Reisen, um zusätzliche **Plastikflaschen** zu vermeiden.

Versuchen Sie möglichst **papierlos zu reisen**. Klassischerweise enden Reiseplaner oder Papierkarten nach dem Urlaub entweder im Müll oder im Schrank, bis sie dann doch weggeschmissen werden. Laden Sie sich alle Wanderungen aus diesem Wanderführer und die dazu passenden Karten auf ein Smartphone. Auch kann die Offlinekarte des Zielortes in der Google-Maps-App heruntergeladen werden. Alle anderen Reisedokumente sollten digital abgelegt sein, zum Beispiel in einer Cloud, um weniger Müll zu produzieren und damit nachhaltiger zu reisen.

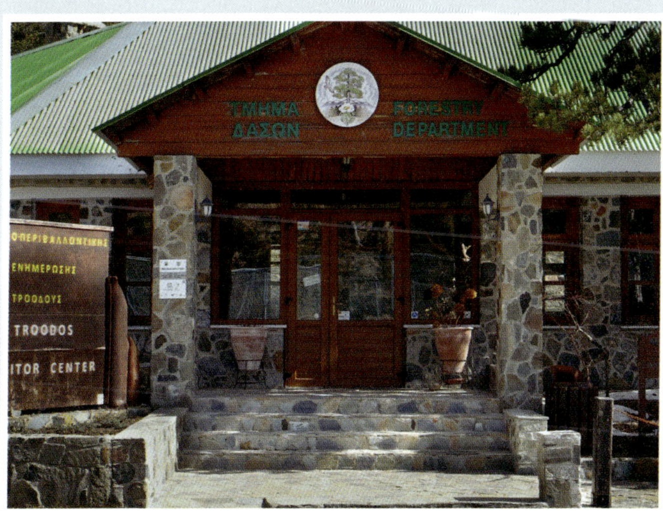

Das Besucherzentrum des Nationalparks Troodos

Möchte man Druck-Erzeugnisse wie eine Karte, einen Reiseführer oder einen Wanderführer kaufen, so gibt es mit der kleinen Firma MapFox einen deutschen Anbieter. 6 Mitarbeiter, die in Deutschland Steuern zahlen, präsentieren 66.000 Titel. Vom Sortiment sowie von den Preisen absolut konkurrenzfähig im Vergleich mit riesigen Online-Versandhändlern.

Als größter Recommerce-Anbieter Deutschlands kauft Momox gebrauchte Bücher, CDs, DVDs und Spiele an und geben Ihnen ein zweites Leben.

Lassen Sie nirgendwo **Müll** liegen, nehmen Sie Ihren eigenen Müll wieder mit, verwenden Sie Mülleimer, ja, sammeln Sie am Strand Müll ein. So respektiert man die Umwelt & Natur vor Ort. Sagen Sie „Nein" zu Plastik (Tüten, Strohhalme etc.).

Essen Sie in lokalen und kleinen Restaurants, um die ortsansässigen Einwohner zu unterstützen. Lassen Sie sich auf die kulinarischen Köstlichkeiten Zyperns ein. Reduzieren Sie Ihren **Fleischkonsum**.

Buchen Sie Ihren **Mietwagen** mit Autovermietern aus Zypern und nicht internationalen Konzernen. Achtsamkeit ist geboten beim **Kauf von Souvenirs**! Nachhaltig handelt, wer Handarbeit und heimische Produkte kauft und importierte Massenware liegen lässt.

Servicekräfte, die einen im Urlaub bedienen, bekochen und fahren, bekommen eine geringere Entlohnung als die Unternehmen, die dahinterstehen. Obwohl die Preise in der Gastronomie auf der Zypern den Preis für den Service meistens beinhalten, sollte man trotzdem 5 % **Trinkgeld** geben – natürlich nur, wenn der Service angemessen war.

Benutzen Sie nur noch **umweltfreundliche Sonnencreme**. Die in Creme enthaltenen chemischen und giftigen UV-Filter Oxybenzon und Octinoxat zerstören bei zu hoher Konzentration Lebewesen in Seen.

Die Vereinten Nationen schreiben, dass 4,2 Milliarden Menschen weltweit ohne sichere Sanitärversorgung sind und 893 Millionen Menschen ihr Geschäft im Freien machen. Was also tun, wenn die **Notdurft** auf der Wanderung nicht mehr zu verhindern ist? Die einfachste Variante, sich den Hintern ohne Klopapier zu säubern, ist die Kombination aus Wasser und Waschlappen oder Stofflappen. Weiterhin gibt es für unterwegs eine kleine und wieder auffüllbare Handdusche von „HappyPo". Die Verwendung von Tempotaschentüchern geht überhaupt nicht! Diese lösen sich in der Natur nur sehr schwer auf! Recycling-Toilettenpapier ist eine Wahl. Mein Tipp: Beim Projekt „Goldeimer" gibt es ein dreilagiges und 100 % Recycling-Toilettenpapier mit Blauen Engel, beim Kauf unterstützt man Sanitärprojekte in Ländern, die keine gute eigene sanitäre Infrastruktur haben. Im Fall der Fälle entfernen Sie sich zur Notdurft so weit wie möglich vom Wanderweg und tarnen Sie Ihre Hinterlassenschaften mit Steinen oder Blättern.

Bleiben Sie, wenn vorhanden, auf **vorgegebenen und markierten Wanderwegen**. So werden keine sensiblen

Ökosysteme zertrampelt und keine Tiere gestört. Dadurch erhalten wir einerseits ihren Lebensraum und schützen andererseits ihren Zufluchtsort in der Natur.

Auch wenn die Tipps nur kleine Schritte aufzeigen: Jede Verbesserung zählt!

MEINE LIEBLINGSTOUR

Das Cape Aspro ist eine Reihe von faszinierenden Kalksteinklippen aus Sedimentschichten und abgestorbenen Lebewesen. Diese Tour führt zum Rand der Klippen und auch über ein circa 200 m hoch gelegenes Plateau mit einer faszinierenden Aussicht entlang der Steilküste und auf das Mittelmeer. Dann erfolgt der Abstieg durch eine Schlucht zu einem abgelegenen Kieselsteinstrand ohne jegliche touristische Infrastruktur.

→ Tour 28, Seite 125

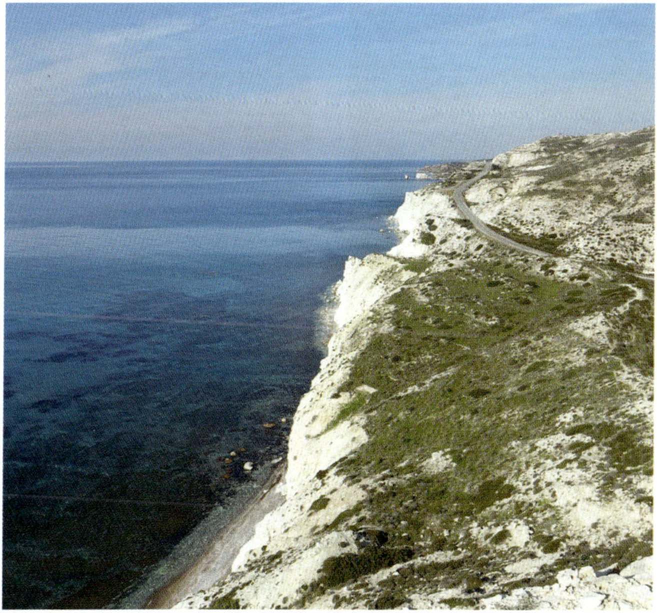

Vom Pfad ergibt sich nach kurzem Aufstieg eine schöne Aussicht.

MEINE HIGHLIGHTS

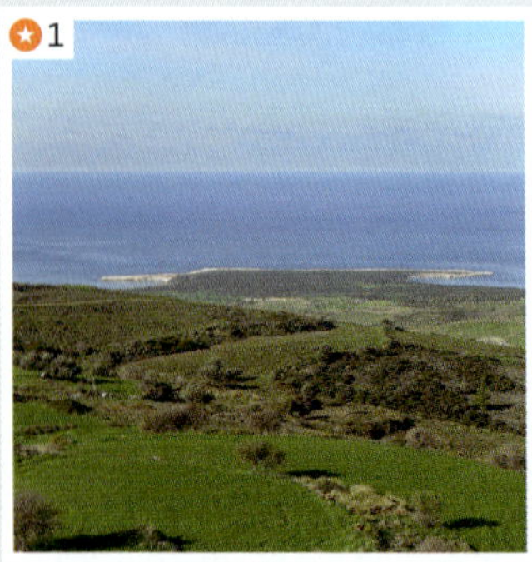

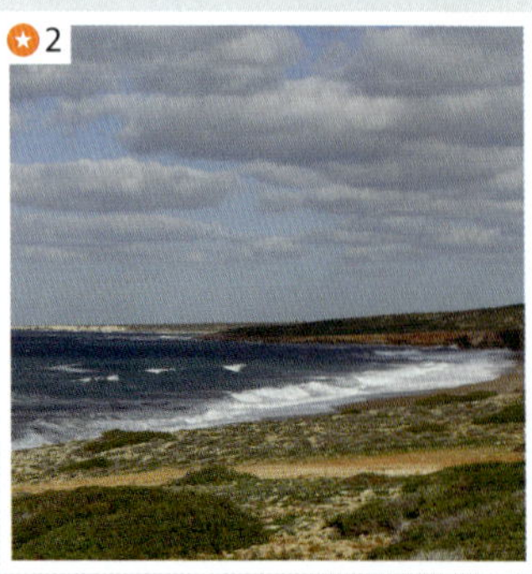

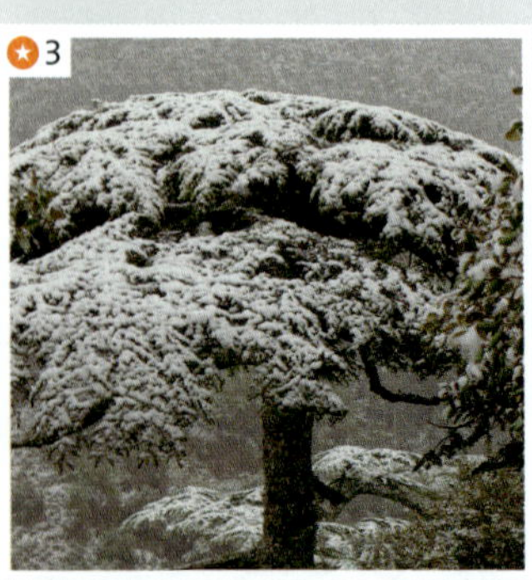

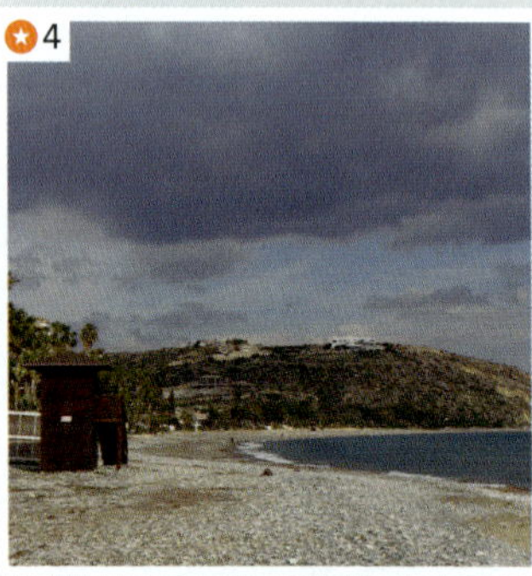

- **1: Lara-Beach | Zwei der schönsten Strände auf der Insel Zypern**
  → Tour 3, Seite 49
- **2: Avakas Gorge | Eine der schönsten Schluchten auf Zypern**
  → Tour 8, Seite 64
- **3: Tripylos, 1362 m | Die endemische Zypern-Zeder**
  → Tour 15, Seite 86
- **4: Cape Aspro | Spektakuläre Wanderung am Abgrund**
  → Tour 27, Seite 122
- **5: Cape Greco | Der östlichste Punkt der Republik Zypern**
  → Tour 37, Seite 152
- **6: Kumyali – Karpaz Beach | Ein versteckter Traumstrand**
  → Tour 39, Seite 159
- **7: Golden Beach | Der schönste Strand der Insel**
  → Tour 40, Seite 162
- **8: Kantara | Aufstieg zu einer mittelalterlichen Burgruine**
  → Tour 42, Seite 168
- **9: Famagusta (Gazimağusa) | Ein einzigartiges Ensemble**
  → Tour 46, Seite 180
- **10: St. Hilarion Castle | Aussichtspunkt und Gipfelburg**
  → Tour 49, Seite 192

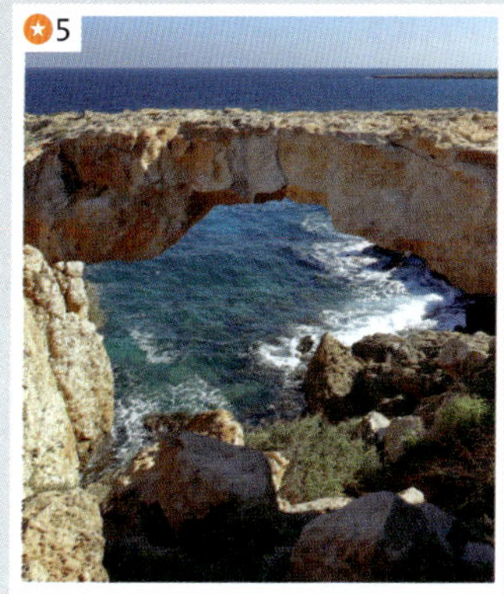
5

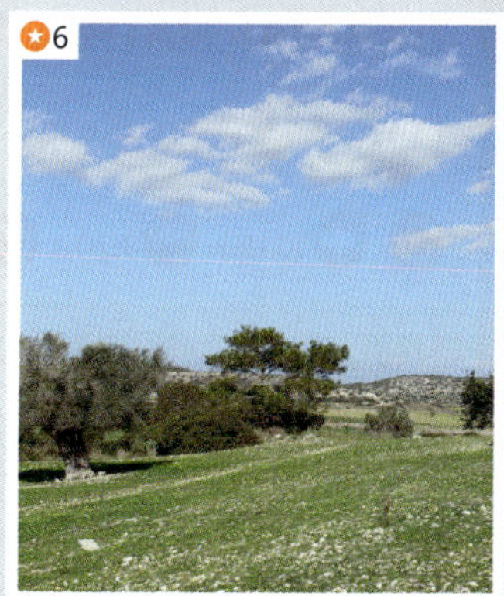
6

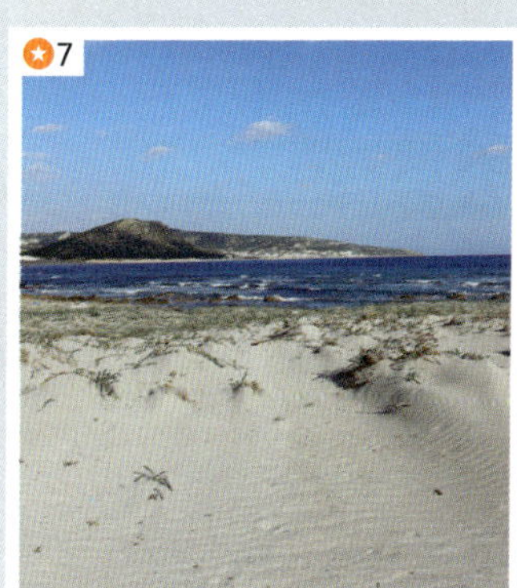
7

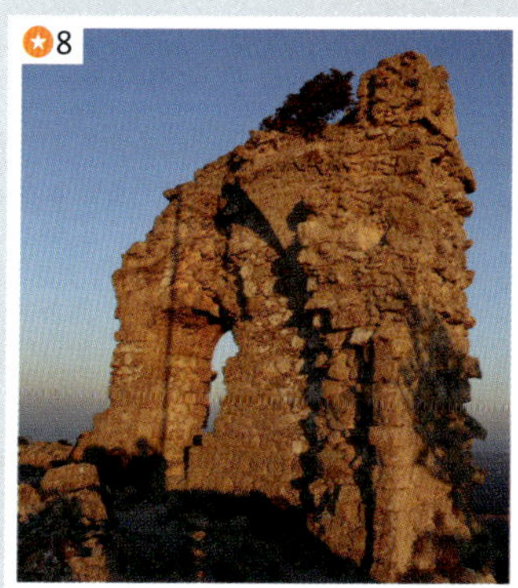
8

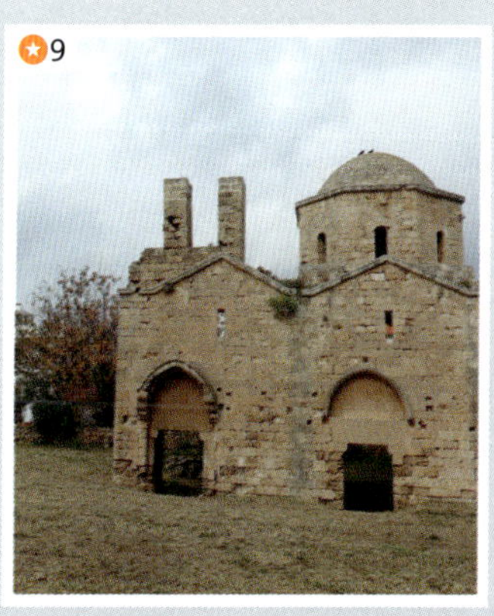
9

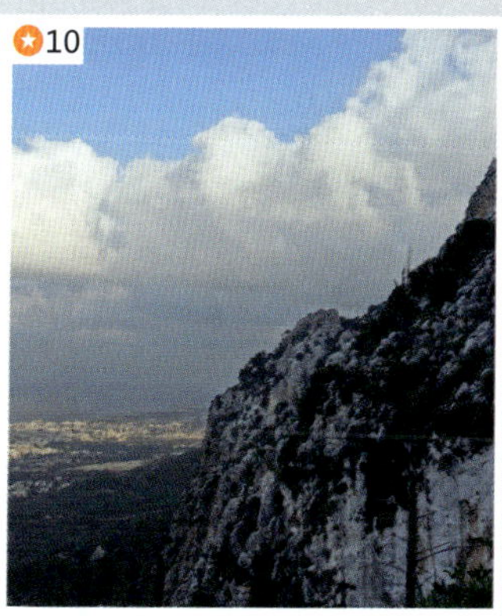
10

1

AKAMAS NATIONAL PARK

Das Bad der Aphrodite und faszinierende Aussichtspunkte

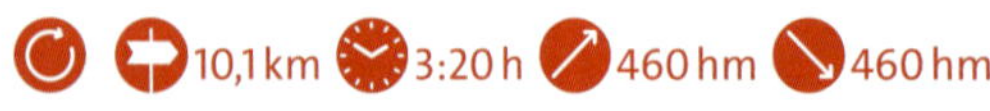

START | Großer Parkplatz ca. 200 m entfernt vom Bad der Aphrodite und unmittelbar vor dem gleichnamigen Restaurant. 10 km nordwestlich von Polis. [GPS: 35.056183 32.346933]
ÖPNV: Buslinie 666 ab Polis.
CHARAKTER | Einfache Bergwanderung mit leichten Anstiegen ohne besondere technische Anforderungen. Orientierung problemlos. Beste Wanderzeit: Ganzjährig. Art des Weges: 5 % Straße und Piste und 95 % angelegter Wanderweg.

Nachdem die Akamas-Halbinsel nicht mehr als Truppenübungsplatz genutzt wird, wurde ein Nationalpark zum Schutz der Natur eingerichtet. Auf dem zunächst sehr aussichtsreichen Wanderweg staunen wir nicht schlecht über die nun geschützte, wunderschöne, wilde und unberührte Landschaft. Besonders beeindruckend ist auch die Aussicht vom Gipfel des Berges Moutti tis Sortiras: Richtung Nordwesten die Akamas-Halbinsel und im Südwesten die Höhen des Troodos-Gebirges. Eine besondere Sehenswürdigkeit auf der Tour ist die Grotte der Aphrodite – die Göttin der Liebe und Schönheit – die der Legende nach dort zu baden pflegte. Die Mythologie berichtet weiterhin, dass Aphrodite an dieser Stelle auch den schönen Adonis kennenlernte.

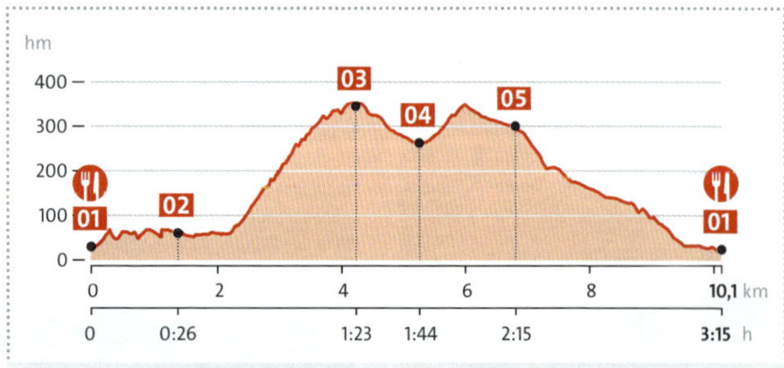

01 Parkplatz Bath of the Aphrodite, 24 m;
02 Akamas Peninsula Kreuzung, 56 m; 03 Moutti tis Sortiras, 370 m;
04 Aphrodite/Adonis Oak Tree, 258 m; 05 Kefalovrisia Spring, 287 m

Nach Aphrodite und Adonis wurde auch eine mächtige, über 500 Jahre alte Eiche benannt – an der wir auf der Tour vorbeikommen. An dieser Eiche befinden sich noch eine Quelle (kein Trinkwasser) und die Ausgrabungsstätte und sogenannte Ruine „Pyrgos-tis Rigenas“ (Turm der Königin) – ein ehemaliges Kloster aus der byzantinischen Epoche. Einen perfekten Abschluss findet der Tag bei gutem Essen und einen schönen Blick auf das Meer, im Restaurant am Start und Ziel.

▶ In westliche Richtung verlassen wir den 01 **Parkplatz Bath of the Aphrodite (24 m)** und wandern nur wenige Meter entlang der Straße, um hinter der Pforte in den botanischen Garten zu gelangen. Über den Pfad am rechten Rand der Anlage gelangen wir zu einem Pflastersteinweg, der am „Bad der Aphrodite“ („Bath of the Aphrodite“) endet. Der weiterführende Weg ist ausgeschildert Richtung „Nature-Trail“ und führt dann über eine Treppe bergauf. Bei einer Informationstafel wählen wir den weiter bergaufführenden Weg. Weiter oben ergibt sich eine wunderschöne Aussicht über das Meer. Bei dem rostigen Richtungspfeil, der nach links zeigt, verlassen wir nun den breiten Weg und marschieren halb rechts weiter. Der zunächst schmale Pfad mündet dann aber wieder in eine breite Piste. Nach einigen Metern bergab – auf Höhe eines breiten, starken Bretts (Holzplanke) – wählen wir an der 02 **Akamas Peninsula Kreuzung (56 m)** den halb links weiter bergaufführenden Pfad. Die wenigen Äste, die in den Pfad ragen, sind leicht wegzudrücken. Links und rechts (hier hinunter zu einer Piste) abzweigende Pfade lassen wir unbeachtet. Hinter einer Sitzbank durchwandern wir zunächst eine lang gezogene Linkskurve – es ergeben sich zahlreiche einmalige Aussichtspunkte, bis dann der Pfad im Zickzack unterhalb eines felsigen Gipfels steiler aufsteigt. Hinter zwei weiteren Sitzbänken verliert der Pfad noch einmal an Höhe, bis dann ein rechts abbiegender Pfad uns bis zum Gipfelplateau und Gipfel des 03 **Moutti tis Sortiras (370 m)** bringt – der schönste Aussichtspunkt

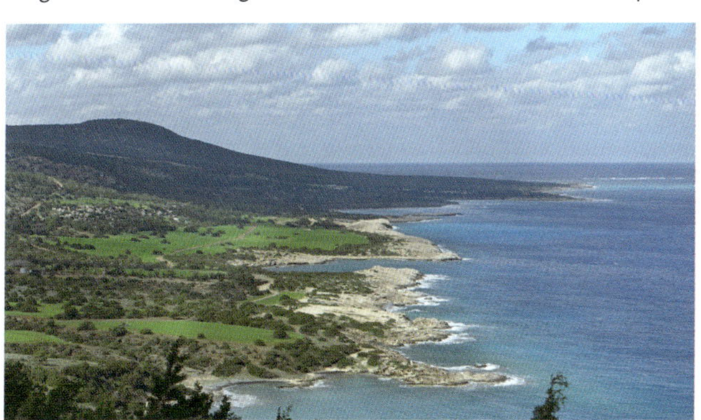
Die nördliche Küste der wilden und unberührten Akamas-Halbinsel.

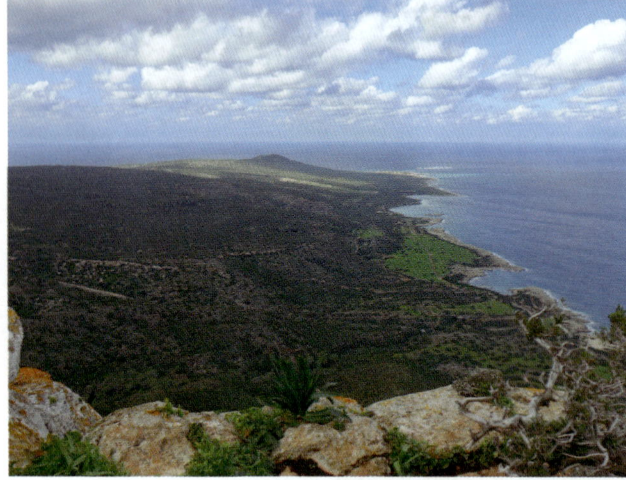
Die Akamas-Halbinsel vom 370 m hohen Berg Moutti tis Sortiras gesehen.

auf der Tour. Auf dem bekannten Hinweg steigen wir ab, um auf dem querenden Weiterweg zu gelangen. An einer 4-Wege-Gabelung angekommen wählen wir den linken Zweig, der bereits nach einigen Metern in eine breite Piste mündet, der wir weiter bergab folgen. In der nächsten Rechtskurve der Piste lassen wir den geradeaus weiterführenden Weg links liegen und folgen dem Verlauf des Hauptwegs bis zu einer Informationstafel. Knapp 80 m hinter dieser (westliche Richtung) befinden sich die Ruinen „Pyrgos tis Rigenas", ein ehemaliges byzantinisches Kloster. 50 m in südliche Richtung, hinter der Informationstafel, befindet sich der monumentale und sogenannte 04 **Aphrodite/Adonis Oak Tree (258 m)**. Wir lassen die Eiche links liegen, überqueren den Bachlauf – passieren nicht den Brunnen halb links – sondern marschieren auf dem halbrechten und auch ausgeschilderten Adonis-Trail. Der nun wieder bergaufführende Pfad durchquert einen lichten Wald und bringt uns zu einer Einsattelung. Schließlich mündet der Pfad in eine breite Piste. An der nächsten Gabelung – auf Höhe einer großen Kiefer – wählen wir den halblinken Weg, der uns zu einem Bachlauf und der 05 **Kefalovrisia Spring (287 m)** führt. An zwei grünen Bänken vorbei führt der weitere Pfad nun durch eine kleine, zunehmend enger werdende Schlucht. Es folgen weitere schöne Aussichtspunkte. Auf einer Lichtung ignorieren wir die nach links abbiegende Fahrspur. Wir passieren neuerlich eine grüne Bank. Immer auf dem Hauptweg bleibend lassen wir abbiegende und in unseren Weg mündende Pisten unbeachtet. Schließlich kommen wir an der Zufahrtsstraße zu dieser Tour an, links kehren wir bis zum Ausgangspunkt 01 **Parkplatz Bath of the Aphrodite (24 m)** zurück.

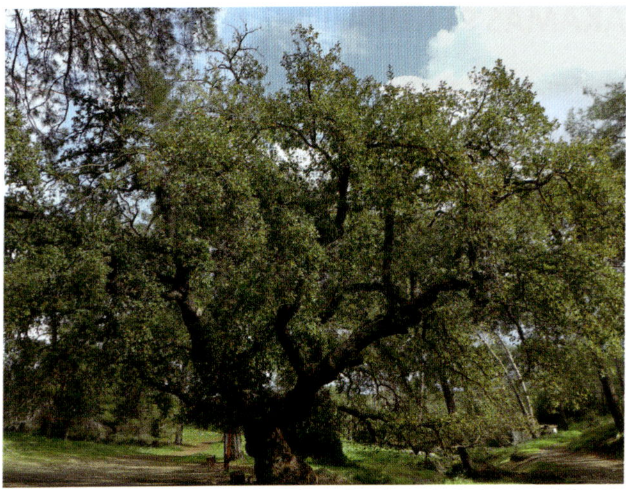

Der monumentale und 500 Jahre alte Aphrodite Adonis Oak Tree (Eiche).

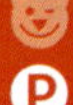
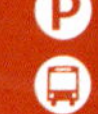
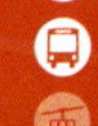

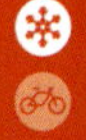
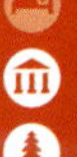

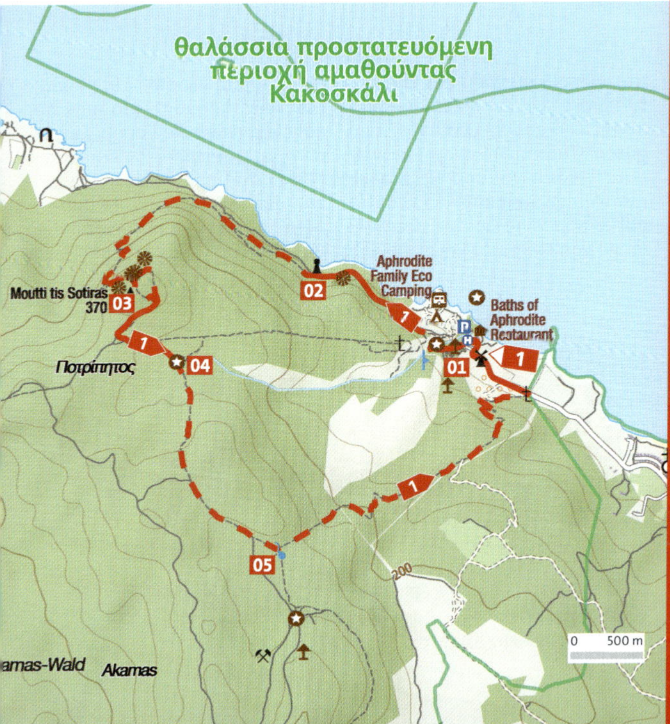

θαλάσσια προστατευόμενη
περιοχή αμαθούντας
Κακοσκάλι

Aphrodite
Family Eco
Camping

Baths of
Aphrodite
Restaurant

Moutti tis Sotiras
370

Ποτρίπητος

01
02
03
04
05

200

0 500 m

amas-Wald
Akamas

2

AKAMAS PENINSULA

Der lange Weg zum westlichsten Punkt der Insel Zypern

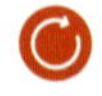 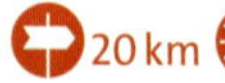 20 km  6:15 h 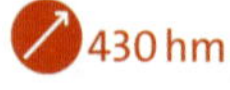 430 hm 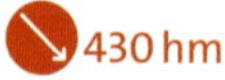 430 hm

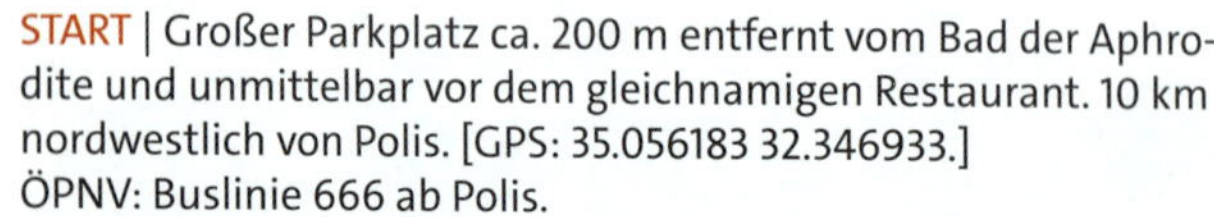

START | Großer Parkplatz ca. 200 m entfernt vom Bad der Aphrodite und unmittelbar vor dem gleichnamigen Restaurant. 10 km nordwestlich von Polis. [GPS: 35.056183 32.346933.]
ÖPNV: Buslinie 666 ab Polis.

CHARAKTER | Lange und anstrengende Wanderung mit leichten Anstiegen ohne besondere technische Anforderungen. Auf einem weglosen Abschnitt wird guter Orientierungssinn benötigt.
Beste Wanderzeit: Ganzjährig.
Art des Weges: 5 % Straße, 5 % weglos und Piste und 90 % angelegter Wanderweg.
Hinweis: Genügend Trinkwasser und Proviant für einen ganzen Tag mitnehmen.

Nur wenige brechen auf, die Naturlandschaft der Akamas-Halbinsel zu erkunden. Das hat seinen guten Grund: Der Weg ist zwar durchwegs leicht und weist auch nur wenige Steigungen auf, dafür gilt es aber eine Gesamtstreckenlänge von knapp 20 km zu bewältigen. Wahrhaft eine gute Kondition wird benötigt, um eine der abgelegensten Regionen auf Zypern zu erreichen. Zu entdecken gibt es dort endemische Pflanzen wie den Zypern-Lotwurz und Zypern-Salbei. Zahlreiche sandige Buchten am türkisfarbenen Meer

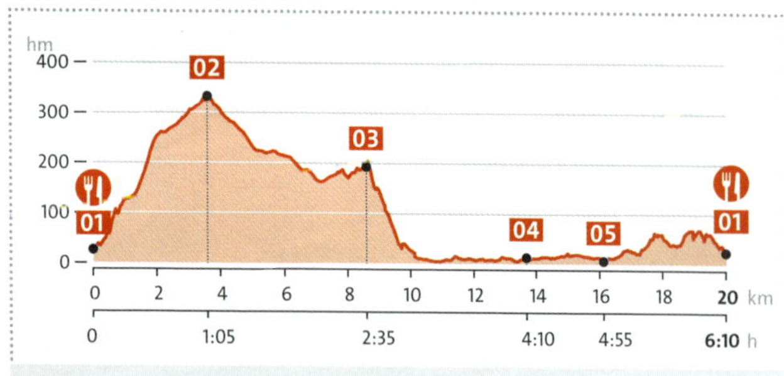

01 Parkplatz Bath of the Aphrodite, 24 m; 02 Höchster Punkt, 333 m; 03 Akamas Lighthouse, 201 m; 04 Fontana Amorosa, 7 m; 05 Amphitheatre Beach, 1 m

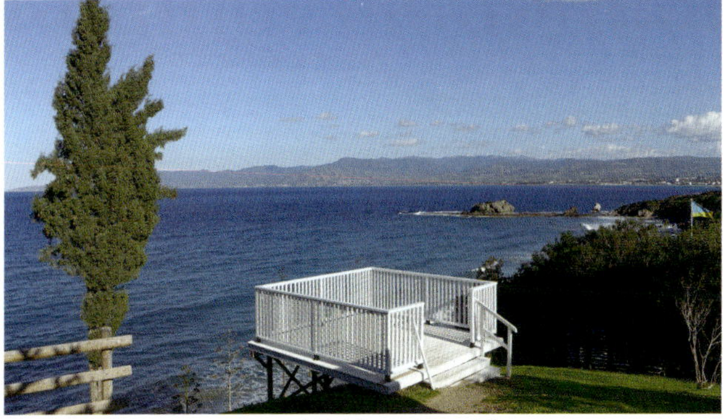

Beim Restaurant am Start und Ziel liegt eine schöne Aussichtsplattform.

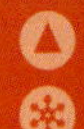
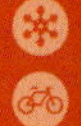
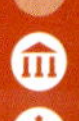

erlauben immer wieder ein erfrischendes Bad mit in die Tour mit einzubinden. Besonders empfehlenswert ist diese Rundwanderung für Wanderer, die auf der Suche nach Schönheit, ewiger Jugend und Liebe sind. Die am Weg liegende „Fontana Amorosa" – die Liebesquelle – nur ein betoniertes Wasserbecken, verspricht der Legende zufolge nach dem Genuss des kühlen Nasses schön, jung und verliebt zu werden. Nun denn, auf den Versuch kommt es an. Einen perfekten Abschluss findet der Tag bei gutem Essen mit schönem Blick auf das Meer im Restaurant am Start und Ziel.

▶ Vom **01** **Parkplatz Bath of the Aphrodite (24 m)** marschieren wir in westliche Richtung, passieren den botanischen Garten und orientieren uns ein kurzes Stück an dem Wegweiser Richtung Fontana Amorosa 6 km. Auf Höhe eines großen Felsens am Wegrand wählen wir einen der beiden linken Wege, ignorieren dann aber kurz darauf den links abbiegenden Weg zum Bad der Aphrodite. Bei einer großen Informationstafel beginnt der Aufstieg auf dem sogenannten Adonis-Trail. In der nächsten Linkskurve beachten wir den halb rechts abzweigenden Pfad nicht. Nach längerem Aufstieg folgt ein ebenes Wegstück – ab hier ist bereits rechts oberhalb der Berg Moutti tis Sortiras (siehe Tour 01) zu erkennen. Ein rostiges Gestell markiert den nächsten Orientierungspunkt. Hier bringt uns der halbrechte Weg weiter bergauf Richtung Einsattelung. Aus dem Pfad wird eine Piste, die wiederum mündet in eine noch breitere Piste. Den nächsten nach rechts abzweigenden Pfad zum Gipfel des Moutti tis Sortiras lassen wir unbeachtet. Unsere breite Piste endet an einer querenden Piste mit einer Informationstafel. Die rechte Piste bringt uns weiter, kurz später überqueren wir den **02** **Höchster Punkt (Highest Altitude) (333 m)**. Der breite Weg führt nun gemächlich bergab – Richtung eines weit entfernten Gipfels mit Ruine – zu sehen am nördlichen Ende der Halbinsel. Bei einer großen Wegkreuzung angekommen bleiben wir noch einige Meter auf

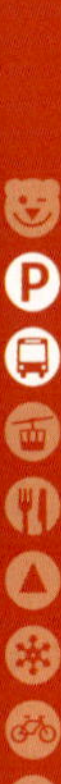

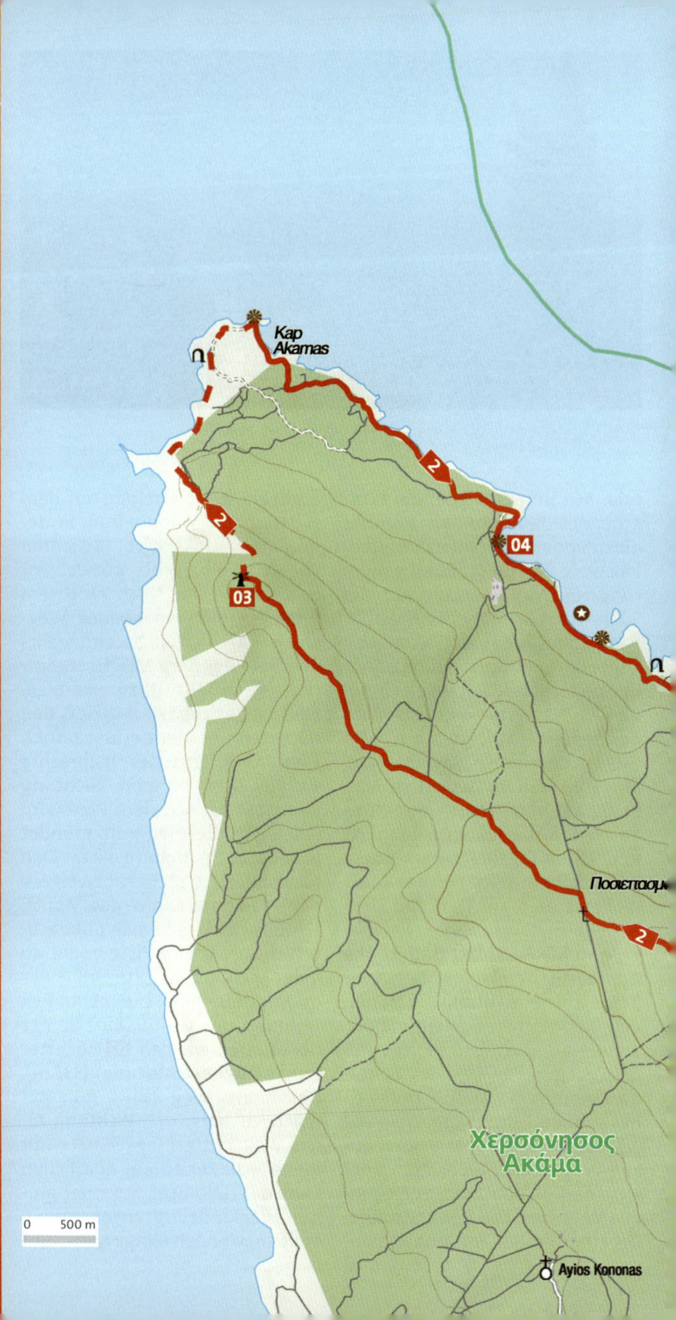

Kap Akamas

2

04

2

03

Ποσιεπασμ

2

Χερσόνησος Ακάμα

Ayios Kononas

0 500 m

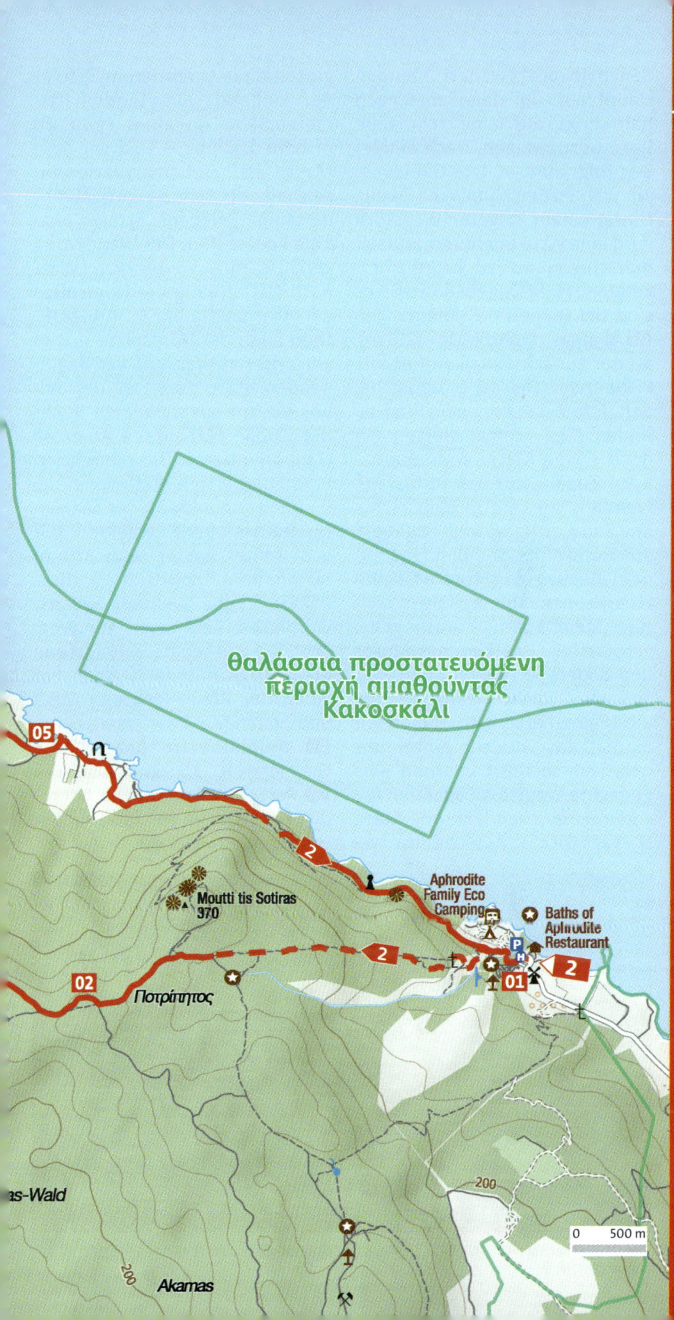

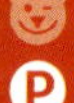
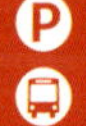
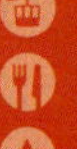
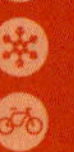
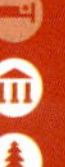

θαλάσσια προστατευόμενη
περιοχή αμαθούντας
Κακοσκάλι

05

2

Aphrodite
Family Eco
Camping

Baths of
Aphrodite
Restaurant

Moutti tis Sotiras
370

2

2

02

01

Ποτρίπητος

as-Wald

200

0 500 m

200

Akamas

dem halb rechts weiterführenden Hauptweg, um dann aber nach halb links auf eine schmalere Piste abzuzweigen. Nach einiger Zeit folgt eine weitere Gabelung, wir wählen den halblinken Zweig. Hinter einem längeren Wegstück wird eine Piste überquert und wir marschieren auf ein kaum zu erkennendes Steingebäude zu; es sind die Ruinen des ehemaligen 03 **Akamas Lighthouse (201 m)**, an der zunächst die komfortable Piste endet. Hier ist es schwierig, den selten begangenen Pfad zu finden! Erst einmal steigen wir noch einige Meter zum ehemaligen Zugangstor des Turms auf, wandern circa 20 m halb rechts am Zaun entlang und beginnen auf Höhe eines Steinhaufens mit dem Abstieg. Ein Pfad ist kaum zu erkennen, aber es folgen weitere Steinhaufen – auch gelbe verblasste Markierungspunkte am Boden. Je weiter man vorankommt, umso besser ist nun ein Pfad zu erkennen. Haben wir einmal das Dickicht hinter uns gelassen, so führt uns nun eine gedachte Wegtrasse über den felsigen Bergrücken Richtung Meer. Dieses Stück ist nun definitiv weglos und die Orientierung erfolgt nur anhand von Landschaftsmerkmalen. An einer etwa 40 m hohen Klippe – kurz vor dem Meer – befindet sich auf der linken Seite der Landzunge der wunderschön gelegene Strand Akamas Peninsula I. Die Wanderung verläuft nun weiter von West nach Ost entlang der Nordspitze der Akamas-Halbinsel. Am östlichen Ende der Nordspitze setzen wir unseren Weg auf der beginnenden Piste fort, an der wir uns bis zur spektakulären Bucht mit Quelle 04 **Fontana Amorosa (7 m)** orientieren. Die zahlreichen Pfade und Pisten erschweren die Wegfindung entlang der Ostküste der Halbinsel, während wir uns immer weiter dem 370 m hohen Berg Moutti tis Sortiras nähern. Eine weitere Sehenswürdigkeit liegt noch am Weg. Dort wo von rechts eine Piste in die unsrige mündet wählen wir einen der Pfade Richtung Meer und gelangen zum versteckten 05 **Amphitheatre Beach (1 m)**. Die letzten 3,8 km bis zum 01 **Parkplatz Bath of the Aphrodite (24 m)** legen wir dann auf der Hauptpiste zurück.

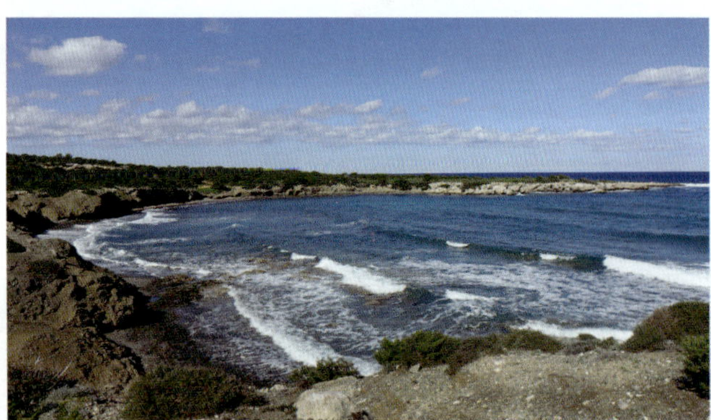

Die Bucht und der Strand Fontana Amorosa auf der Akamas-Halbinsel.

LARA-BEACH

Zwei der schönsten Strände der Insel Zypern

 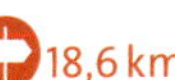 18,6 km 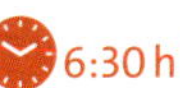 6:30 h 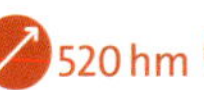 520 hm 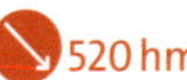 520 hm

START | Zwei Parkplätze beim Ausgangspunkt unterhalb einer Kapelle. Anfahrt über die Dörfer Drouseia und Ineia. 13 km südwestlich von Polis. [GPS: 34.959583 32.372750]
CHARAKTER | Lange und anstrengende Wanderung mit einem langen, aber leichten Aufstieg und Abstieg ohne besondere technische Anforderungen.
Beste Wanderzeit: Ganzjährig.
Art des Weges: 10 % weglos und 90 % asphaltierte Straße und Schotterpiste.
Hinweis: Genügend Trinkwasser und Proviant für einen ganzen Tag mitnehmen

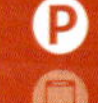
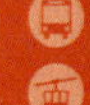

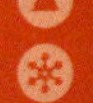

Die klassische Route zu den Lara-Stränden beginnt in dem Ort Pegeia und führt 12 km (einfache Richtung) über eine wilde Piste – die nach heftigem Niederschlag unbefahrbar ist – und bei normalen Verhältnissen auch nur mit einem Geländewagen sicher befahren werden kann. Aufgrund dieser Widrigkeiten ist diese Region des Akamas-Nationalparks auf der Akamas-Halbinsel ein kleines, vom Tourismus unberührtes Paradies geblieben. Die beiden Strände sind einfach traumhaft! Der südliche Kieselsteinstrand ist 700 m breit. Die nördliche Bucht ist noch um einiges schöner, da unmittelbar hinter dem feinen goldfarbenen Sandstrand – nur wenige Kieselsteine – noch 20 m hohe Sanddünen die Kulisse verfeinern. Von Juni bis Au-

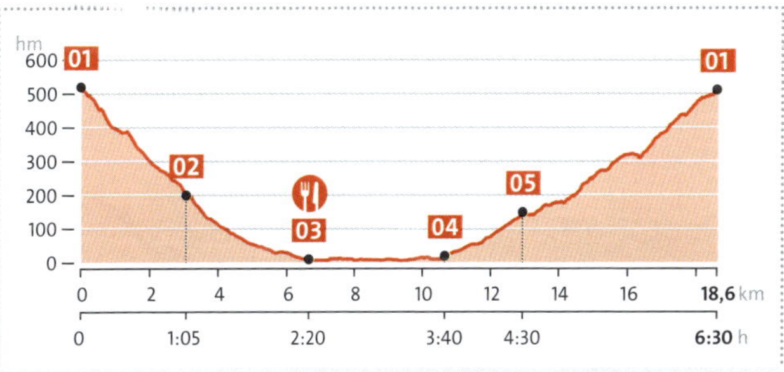

01 Kapelle Anastazosa, 503 m; 02 Schotterstraße, 214 m; 03 Lara-Beach-South, 7 m; 04 Lara-Beach-North, 3 m; 05 Schlüsselstelle, 139 m

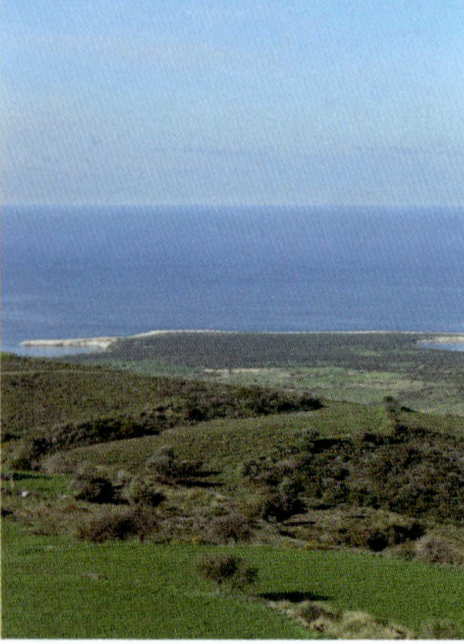

Die südwestlichen Berghänge der Akamas-Halbinsel.

gust (nur nachts) legt die Unechte Karettschildkröte an diesem Strand ihre Eier ab. Dann stehen zahlreiche Schutzkäfige in der Bucht. Schilder mit der Aufschrift warnen: „Turtle Nest, Do Not Disturb“. So schlüpfen jährlich Tausende von Schildkröten. Diese hier beschriebene Route über abgelegene und unbefahrene Pisten beschreibt die kürzeste Wanderstrecke zu den Lara-Stränden.

▶ Von der 01 **Kapelle Anastazosa (503 m)** marschieren wir auf der bergabführenden Zufahrtsstraße bis zur ersten Gabelung, wo von halb rechts unser Rückweg einmündet, wir aber halb links weiterwandern. Wir passieren zahlreiche Olivenbaumhaine sowie auch Anbauflächen – die auch im Frühling bewirtschaftet werden. Immer wieder finden sich zwischen den asphaltierten Straßenabschnitten schottrige Wegstücke. Eine links abzweigende 02 **Schotterstraße (214 m)** beachten wir nicht. Nach einem langen Wegstück erreichen wir eine querende Piste und marschieren links Richtung der circa

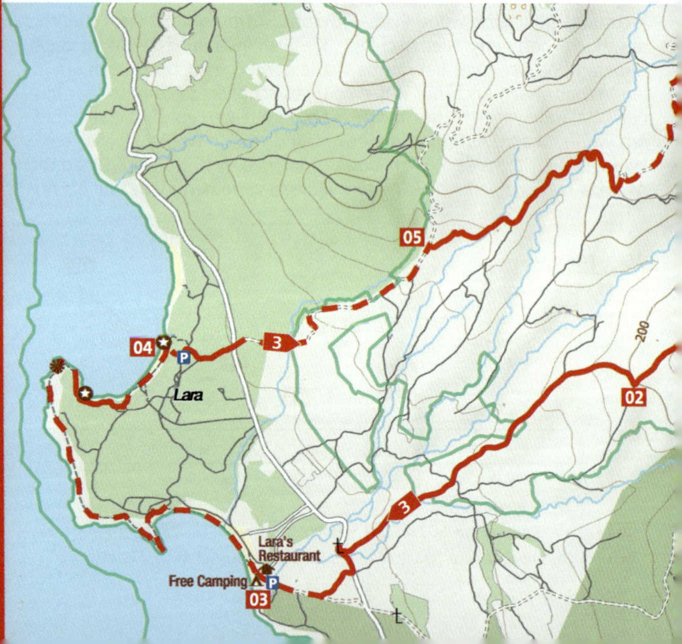

12 km entfernten und auch ausgeschilderten Ortschaft Pegeia. Bei der nächsten Möglichkeit – hinter dem zeitweise Wasserführenden Bachlauf – biegen wir rechts auf die Piste. Hinter einem Olivenhain bringt uns die Piste Richtung mehrerer Palmen, die bereits am Meer zu sehen sind. Schließlich passieren wir die Palmen, überqueren ein weiteres Mal den Bachlauf und gehen über dem Parkplatz – der zu einem Kaffee gehört – bis zu dem Kieselsteinstrand **03 Lara-Beach-South (7 m)**. Von Süd nach Nord schlendern wir auf der 700 m langen Bucht, um dann auf die nur 5 m hohen Klippen aufzusteigen. Unmittelbar am Rand der vegetationslosen Uferzone marschieren wir weglos über die kleine Halbinsel zwischen den beiden Lara-Stränden. Sporadisch übereinandergelegte Steinhaufen helfen nicht wirklich bei der Orientierung auf dem steinigen Untergrund. Vom nördlichen Ende der Halbinsel wählen wir dann einen der landeinwärtsführenden Pfade und steigen bei einer geeigneten Stelle hinunter zum Strand, an dem wir circa 500 m entlang schlendern. In einem Unterstand angebrachte Bilder informieren über die Unechte Karettschildkröte, die jährlich zur Eiablage an diesen Strand kommt. Hier verlassen wir den **04 Lara-Beach-North (3 m)** über Treppen. Die links vom Parkplatz abbiegende Piste verläuft ein kurzes Stück an einem Zaun entlang, bevor wir uns nach rechts wenden und bald eine querende Piste erreichen. Diese hatten wir auf dem Hinweg schon einmal überquert – rechts führt die Strecke ja zur Ortschaft Pegeia. Wir überqueren diese Piste und orientieren uns an der geradeaus weiterführenden und ausgeschilderten Piste nach Drouseia. Nach einem längeren Wegstück, circa 50 m vor einem gut sichtbaren Zaun, erreichen wir eine **05 Schlüsselstelle (139 m)**. Leicht übersieht man die rechts abzweigende und zunächst bergabführende Piste. Sie schlängelt sich durch eine kleine Schlucht und nach steilem Aufstieg endet sie an einer querenden Piste. Nun links weiter bergauf folgt ein längeres Wegstück, bis oberhalb am Hügel ein Anwesen zu erkennen ist. An der nächsten Kreuzung wählen wir die rechts weiterführende Piste. Der Weiterweg passiert in einer Rechtskurve einen großen Felsen und nach weiterem Aufstieg wandern wir unmittelbar an einem weiteren großen Felsen vorbei, bis dann nach der Anhöhe die **01 Kapelle Anastazosa (503 m)** immer näher rückt. Auf der Piste vom Hinweg legen wir die letzten Meter bis zum Ausgangspunkt zurück.

AGIOS GEORGIOS PEGEIAS – CORAL BAY

Karstküste, Höhlen und Strände

 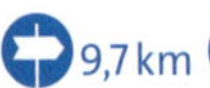 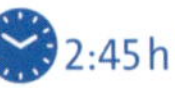   

9,7 km 2:45 h 50 hm 49 hm

START | Start: Großer Parkplatz an der Kirche von Agios Georgios Pegeias. 20 km nördlich von Paphos .
[GPS: 34.902717 32.319217]
Ziel: Bushaltestelle an der Coral Bay Ave im Ort Coral Bay.
Zur Google-Navigation Ziel: 34.859417 32.361877.
ÖPNV: Die Buslinie 616 verkehrt zwischen dem Coral Bay und Agios Georgios Pegeias. Siehe Fahrplanauskunft. www.cyprusby-bus.com/RouteDetails.aspx?id=66&t=2
CHARAKTER | Beste Wanderzeit: Ganzjährig.
Art des Weges: 10 % Straße und 90 % Pfade und Pisten.
Tipp Zusatzausrüstung: Badesachen mitnehmen.
Hinweis: Öffnungszeiten der Hilfs Edro Schiffswracks Zypern: Montag bis Freitag 10–17 Uhr.

Vor ungefähr 65 Millionen Jahren war Zypern noch vom Meer bedeckt. Der Meeresboden bestand zu dieser Zeit überwiegend aus Sedimentschichten und abgestorbenen Lebewesen – der Baustoff für Kalksteine. Mit der Plattenverschiebung hob sich dann Zypern aus dem Meer und es entstanden die Berge und auch die spektakulären Karstküsten. Diese felsige Küste mit seinen Riffen wurde auch dem Frachter Edro III zum Verhängnis, als er dort im Winter 2011 auf Grund lief und heute zu bestaunen ist. Durch diese cha-

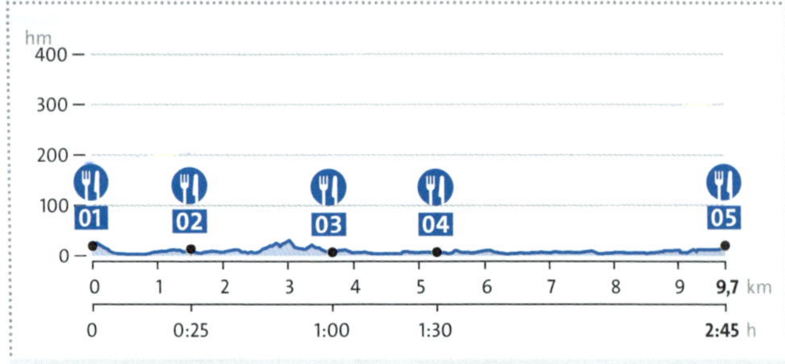

01 Agios Georgios Pegeias, 27 m; 02 Kafizis Beach, 6 m; 03 Sea Caves, 7 m; 04 Edro III Shipwrek, 4 m; 05 Coral Bay, 7 m

rakteristische Landschaft mit ihren zahlreichen beeindruckenden Meereshöhlen (Sea Cave), schönen Badebuchten, einigen Restaurants und beeindruckenden Villenanlagen führt diese Tour, die bestens geeignet für die ganze Familie ist.

Noch bevor wir die Tour in **01 Agios Georgios Pegeias (27 m)** beginnen, empfiehlt sich die Besichtigung einer Necropolis. Die befindet sich nördlich des großen Parkplatzs an der Kirche, noch oberhalb des kleinen Hafens. Nach der Besichtigung der ehemaligen Begräbnisstätte wandern wir auf der Zufahrtsstraße Richtung Meer, verlassen diese aber bereits in der Rechtskurve und folgen dem Verlauf einer der Pisten hinaus zum Kap Drepanum – mit wunderschönem Blick auf eine vorgelagerte Insel. Von dort marschieren wir in südliche Richtung entlang der Küstenlinie bis zum Eingangstor eines großen Anwesens. Hier müssen wir zuerst nach links und nach einigen Metern auf dieser Piste biegen wir rechts in den neu angelegten Weg – der bereits nach einigen Metern in eine Straße mündet. Dort wo die Straße – durch eine repräsentative Villenanlage – durch eine Linkskurve verläuft, wählen wir den nach rechts abbiegenden Fahrrad- und Fußgängerweg Richtung Meer. Entlang der folgenden Promenade passieren wir den versteckt liegenden **02 Kafizis Beach (6 m)** und ein Restaurant. Wählen wir vor den in Reih und Glied angepflanzten Olivenbäumen den Pfad Richtung Meer, so finden wir

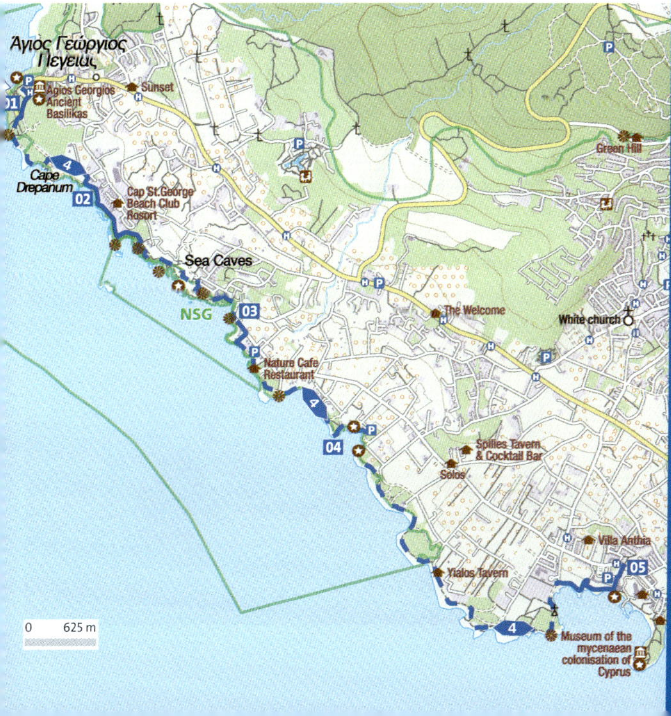

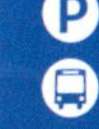

4

dort eine wunderschöne kleine Badebucht. Vor der anschließenden Felsenküste steigt die Promenade steil an und geht in einen Schotterweg über. Bei der nächsten Möglichkeit wählen wir dann den nach rechts abbiegenden Weg, passieren weitere Villen und wandern an der folgenden Straße ein kurzes Stück rechts entlang. Die Straße verlassen wir nach einigen Metern und marschieren entlang der freien Fläche ein kurzes Stück Richtung Meer. Dort wenden wir uns nach rechts, um am gegenüberliegenden Ufer der kleinen Bucht eine Hauptsehenswürdigkeit der Tour zu bestaunen, die 03 **Sea Caves (7 m)**. Wir marschieren einige Meter zurück zur Straße und auf dieser in südöstliche Richtung an dem gelb angemalten Hotel vorbei. Hinter der Villenanlage wählen wir den nach rechts abbiegenden Pfad Richtung Meer und setzen dort unsere Wanderung entlang der Küste fort. Wir passieren einen Kinderspielplatz und zwei Restaurants und marschieren nun in Richtung des weithin sichtbaren 04 **Edro III Schiffswracks (4 m)**. Weiter landeinwärts wandern wir an Palmen und einem weiteren Restaurant vorbei. Durch eine lang gezogene Rechtskurve umlaufen wir die weite Bucht, in der das Schiffswrack liegt. Es folgt der am wenigsten bebaute Küstenabschnitt dieser Tour. Dort wo wir auf eine Straße stoßen befindet sich auch eine Taverne. Mehrere kleine Landzungen queren wir auf einer der Pisten. Kurz später folgen wir dem Verlauf einer aufgeschütteten Piste. Auf dem nächsten Wegstück staunen wir nicht schlecht bei Brandungsfelsen und beeindruckenden Felsformationen. Am Ende der Piste – vor weiteren Villen – wählen wir den nach rechts abbiegenden betonierten Weg um dann, an der Straße angekommen, rechts in die Sackgasse zu biegen. Hinter dem Restaurant beginnt eine Piste und vor dem riesigen Hotelkomplex des Corallia Beach Hotels führt ein Weg zum Corallia Beach hinunter. Nach einem nur kurzen Strandspaziergang wählen wir vor der Arapis Taverne die Straße nach links, marschieren über den großen Parkplatz, überqueren noch die Hauptstraße bis zur Haltestelle 05 **Coral Bay (7 m)** und fahren mit dem Bus zum Ausgangspunkt nach 01 **Agios Georgios Pegeias (27 m)** zurück.

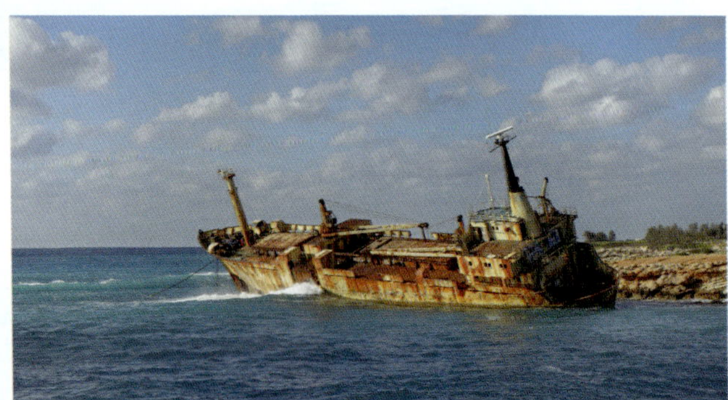

Das Schiffswrack Edro III.

HORTERI NATURE-TRAIL

Durch einen unberührten Kiefernwald zu einem schönen Aussichtspunkt

 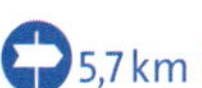 5,7 km 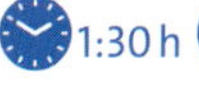 1:30 h 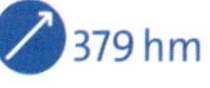 379 hm 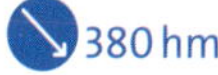 380 hm

START | Parkplatz für zwei Fahrzeuge an der Verbindungsstraße zwischen der Forststation Stavros tis Psokas und kurz vor dem Start der Wanderung. 34 km östlich von Polis.
[GPS: 35.024334 32.633533]
CHARAKTER | Einfache Wanderung.
Beste Wanderzeit: Ganzjährig.
Art des Weges: 5 % Straße, 15 % Piste und 80 % angelegter Wanderweg.

Wie der Name schon vermuten lässt, führt der „Horteri Nature-Trail" durch den fast unberührten 70.000 ha großen Paphos Forest – ein Paradies für Naturliebhaber. Da die einfache – viele Bänke zum Ausruhen stehen am Wegesrand – Waldwanderung zwischen 1000–1300 m Höhe verläuft, ist es dort rund 8 °C kühler als an den Stränden Zyperns. Aufgrund der Lücken in der Kronenschicht der Kiefern führt der Pfad über lange Wegabschnitte durch Halbschatten, so sind die Temperaturen auch im August meist angenehm. Aber es kann auch ganz anders kommen: Während meiner (der Autor spricht) Recherchereise bahnte sich ein Gewitter an, der Regen ging in Hagel und dann in Schnee über – die Schneefallgrenze fiel auf etwa 700 m. Daher ist Schnee auf den Bildern zu sehen! In den Wintermonaten – besonders nach starkem Regen – ist dann die Zufahrtsstraße schwierig zu befahren und sollte besser

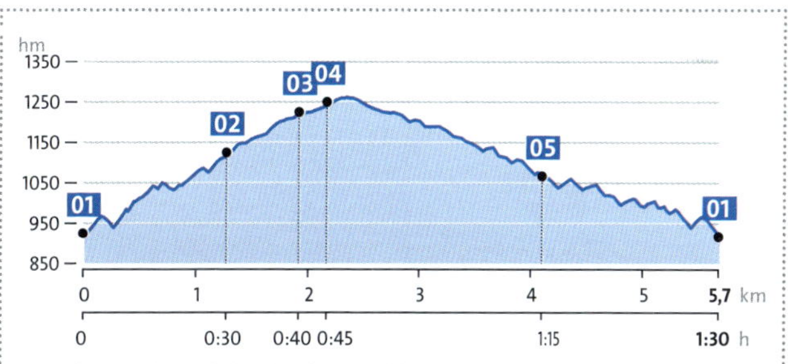

01 Stavros Forest, 963 m; 02 Bank, 1142 m; 03 Horteri, 1250m; 04 Schlüsselstelle, 1285 m; 05 180° Kurve, 1250 m

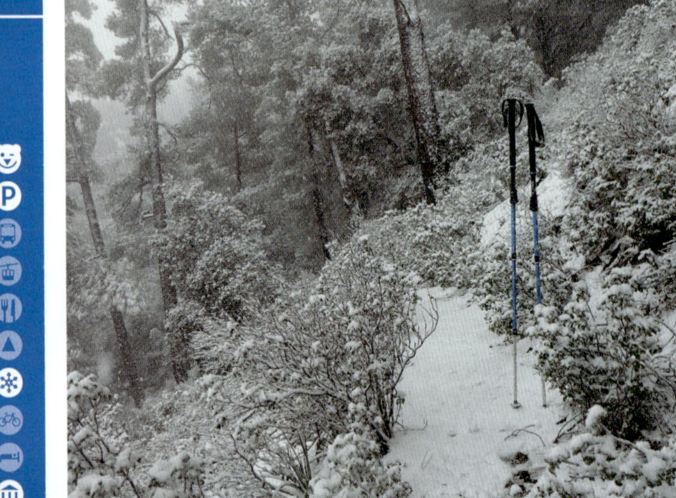

Unerwarteter Wintereinbruch auf Zypern.

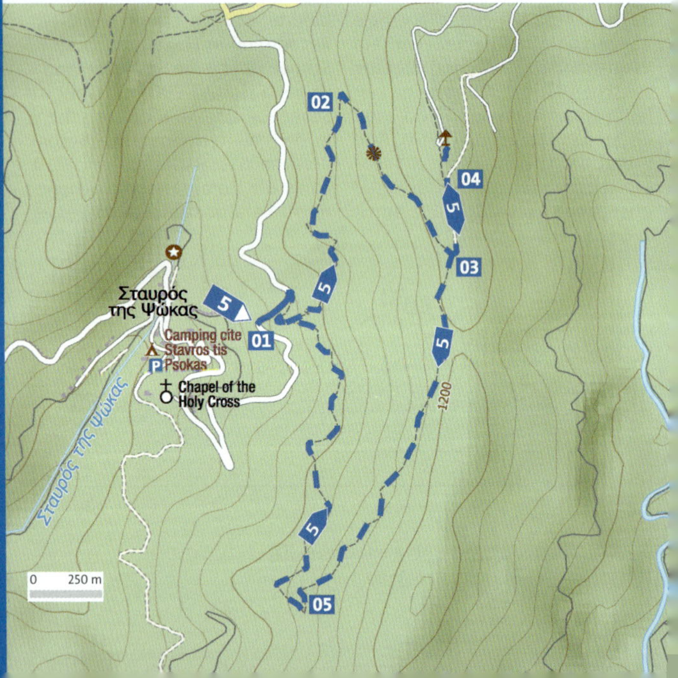

02
04
03
Σταυρός της Ψώκας
01
Camping cite Stavros tis Psokas
Chapel of the Holy Cross
1200
Σταυρός της Ψώκας
05
0 250 m

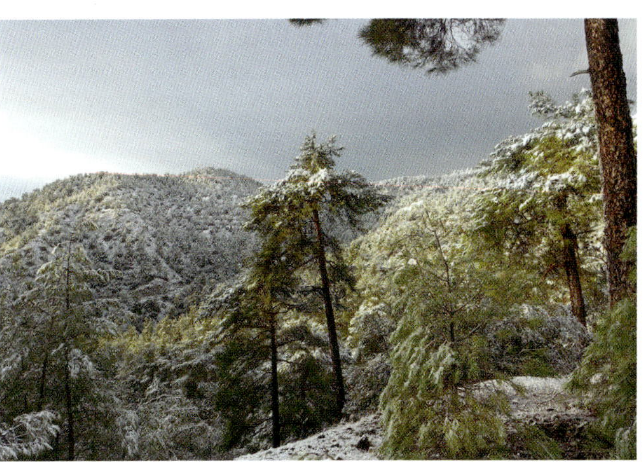

Die Sonne kommt nach einem Gewitter wieder zum Vorschein im Paphos Forest.

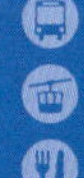

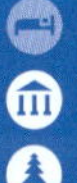

gemieden werden – musste ich auch selbst feststellen! Start/Ziel: Parkbucht für zwei Fahrzeuge an der Verbindungsstraße zwischen der Forststation Stavros tis Psokas und kurz vor dem Start der Wanderung, 34 km östlich von Polis.

Von der kleinen Parkbucht im **01 Stavros Forest (963 m)** marschieren wir auf der bergaufführenden Straße bis zum Beginn der Wanderung, gut zu erkennen an den Informationstafeln. Über Treppen geht es bergauf bis zu einer Gabelung, hier mündet von halb rechts der Rückweg ein, wir wählen den halblinken Arm. Über ein langes Wegstück führt der Pfad quer durch einen Berghang bergauf, bis er bei einer **02 Bank (1142 m)** durch eine 180°-Kurve verläuft. Abermals erreichen wir eine Gabelung, halb rechts führt nochmals der Rückweg weiter, nur einige Meter halb links und bergauf erreichen wir den Wegpunkt **03 Horteri (1250 m)**. Hier wenden wir uns nun nach links und folgen dem Verlauf der Piste bis zu einer **04 Schlüsselstelle (1285 m)**, die leicht zu übersehen ist, weil der beginnende Pfad hinter dem Wassertank von der Piste nicht einzusehen ist. Dann folgt ein mit Steinen markierter Pfad, der in eine Piste mündet und nach wenigen Metern bei einem Feuerwachturm mit Funkmasten ankommt. Von dort genießt man eine wunderschöne Aussicht über weite Waldgebiete sowie über das westliche Zypern. Ab dort gehen wir auf dem bekannten Hinweg bis zum Wegpunkt **03 Horteri (1250 m)** zurück, noch die wenigen Meter bis zur bekannten Gabelung hinunter und nun links auf den bergabführenden Weg. Die Wegfindung ist eindeutig. Bei einer riesigen Kiefer durchläuft der Pfad eine **05 180°-Kurve (1119 m)**. Schließlich mündet der Pfad in den bekannten Hinweg, auf der Straße legen wir dann die letzten Meter bis zur Parkbucht **01 Stavros Forest (963 m)** zurück.

MILLOMERIS WASSERFALL

Der höchste Wasserfall von Zypern und eine mittelalterliche Brücke

 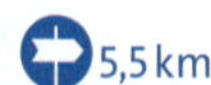

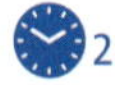

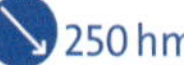

START | Kostenpflichtiger Parkplatz im Zentrum von Pano Platres. 25 km westlich von Agros. [GPS: 34.886875 32.863830]
ÖPNV: Buslinie 64, von und nach Limassol.
CHARAKTER | Wanderung ohne besondere Anforderungen.
Beste Wanderzeit: Ganzjährig.
Art des Weges: 40 % Straße und 60 % angelegter Wanderweg.

Versteckt im dichten Wald unterhalb des Bergdorfes Pano Platres befindet sich mit einer Fallhöhe von 15 m der höchste Wasserfall auf Zypern. Zuvor entdecken wir aber noch die „Milia Medieval Bridge". Zwischen urwüchsigen großen Bäumen gelegen überspannt die mittelalterliche Steinbrücke den Bachlauf der Kalidonia, die auch den zuvor erwähnten Wasserfall nährt und den wir ein weiteres Mal am oberen Bachlauf überqueren – dann über eine „quietschgrüne" Brücke. Diese Wanderung ist für die ganze Familie ausgelegt. Auch gibt es zahlreiche Restaurants im Bergdorf und mit dem Sparti Platres Rope Adventure Park eine weitere spannende Freizeitmöglichkeit.

▶ Den Parkplatz im Ort **01** **Pano Platres (1087 m)** verlassen wir entlang der bergabführenden Straße. Bereits nach einigen Metern ignorieren wir den links abbiegenden Millomeris-Wasserfall-Trail, hier mündet unser Rückweg ein. Hinter dem Klettergarten (Sparti

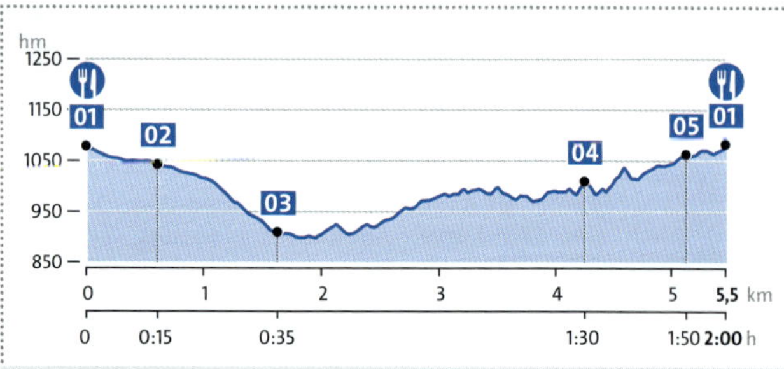

01 Pano Platres, 1087 m; **02** Hauptstraße, 1041 m; **03** Milia Medieval Bridge, 903 m; **04** Millomeris-Wasserfall, 971 m; **05** Brücke, 1040 m

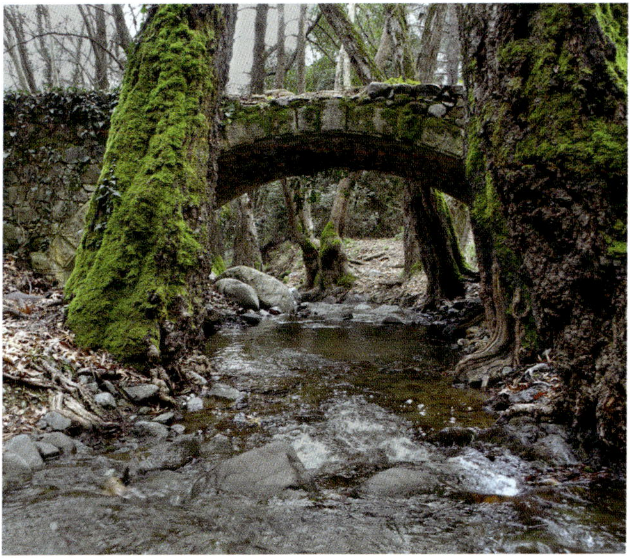

Die Milia Medieval Bridge zwischen urwüchsigen Bäumen.

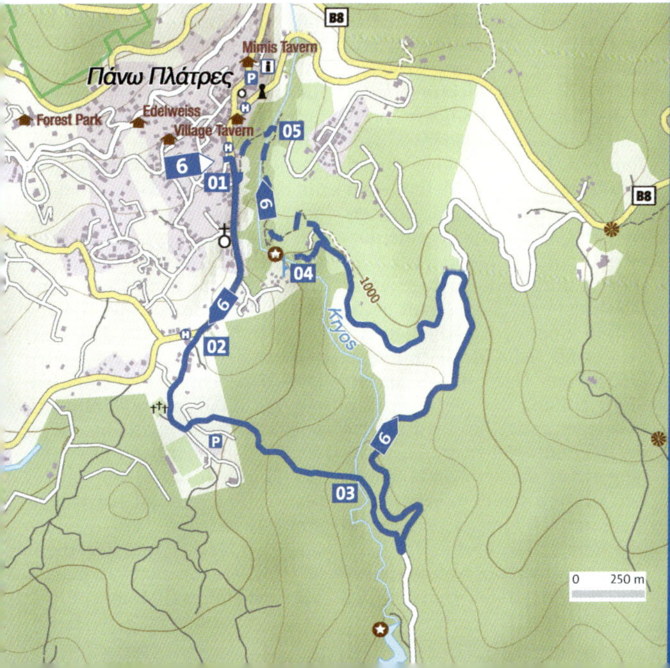

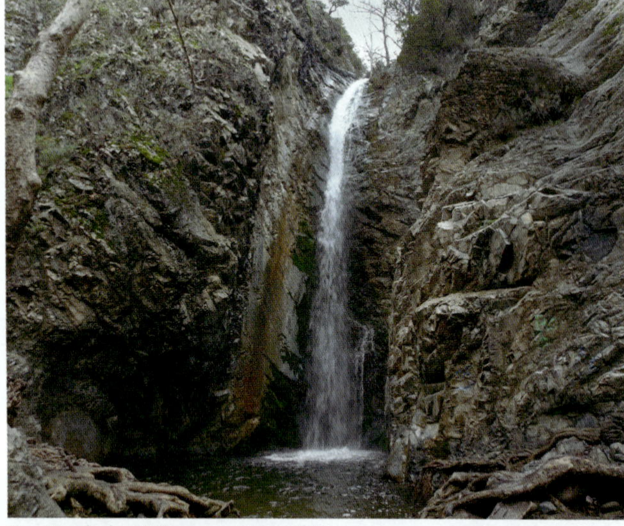

Der 15 m hohe Millomeris Wasserfall.

Platres Rope Adventure Park) verlassen wir die 02 **Hauptstraße (1041 m)** und orientieren uns halb links in den ausgeschilderten Wanderweg Richtung Milia Bridge-Trail. Wir wandern noch am Friedhof vorbei, aber vor dem Sportplatz biegen wir links ab und bereits nach einigen Metern – bei einer Informationstafel und einem Wegweiser – halb rechts, nun bergab durch ein Waldstück. Der Weg ist aufgrund von Regenerosion stark in Mitleidenschaft gezogen. In einer Senke kommen wir bei der 03 **Milia Medieval Bridge (903 m)** an. Nach einem kurzen Stück entlang des plätschernden Bachlaufs endet der Pfad an der befahrenen Nebenstraße. Entlang dieser wandern wir nun links bergauf, um bei dem Wegweiser Richtung Millomeris Wasserfall abermals links abzubiegen. Auch diese neu gebaute und betonierter Zufahrtsstraße müssen wir uns in heißen Sommermonaten mit zahlreichen Fahrzeugen teilen. Auf Höhe eines Parkplatzes gabelt sich die Straße, halb links führt der Weg über Treppen hinunter in eine Schlucht mit dem 04 **Millomeri Wasserfall (971 m)**. Danach geht es ein kurzes Stück auf dem Hinweg zurück, um dann beim Parkplatz an der bekannten Gabelung scharf links auf der betonierten Piste abzuzweigen. Über Treppen setzen wir dann den Aufstieg bis zu einer Anhöhe fort. Unmittelbar hinter dieser lassen wir den links abzweigenden Pfad unbeachtet und marschieren nochmals am wildromantischen Bachlauf entlang, bevor wir die Kalidonia dann über eine 05 **Brücke (1040 m)** ein letztes Mal überqueren und zur Hauptstraße aufsteigen. Wir wenden uns nach rechts und legen die letzten Meter bis zum Parkplatz in 01 **Pano Platres (1087 m)** zurück.

FIKARDOU – LAZANIAS – MACHAIRAS-TRAIL

Auf einem Teilstück des E4-Fernwanderweges

  10,2 km 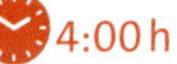 4:00 h 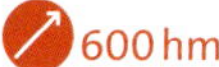 600 hm  600 hm

START | Parkmöglichkeiten am Straßenrand im Bergdorf Fikardou. 39 km südwestlich von Nikosia. [GPS: 34.959438 33.171020]
CHARAKTER | Bergwanderung ohne technische Anforderungen. Guter Orientierungssinn wird an mehreren Schlüsselstellen benötigt.
Beste Wanderzeit: Ganzjährig.
Art des Weges: 10 % Piste, 20 % Straße und 70 % Pfad.
Einkehr: Im Ort Fikardou und in Lazanias.
Hinweis: Öffnungszeiten des Klosters Machairas: Mittwoch geschlossen, Samstag und Sonntag 6:30–18 Uhr, alle anderen Tage 9:30–18 Uhr. Öffnungszeiten Museum: Winter täglich 8:30–16 Uhr und im Sommer 9:30–17 Uhr.

In den abgelegenen Höhen des Troodos-Gebirges warten zwei kulturelle Sehenswürdigkeiten und ein beeindruckendes Naturspektakel darauf, entdeckt zu werden. Ein historischer Pfad führt zunächst entlang hoher Steinmauern – von brachliegenden Terrassenfeldern – zu einem urwüchsigen kleinen Bergdorf und weiter an omnipräsenten Olivenbäumen und Mandelbäumen vorbei, die im Februar bis März blühen. Dann wandern wir durch eine faszinierende Schlucht mit einem von Oleanderbüschen umgebenen, plät-

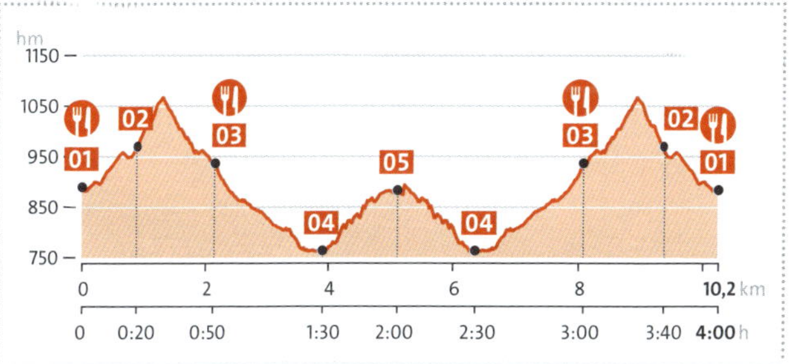

01 Fikardou, 888 m; 02 Gabelung, 965 m; 03 Lazanias, 936 m;
04 Fluss, 753 m; 05 Kloster Machairas, 879 m

schernden Bachlauf. Besonders sehenswert sind die ehrwürdigen Mauern des im 12. Jahrhundert erbauten Klosters Machairas, das der Jungfrau Maria gewidmet ist. Am Ausgangspunkt ist das schön gestaltete und informative Museum und Museumsdorf Fikardou sehr sehenswert. Es zeigt Exponate und berichtet über das Leben in den Bergen vor rund 500 Jahren.

An der Kirche des Hl. Peter und des Hl. Paul vorbei verlassen wir das Bergdorf **01 Fikardou (888 m)** auf der gepflasterten Zufahrtsstraße. Bereits nach kurzer Zeit biegen wir auf die halb links und bergaufführende, betonierte und mit E4 gekennzeichnete Straße ab. Auf Höhe eines braunen Hauses wandern wir an der Gabelung rechts, der Weg ist abermals mit E4 ausgewiesen. Dem Verlauf der Piste folgen wir noch durch eine betonierte Linkskurve, wenden uns dann aber bei der **02 Gabelung (965 m)** auf den halb rechts beginnenden Pfad (E4). Streckenweise säumen hohe Steinmauern von Terrassenfeldern den Pfad, der bis zu einer Einsattelung aufsteigt und dann im Zickzack hinunter zu einer asphaltierten Straße führt. Links entlang dieser marschieren wir bis zu einer nach links abzweigenden Straße, wo wir aber rechts über Treppen – mit Geländer – durch den urigen Ort **03 Lazanias (936 m)** hinuntergehen. Dort wo die Gasse an einer Durchgangsstraße endet wenden wir uns nach rechts und biegen links in die zweite und gepflasterte Straße – auch wieder mit E4-Fernwanderweg gekennzeichnet. Wir durchwandern noch die nachfolgende lang gezogene Linkskehre, schwenken dann aber bei der nächsten Möglichkeit nach rechts auf den beginnenden Pfad vorbei an einem Kaktus. Der Pfad überquert einen Bachlauf und wir

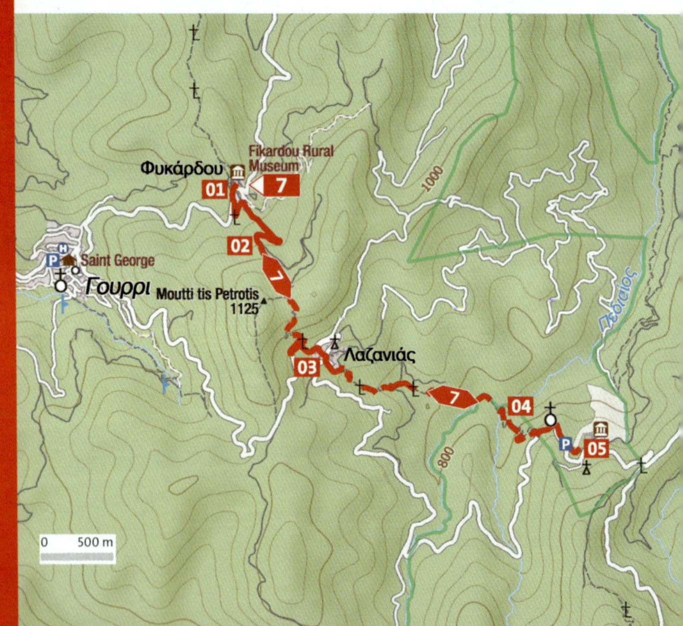

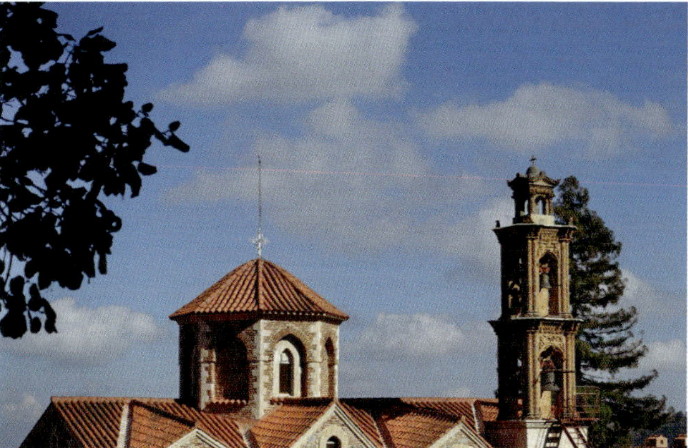

Die ehrwürdigen Mauern des Klosters Machairas.

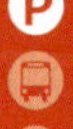
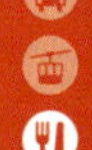

erreichen eine Gabelung, an der wir auf dem halblinken Ast weitermarschieren. Aber aufgepasst! An einer unscheinbaren Stelle verlassen wir diesen Pfad nach scharf links. An einer betonierten Piste angekommen überqueren wir den Bachlauf – also wir gehen links – und wenden uns unmittelbar dahinter auf dem halb rechts weiterführenden Weg. Der Pfad führt uns links an zwei Wasserreservoire vorbei und in eine Schlucht hinunter. Über lose aneinandergelegte Steine überqueren wir gleich zweimal den 04 **Fluss (753 m)**. In langen Kehren geht es wieder bergauf, die nachfolgende asphaltierte Straße führt nach links bis zum 05 **Kloster Machairas (879 m)**. Nach der Besichtigung des Klosters kehren wir auf dem bekannten Hinweg bis zum Bergdorf 01 **Fikardou (888 m)** zurück.

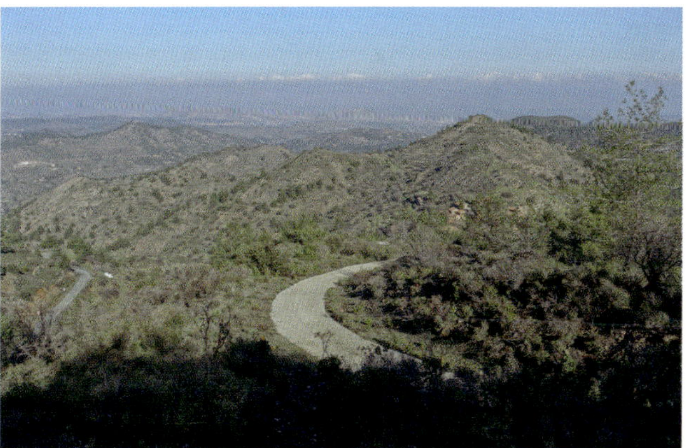

Von den Höhen des Troodos ist sogar Nordzypern zu erkennen.

8

AVAKAS GORGE

Eine der schönsten Schluchten auf Zypern

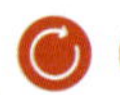
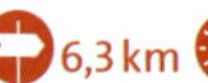

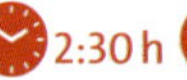

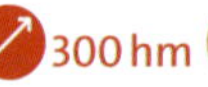

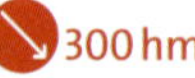

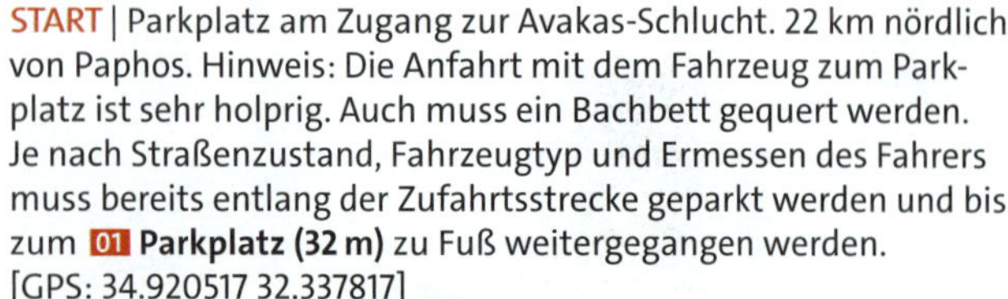

START | Parkplatz am Zugang zur Avakas-Schlucht. 22 km nördlich von Paphos. Hinweis: Die Anfahrt mit dem Fahrzeug zum Parkplatz ist sehr holprig. Auch muss ein Bachbett gequert werden. Je nach Straßenzustand, Fahrzeugtyp und Ermessen des Fahrers muss bereits entlang der Zufahrtsstrecke geparkt werden und bis zum 01 **Parkplatz (32 m)** zu Fuß weitergegangen werden. [GPS: 34.920517 32.337817]

CHARAKTER | Technisch anspruchsvolle Wanderung. Gelegentlich müssen die Hände zu Hilfe genommen werden. Guter Orientierungssinn wird benötigt. Beste Wanderzeit: Ganzjährig.
Art des Weges: 10 % Piste, je nach Wasserstand bis zu 20 % im Bachbett und 70 % Pfad.
Tipp Zusatzausrüstung: Watschuh vielleicht mitnehmen, wer keine nassen Wanderschuhe riskieren möchte.
Hinweis: Nach starken Regenfällen oder bei einem zu erwartenden Gewitter wird aus dem sonst gemächlich fließenden Bachlauf in der Schlucht ein Sturzbach und es besteht Lebensgefahr. Bitte vor Antritt den Wetterbericht studieren.

Eine Wanderung in der Avakas Gorge, die an ihrer schmalsten Stelle nur circa 3 m breit ist, und mit bis zu 80 m hohen steilen Felswänden ein ganz besonderes Erlebnis ist. Durch die Schlucht

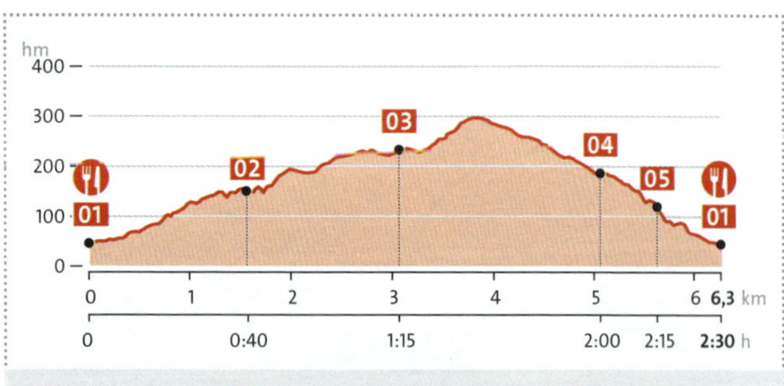

01 Parkplatz, 32 m; 02 Avakas Gorge-Schlucht, 116 m; 03 Pfad, 227 m; 04 Aussichtspunkt, 191 m; 05 Schotterstraße,120 m;

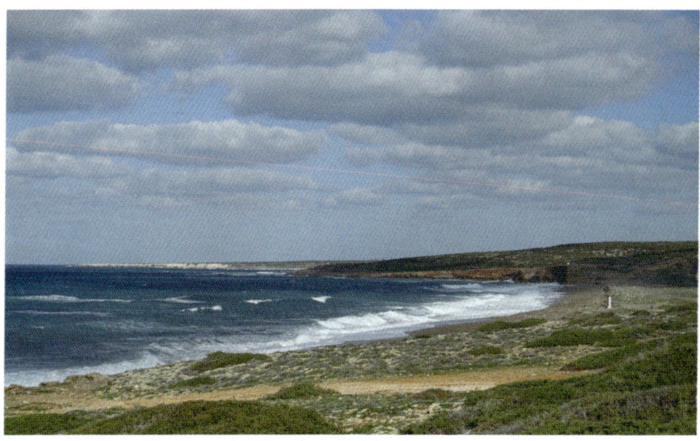

Das Meer am Ausgang der Avakas-Schlucht.

schlängelt sich ein wildromantischer und „normalerweise" ganzjährig Wasserführender Bach. Das daraus resultierende Mikroklima ist ein Fest für Fauna und Flora: Fuchs, Hase, Igel, zahlreiche Vögel, Reptilien, Amphibien, einheimische Pflanzen und gefährdete Endemiten entdeckt der Wanderer mit etwas Glück. Der Rückweg führt über das südlich von der Schlucht gelegene Hochplateau

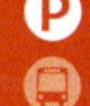
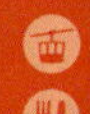

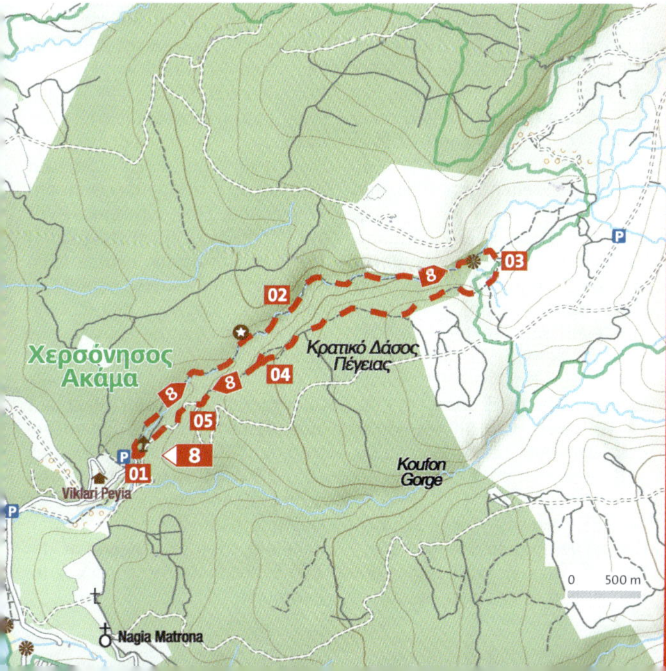

Χερσόνησος Ακάμα
Κρατικό Δάσος Πέγειας
Koufon Gorge
Viklari Peyia
Nagia Matrona
01
02
03
04
05
0 500 m

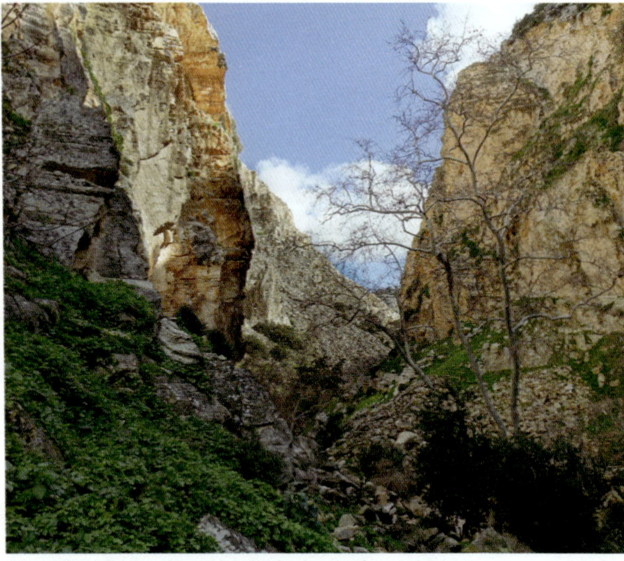

Die steil aufragenden Felswände der Avakas-Schlucht.

und garantiert wunderschöne Aussichtspunkte in die zuvor durchquerte der Schlucht. Noch ein Hinweis: Es ist sinnvoll, die Tour in den frühen Morgen- oder Abendstunden zu planen, da es in Stoßzeiten zu Menschenstaus an den engen Stellen kommen kann!

Hinter dem 01 **Parkplatz (32 m)** quert gleich in nördliche Richtung die weiterführende Piste den Bachlauf und führt direkt auf die senkrecht aufsteigenden Felswände der Avakas Gorge zu. Nach einem kurzen Wegstück beginnt dann ein Pfad. Im Weiteren wird immer wieder das Bachbett auf aneinandergereihten Steinen überquert.

Die 02 **Avakas Gorge-Schlucht (118 m)** verengt sich bis auf 3 m – je nach Wasserstand laufen wir nun neben oder sogar im kühlen Nass. Prinzipiell ist die Wegführung durch die Schlucht aufgrund der hohen Felswände vorgegeben. Nur an zwei Teilstücken ist die Wegfindung nicht eindeutig. Aber nach einiger Suche ist der richtige Weg schnell gefunden – So zum Beispiel bei riesigen Felsen am Wegesrand. Hier schwenken wir auf den halb rechts ansteigenden 03 **Pfad**, um diesen bereits nach 10 m nach halb links (weglos) zu verlassen. Unter Zuhilfenahme der Hände orientieren wir uns Richtung einer Platane, die am Wasser steht. An dieser Stelle überqueren wir den Bachlauf zum weiterführenden und ausgetretenen Pfad, kommen weiters zum 04 **Aussichtspunkt** über der Schlucht und nach zahlreichen Oleandern und Zypressen, die den Bachlauf säumen, folgen wir der 05 **Schotterstraße** zurück zum Parkplatz.

KALEDONIA – POUZIARIS – TRAIL

9

Von einem wilden Bachlauf und dem Kalidonia-Wasserfall

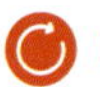  9 km  3:00 h  500 hm  500 hm

START | Parkplatz an der Straße B8 nördlich von Pano Platres am Beginn des Wanderwegs zum Kaledonia Wasserfall. 38 km nordwestlich von Limassol. [GPS: 34.896149 32.868605]
ÖPNV: Keine bis zum Start und Ziel, aber zum 1,3 km entfernten Ort Pano Platres.
CHARAKTER | An einigen Wegabschnitten ist der Hang abgerutscht. Hier wird Trittsicherheit und Schwindelfreiheit benötigt.
Beste Wanderzeit: Ganzjährig.
Art des Weges: 15 % Piste und 85 % Wanderweg.

Die Tour zum Kaledonia-Wasserfall führt zunächst an einem schönen Wildbach entlang, der immer wieder auf wackligen aneinandergelegten Trittsteinen überquert wird. Die Schlucht mit dem Wasserfall gehört dann mit zu den schönsten Landschaften auf Zypern. An diesem märchenhaften Ort wachsen mächtige Platanen, einige Erdbeerbäume haben sich dazu gesellt und die Felsen sind großflächig mit zauberhaft silbrig-grünem Moos überwachsen. Um nicht auf dem Hinweg zurückwandern zu müssen, wurde ein Wegabschnitt des Pouziaris-Trails mit in diese Tour eingebaut. Dieser so entstandene Wanderweg führt dann zu einem wunderschönen Aussichtspunkt über das südöstliche Zypern und durch die südlichen Waldgebiete des Troodos-Gebirges.

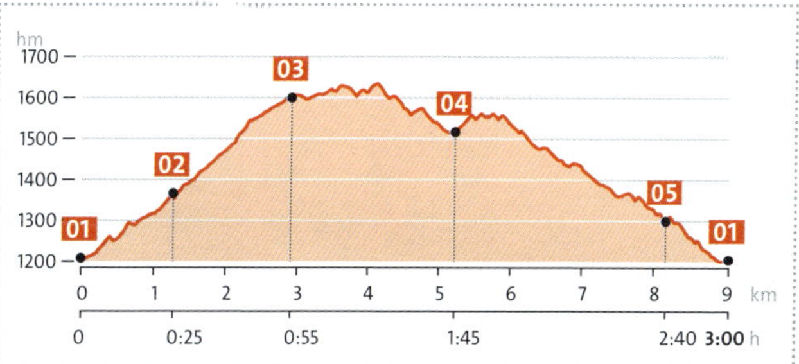

01 B8 Straße, 1212 m; 02 Kaledonia-Wasserfall, 1341 m; 03 Straße, 1594m; 04 Pouziaris-Trail, 1508 m; 05 180°-Curve, 1324 m

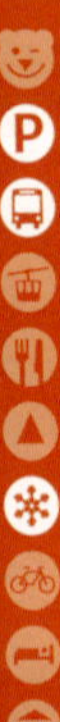

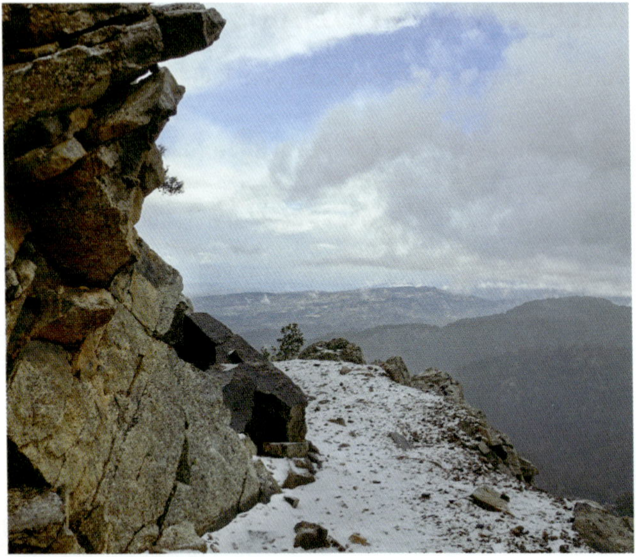

Ein Felsband auf dem Pouziaris-Trail.

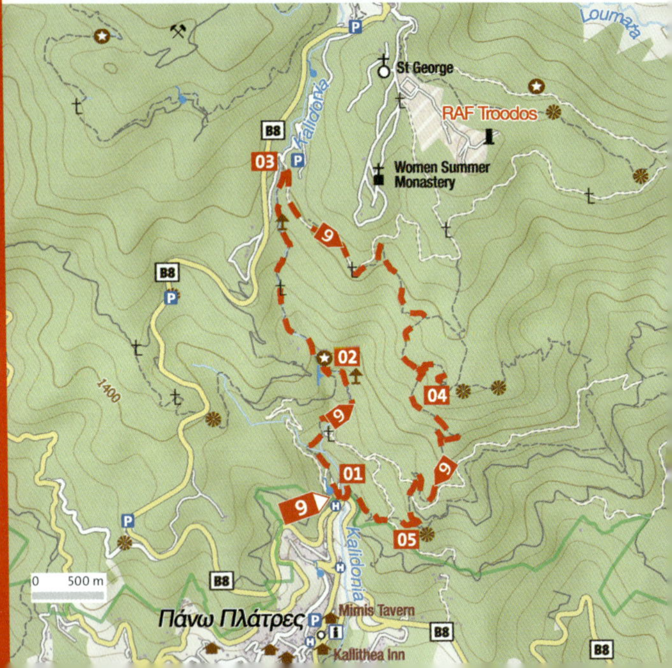

Von der Informationstafel und dem Parkplatz an der 01 **B8 Straße (1213 m)** steigen wir auf der in nördliche Richtung beginnenden betonierten Straße auf. Der Pfad führt uns zu einer weiteren Informationstafel und einem ersten schönen Aussichtspunkt. Über Treppen steigen wir auf, der Weg wird zum Pfad. Fortan überqueren wir immer mal wieder den Bachlauf der Kaledonia. Wenn ich richtig gezählt habe, müssten es achtmal bis zum 13 m hohen 02 **Kaledonia Wasserfall (1341 m)** sein. An der Gabelung kurz hinter dem Wasserfall steigen wir halb rechts über Treppen auf. Der weitere Pfad führt nun unmittelbar am wildromantischen Bachlauf entlang – die weiteren Brücken habe ich nun nicht mehr gezählt. Die Schlucht verengt sich und auch in den heißen Sommermonaten ist es hier schattig und kühl. Nach kurzem Aufstieg über Treppen stoßen wir auf einen weiteren Wasserfall, der über 50 m lange Kaskaden ins Tal stürzt. Dieser Pfad mündet nach einiger Zeit in einen Parkplatz, dahinter befindet sich eine 03 **Straße (1594 m)**. Die Informationstafel lassen wir hinter uns und wenden uns scharf rechts auf die ausgeschilderte Piste nach Makria Kontaria. Aufgepasst! Nach einiger Zeit verlassen wir aber die Piste nach halb rechts auf einem beginnenden Pfad. An den Stellen, wo der Wald den Blick frei gibt, ist im Tal das Dorf Pano Platres zu sehen. Ein Abstecher nach links ist „leicht zu übersehen", er befindet sich gut 50 m vor einer markanten Rechtskurve des Pfads und führt auf dem sogenannten 04 **Pouziaris-Trail (1508 m)** zu einem wunderschönen Aussichtspunkt – heißt es in einer Tourbeschrei-

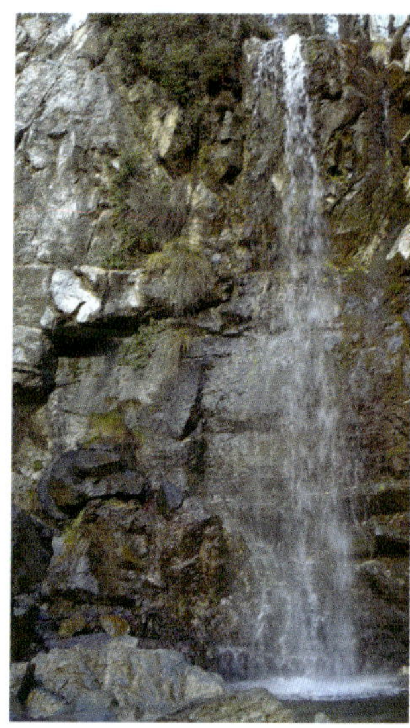

Der Kaledonia Wasserfall.

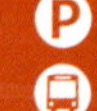

bung im Internet. Leider kann ich dies nicht bestätigen, da es zur Zeit der Recherchenreise sehr neblig war. Wir gehen die rund 500 m auf dem bekannten Hinweg zurück und dann an dem „leicht zu übersehenden" Abstecher orientieren wir uns nach links. Bei Hangquerrungen ist Trittsicherheit notwendig, da an einigen Stellen der Hang abgerutscht war. Dort wo der Pfad über ein schmales Felsband verläuft ist dann Schwindelfreiheit erforderlich. Der Pfad führt ein längeres Wegstück in Serpentinen bergab, bis wir eine Piste überqueren. In einer 05 **180°-Curve (1324 m)** beachten wir die zwei links abzweigenden Pfade nicht. Nachdem wir ein zweites Mal einen Forstweg überquert haben, gelangen wir nach einem weiteren Wegstück zum Ausgangspunkt an der 01 **B8 Straße (1213 m)**.

AKROTIRI PENINSULA

Herrliche Panoramen entlang der Episkopi-Bucht

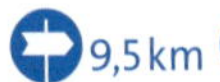

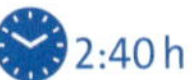

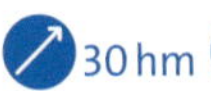

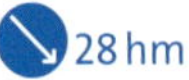

START | Parkplatz an der Saint George Kapelle auf der Akrotiri Peninsula. 17 km südwestlich von von Limassol.
[GPS: 34.603089 32.939994]
CHARAKTER | Einfacher Spaziergang für die ganze Familie.
Beste Wanderzeit: Ganzjährig.
Art des Weges: 30 % Strand und 70 % Piste.
Hinweis: Zwischen Juni und August legt die Unechte Karettschildkröte am Strand bei den Akrotiri Sanddünen ihre Eier ab. Betreten darf man den Strand trotzdem! Aufgrund der starken Unterströmungen in dieser Bucht ist es gefährlich, weit hinauszuschwimmen!

Die Akrotiri Peninsula wird im Westen von der Episkopi-Bucht und im Osten von der Akrotiri-Bucht begrenzt. In der Mitte der Halbinsel liegt der Limassol Salt Lake, das größte Binnengewässer Zyperns und eines der wichtigsten Feuchtbiotope im östlichen Mittelmeerraum. Auch betreibt die britische Royal Air Force (RAF Akrotiri) einen Stützpunkt auf der Halbinsel. Für Luftfahrtbegeisterte hochinteressant, denn öfters starten und landen Flugzeuge. Ein eindrückliches Naturschauspiel entlang der Wanderung sind die bis zu 10 m hohen Akrotiri Sanddünen, gelegen in einer ca. 600 m breiten Bucht. Aufgrund des oft vorherrschenden Nordwest-, Nord- und

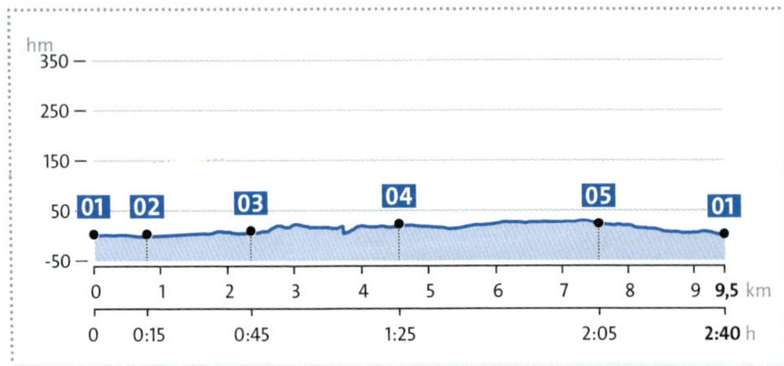

01 Saint George Kapelle, 8 m; 02 Beach, 0 m; 03 Akrotiri Sanddünen, 7m; 04 RAF Akrotiri Fence 20 m; 05 Klippe, 31 m

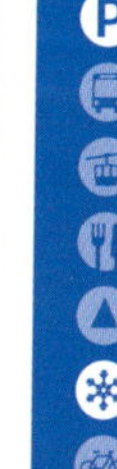
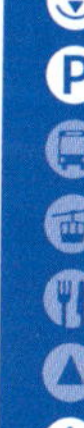

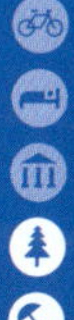

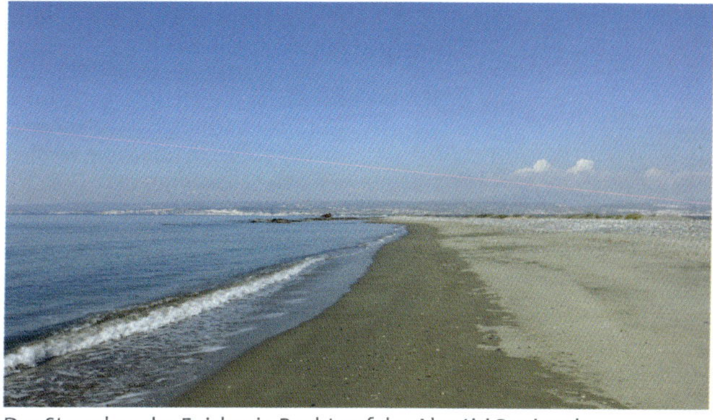

Der Strand an der Episkopis-Bucht auf der Akrotiri Peninsula.

Nordostwindes werden die Dünen beständig vom Wind umgestaltet. Weitere kleine Badebuchten folgen entlang der Steilküste, bis der Rückweg der Tour dann durch die vom Salzwasser geprägte Küstenvegetation zurückführt.

▶ Die 01 **Saint George Kapelle (8 m)**, Eukalyptusbäume und eine markante Palme auf unserer rechten Seite wandern wir geradeaus (südwestliche Richtung) auf der beginnenden Piste. Bemerkung: Von links mündet nach

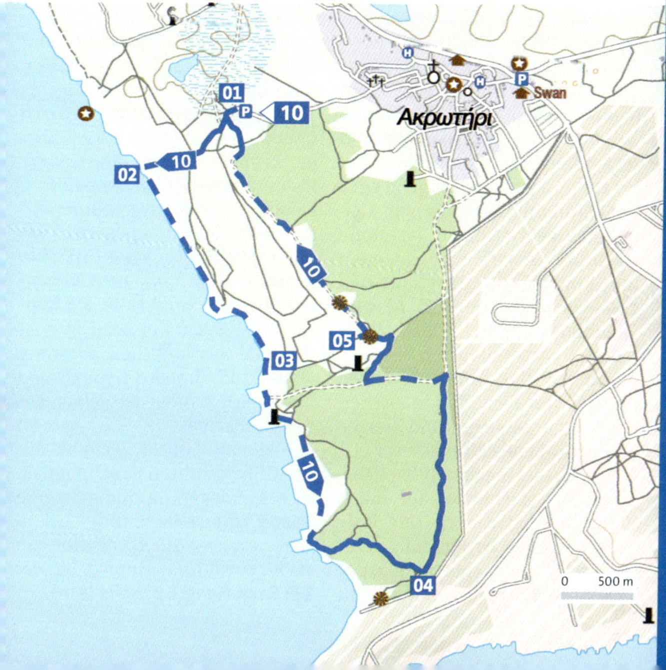

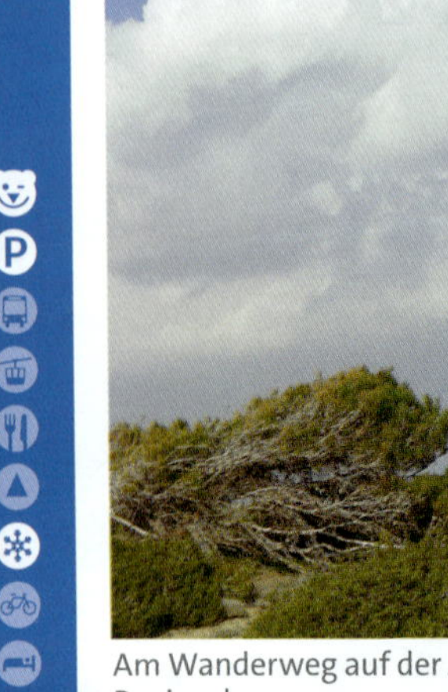

Am Wanderweg auf der Akrotiri Peninsula.

einigen Metern der Rückweg ein. Nach kurzer Zeit überqueren wir eine weitere Piste und suchen uns nun im Wirrwarr der Pisten eine Route, die Richtung (Westen) Meer führt. Am 02 **Beach (0 m)** angekommen, orientieren wir uns nach links (Süden) und schlendern am Kieselsteinstrand bis zur felsigen Landzunge in circa 1 km Entfernung. Hinter dem kleinen Kap geht er durch das große Halbrund einer faszinierenden Bucht mit feinem Sandstrand und den wunderschönen 03 **Akrotiri Sanddünen (7 m)**. Idealerweise bleiben wir – natürlich je nach Stand der Tide – im ufernahen Bereich, um den kleinen Fischereihafen zu passieren und steigen zu einem Beobachtungsturm auf. Oberhalb der beginnenden Steilküste marschieren wir auf einem der Pfade oder auch der Piste weiter in südliche Richtung. Weitere schöne Badebuchten liegen uns zu Füßen. Eine letzte kleine felsige Klippe umlaufen wir noch, um dann auf der Piste ein Stück landeinwärts zu wandern – in der Ferne ist der rote Radarturm (Luftüberwachung) zu erkennen. An der nächsten Gabelung wählen wir den halbrechten Arm. Dort wo unsere Piste in eine weitere mündet gehen wir halb rechts weiter. Eine halb rechts abzweigende Piste Richtung eines Zauns beachten wir nicht und bei der anschließenden 3-Wege-Gabelung – unmittelbar vor dem 04 **RAF Akrotiri Fence (20 m)** – nehmen wir die halblinke Piste. Die führt nun in gebührender Entfernung parallel zum Maschendrahtzaun. Der Radarturm ist nun gelegentlich auf der rechten Seite zu sehen. Dann passieren wir eine Ziegenhaltung und kommen an einem einzeln stehenden Haus mit beeindruckenden Feigenbäumen vorbei. Dort wo rechts am Ende einer Piste ein weiterer Wachturm zu sehen ist schwenken wir nach links (nicht halb links) und wandern auf der sandigen Piste weiter. Eine erste nach rechts abzweigende Piste lassen wir noch unbeachtet. Dann biegen wir aber rechts ab, überqueren eine weitere Piste und marschieren weglos an einem weiteren Wachturm vorbei. Anschließend gelangen wir auf eine Piste, in nordwestlicher Richtung folgen wir dem Verlauf der Piste am Rand eines 05 **Klippe (31 m)**. Rechts in der Ferne ist Limassol auszumachen, Richtung Norden das Troodos-Gebirge und links noch einmal aus einer anderen Perspektive die Akrotiri Sanddünen. Sobald wir eine Anhöhe überschritten haben, ist halb rechts in der Ferne eine markante Palme zu erkennen, unser Orientierungspunkt zur Navigation zurück zum Ausgangspunkt bei der 01 **Saint George Kapelle (8 m)**.

GIALIA NATURE-TRAIL

Stimulierung des Ruhenervs

 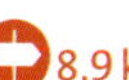8,9 km 3:00 h 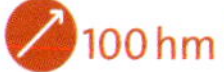100 hm 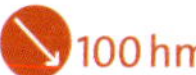100 hm

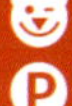
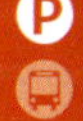
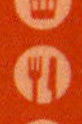

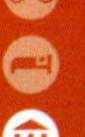

START | Informationstafel, Brunnen und Parkbucht an der Zufahrtsstraße zu dieser Tour. 38 km nordwestlich von Polis. [GPS: 35.096744 32.523755]
CHARAKTER | Einfache Wanderung auf angelegten Pfaden. Beste Wanderzeit: Ganzjährig.
Art des Weges: 10 % Straße, 30 % Piste und 60 % Wanderweg.

Nach zunächst sehr steilem Aufstieg führt die Tour dann gemächlich auf einem Höhenweg durch ein liebliches und fruchtbares Seitental. Dank eines Bachlaufs, der Quellwasser aus dem Troodos-Gebirge bringt, gibt es sogar Zitrusplantagen im Tal. Der gemütliche Spaziergang fern ab vom Tourismus wird vom Zwitschern der Vögel und dem Geruch von Tannennadeln begleitet. Diese Sinneseindrücke stimulieren die Aktivität des Parasympathikus. Der wiederum bewirkt, dass die Herz- und Atemfrequenz abnimmt. Frühling ist die perfekte Jahreszeit für diese Tour: Mit einem Teppich aus wilden Blumen, Schmetterlingen und angenehmen Temperaturen. Und dann ist da noch ein aussichtsreicher und überdachter Picknickplatz, ideal gelegen zum Verweilen. Unter all diesen positiven Einflüssen kann ja nur Entspannung und Regeneration eintreten.

▶ Hinter der 01 **Informationstafel (106 m)** beginnt gleich der steil aufsteigende Wanderweg. Hoch über dem Tal – durch das

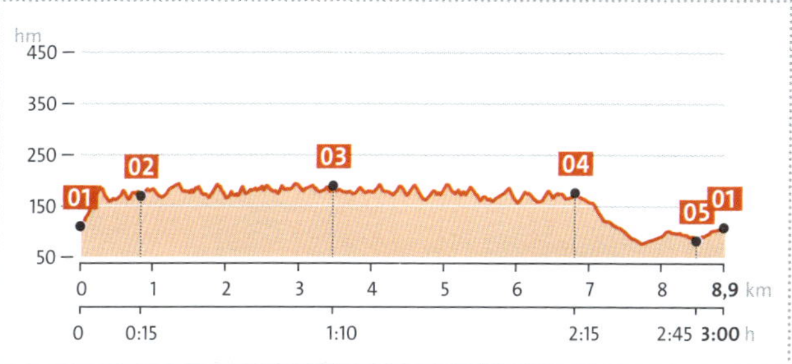

01 Informationstafel, 106 m; 02 Schotterstraße, 174 m; 03 Gialia Bach, 170 m; 04 Schlüsselstelle, 168 m; 05 Wassermühle, 80 m

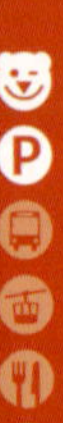

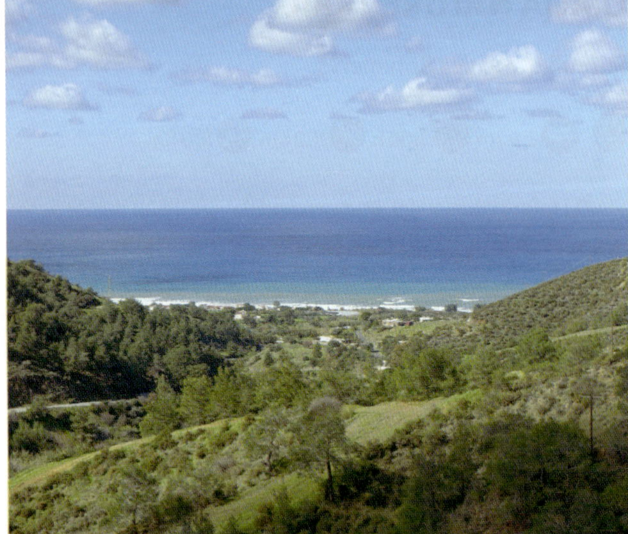

Das Meer ist vom Höhenweg aus gut zu sehen.

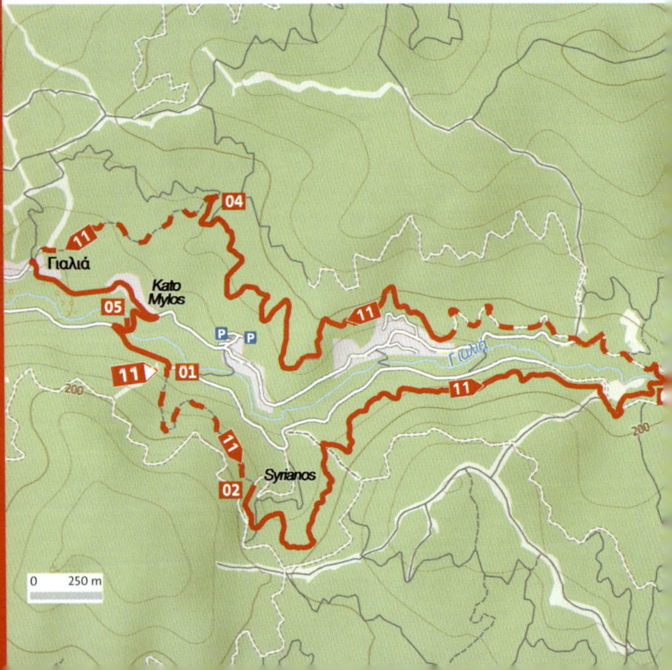

04
11
Γιαλιά
Kato Mylos
05
P P
11
Γιαλιά
11
01
11
200
11
200
Syrianos
02
0 250 m

sich der Gialia-Bachlauf windet – wandern wir auf einem aussichtsreichen Höhenweg, sofern der lichte Wald den Blick freigibt. Der Pfad endet an einer breiten **02 Schotterstraße (174 m)**, wir orientieren uns am rechts bergaufführenden Arm, um bereits nach 80 m auf den halb links abzweigenden Pfad abzubiegen. Dieser bringt uns zu einer weiteren Piste, die wir aber nur queren. Der angelegte Wanderweg schlängelt sich nun ohne An- oder Abstiege durch den Wald. Hinter einer kleinen Brücke überqueren wir wieder eine Piste, dann in nordöstlicher Richtung einen Parkplatz, auch passieren wir einen Brunnen (links von uns) und überschreiten nach einigen Metern in der Senke den **03 Gialia Bach (170 m)**. Dem Verlauf der Piste folgen wir nun durch die Linkskurve und marschieren unmittelbar an einer riesigen Kalabrischen Kiefer vorbei. Den folgenden Höhenweg – nun auf der gegenüberliegenden Talseite vom Hinweg – verlassen wir auf Höhe mehrere Strommasten auf die halb rechts beginnende Piste. Nach einem längeren Wegstück befindet sich am Wegesrand ein überdachter Aussichtspunkt und Picknickplatz. Vom weiteren Wanderweg ergibt sich ein freier Blick Richtung Meer. Auch halb links ist die Spitze der Akamas-Halbinsel zu erkennen. Während wir so dahinschreiten und uns der Natur erfreuen, ist die nachfolgende **04 Schlüsselstelle (168 m)** schnell zu übersehen. In einer Linkskurve verlassen wir die Piste nach scharf links, auf einem beginnenden Pfad durch eine schmale Schlucht. Entlang eines zeitweise wasserführenden Bachlaufs durchschreiten wie diese Schlucht bis zu einer asphaltierten Straße (hier wachsen einige Palmen), auf der wir nun taleinwärts (links) weiter marschieren. Am Ende einer auslaufenden Leitplanke – oder auch vor einem Haus – wählen wir den scharf rechts abzweigenden, betonierten Weg, um nach einigen Metern ein letztes Mal den Bachlauf der Gialia zu überqueren. Rechts vom Weg befindet sich die Ruine einer alten **05 Wassermühle (80 m)**. Nach kurzem Aufstieg stoßen wir auf die Zufahrtsstraße zu dieser Tour, auf der wir schließlich zum Start und Ziel bei der **01 Informationstafel (106 m)** zurückkehren.

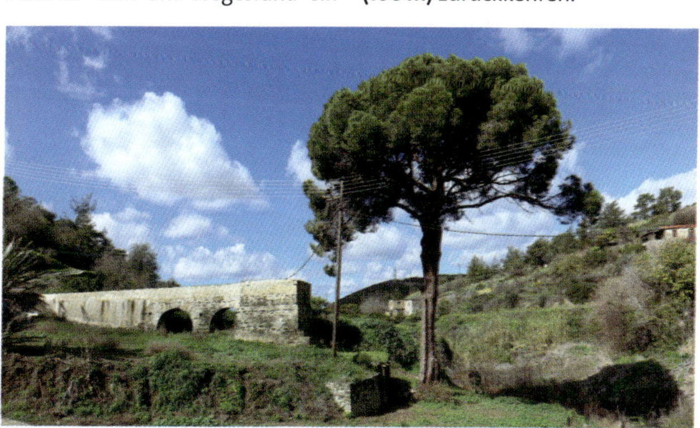

Die Ruinen einer alten Wassermühle.

ARGAKA-STAUDAMM NATURE-TRAIL

Die Folgen eines Waldbrands und ein Staudamm

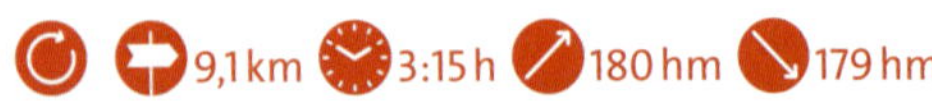

START | Parkplatz und kleiner Unterstand südöstlich und oberhalb von Argaka. 9 km nordöstlich von Polis. [GPS: 35.059656 32.497090]
CHARAKTER | Keine besonderen Anforderungen.
Beste Wanderzeit: Ganzjährig.
Art des Weges: 100 % Piste.

Im sehr heißen Sommer 2018 kam es innerhalb von 24 Stunden zu 31 Waldbränden auf Zypern. So zum Beispiel, als Einwohner des Dorfes Argaka Plastiktüten verbrannten und das Feuer außer Kontrolle geriet. Die Öle der Eukalyptusbäume fachten den Brand zusätzlich an. Die meisten Bäume benötigen Jahre, um sich vom Feuer zu erholen, der Eukalyptus wächst nach wenigen Wochen schon wieder. Auf der Wanderung ist zu sehen, dass der zuvor dichte Wald trotz staatlicher Aufforstungsmaßnahmen lange noch zurückkehrt. Dorniger Ginster, Mastixstrauch, Dornige Bibernelle, Kopfiger Thymian, Zistrose, Echter Kapernstrauch und Große Klippenziest sind bereits wieder da – nur langsam kehrt die Kalabrische Kiefer zurück. Der Wanderweg führt zum 1963 fertiggestellten und 980.000 m³ fassenden Argaka-Staudamm. Einen wunderschönen Ausblick auf die Landschaft, über die weite Chrysochou Bay bis hin zur Akamas Peninsula genießt man dann von einem Aussichtspunkt.

▶ Von dem großen Parkplatz oberhalb des Ortes 01 **Argaka (153 m)** marschieren wir unmittelbar an

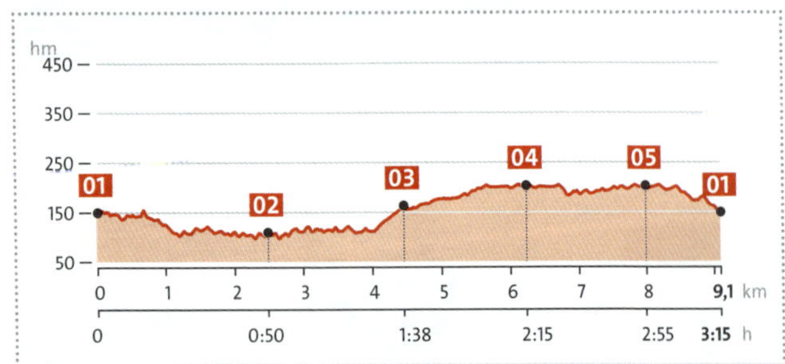

01 Argaka, 153 m; 02 Argaka Staudamm, 101 m; 03 Schotterstraße, 148m; 04 Moutti tou Koraka, 225 m; 05 Schotterstraße, 199 m

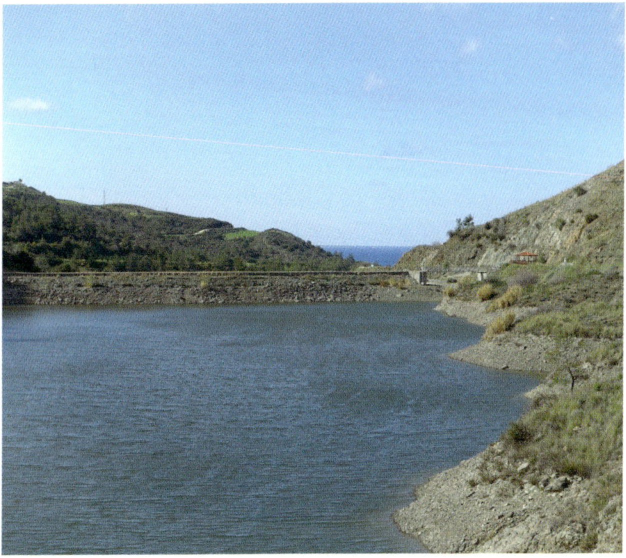

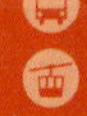

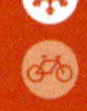

Der 1963 fertig gestellte Argaka-Damm.

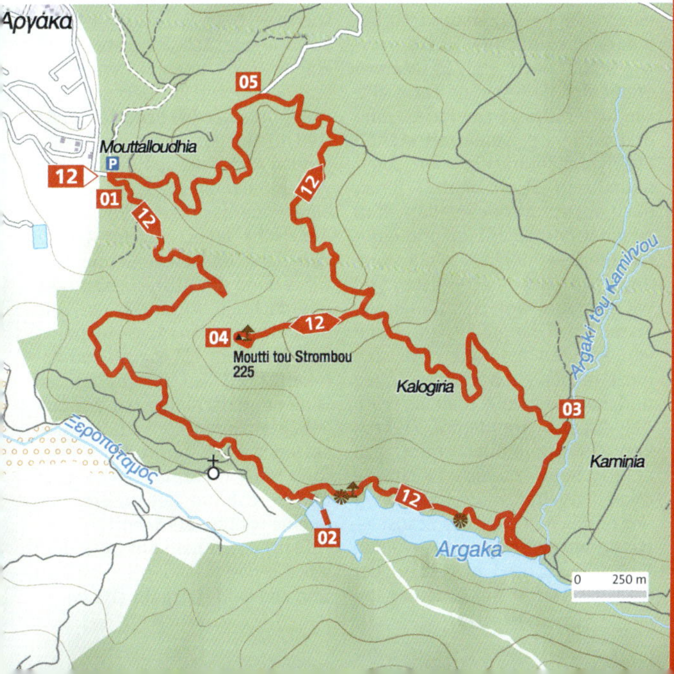

Αργάκα
Mouttalloudhia
Moutti tou Strombou
225
Kalogiria
Argaki tou Kaminiou
Kaminia
Ξεροπόταμος
Argaka
0 250 m

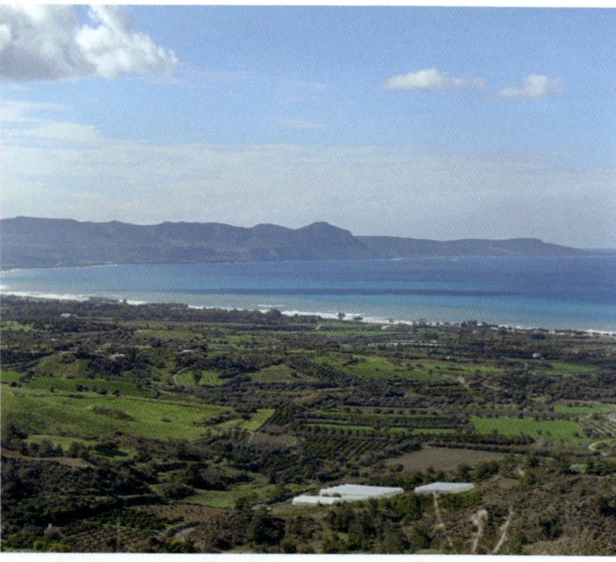

Die weite Chrysochou-Bay bis hin zur Akamas-Peninsula.

einen kleinen Unterstand vorbei auf die beginnende Schotterpiste. Schon nach einigen Metern ergibt sich eine schöne Fernsicht. Die Schotterpiste überquert eine Brandschneise. Vereinzelt stehen Eukalyptusbäume in der sonst baumlosen Landschaft. Einen nach rechts abzweigenden Pfad zu einer Zitrusplantage und einer Kapelle beachten wir nicht. Kurz danach endet diese Piste und wir wandern auf der querenden Piste links bergauf. Auf Höhe von Kakteen ignorieren wir den nach rechts abzweigenden Weg und kommen kurz danach zum **02 Argaka Staudamm (101 m)**. Von der Staumauer ergibt sich eine schöne Aussicht Richtung Meer. Weiter marschieren wir am nördlichen Ufer des Stausees, passieren zwischenzeitlich einen Picknickplatz und biegen an der Gabelung – fast am Ende der Talsperre – scharf links auf die bergaufführende Schotterpiste. Nach einem fast ebenen Wegstück ignorieren wir in der scharfen Linkskurve der **03 Schotterstraße (148 m)** den geradeaus weiterführenden Arm. Kurz später erblicken wir auf der Spitze eines Hügels einen überdachten Picknickplatz. Auf Höhe einer einzeln stehenden Bank und einer Steinmauer führt dann ein Abstecher zu dem überdachten Picknickplatz und beeindruckenden Aussichtspunkt auf dem Berg **04 Moutti tou Koraka (225 m)**. Auf dem bekannten Hinweg marschieren wir zur einzeln stehenden Bank zurück und setzen unsere Tour auf der Piste fort. Nach mehrmaligen Bergauf und Bergab mündet unsere Piste in eine weitere **05 Schotterstraße (199 m)**. Nach halb links wandern wir auf dieser Piste bis zum Start und Ziel bei **01 Argaka (153 m)**.

PAPHOS CULTURAL HERITAGE

Eine archäologische und kulturelle Reise

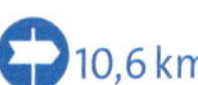

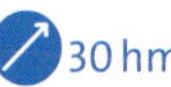

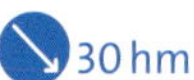

START | Großer kostenloser Parkplatz beim Haupteingang zu den Tombs of the Kings in Paphos (Königsgräber von Nea Paphos). [GPS: 34.775167 32.407422]
ÖPNV: Bushaltestelle 300 m südlich vom Haupteingang zu den Tombs of the Kings in Paphos.
CHARAKTER | Leichte Wanderung. Für alle Fitnesslevel. Leicht begehbare Wege.
Beste Wanderzeit: Ganzjährig.
Art des Weges: 15 % Parkanlagen, 15 % Pfad und 70 % Fußgängerweg.
Hinweis: Die Tour kann nur in der hier beschriebenen Runde gelaufen werden, da die Drehtür am Nebenausgang der Tombs of the Kings nur nach außen zu öffnen ist.
Öffnungszeiten: Tombs of the Kings Montag bis Sonntag 8:30–19:30 Uhr. Archeological Site Mosaics Montag bis Sonntag 8:30–19:30 Uhr.

Paphos ist eine Stadt an der Westküste Zyperns und blickt auf eine lange Geschichte zurück, denn ihre Besiedlung begann bereits in der Jungsteinzeit. Besonders sehenswert sind zahlreiche archäologische Schätze, aber auch moderne Architektur mischt sich in das Stadtbild. Diese Rundwanderung verbindet die 11 Top-Sehenswürdigkeiten.

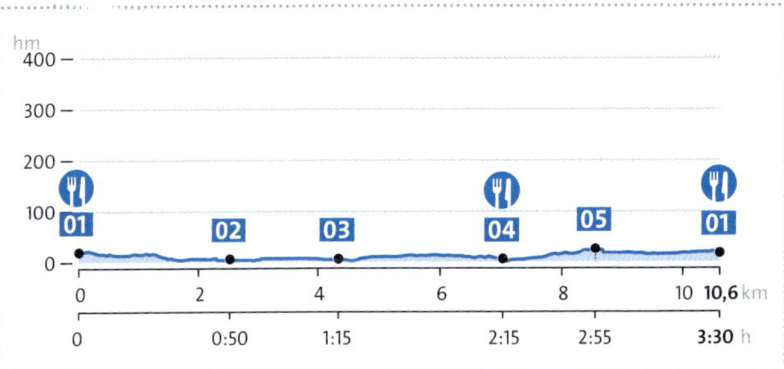

01 Haupteingang, 25 m; 02 Lighthouse Beach, 2 m; 03 Paphos Castle, 7m; 04 Kato Paphos Archeological Site Mosaics, 4 m; 05 Paphos Walkway, 31 m

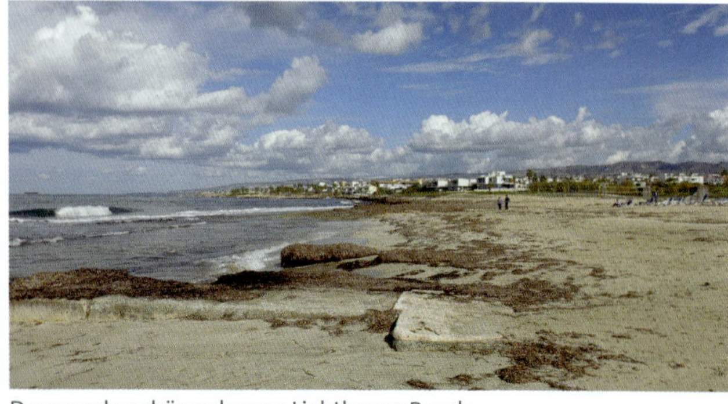

Der wunderschön gelegene Lighthouse Beach.

Durch den 01 **Haupteingang (25 m)** gelangen wir auf das Gelände der archäologischen Ausgrabungsstätte Tombs of the Kings – die bereits 1980 zum UNESCO-Weltkulturerbe erklärt wurde. Die dort in den Fels unter der Erde geschlagenen Gräber stammen von Wohlhabenden und Beamten aus dem 3. Jahrhundert vor Christus. Der Name Königsgräber ist irreführend, da es in dieser Epoche keine Könige mehr auf Zypern gab. Hinter dem Haupteingang führt die empfohlene Tour gleich nach rechts zur Grabkammer 9, weiter in nordwestliche Richtung (große Hotelanlage) zur Grabkammer 6. Dann geht es Richtung Süden entlang der Grabkammern 5, 3 und 2, um dann in Richtung der Türme in südwestlicher Richtung zu gehen und das Gelände durch das Drehkreuz zu verlassen. Siehe weitere Informationen auf Wikipedia. Auf der Promenade angekommen wählen wir den nach Süden verlaufenden Weg und passieren den kleinen Elysium Beach, auch noch den Kefalos Beach und erreichen dann den 02 **Lighthouse Beach (2 m)**. Links von uns erhebt sich der Leuchtturm von Paphos, dieser steht auf dem eingezäunten Gelände der Kato Paphos Archeological Site Mosaics. In einer lang gezogenen Linkskurve spazieren wir an diesem Zaun entlang. Unmittelbar hinter der nach einem längeren Stück folgenden Bronze Sculpture Sol Alter des zypriotischen Künstlers Yiota Ioannidou – sie zollt Aphrodite Tribut – erreicht der Pfad das 03 **Paphos Castle (7 m)**. Es wurde zum Schutz des Hafens erbaut. Siehe weitere Informationen auf Wikipedia. Die bewegte Geschichte beginnt als byzantinische Festung, das Gebäude wurde aber 1222 bei einem Erdbeben zerstört, im 13. Jahrhundert von den Lusignanern neu aufgebaut, im 16. Jahrhundert von den Venezianern zerstört und Ende des 16. Jahrhunderts wieder aufgebaut von den Osmanen. 1935 wird sie zum Nationaldenkmal. Wir wenden uns Richtung Norden, queren die kleine, aber repräsentative Marina und beginnen mit der Besichtigung der Ausgrabungsstätte 04 **Kato Paphos Archeological Site Mosaics (4 m)**. Der GPS-Track verbindet die Höhepunkte: The House of Aion – der dort gezeigte Mosaikboden aus der Mitte des 4. Jahrhunderts nach Christi

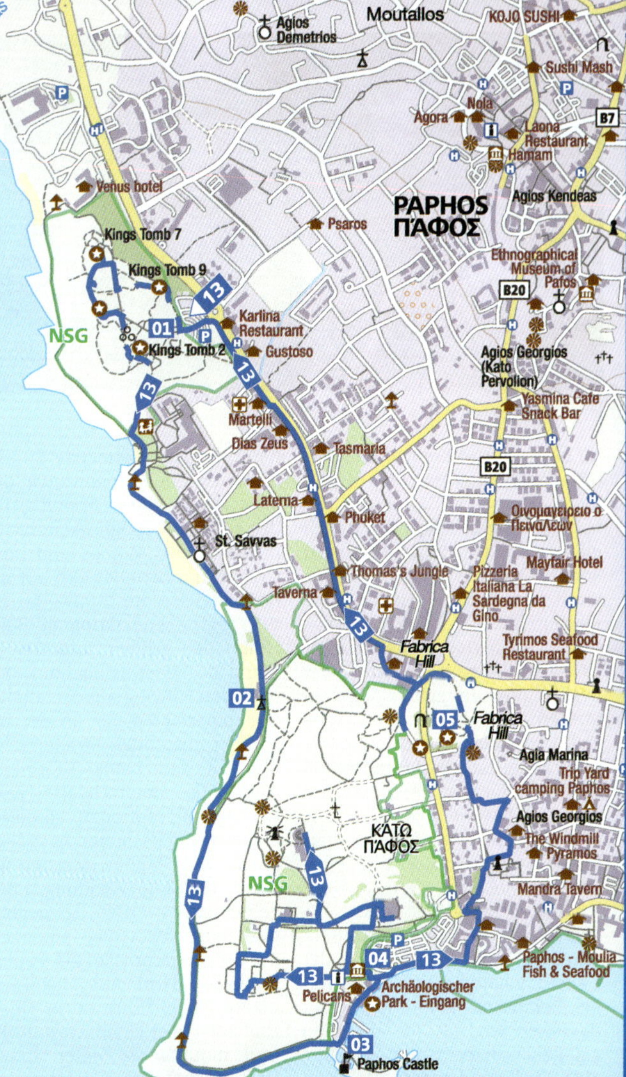

Koshinas
Agios Demetrios
Moutallos
KOJO SUSHI
Sushi Mash
Nola
Agora
Laona Restaurant
B7
Hamam
Agios Kendeas
Venus hotel
PAPHOS
ΠΑΦΟΣ
Psaros
Kings Tomb 7
Kings Tomb 9
Ethnographical Museum of Pafos
B20
Karlina Restaurant
NSG
Kings Tomb 2
Gustoso
Agios Georgios (Kato Pervolion)
Yasmina Cafe Snack Bar
Martelli
Dias Zeus
Tasmaria
B20
Laterna
Phuket
Οινομαγειρειο ο Πεινάλεων
St. Savvas
Thomas's Jungle
Pizzeria Italiana La Sardegna da Gino
Mayfair Hotel
Taverna
Fabrica Hill
Tyrimos Seafood Restaurant
Fabrica Hill
Agia Marina
Trip Yard camping Paphos
Agios Georgios
ΚΑΤΩ ΠΑΦΟΣ
The Windmill
Pyramos
NSG
Mandra Tavern
Paphos - Moulia Fish & Seafood
Pelicans
Archäologischer Park - Eingang
Paphos Castle
0 250 m

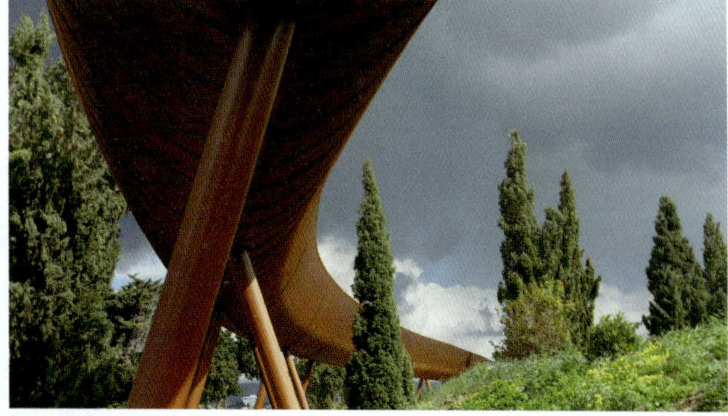
Der Paphos Walkway.

ist eines der außergewöhnlichsten Werke der antiken römischen Kunst; House of Dionysus – erhaltene Ruine einer römischen Villa aus dem 2. Jahrhundert; Roman Odeon – die Ruinen eines römischen Theaters aus dem 2. Jahrhundert und Saranta Kolones Castle – Überreste einer byzantinischen Burganlage. Nach der Besichtigung der archäologischen Stätten schlendern wir in östliche Richtung entlang der Flaniermeile mit zahlreichen Restaurants und Eisdielen. Vor dem Captain's View Restaurant wenden wir uns links in die Gasse, biegen dann links in die querende Straße (Paphos Rentals), noch vor dem Kreisverkehr wählen wir die nach rechts abzweigende Straße (Straßenschranke) und spazieren an der Gabelung halb links am Zaun vorbei. Bei der nächsten Möglichkeit passieren wir das Tor am Zaun gelegen nach rechts und erreichen eine weitere Sehenswürdigkeit, die Kirche Agia Kyriaki Chrysopolitissa, die im 13. Jahrhundert über den Ruinen der größten frühbyzantinischen Basilika Zyperns errichtet wurde. Auf Höhe der Kirche biegen wir Richtung Norden (links) in die beginnende Straße. An deren Ende wenden wir uns links in die Pafias Afroditis, bei der nächsten Möglichkeit rechts in die Straße Minoos und nach circa 100 m befindet sich auf der rechten Seite der Straße das bis 1950 betriebene Ottoman Bath. Hinter den grünen aufgestellten Stangen (Kunstinstallation) und über den Fußweg aus Metallplatten marschieren wir an der folgenden querenden Straße rechts und an den halbkreisförmigen Hellenistic-Roman Theatre (siehe weitere Informationen) vorbei zu einem wunderschönen Aussichtspunkt über Paphos. Machen wir eine 180°-Kehrtwendung, also gehen nach Norden, so beginnt dort die spektakulär aussehende Fußgängerbrücke **05 Paphos Walkway (31 m)**. Ausgehend von einem Hügel führt sie in einem Halbkreis über einen Kreisverkehr und hinunter zu einer Straße. Dort angekommen machen wir eine 180°-Kehrtwendung, biegen bei der ersten Möglichkeit links ab und links entlang der nachfolgenden Hauptstraße erreichen wir wieder den Parkplatz am **01 Haupteingang (25 m)**.

XYLIATOS STAUDAMM

Eine schöne Landschaft zieht viele Menschen in ihren Bann

 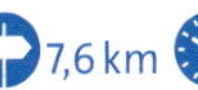 7,6 km  2:10 h 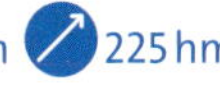 225 hm 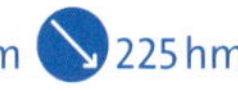 225 hm

START | Parkplatz an der Verbindungsstraße E907 von Lagoudera nach Xyliatos. Hier befindet sich auch ein Hinweisschild mit der Aufschrift Lagouderon Bridge. 48 km südwestlich von Nikosia. [GPS: 34.990943 33.031092]
CHARAKTER | Spaziergang für die ganze Familie.
Beste Wanderzeit: Ganzjährig.
Art des Weges: 15 % Straße, 35 % Pfad und 50 % Piste.

Der 1982 erbaute Xyliatos-Damm, gelegen an den nördlichen abgelegenen Ausläufern des Troodos-Gebirges, ist ein lohnendes Wanderziel. Von einer venezianischen Brücke führt die Tour durch einen ursprünglichen Kiefernwald mit monumentalen Bäumen. Das Plätschern des mit platanengesäumten Bachlaufes ist zunächst unser Wegbegleiter. Die große Wassermasse des Staudamms begeistert dann den Betrachter. Ein lohnenswerter Abstecher ist ein schön gelegener und schattiger Picknickplatz unter Platanen, bevor es auf den Rückweg geht.

Den Parkplatz an der **01 E907 (623 m)** lassen wir auf der beginnenden Piste hinter uns und überqueren nach einigen Metern den Bachlauf der Elia – die in den Xyliatos-Damm fließt – über die Lagouderon Bridge aus der venezianischen Epoche oder der neu gebauten Brücke für Fahrzeuge. Die nach rechts abzweigende Piste beachten wir nicht und

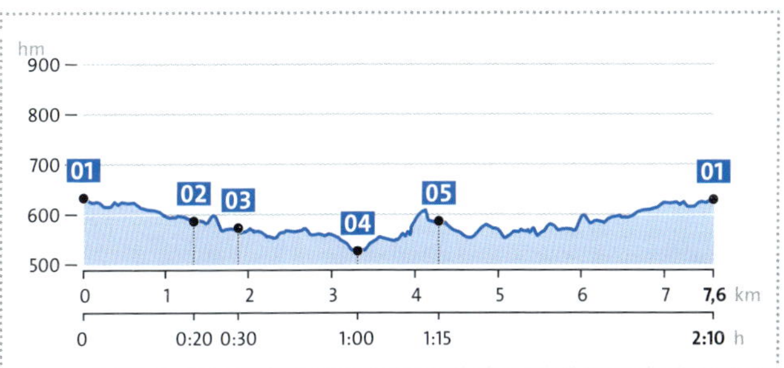

01 E907, 623 m; 02 E907, 582 m; 03 Rechts, 561 m; 04 Wasserfall, 518 m; 05 Links, 596 m

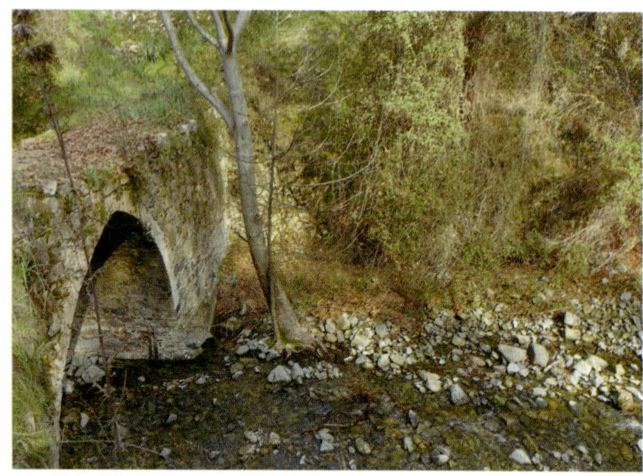

Die Old Bridge of Lagoudera in der Nähe des Xyliatos-Damms.

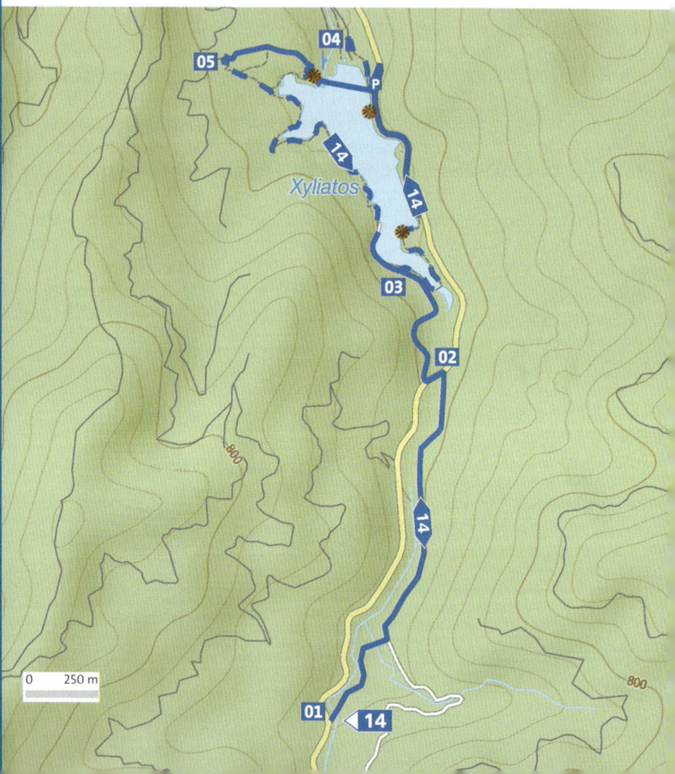

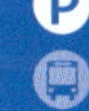
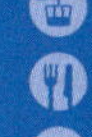

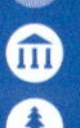

gehen ein längeres Stück bis zur Hauptstraße **02 E907 (582 m)** vor. Nach einigen Metern links entlang dieser schwenken wir sofort rechts in die Sackgasse. Dieser Forstweg verläuft oberhalb des Bachbetts. Sobald eine Brücke über den Bachlauf und der Stausee auch zu erkennen sind, wählen wir den nächsten scharf nach **03 Rechts (561 m)** abzweigenden Pfad, überqueren die Brücke und laufen zwischen dem südöstlichen Ufer des Stausees und einem Maschendrahtzaun weiter. Beim anschließenden Aussichtspunkt am Ende einer Landzunge ist die Talsperre dann in ihrer vollen Größe zu sehen. Der Pfad führt uns zur Straße hinauf. Links neben der Leitplanke beginnt ein Trampelpfad bis zu einem weiteren schönen Aussichtspunkt über den Stausee. Nach nur 40 m entlang der Straße klettern wir dort über die kleine Steinmauer und gelangen über einen Pfad zur tiefer liegenden Straße. Gleich am Beginn der Straße über den Damm zweigt rechts ein Pfad durch die steil abfallende Mauer des Staudamms hinunter zu einem Picknickplatz (mit „Buletten") unter Platanen und einer Quelle ab. Nur im Frühjahr, wenn die Talsperre komplett gefüllt ist, läuft Wasser durch den Überlauf ab und es bildet sich ein kleiner **04 Wasserfall (518 m)**, der am westlichen Ende des Picknickplatzes zu sehen ist. Wir steigen wieder zur Straße hoch, überqueren die Dammkrone, queren den Überlauf, nehmen die Treppen und umlaufen den Steinschlag gefährdeten und gesperrten Uferweg. Nach kurzem Aufstieg marschieren wir oberhalb der Steinschlagzone, gelangen auf einem breiten Wanderweg und orientieren uns nach kurzem Abstieg auf den **05 Links (597 m)** abzweigenden und auch markierten Pfad. Wieder am Stausee angekommen folgen wir dem Uferweg, bis wir auf den bekannten Hinweg stoßen. Über den Wegpunkt **02 E907 (582 m)** marschieren wir bis zum Start und Ziel **01 E907 (623 m)** zurück.

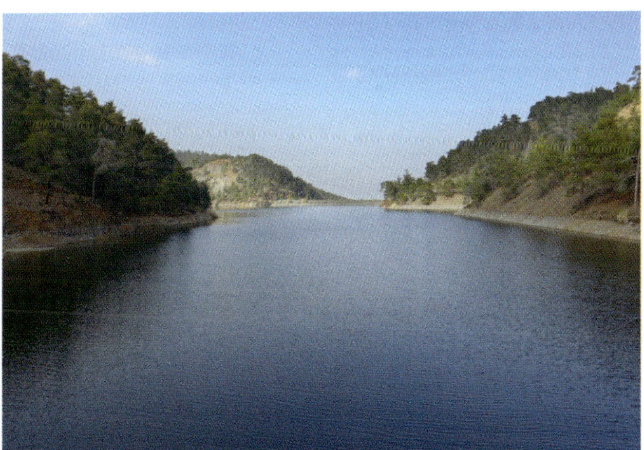

Der Xyliatos-Damm.

TRIPYLOS • 1362 m

Die endemische Zypern-Zeder

 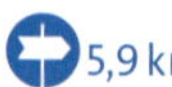 5,9 km 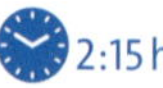 2:15 h 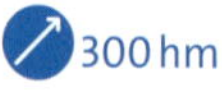 300 hm 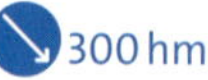 300 hm

START | Parkmöglichkeiten bei einer Informationstafel in der 180°-Kurve der Straße. 48 km östlich von Polis. [GPS: 34.990973 32.688348]
CHARAKTER | Leichte Wanderung mit mäßigen steilen An- und Abstiegen. Beste Wanderzeit: Ganzjährig.
Art des Weges: 100 % Piste.

Die endemische Zypern-Zeder gehört mit ihren so auffallend waagrechten Ästen sehr unterschiedlicher Länge, mit der schirmartigen und breiten Krone (bildet sich mit zunehmenden Alter) und dem Zapfen, der senkrecht nach oben wächst, zweifellos zu den schönsten Nadelbäumen der Insel. Diese Tour führt durch diesen so einzigartigen Wald mit zahlreichen dieser Prachtexemplare – ein Baum ist sogar geschätzte monumentale 900 Jahre alt – zu einem Feuerwachturm. Wie es so bei Türmen zur Früherkennung von Bränden ist, sind sie in der Regel ein vorzüglicher Beobachtungspunkt über die umliegenden Wälder – hier über das westliche Troodos-Gebirge. Während der Recherche (Ende Januar) herrschte aber starker Schneefall, so hatte ich keine Fernsicht vom 360°-Ausguck. Dafür waren aber die sonst immergrünen Zypern-Zedern mit einer wunderschön anzuschauenden Schicht weißen "Puderzuckers" überzogen.

▸ Die 01 **Straße (1063 m)** mit der Parkgelegenheit verlassen wir auf

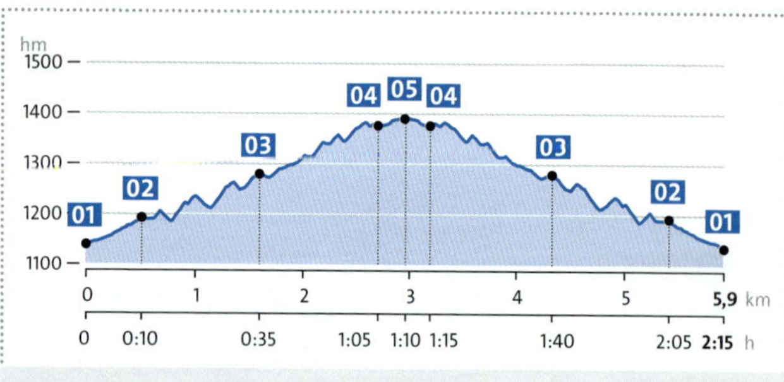

01 Straße, 1063 m; 02 Bachlauf, 1101 m; 03 Links, 1222 m; 04 Zypern-Zeder, 1342 m; 05 Tripylos, 1362 m

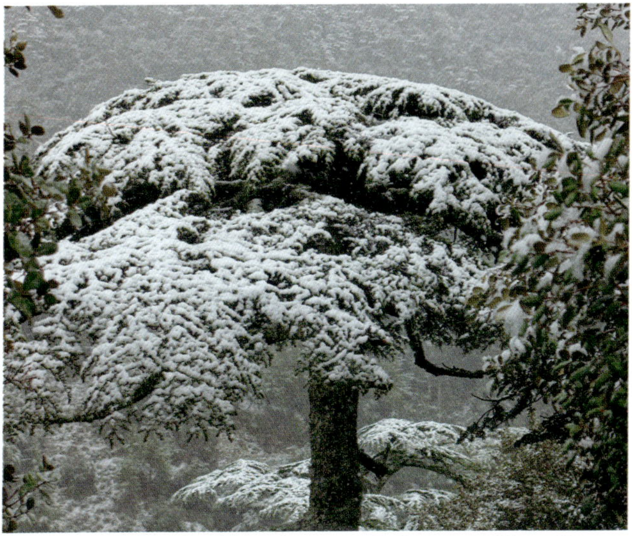

Mit zunehmenden Alter bilden die Zypern-Zedern eine schirmartige Krone.

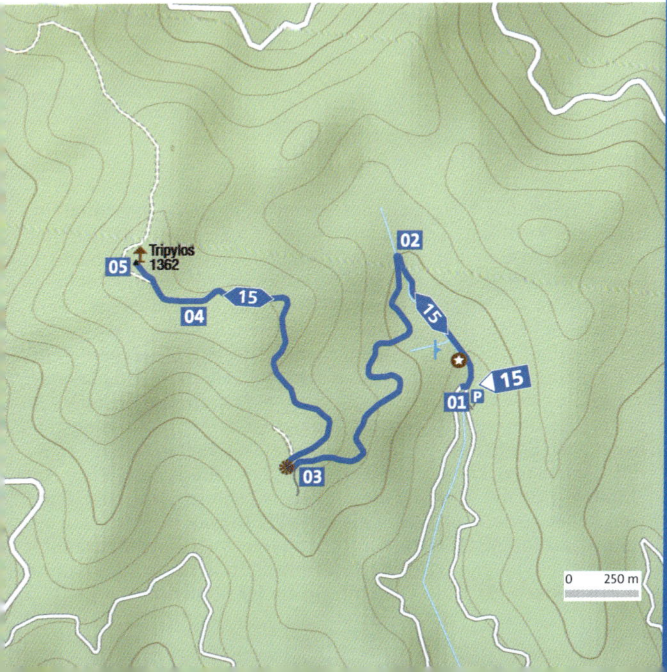

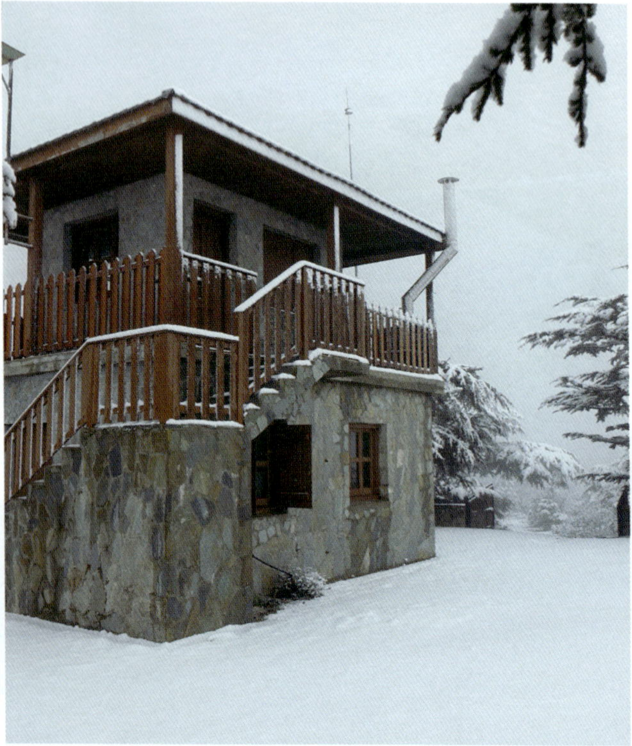

Der Feuerwachturm auf dem Berg Tripylos.

dem beginnenden Forstweg in nördliche Richtung. Er verläuft parallel zu einem Bachbett, an dem sich riesige Platanen sehr wohlfühlen. Durch eine Linksbiegung überqueren wir den 02 **Bachlauf (1101 m)**, zu dem wir ein kurzes Stück parallel aufsteigen. Schweift der Blick von dieser Position zum gegenüberliegenden Berghang, ist dieser mit zahlreichen Erleneichen bestanden, nur die Zypern-Zedern sind höher gewachsen. Die in die Landschaft gefräste Piste führt mäßig steil bergauf. Die nachfolgende nach 03 **Links (1222 m)** abbiegende Piste beachten wir nicht. Die Piste, auf der wir marschieren, mündet als nächstes in die Linkskehre einer weiteren Piste, auf der wir weiter bergaufgehen. In einer Senke vor der wohl ältesten 04 **Zypern-Zeder (1342 m)** in diesem Wald befindet sich eine Informationstafel. An einer weiteren Informationstafel und auch Gabelung gelangen wir auf dem halbrechten Weg zum Feuerwachturm und zum Gipfel des 05 **Tripylos (1362 m)**. Von hier wandern wir auf dem bekannten Hinweg zurück zum Start und Ziel in der 01 **Straße (1063 m)**.

OMODOS – WINE VILLAGE

Einer der malerischsten Orte auf Zypern

 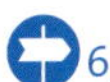 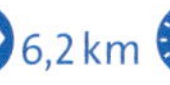 6,2 km 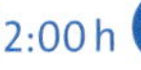 2:00 h 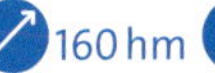 160 hm 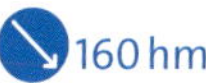 160 hm

START | Großer öffentlicher Parkplatz am Ortseingang von Omodos. 40 km nordwestlich von Limassol. [GPS: 34.847071 32.806399] ÖPNV: Buslinie 40 von Limassol.
CHARAKTER | Einfache Wanderung für die ganze Familie. Beste Wanderzeit: Ganzjährig.
Art des Weges: 15 % Gassen, 15 % Straße und 70 % Piste.
Hinweis: Öffnungszeiten der Olympus Wineries Montag bis Freitag 8–17 Uhr.

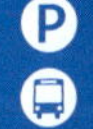
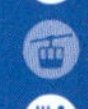

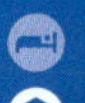

Ausgrabungen bestätigen: Wein wird seit circa 5.000 Jahren auf Zypern domestiziert und kultiviert – damit ist die Insel Wiege der Weinproduktion im Mittelmeerraum. Heute werden die Rebsorten Mavro (Rotwein und Rosé) und Xynisteri (Weißwein) und der weltweit einzigartige Commandaria (fruchtsüßer Dessertwein) sowie auch die bekannten Sorten Chardonnay, Cabernet Sauvignon und Shiraz angebaut. Das Hauptanbaugebiet liegt an den südlichen Hängen des Troodos-Gebirges, so auch das Winzerdorf Omodos mit seinen gepflasterten Gassen, den zahlreichen Tavernen, vielen kleinen Souvenirläden, den vielen Weinläden und dem Kloster am Dorfplatz. Im Heilig-Kreuz-Kloster sind besondere Ikonen und herausragende Schnitzarbeiten ausgestellt. Ferner befindet sich im Kloster ein kleines Museum des Nationalen Freiheitskampfes

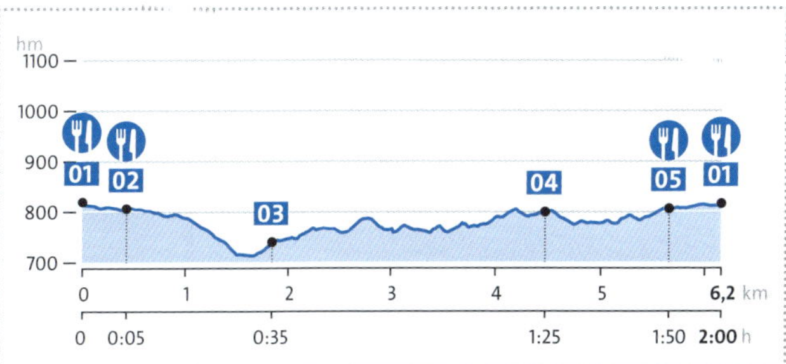

01 Parkplatz, 814 m; 02 Timios Stavros Kloster, 807 m; 03 Eiche, 734 m; 04 Olympus Wineries, 789 m; 05 Katoi-Taverne, 805 m

1955–1959. Es folgt ein Spaziergang durch das umliegende Weinbaugebiet. Am Rückweg gibt es in einer Seitengasse das Restaurant Katoi. Abseits vom Trubel serviert die Taverne zypriotische Köstlichkeiten, der perfekte Abschluss dieser Tour.

An den WC-Anlagen vorbei verlassen wir in östliche Richtung den 01 **Parkplatz (814 m)** in Omodos, überqueren die nachfolgende Straße und marschieren dann vor der Palme rechts durch die Einbahnstraße an den Parkplätzen entlang. Vor der Bäckerei wenden wir uns nach links und gehen durch die Gasse mit den Souvenirläden bis zum Dorfplatz vor. Rechts gelangen wir zum 02 **Timios Stavros (Heilig-Kreuz-Kloster) (807 m)**. Nach der Besichtigung verlassen wir den Haupteingang nach rechts, biegen sofort wieder rechts ab, gehen ein kurzes Stück entlang der Mauer des Klosters und biegen dann links in die schmale Gasse (Linou). Bei einer ersten Gabelung nehmen wir den halblinken Arm (an dem roten Tor vorbei). Auf der linken Seite der Gasse befindet sich in einem Haus eine frei zugängliche und restaurierte Weinpresse. Am Ende der Gasse orientieren wir uns nach rechts und wandern bei der nächsten Gabelung halbrechts. Zur Information: Von halb links mündet unser Rückweg ein. Bei der nächsten Möglichkeit biegen wir nach halb links auf den gepflasterten Weg. Wo rechts und links an der Straße Strommasten stehen, gehen wir an der Gabelung aber links. Eine nach rechts abzweigende Gasse lassen wir unbeachtet und verlassen anschließend das Dorf auf einem asphaltierten Weg. Hinter zahlreichen Weinstöcken und ei-

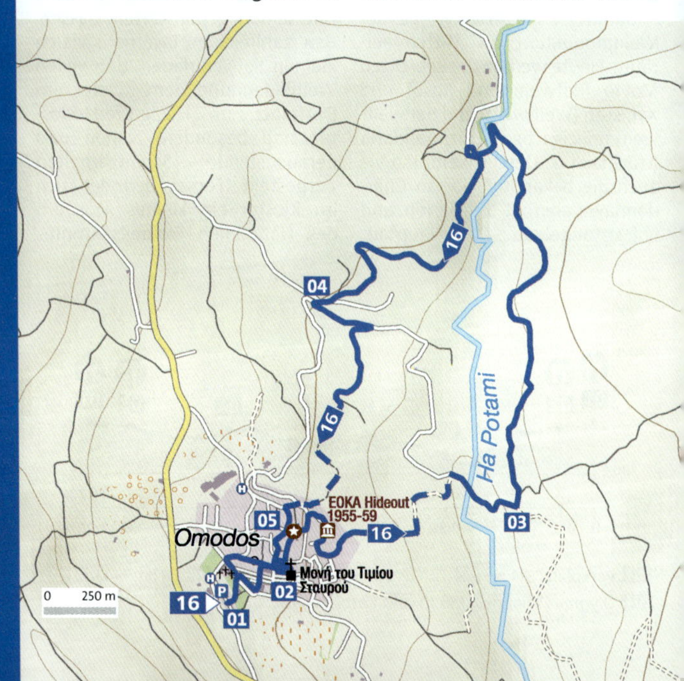

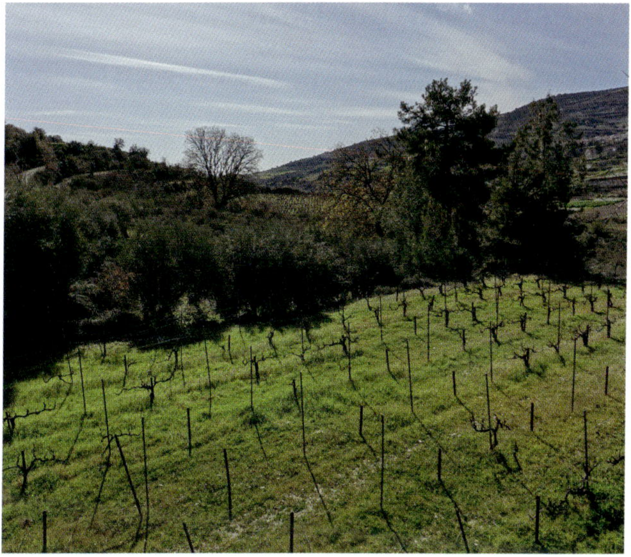

Weinstöcke nahe dem Dorf Omodos.

ner dicken uralten Eiche endet die Piste, wir gehen rechts auf der asphaltierten Straße und überqueren nach wenigen Metern den Bachlauf der Ha Potami. Zwei rechte Abzweiger lassen wir aus, aber an der nächsten Gabelung – auf Höhe einer weiteren **03 Eiche (734 m)** – wählen wir die halb links weiterführende Piste, kurz später geht es durch hoch gewachsenes Schilfgras. An einer ersten Gabelung wählen wir den halblinken Weg. Einen rechten Abzweiger ignorieren wir und gehen geradeaus weiter. Der Weg schlängelt sich entlang zahlreicher Weinfelder, führt durch eine Senke und endet an einer asphaltierten Straße. Links entlang dieser selten befahrenen Nebenstraße passieren wir eine Kapelle und auch die Zufahrt zur **04 Olympus Wineries (789 m)**, die während der Öffnungszeiten besucht werden kann. Unmittelbar hinter dem Weingut wählen wir an der Gabelung die nach links weiterführende Sackgasse und biegen sofort wieder links ab. Nach kurzem Abstieg auf der Schotterpiste nehmen wir die scharf rechts abzweigende Piste, die dann wiederum bergauf führt. Wirtschaftswege lassen wir unbeachtet, passieren eine kleine Kapelle, bis wir auf den Hinweg stoßen. Auf Höhe der Brunnen biegen wir nicht halbrechts ab, wählen auch nicht den bekannten Hinweg (Linou), sondern wandern noch einige Meter geradeaus und orientieren uns bei der nächsten Möglichkeit nach links in die beginnende Gasse (braune Türen rechts und links der Gasse). Die passiert nach einigen Metern die **05 Katoi-Taverne (805 m)**. Die Gasse endet am bekannten Dorfplatz beim Kloster, auf einem der vielen Wege geht es zum Start und Ziel zum **01 Parkplatz (814 m)** zurück.

17

ATALANTI NATURE-TRAIL

Um den Olympos, Mount Olympos, Olymp oder Chionistra

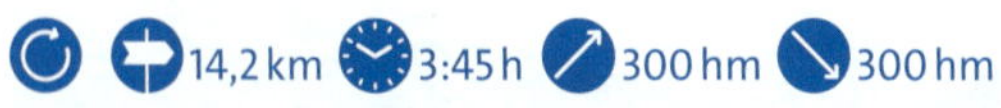

START | Zahlreiche (aber nur in den frühen Morgenstunden) öffentliche Parkplätze am höchsten Punkt der Straße B8.
46 km nordwestlich von Limassol. [GPS: 34.923611 32.881007]
ÖPNV: Buslinie 64 von Limassol.
CHARAKTER | Technisch einfach und Orientierung problemlos.
Beste Wanderzeit: In den Wintermonaten kann Schnee liegen.
Art des Weges: 100 % Wanderweg.

Wie oft auf Zypern sind geografische Bezeichnungen fast immer eindeutig mehrdeutig. So trägt der höchste Berg der Mittelmeerinsel Zypern die Namen Olympos, Mount Olympos, Olymp oder Chionistra. Die Bezeichnung Atalanti Nature-Trail – der dann den 1952 m hohen Gipfel umrundet – entstand in Anlehnung an den Namen Atalante. Ins Griechische übersetzt steht Atalanti in der griechischen Mythologie für eine ausgezeichnete jungfräuliche Jägerin und Läuferin. Der Rundwanderweg führt durch dichte Bestände von Schwarzkiefern und dem Griechischen Wacholder, auch Stinkender Troodos-Wacholder genannt, denn die zerriebenen Blätter riechen unangenehm. Einige Baumriesen können mehrere Jahrhunderte alt werden, sogar ein circa 800 Jahre altes Exemplar gibt es am Wegesrand zu bestaunen. Die Route durch den Troodos National Forest Park ist Teil des EU-weiten Netzes von Schutzgebieten, dem Natura 2000. Immer wieder ergeben sich außerge-

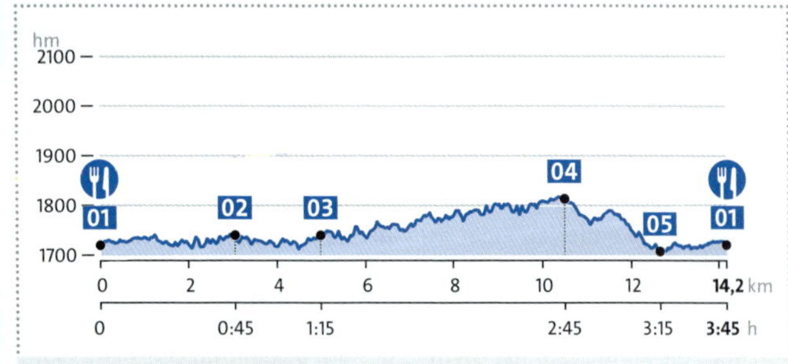

01 Troodos-Platz, 1725 m; 02 Brunnen, 1729 m;
03 Bergbautunnel, 1722 m; 04 E 910, 1803 m; 05 Gabelung, 1700 m

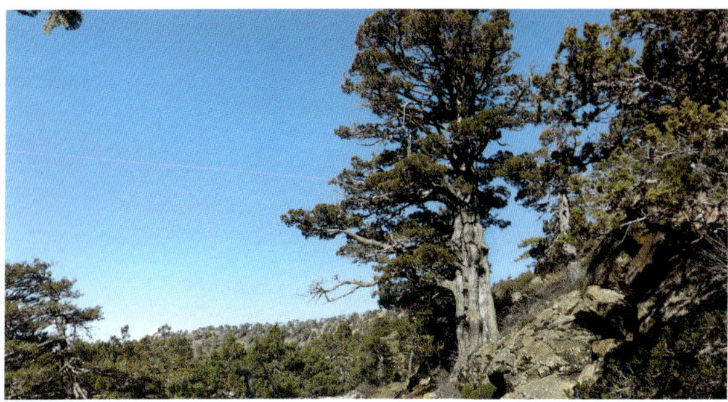

Ein circa 800 Jahre alter Stinkender Wacholder (Juniperus foetidissima).

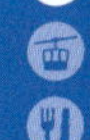
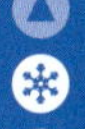

wöhnlich schöne Ausblicke in alle Himmelsrichtungen über die Insel Zypern.

▶ Vom **01 Troodos-Platz (1725 m)** mit der Bushaltestelle und dem Parkplatz marschieren wir einige Meter in östliche Richtung bis zum Kreisverkehr vor, um dort links und entlang der E910 Richtung Kykkos-Kloster zu gehen. Bereits nach einigen Metern wenden wir uns hinter der Informationstafel nach links und folgen dem markierten Rundwanderweg. Hinter einem Haus am

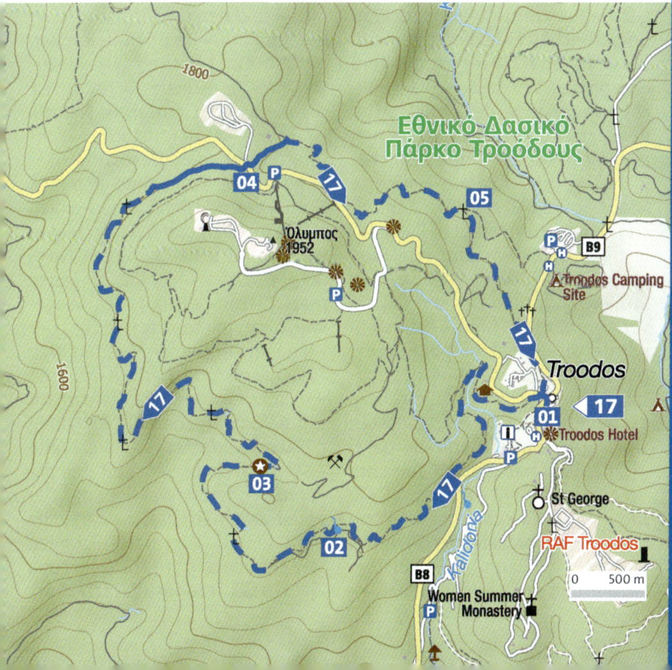

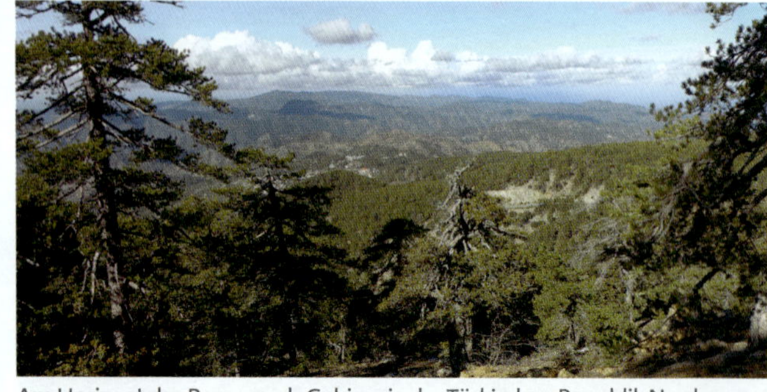
Am Horizont das Besparmak-Gebirge in der Türkischen Republik Nordzypern.

Wegesrand führt der Pfad durch eine 180°-Kehre und dann bei der ersten Gabelung halb links weiter. Sobald der lichte Wald den Blick Richtung Süden freigibt, sind die Hochhäuser von Limassol und die Akrotiri-Halbinsel (siehe Tour 10) mit der Episkopi-Bucht zu sehen. Bei einer Gabelung mit einer Sitzbank bleiben wir auf dem geradeaus weiterführenden Pfad und erreichen kurz dahinter einen **02 Brunnen (1729 m)** und weitere Holzbänke. Wir lassen die südlichen Berghänge des Troodos-Gebirges hinter uns und erkennen nun am Horizont in westlicher Richtung die Akamas-Halbinsel (siehe Touren 01 und 02). Zahlreiche jahreszeitabhängige Bachläufe überqueren wir und erreichen einen seit 1982 verschlossenen Stollen. Aufgrund des am Olymp vorkommenden Chromeisenstein wurde dieser **03 Bergbautunnel (1722 m)** zur Gewinnung des metallischen Chroms in den Berg getrieben. Hinter der nächsten Linkskurve wartet dann ein botanisches Schmankerl auf uns. Am Wegesrand steht ein etwa 800 Jahre alter Griechischer Wacholder. An der Nordseite des Olympos stehen die Baumriesen dichter zusammen und bilden daher einen Schatten spendenden Wald. Richtung Nordwesten ist das Bergdorf Prodromos zu sehen. Bis in den April ist auf den Nordhängen mit Restschneefeldern zu rechnen. Der Pfad geht in einen Forstweg über und endet an der **04 E 910 (1803 m)**. Diese Verbindungsstraße – vom **01 Troodos-Platz (1725 m)** nach Prodromos – und den dahinterliegenden großen Parkplatz überqueren wir, um auf einer breiten Piste abzusteigen. In östliche Richtung ist sogar das weit entfernte Nikosia zu sehen, in nordöstlicher Richtung sogar das Besparmak-Gebirge in der Türkischen Republik Nordzypern. Über einen nach rechts abzweigenden Pfad steigen wir in eine Senke hinunter. Nach dem Aufstieg aus dieser Senke marschieren wir an der Wegekreuzung geradeaus weiter. Der Pfad läuft mit einem breiten Weg zusammen und danach mündet von links eine weitere Piste in unseren Weg. An einer **05 Gabelung (1700 m)** verlassen wir die breite Piste nach halbrechts auf den gekennzeichneten Wanderweg. Der endet an einem breiten Parkplatz und hinter der nachfolgenden Straße gelangen wir zum Start und Ziel am **01 Troodos-Platz (1725 m)**.

MAKRIA KONTARKA • 1645 m

Aufstieg zu einem faszinierenden Aussichtspunkt

 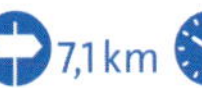  7,1 km 2:45 h 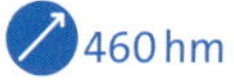 460 hm 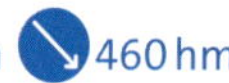 460 hm

START | Parkplatz am Ende der asphaltierten Bergstraße hinter der Unterkunft SEK Eksoxikes Katikies. 42 km nördlich von Limassol. [GPS: 34.908554 32.927857]
CHARAKTER | Einfache Wanderung ohne besondere Anforderungen. Beste Wanderzeit: Ganzjährig, in den Wintermonaten kann im Gipfelbereich noch Schnee liegen.
Achtung! Die Strecke ist auch bei Mountainbikern sehr beliebt.
Art des Weges: 15 % Piste und 85 % Wanderweg.

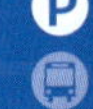

Mit nur 7 km Gesamtlänge führt diese Wanderroute an den westlichen Berghängen des Troodos-Gebirges – fernab vom Tourismus – zu einem spektakulären Aussichtspunkt über das südöstliche Zypern.

▶ Hinter dem Ferienkomplex mit dem Namen **01 SEK Eksoxikes Katikies (1190 m)** folgen wir der beginnenden Piste. An einem **02 Wassertank (1264 m)** endet die Piste und es beginnt ein gerölliger Pfad. Dieser schlängelt sich nun über einen Bergrücken kontinuierlich bergauf. Rechts (Richtung Norden) im gegenüberliegenden Hang ist sehr schön das Aminantos-Bergwerk zu sehen. Bei der nächsten Gabelung wählen wir den halb links weiterführenden Weg. Anschließend mündet dieser Pfad in die Linkskurve einer **03 Schotterstraße (1357 m)**, der wir weiter bergauf folgen, die aber schon wieder nach einigen Metern in einen Pfad übergeht. Wir wandern nun weiter über einen

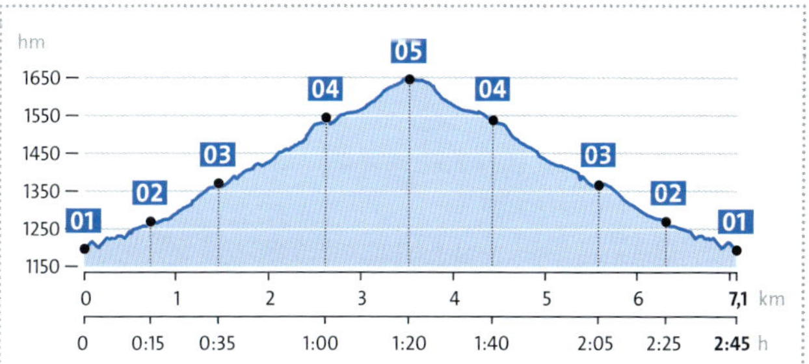

01 SEK Eksoxikes Katikies, 1190 m; 02 Wassertank, 1264 m; 03 Schotterstraße, 1357 m; 04 Waldweg, 1523 m; 05 Makria Kontarka, 1645 m

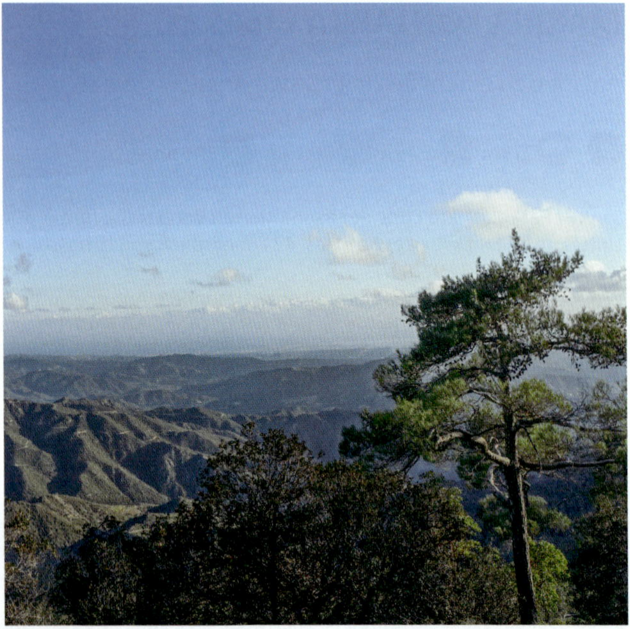

Zahlreiche schöne Aussichtspunkte während des Aufstiegs.

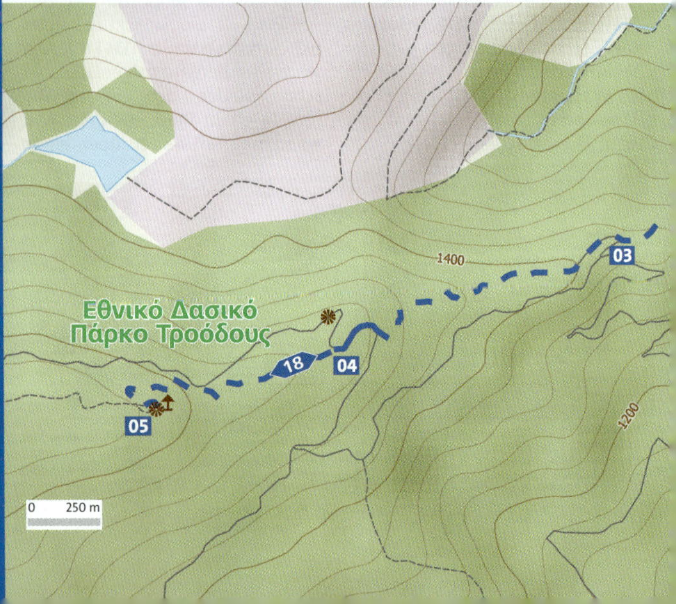

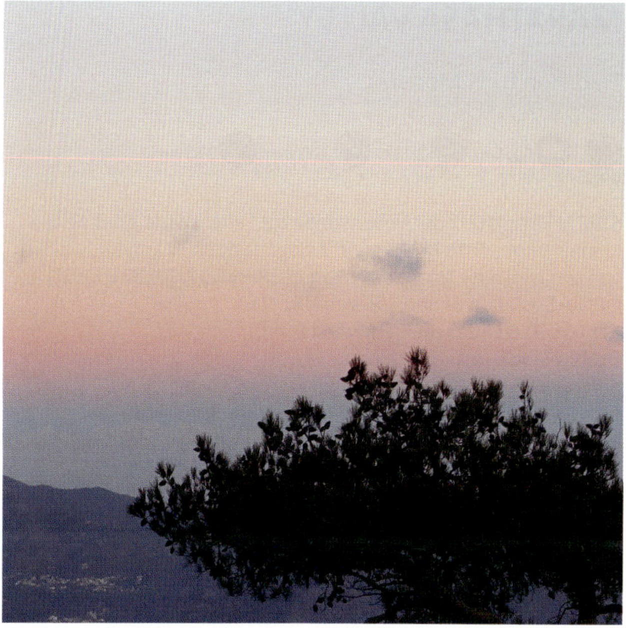

Abendstimmung über dem östlichen Zypern.

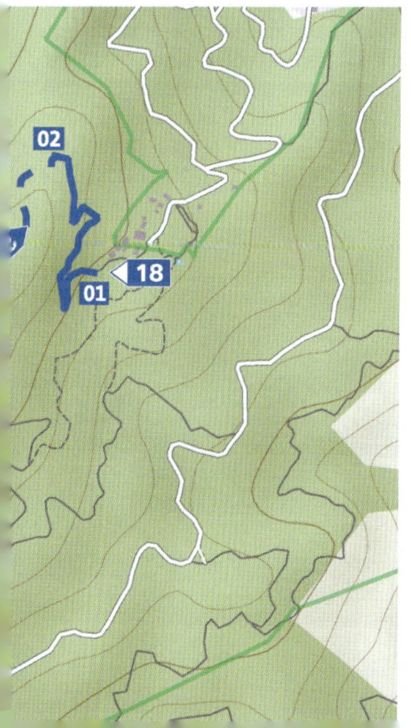

Bergrücken bergauf. Dort wo der Wald den Blick freigibt ist Richtung Süden die Stadt Limassol auszumachen. Nach einem längeren Wegstück tangieren wir einen 04 **Waldweg (1523 m)**, den wir dann anschließend auch überqueren. Nach einem weiteren längeren Wegstück durch fast ebenes Gelände zweigen wir rechts auf den weiterführenden Pfad ab. In der nächsten Linkskehre des Pfades wählen wir dann aber den rechts bergaufführenden Pfad, der nun im steilen Gelände entlang zahlreicher Windflüchter-Wacholderbäume zum wunderschönen Aussichtspunkt 05 **Makria Kontarka (1645 m)** führt. Auf dem bekannten Hinweg kehren wir zum Start und Ziel 01 **SEK Eksoxikes Katikies (1190 m)** zurück.

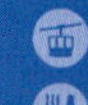
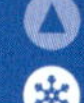

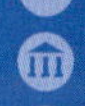

MARATHASA VALLEY

Tradition trifft Moderne

 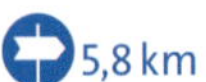 5,8 km 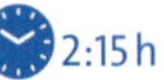 2:15 h 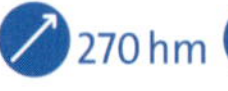 270 hm 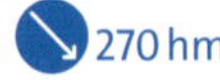 270 hm

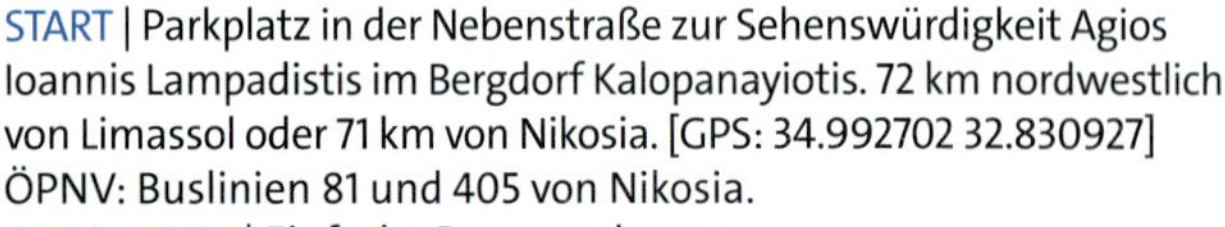

START | Parkplatz in der Nebenstraße zur Sehenswürdigkeit Agios Ioannis Lampadistis im Bergdorf Kalopanayiotis. 72 km nordwestlich von Limassol oder 71 km von Nikosia. [GPS: 34.992702 32.830927]
ÖPNV: Buslinien 81 und 405 von Nikosia.
CHARAKTER | Einfache Bergwanderung.
Beste Wanderzeit: Ganzjährig.
Art des Weges: 50 % Piste und 50 % Wanderweg.
Hinweis: Öffnungszeiten des Kirchenkomplexes Agios Ioannis Lampadistis: Montag bis Samstag 10–16 Uhr und Sonntag 11–17 Uhr.

Das fruchtbare Marathasa-Tal liegt an den Nordhängen des Troodos-Gebirges. Das malerische Bergdorf Kalopanayiotis in diesem Tal ist Ausgangspunkt der Tour – die gleich mit der Besichtigung der Agios Ioannis Lampadistis beginnt. Die Anlage umfasst die drei Kirchen Agios Iraklidios (erstmalig erbaut 4. Jahrhundert und wiederaufgebaut im 11. Jahrhundert), eine lateinische Kapelle (15. Jahrhundert) und die Agios Ioannis Lampadistis (18. Jahrhundert). Im 17. Jahrhundert wurden die drei Kirchen unter einem gemeinsamen Schindeldach vereinigt. Von besonderen Wert sind die Freskenfragmente von Jesus Christus mit der Mutter Maria und allen vorangegangenen Propheten bis Jesu Geburt. Die Kirche wurde

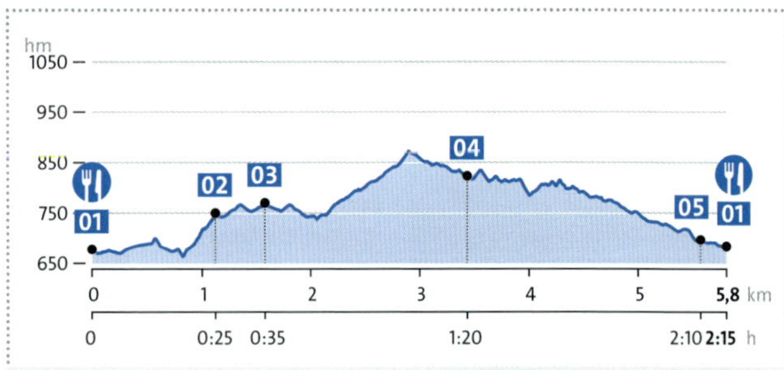

01 Kalopanayiotis, 658 m; 02 Gabelung, 694 m; 03 Lambadistis Winery, 765 m; 04 Aussichtspunkt, 820 m; 05 Panayia Theoskepasti, 67 m

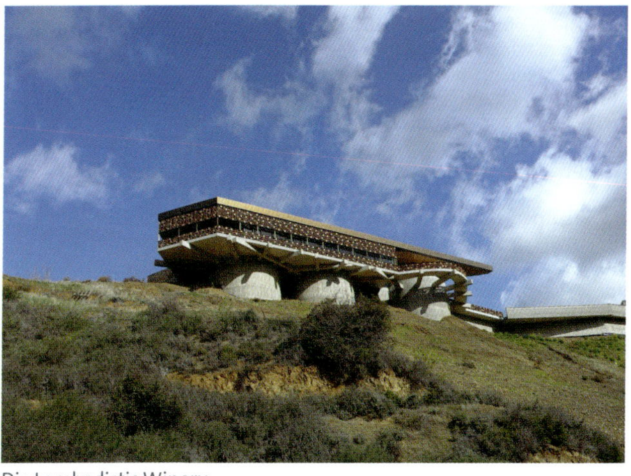
Die Lambadistis Winery.

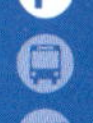
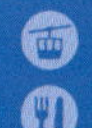

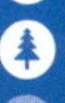

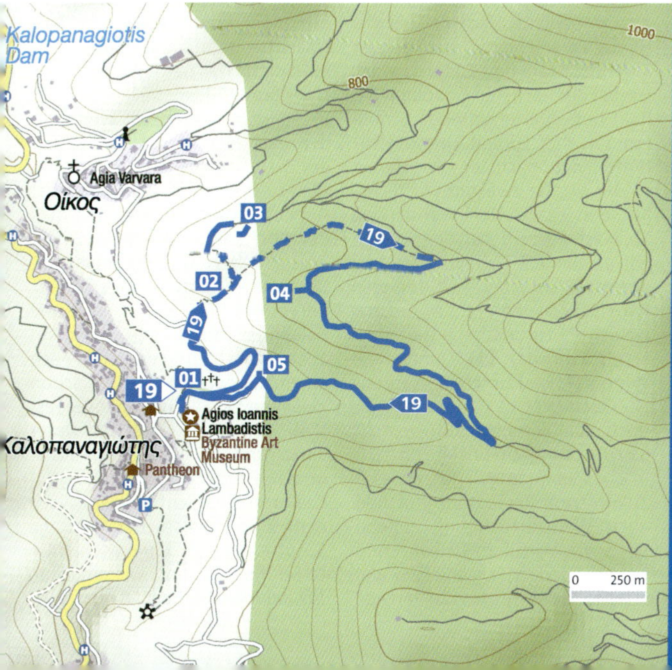

1985 von der UNESCO als Teil der Weltkulturerbestätte aufgenommen. Weiter des Weges entdecken wir ein architektonisches Schmankerl: die Lambadistis Winery. In Anlehnung an die drei historischen Kirchen unter einem Dach wurden die drei Hauptphasen der Weinherstellung (Keltern, Gärung, Stabilisierung) durch drei mächtige Zylinder architektonisch umgesetzt. Das Dach des Weinguts scheint durch die aufeinanderprallenden Geometrien über dem Hauptkörper mit den Zylindern zu schweben. Auf der weiteren Wanderung ergeben sich dann immer wieder wunderschöne Aussichtspunkte. Auch spektakulär ist eine uralte Eiche, die zu einem Kirchturm umfunktioniert wurde, denn die Glocken der danebenstehenden Kirche wurden im Astwerk des Baumes verankert.

Von der Parkgelegenheit an den westlichen Berghängen des Bergdorfes **01 Kalopanayiotis (658 m)** sind es nur einige Meter auf der Zufahrtsstraße bergab bis zum Kirchenkomplex Agios Ioannis Lampadistis. Nach der Besichtigung marschieren wir zurück Richtung Start und Ziel und wählen bei der nächsten Gabelung die halb links weiterführende Straße (am Friedhof vorbei). Unmittelbar hinter der nächsten Rechtskurve der Straße zweigen wir rechts auf den markierten Wanderweg ab. Nach kurzem Aufstieg wählen wir an der **02 Gabelung (694 m)** den halb links bergaufführenden Pfad. Schon während des Aufstieges ist die futuristische Gebäudearchitektur der **03 Lambadistis Winery (765 m)** zu sehen. Während der Recherche war das Gebäude noch nicht komplett fertiggestellt. So war es noch unklar, ob man in das Gebäude gelangt, ob es in Zukunft ein Restaurant gibt oder auch Weinverköstigung angeboten wird. Von dem Balkon ergibt sich auf jeden Fall eine wunderschöne Aussicht über das lang ge-

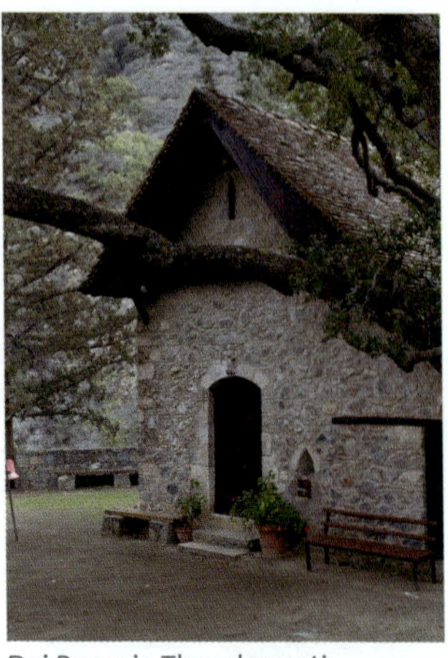

Dei Panayia Theoskepasti.

streckte Marathasa-Tal. Auf dem bekannten Hinweg geht es zunächst zur **02 Gabelung (694 m)** zurück. Dort wieder angekommen wählen wir nun den links bergaufführenden Pfad entlang eines jahreszeitbedingten Bachlaufes. Der Pfad durch das Seitental endet an einer breiten Piste, rechts entlang dieser marschieren wir weiter. In der nachfolgenden Linksbiegung der Piste zweigt nach rechts ein Pfad zu einem wunderschönen **04 Aussichtspunkt (820 m)** auf das Bergdorf Kalopanayiotis ab. Wieder auf dem Hauptweg angelangt, führt dieser kontinuierlich bergab. Bei einem Wegweiser Richtung Kalopanayiotis biegen wir dann auch rechts ab und erreichen nach einem längeren Stück die schön gelegene **05 Panayia Theoskepasti (672 m)**. Die Kirche ruht unter einer rund 700 Jahre alten Eiche, in deren Geäst die Glocke der Kirche untergebracht wurde. Nach dem kurzen Abstecher geht die Schotterpiste in eine asphaltierte Straße über und wir erreichen **01 Kalopanayiotis (658 m)**.

VENETIAN BRIDGES NATURE-TRAIL

Mittelalterliche Steinbrücke

 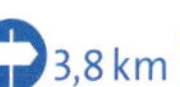3,8 km 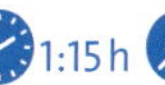1:15 h 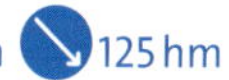125 hm 125 hm

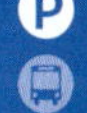

START | Parkbucht an der Verbindungsstraße von Kaminaria nach Agios Nikolas. 1,1 km südlich des Bergdorfes Kaminaria befindet sich am rechten Straßenrand – zwischen zwei Holzmasten und einer Bank – eine Parkbucht. 60 km nordwestlich von Limassol. [GPS: 34.921471 32.784342]
CHARAKTER | Keine besonderen Anforderungen an Technik oder Kondition. Beste Wanderzeit: Ganzjährig.
Art des Weges: 40 % Wanderweg und 60 % Straße.

In den Jahren 1489 bis 1570 war Zypern von den Venezianern besetzt. Die Herrscher sahen die Insel in erster Linie als geeigneten Militärstützpunkt, entdeckten aber auch die zahlreichen Bodenschätze. Zum Beispiel wurde Kupfer abgebaut und mit Ägypten gegen Seide und Gold getauscht. Um diese Ware möglichst problemlos zum Hafen transportieren zu können, mussten Handels- und Verbindungswege angelegt werden. Es entstanden zahlreiche mittelalterliche venezianische Steinbrücken auf Zypern. So überspannt die Drakontas-Brücke den Drakonta-Bachlauf – einen Zufluss in den Diarizos-Fluss. Die Mylos-Brücke verbindet die unzugänglichen Dörfer Treis Elies und Kaminaria und führt über den Bachlauf der Mulos, die auf ihrem weiteren Weg in den Drakonta-Bachlauf einmündet. Alle Brücken sind problemlos begehbar und beeindru-

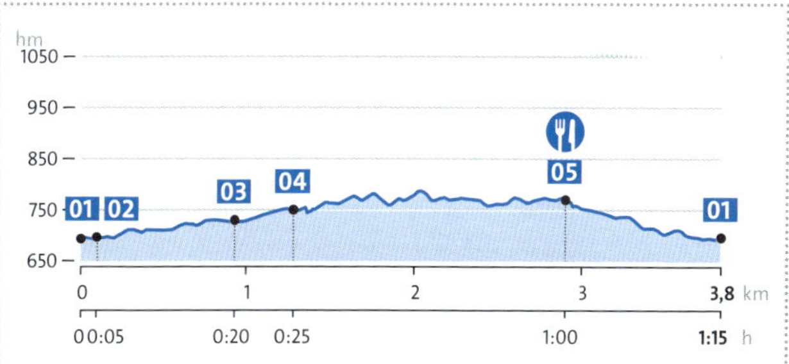

01 Parkbucht, 689 m; 02 Pfad, 703 m; 03 Mylos Brücke, 739 m;
04 Drakontas Venezianische Brücke, 770 m; 05 Kaminaria, 770 m

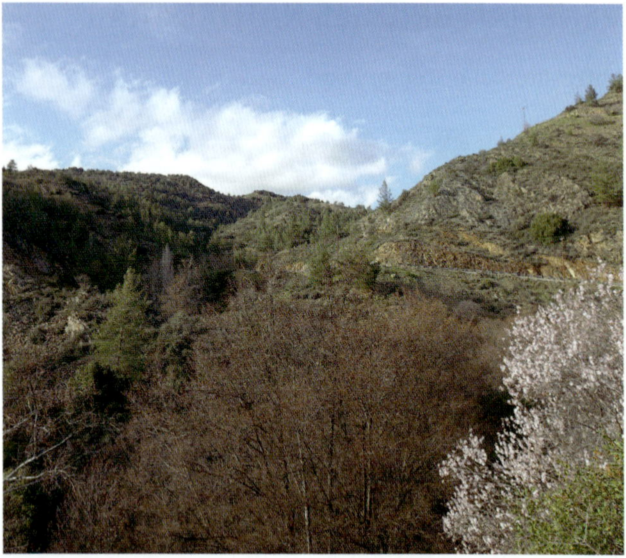

Spannende Wanderung durch ein abgelegenes Waldgebiet.

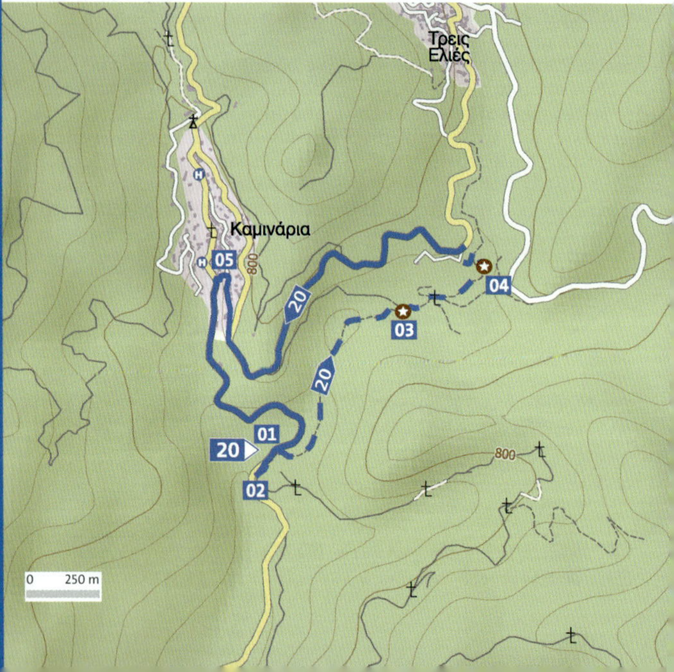

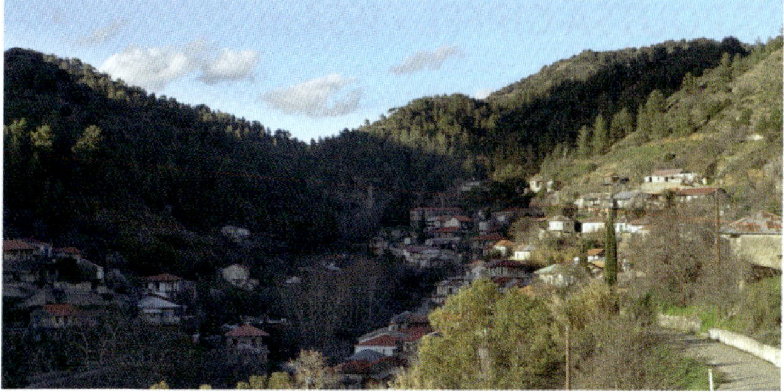
Das Bergdorf Kaminaria.

ckende Zeitzeugen. Diese spannende Wanderung führt durch ein abgelegenes Waldgebiet zu den Brücken mit romantisch plätschernden Bachläufen.

▶ Von der **01 Parkbucht (689 m)** marschieren wir auf der bergabführenden Verbindungsstraße zwischen dem Dorf Kaminaria und Agios Nikolas. Dieses verlassen wir nach einem kurzen Stück auf der halb links abbiegenden betonierten Straße. Bei der nächsten Möglichkeit verlassen wir dann nach scharf links die Straße auf dem beginnenden **02 Pfad (703 m)**, nun wandern wir oberhalb der Verbindungsstraße. Nach kurzem Aufstieg gelangen wir zu einer überdachten Informationstafel. Der Pfad bringt uns hinunter an den Bachlauf und führt spektakulär an einer steil aufragenden Felswand entlang. Zahlreiche brachliegende Terrassenfelder passieren wir und kommen dann bei der **03 Mylos Venetian Bridge (716 m)** an. Der weitere Pfad durchquert eine Art Kleingartenkolonie. Dort wo der Pfad endet orientieren wir uns nach rechts auf der querenden Piste. Diese geht in eine breitere Piste über, die wir aber schon wieder auf Höhe einer Sitzbank nach halb links verlassen. Der Pfad bringt uns zur **04 Drakontas Venezianischen Brücke (739 m)**. Auf dem bergaufführenden Pfad – hinter der Brücke – wählen wir an der nächsten Gabelung den halblinken Arm (der Untergrund ist betoniert). Dieser mündet nach kurzer Zeit in eine asphaltierte Straße (hier befinden sich zwei Sitzbänke). Nach links wandern wir entlang dieser wenig befahrenen Straße E811. Sobald der lichte Wald den Blick freigibt, ist es lohnenswert, sich umzudrehen: Zu sehen sind die Höhenlagen des Troodos-Gebirges. Nach einer lang gezogenen Rechtsbiegung der Straße orientieren wir uns bei der Gabelung in die halb links beginnende Einbahnstraße. Wir haben inzwischen das Bergdorf **05 Kaminaria (770 m)** erreicht und verlassen bei einem Geländer die Straße nach links auf den beginnenden Pfad. Dann wählen wir bei einer weiteren Gabelung den halblinken Pfad und steigen nach einem steilen Wegstück über Treppen bis zur Verbindungsstraße von Kaminaria nach Agios hinunter. Auf der Straße legen wir dann die letzten Meter zur **01 Parkbucht (689 m)** zurück.

21

PAPOUTSA GIPFEL • 1554 m

Ein eigenständiger Berg östlich gelegen vom Troodos-Gebirge

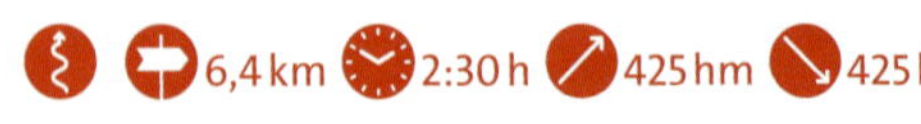

START | Parkgelegenheit an der F139 Straße oberhalb des Dorfes Agios Thedoros. Rechts steht eine Bank und links von der Straße befindet sich eine Informationstafel. 32 km nordöstlich von Limassol. [GPS: 34.888880 33.037918]
CHARAKTER | Technisch anspruchsvoller Aufstieg am Gipfelgrat, sonst leichte Wanderung mit mäßigen Anstiegen.
Beste Wanderzeit: Ganzjährig.
Art des Weges: 40 % Piste und 60 % Pfad.

Durch ein fruchtbares Seitental mit zahlreichen Terrassenfeldern, die mit Mandelbäumen bestanden sind, durch einen Kiefernwald und Erlenblättrigen Eichen führt die landschaftlich schöne Tour zum Gipfel des Papoutsas. Vom Aussichtsberg ergibt sich ein faszinierender Fernblick: Im Westen der Insel Zypern sieht man das Troodos-Gebirge mit dem 1952 m hohen Olympos (siehe Wanderung 30), im Nordwesten den 1.613 m hohen Madari (siehe Wanderung 26) und im Osten die weiße Radarkugel auf dem 1443 m hohen Kionia (nahe der Wanderung 32).

Ausgehend von der asphaltierten Straße **01** **F139 (1131 m)** beginnen wir die Wanderung entlang des hölzernen Zaungeländers. Schon nach kurzem Aufstieg entlang des nächsten Zaungeländers ergibt

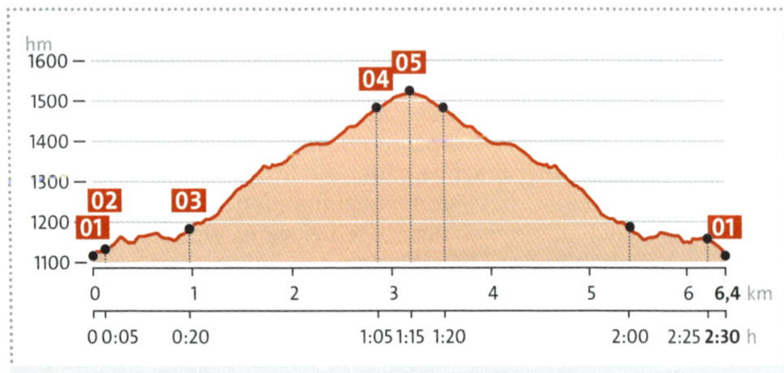

01 F139, 1131 m; **02** Schotterstraße, 1129 m; **03** Terrassenfelder, 1191 m; **04** Pfad, 1505 m; **05** Papoutsa Gipfel, 1554 m;

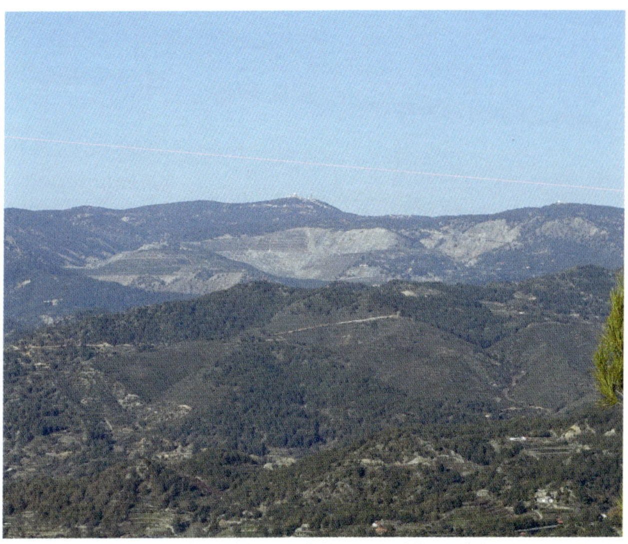

Richtung Westen ergibt sich eine schöne Fernsicht auf das Troodos-Gebirge.

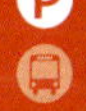
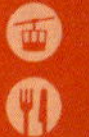

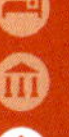

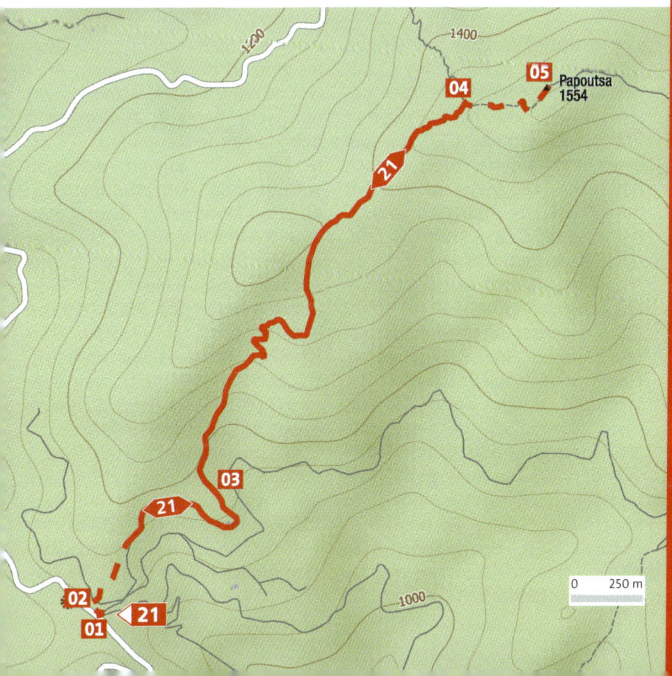

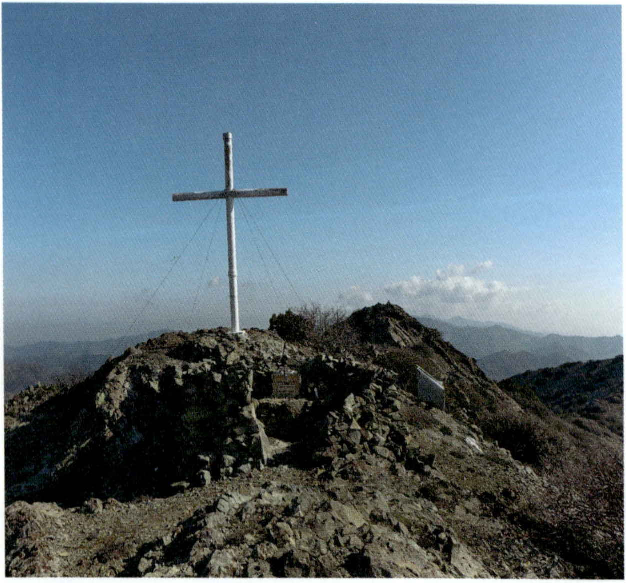

Am 1554 m hohen Gipfel des Papoutsas.

sich Richtung Westen eine schöne Fernsicht auf das Troodos-Gebirge. Eine erste Forststraße überqueren wir noch, aber bei der zweiten **02 Schotterstraße (1129 m)** (bei einer Bank) wenden wir uns nach halbrechts. Die Piste, auf der wir marschieren, mündet dann auf einem breiten Weg, der führt an zahlreichen Terrassenfeldern und einem Einsiedlerhof vorbei. Weitere **03 Terrassenfelder (1191 m)** befinden sich hinter einem verschlossenen Zaun bei einer Weggabelung. Hier wandern wir halbrechts, im Weiteren durch einen Kiefernwald. Sporadisch gesetzte rote Markierungspunkte säumen den Wanderweg. Die Piste geht in einen schmalen Fahrweg über, der an einigen Stellen im Begriff ist zuzuwachsen. Noch kann man ohne Probleme die in den Weg ragenden Äste zur Seite biegen. Ab einer riesigen Kalabrischen Kiefer geht es dann auf einem Pfad weiter. Im Zickzack wandern wir nun steil bergauf. Hinter dicht nebeneinanderstehenden Erlenblättrigen Eichen gelangen wir zu einer Einsattelung. Von diesem Standpunkt kann man den weiterführenden Pfad über den Bergrücken bis zum Gipfel nachverfolgen. Einen nach links abzweigenden **04 Pfad (1505 m)** – dieser führt hinunter zur Straße E903 – lassen wir unbeachtet. Der steinige Weiterweg über den Gipfelgrat ist dann technisch etwas anspruchsvoller (daher der Schwierigkeitsgrad mittel). Wir erreichen einen Heiligenschrein und das weiße Gipfelkreuz auf dem **05 Papoutsa Gipfel (1554 m)**. Ab hier steigen wir auf dem bekannten Hinweg bis zur Straße **01 F139 (1131 m)** wieder ab.

KALLEPIA

Von Höhlen und Schluchten

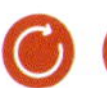  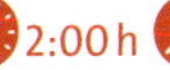 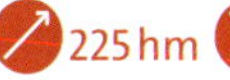 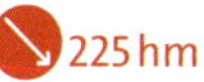

START | Parkgelegenheit längs der Schotterpiste vor der Kallepia Kapellen-Höhle. 13 km nordöstlich von Paphos. [GPS: 34.837996 32.489701]
CHARAKTER | Wer sich vor der Enge einer Höhle fürchtet, wird die Kallepia Kapellen-Höhle nicht betreten. Beim Abstieg zur Ammati Höhle wird auf dem schmalen Pfad Trittsicherheit und Schwindelfreiheit benötigt. Sonst ist die Wanderung ohne besondere Anforderungen. Beste Wanderzeit: Ganzjährig.
Hinweis: Nach starken Regenfällen ist der Zugang zur Ammati Höhle stark Steinschlag gefährdet!
Tipp Zusatzausrüstung: Eine lichtstarke Taschenlampe.
Art des Weges: 15 % Straße, 15 % Pfad und 70 % Piste.

Die Wanderung oder eher das Abenteuer hat schon etwas von einer Mutprobe – wie sie eigentlich unter Jugendlichen üblich wäre. Da ist zum einen die mysteriöse Schreinhöhle der Kapelle von Kallepia. Ohne die nötige Akrobatik und lange Hosen – denn die Höhle kann nur gebückt auf den Knien durchquert werden – sieht man nicht die schwarzen Tropfsteinformationen. Wieder im Freien folgt eine erholsame Wanderung entlang zahlreicher Terrassenfelder mit Mandelbäumen, Apfelbäumen, Affenbrotbäumen und Olivenbäumen. Bei der zweiten Herausforderung schraubt sich dann der Puls

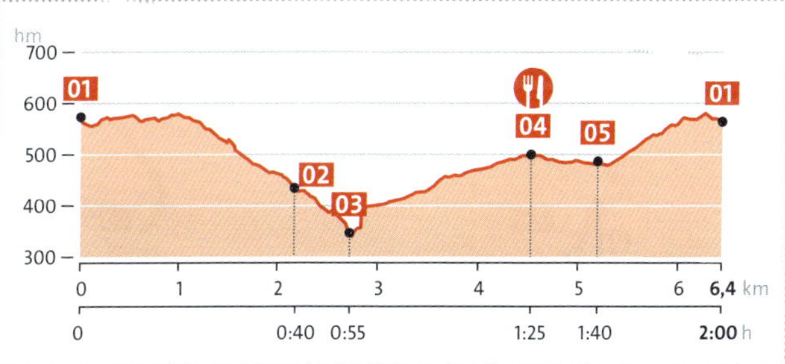

01 Parkplatz, 567 m; 02 Schotterstraße, 442 m; 03 Ammati Höhle, 342 m; 04 Kallepia, 493 m; 05 Dreifach-Gabelung, 478 m

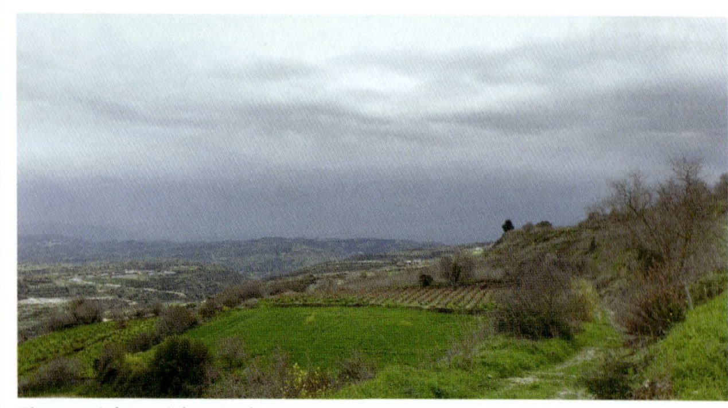

Ein aussichtsreicher Höhenweg.

abermals hinauf. Auf einem nur 40 cm breiten Pfad erfolgt der Abstieg durch eine enge Schlucht zu einer halb offenen Höhle, die durch unterirdische Verwitterung (Subrosion), zirkulierendes Grundwasser und einem kleinen Wasserfall entstanden ist. Sie liegt spektakulär unterhalb einer porösen und circa 50 m hohen Felswand aus Karstgestein. Bei dem nachfolgenden Aufstieg zu einer Taverne in dem Dorf Kallepia bremst sich der Puls dann wieder ein.

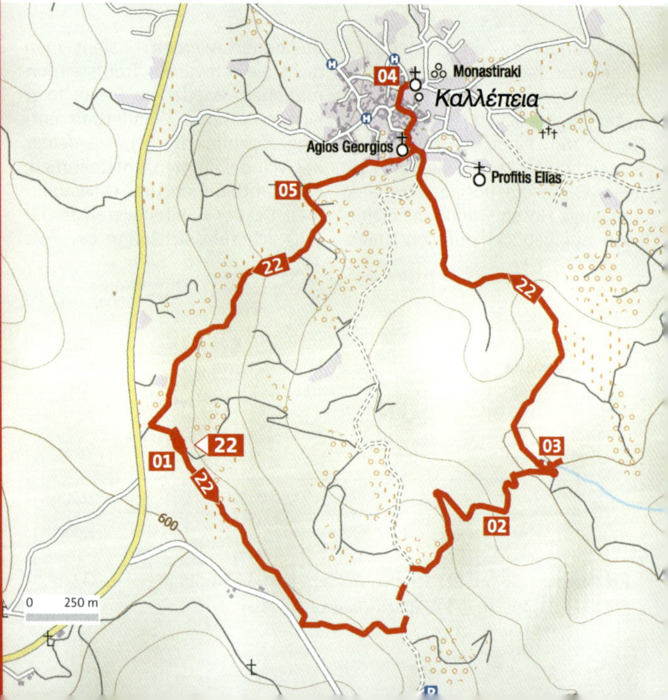

Vom **01 Parkplatz (567 m)** wandern wir die wenigen Meter bis zur Kallepia Kapellen-Höhle. Die Eingangstür und die weiße Tür sind in der Regel nicht verschlossen. Hinter der zweiten Tür geht es dann nur im Kriechgang durch die schmale Höhle. Wer hofft, dass man am Ende der etwa 7 m langen Höhle stehen kann, den muss ich enttäuschen. Von der Untergrundexpedition zurück marschieren wir auf der Zufahrtsstraße durch die erste Rechtskurve und biegen dann sofort links auf die Piste ab. Von hier öffnet sich Richtung Osten eine schöne Aussicht auf den 1135 m hohen und felsigen Berg Vouni mit seinen Weinanbaugebieten (siehe Wanderung 25). In Reih und Glied stehen Olivenbäume links von der Schotterpiste, auf der wir wandern, deren weiterer Verlauf auf einem bestellten Acker nur schwer auszumachen ist. Das Feld endet an der Linkskurve einer auf wenigen Metern betonierten Piste, der wir kontinuierlich bergauf folgen. Am Ende einer hohen Grundstücksmauer und vor der asphaltierten Straße wählen wir die halb links weiterführende Piste. Wir lassen Abzweiger unbeachtet, überschreiten eine Anhöhe und erreichen das Ende der Piste. Nach links wandern wir bis zur nächsten Gabelung, um dort halbrechts auf der Piste weiter abzusteigen. Hinter einer 180°-Kurve biegen wir bei der nächsten Möglichkeit links auf die vom Regenwasser stark erodierte **02 Schotterstraße (442 m)** ab. Auch der Verlauf dieser Piste ist auf dem nachfolgenden bestellten Acker, wenn er denn bestellt ist, nicht zu erkennen. So überqueren wir das Feld in der eingeschlagenen Richtung, wandern dann aber weglos nach links am Feldrand talwärts und erreichen so eine beginnende Piste, der wir bergab folgen, bis sie endet. Auf dieser breiten Piste gehen wir nur circa 70 m nach links, um dann scharf rechts auf dem beginnenden Pfad abzusteigen. Von nun an werden Trittsicherheit und Schwindelfreiheit benötigt! An der ersten Gabelung wählen wir den halbrechts abzweigenden Pfad. Unter einem riesigen Felsen hindurch gelangt man zur halb offenen **03 Ammati Höhle (342 m)**. Wir steigen wieder auf bis zur breiten Piste, wenden uns nach rechts und wählen bei der nächsten Gabelung – die mit dem Strommasten – den halbrechten Weg. Einen nach rechts abzweigenden Pfad lassen wir aus und wandern nun ein längeres Stück bergauf, um bei den ersten Häusern halbrechts auf die asphaltierte Straße zu gelangen. An einer großen Kreuzung biegen wir nach links ab, auch ausgeschildert Richtung Village Center. An der nächsten Straßengabelung vor einer Kirche – hier befindet sich eine große Steinmauer mit der Figur eines Heiligen – führt halbrechts die Straße zu der Taverne To Konatzi tis Kallepias (nur in den Sommermonaten geöffnet) im Dorfzentrum von **04 Kallepia (493 m)**. Möchte man den Abstecher zum Dorfzentrum auslassen, so biegt man bereits vor der Steinmauer – mit der Figur eines Heiligen – halb links ab und folgt dieser Straße bis zu einer **05 3-Weg-Gabelung (478 m)**. Hier nehmen wir die nach links abzweigende Piste. Entlang von Terrassenfeldern folgt ein kräftiger Anstieg, bis wir dann kurz vor der Hauptstraße links bergab auf der bekannten Anfahrtstrecke bis zum **01 Parkplatz (567 m)** vorgehen.

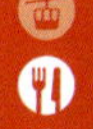

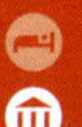

DOROS

Eines der ältesten Weinbaugebiete der Welt

 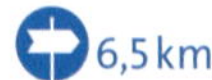 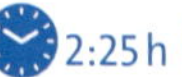 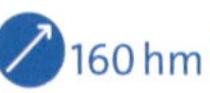 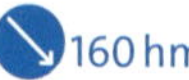

START | Parkplatz zwischen der alten Kirche von Doros und dem Karseras-Weingut. 38 km nordwestlich von Limassol. [GPS: 34.816258 32.909575]
ÖPNV: Keine Verbindung direkt zum Start und Ziel. Aber die Buslinie 60 von Limassol fährt bis zum Weindorf Monagri am Wegpunkt 05 **Menargos Winery (434 m)**.
CHARAKTER | Spaziergang für die ganze Familie.
Beste Wanderzeit: Ganzjährig.
Art des Weges: 40 % Piste und 60 % Straße
Öffnungszeiten Kloster: Im Winter täglich 7–12 Uhr und 15–17 Uhr, im Sommer täglich 7 – 12 Uhr und 16 – 18 Uhr; Karseras-Winery: Dienstag bis Samstag 10 – 16 Uhr.

Die Kirche Agios Epifanios (Doros Old Church) am Ausgangspunkt der Tour wurde zwischen dem 12. bis 13. Jahrhundert erbaut, 1985 komplett restauriert und ist das Wahrzeichen von Doros. Unmittelbar dahinter befindet sich die Kellerei Karseras mit ihren Edelstahltanks, Eichenfässern und Flaschenlagern. Der Urvater aller Süßweine, der „Commandaria", wird hier „auf dieselbe Art wie vor 5.500 Jahren" produziert. Homer, Euripides und Galen schrieben bereits über diesen zyprischen Wein. Durch zahlreiche kultivierte Weingärten, entlang von Zitronen- und Mandarinenbäume, führt die

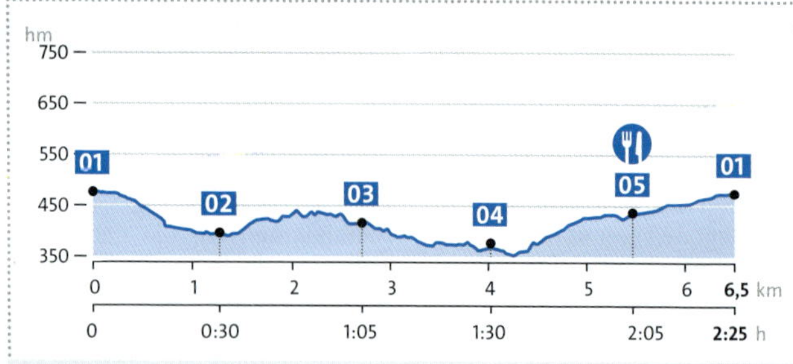

01 Doros Alte Kirche, 472 m; 02 Alte Mühle, 394 m; 03 Aussichtspunkt, 416 m; 04 Panagia tis Amasgou, 379 m; 05 Menargos Winery, 434 m;

Wanderung an den südlichen Hängen des Troodos-Gebirges zur byzantinischen und einschiffigen Kirche Panagia tis Amasgou – die der Jungfrau Maria gewidmet ist. Die ursprüngliche Kirche stammt aus dem 12. Jahrhundert und ist mit herrlichen Fresken aus dem 12., 13. und 16. Jahrhundert verziert. Mit Ausnahme des Westflügels wurden alle umliegenden Gebäude des Klosters später für die Bedürfnisse der Nonnen errichtet, die sich hier niedergelassen haben. Auf dem Rückweg bietet sich dann eine Weinverköstigung in der Menargos Winery an.

▶ Bei der Parkmöglichkeit an der 01 **Doros Old Church (472 m)** befindet sich auch die familiengeführte Karseras Winery, die während der Öffnungszeiten besucht werden kann. Wir gehen die wenigen Meter bis zur Dorfstraße zurück und wandern nach rechts an der Längsseite der Kirche entlang. Schon bei der ersten Straßengabelung nehmen wir den halblinken Arm durch die historische Gasse. An der nachfolgenden Straßenkreuzung passieren wir den Aussichtspunkt, gehen noch einige Meter geradeaus (Richtung Süden) weiter und verlassen dann erst die geteerte Straße nach rechts. Dieser betonierte Weg führt kontinuierlich bergab und endet an der F815. Rechts am Rand der befahrenen Straße marschieren wir circa 400 m, um dort hinter der Brücke rechts in die Straße zu biegen. Je nach Pegelstand des nachfolgenden Bachlaufs müssen die Schuhe ausgezogen werden, um die Ruinen einer

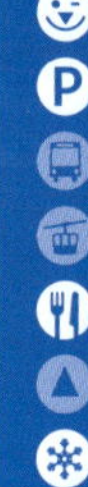

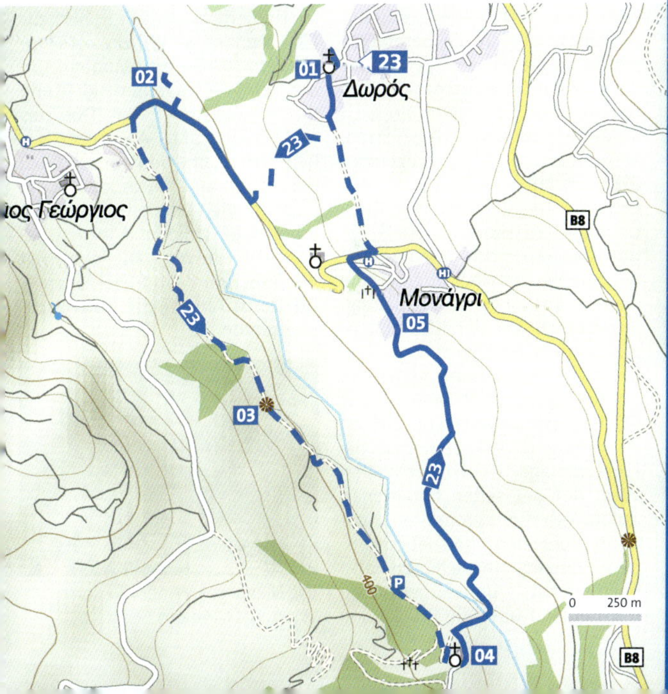

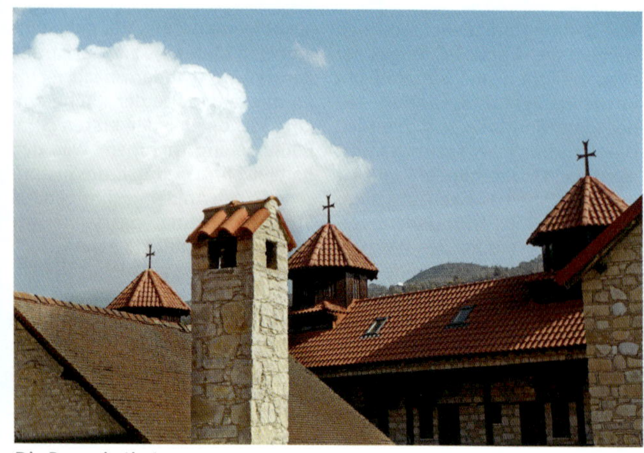

Die Panagia tis Amasgou.

02 **Mahlmühle (394 m)** zu erreichen. Wieder zurück an der F815 wandern wir rechts noch 150 m weiter, um dann aber bei den rot und blau angemalten Heiligenschreinen links in die betonierte Straße zu biegen. Auf dem wunderschönen Weg oberhalb des fruchtbaren Tales eröffnen sich immer wieder schöne Aussichten, besonders auch bei dem folgenden 03 **Aussichtspunkt (416 m)**. Am Ende des Tals ist bereits die Klosteranlage zu sehen. Zuvor kommen wir aber noch an einer kleinen Kapelle mit einer urigen Eiche vorbei. An einer Weggabelung, unmittelbar vor der Klosteranlage, wählen wir den linken Arm, um dann auf der nachfolgenden Straße rechts steil bergauf zur 04 **Panagia tis Amasgou (379 m)** zu gelangen. Wir verlassen die Klosteranlage, auf demselben Weg. Auf der selten befahrenen Zufahrtsstraße ignorieren wir dann aber den links abbiegenden Hinweg, marschieren also nach rechts und überqueren nachfolgend über die Brücke den Bachlauf. Nach der Linkskurve der Straße ergibt sich eine wunderschöne Aussicht auf das Troodos-Gebirge, während die Straße kontinuierlich ansteigt bis zur 05 **Menargos Winery (434 m)** in dem Weindorf Monagri. In der eingeschlagenen Richtung durchwandern wir das Dorf bis zur Hauptstraße. An dieser gehen wir rechts bergauf und bei der Palme und auch dem Café links in die Seitenstraße. Diese mündet anschließend in den bekannten Hinweg, auf dem wir bis zum Start und Ziel bei der 01 **Doros Alte Kirche (472 m)** zurückkehren.

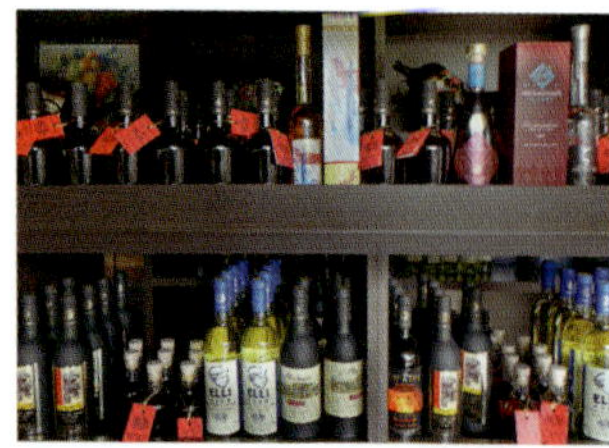

Die Menargos Winery in dem Weindorf Monagri.

MOUTTAGIAKA • 371 m

Malerischer Stausee trifft auf beeindruckende Skyline

   6 km  2:15 h 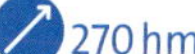 270 hm  270 hm

START | Parkplatz bei der Bushaltestelle im Dorf Mouttagiaka. 14 km östlich von Limassol. [GPS: 34.725964 33.100985]
ÖPNV: Bushaltestelle Mouttagiaka, Buslinie 12 von Limassol.
CHARAKTER | Einfache Bergwanderung ohne besondere Anforderungen.
Beste Wanderzeit: Ganzjährig.
Art des Weges: 15 % weglos, 25 % Straße und 60 % Piste.

Diese Tour führt uns auf den Mouttagiaka. Der Berg ist nicht besonders schwer zu besteigen, er ist auch nicht sehr hoch, dafür bietet er aber eine gigantische 360°-Panoramaaussicht. Richtung Norden erhebt sich die Bergwelt östlich des Troodos-Gebirges. Praktisch zu Füßen liegt uns der 1968 gebaute Germasogeia-Stausee. Die Talsperre ist 49 m hoch, 294 lang und verfügt über ein Fassungsvermögen von 13,6 m³. Das benötigte Wasser wird vom Fluss Amathos gespeist. An der südlichen Küste der Insel ist die Silhouette von Limassol zu sehen mit ihren ihren Wolkenkratzern und dem Häusermeer. Besonders gut zu erkennen ist der 37 Stockwerke umfassende ONE-Tower, mit einer Höhe von 170 m das höchste Gebäude von Zypern. Außergewöhnliche Wohnkonzepte sowie zahlreiche Sehenswürdigkeiten in der Altstadt von Limassol und entlang der Hafenpromenade laden nach dieser Tour zum Besuch ein.

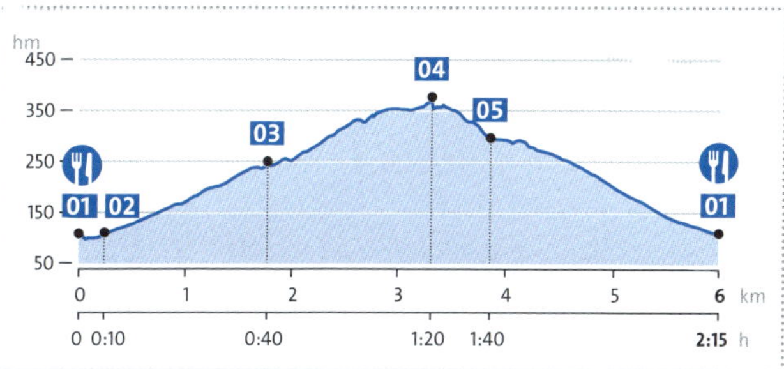

01 Mouttagiaka, 121 m; 02 Schotterstraße, 105 m; 03 Kreuzung, 231 m; 04 Mouttagiaka, 371 m; 05 Schotterstraße, 289 m;

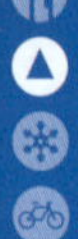

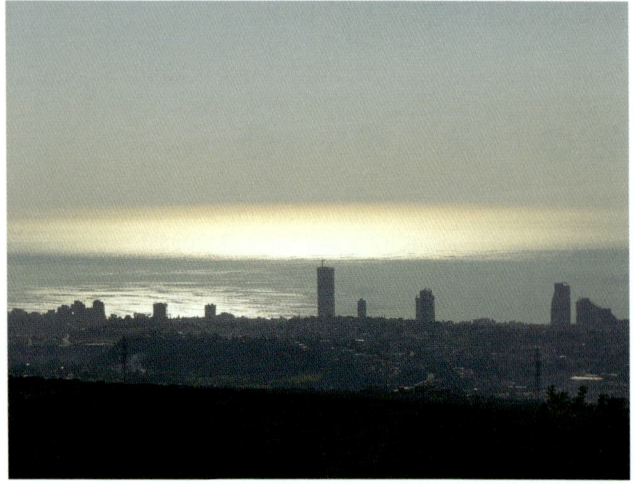

Die Skyline von Limassol.

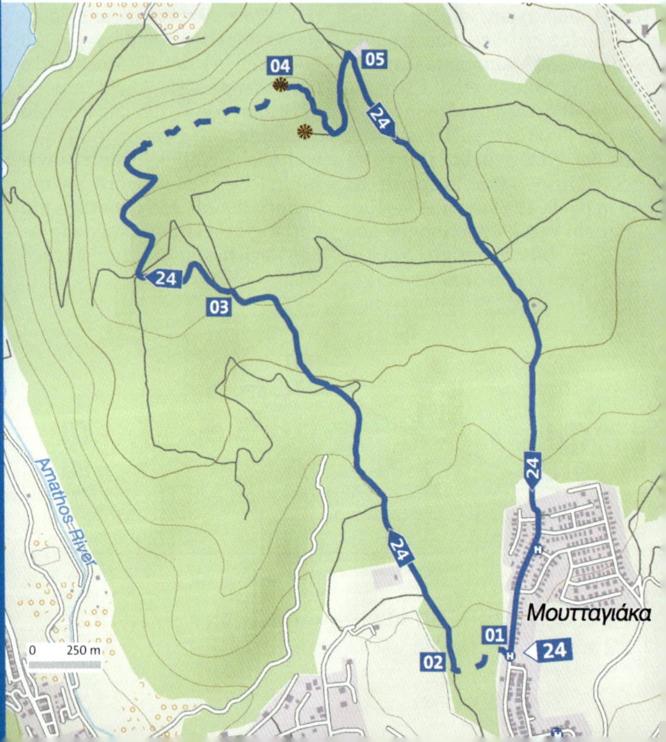

04
05
24
03
Amathos-River
Μουτταγιάκα
01
02
0 250 m

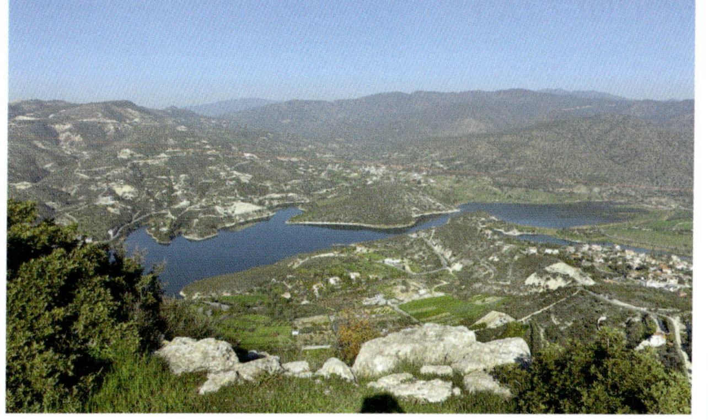

Der Germasogeia-Stausee vom 371 m hohen Mouttagiaka.

Auf Höhe der Bushaltestelle in **01 Mouttagiaka (121 m)** überqueren wir die Zufahrtsstraße Richtung Westen, um bei den hochgewachsenen Kakteen weglos in die kleine Schlucht hinunterzusteigen. Die Orientierung in dem teilweise dornigen Gestrüpp ist nicht einfach. Nach kurzem Aufstieg beginnt ein Pfad Richtung eines Sendemastens. Aber schon nach einigen Metern ist der Pfad kaum noch zu erkennen, wir gehen aber in der eingeschlagenen Richtung weiter und stoßen auf eine **02 Schotterstraße (105 m)**. Links (Richtung Süden) ist die Skyline von Limassol zu sehen, wir marschieren rechts bergauf und kurz später zwischen zwei blau angemalten Wassertanks hindurch. Es folgt eine vom abfließenden Regenwasser stark erodierte Piste. Ein weiterer Wassertank folgt und nach einer leichten Längsbiegung der Piste – links vom Weg befinden sich Häuser – wenden wir uns an der Gabelung auf den halbrechten Weg. Der wiederum endet an einer **03 Kreuzung (231 m)**, hier gehen wir links durch eine kleine Schlucht und orientieren uns Richtung eines unbemalten Wassertanks. An diesem angekommen wählen wir die bergaufführende (Richtung Norden) Piste. Am Ende der Piste stoßen wir abermals auf einen Wassertank. Das erste Mal haben wir freien Blick (Richtung Norden) auf den Stausee. Fortan führt uns ein Pfad Richtung eines aufgestellten Mastens und weiter bis zum Gipfel mit einem betonierten Messpunkt **04 Mouttagiaka (371 m)**. Nur einige Meter wandern wir noch am nördlichen Rand dieses Hochplateaus, um dann aufgrund der vorgegebenen Geländeform in südliche Richtung und dem schwer zu erkennenden Pfad abzusteigen. Auf der nachfolgenden Piste gehen wir nun links bergab. Bei einer Einsattelung, noch vor einem Einsiedlerhof, wenden wir uns nach rechts. Auf der breiten **05 Schotterstraße (298 m)** passieren wir dann einen Heiligenschrein und gehen nun kontinuierlich auf einer Schotterpiste bergab. Die wiederum geht in eine asphaltierte Straße über und durchquert das Dorf bis zum Start in **01 Mouttagiaka (121 m)**.

VOUNI-TRAIL

Durch das Weinbaugebiet am Vouni

 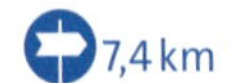 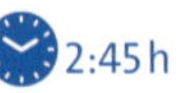 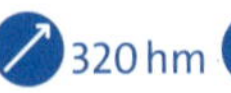 

7,4 km 2:45 h 320 hm 320 hm

START | Parkplatz unterhalb der Bushaltestelle, Mittelschule und der St. George Church im Ort Pano Panagia. 39 km nordöstlich von Paphos. [GPS: 34.918845 32.631342]
ÖPNV: Buslinie 637 von Paphos.
CHARAKTER | Leichte Bergwanderung, für die aufgrund der zahlreichen Weggabelungen ein guter Orientierungssinn benötigt wird.
Beste Wanderzeit: Ganzjährig.
Art des Weges: 15 % Straße und 85 % Piste.

Diese gemütliche Rundwanderung startet im Dorf Pano Panagia und führt durch das Weinbaugebiet am 1135 m hohen Berg Vouni. Besonders beeindruckend sind die uralten und verknöcherten Rebstöcke. Die Reben werden hier auf ihren ursprünglichen Wurzeln gepflanzt, da die zypriotischen Winzer von der Reblaus im 18. Jahrhundert verschont geblieben sind. Das mediterrane Klima, die milden Winter, die gemäßigten Sommer sowie die begünstigte Lage an den südlichen Hängen des höchsten Gebirges der Insel garantieren ein optimales Wachstum der Reben. Auf der Wanderung eröffnen sich immer wieder schöne Aussichten auf das Troodos-Gebirge, das Dorf Pano Panagia, den Kanaviou-Stausee und das Mittelmeer am Horizont.

Ausgehend vom Parkplatz im Dorf 01 **Pano Panagia (856 m)** überqueren wir die Durchgangsstraße in die gegenüberliegende asphaltierte Stichstraße (Richtung Osten, Informationstafel) und

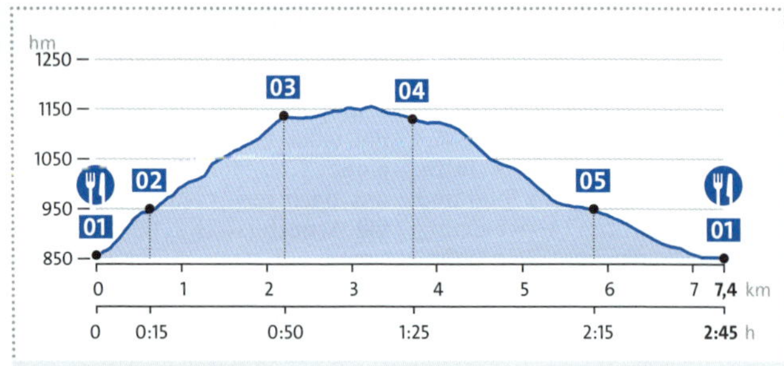

01 Pano Panagia, 856 m; 02 Aussichtspunkt, 944 m; 03 Vounis, 1135 m; 04 Schotterstraße, 1129 m; 05 Straße, 945 m

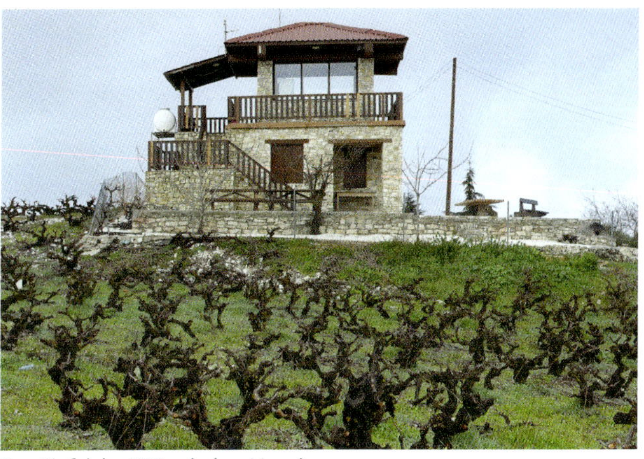

Der Gipfel des 1135 m hohen Vouni.

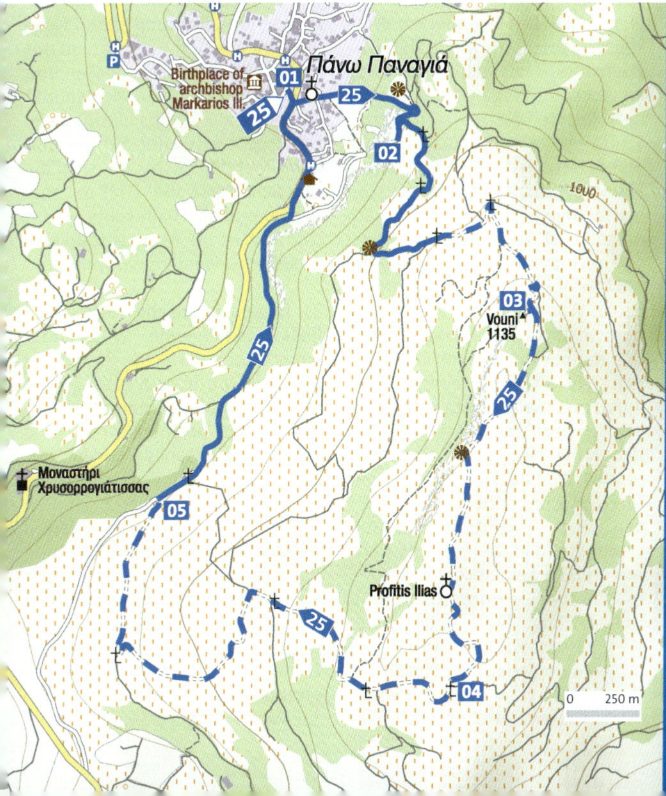

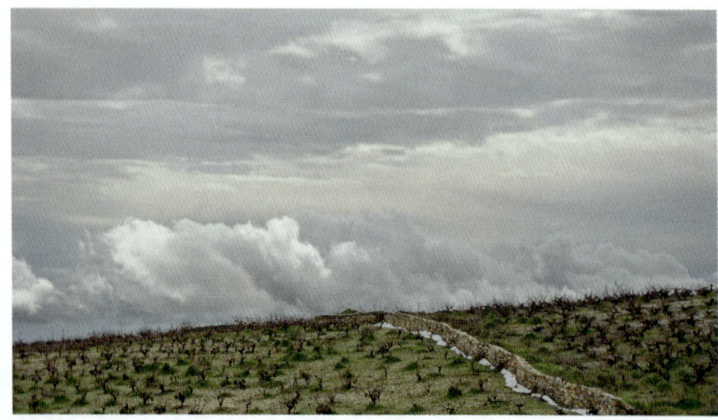

Uralte und verknöcherte Rebstöcke gibt es am Wegesrand zu bestaunen.

wandern auf dieser an der Mittelschule und auch dem großen aufgestellten Mahlstein vorbei. Auf dem schließlich betonierten Wegstück passieren wir zahlreiche Weinstöcke, bis dann der Weg an einer 5-Wege-Gabelung endet. Rechts die weiterführende Schotterpiste bringt uns zu einem wunderschönen überdachten **02 Aussichtspunkt (944 m)**. Der hier angebrachten Informationstafel ist zu entnehmen, dass sich rechts (Richtung Norden) der 1362 m hohe Berg Tripylos erhebt (siehe Wanderung 15). Auch ist in nordwestlicher Richtung ein Teil des Kannaviou-Damms zu erkennen. Wir spazieren einige Meter auf dem Hinweg zurück und biegen bei der nächsten Möglichkeit auf den halbrechts steil bergaufführenden Weg ab. Es folgt eine weitere Gabelung, abermals schwenken wir nach rechts. Eine weitere Gabelung folgt, der halblinke Arm mit einem gelben Richtungspfeil markierte Weg bringt uns immer höher. Einen links abbiegenden Weg lassen wir unbeachtet und folgen dem Verlauf der Piste durch die 180°-Kurve. Auf Höhe weiterer Sitzbänke zweigt dann nach halbrechts der Weg bis zum Gipfel des **03 Vounis (1135 m)** mit dem Feuerwachturm ab. Auf dem weiterführenden Weg Richtung Süden wandern wir über ein Hochplateau mit einem Meer aus Weinstöcken und an einem weiteren Aussichtspunkt vorbei bis zur Profitis Ilias-Kapelle. Dann geht es weiter auf der bergabführenden Piste, bis sich die **04 Schotterstraße (1129 m)** mal wieder gabelt, halbrechts – am Horizont ist die Akamas-Halbinsel zu sehen – wandern wir weiter.

Es folgen zahlreiche rechts und links abzweigende Wirtschaftswege denen wir keine Beachtung schenken, bis wir bei einer gelben Markierung ankommen. Hier wenden wir uns nach links. Auf Höhe eines Wassertanks folgen wir dem Verlauf der Piste durch die Rechtskurve und gehen nach dem Erreichen auf der asphaltierten **05 Straße (945 m)** weiter Richtung Pano Panagia, das bereits in der Ferne zu sehen ist. An der Gabelung unterhalb einer großen Eiche wählen wir die bergabführende Straße. Diese mündet in die Ortsdurchgangsstraße, die uns zum Start in **01 Pano Panagia (856 m)** führt.

MADARI-TRAIL

Schon fast eine alpine Wanderung

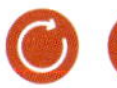  12,3 km 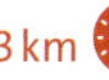 4:45 h 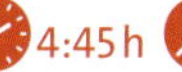 650 hm 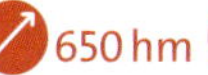 650 hm 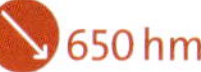

START | Zwei Parkbuchten an der Einsattelung der F944. 46 km nördlich von Limassol. [GPS: 34.956071 32.963085]
CHARAKTER | An einigen Wegabschnitten wird Trittsicherheit und Schwindelfreiheit benötigt.
Beste Wanderzeit: Ganzjährig, allerdings kann in den Wintermonaten Schnee liegen.
Art des Weges: 100 % angelegter Wanderweg.

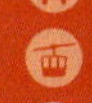

Diese Tour beinhaltet alle Elemente einer perfekten Wanderung. So ergeben sich vom perfekt angelegten Wanderweg über den felsigen Bergrücken des Madari einmalige Ausblicke und ein luftiges Gipfelerlebnis. Flora-Begeisterte erleben ein „Fest der Sinne“: Erdbeerbäume, Zypern-Zedern, Kalabrische Kiefern, monumentale Griechische Wacholder und Erlenblättrige Eichen säumen den Weg. Zwischen den Wegpunkten Selladi Karamanli nach Moutti Tis Choras führt der Pfad dann noch durch einen magischen Zauberwald mit seiner dichten Vegetation, seinen verschieden farbigen Flechten und von grünem Moos überwucherten Steinen. Möchte man diese erlebten Eindrücke bei einem vorzüglichen Essen Revue passieren lassen, so kann man dies im Restaurant des Adventure Mountain Parks, circa 280 m südlich vom Parkplatz.

▶ Von der Parkbucht gehen wir einige Meter bis zur Einsattelung mit der Straßenkreuzung

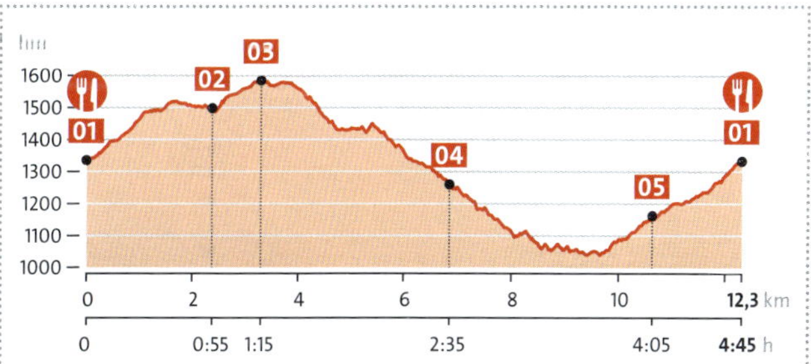

01 Doxa Sio Theos, 1326 m; 02 Madari Sattel, 1486 m; 03 Vorgipfel, 1588m; 04 Selladi Karamanli, 1248 m; 05 Moutti Tis Choras, 1142 m

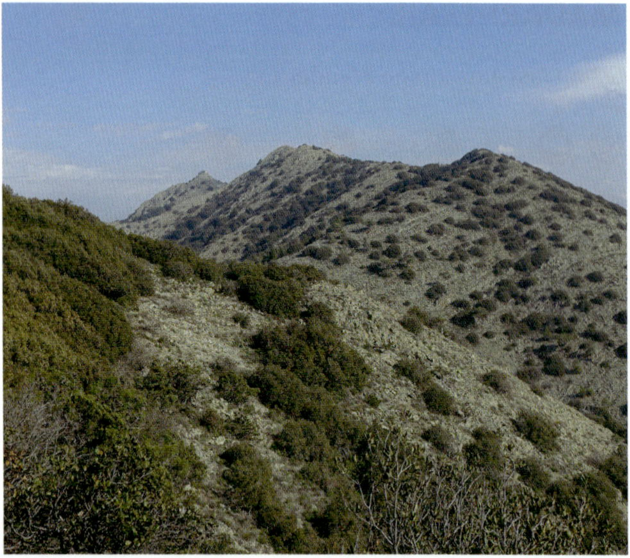

Der Bergrücken und die Gipfel des Madari-Bergmassivs.

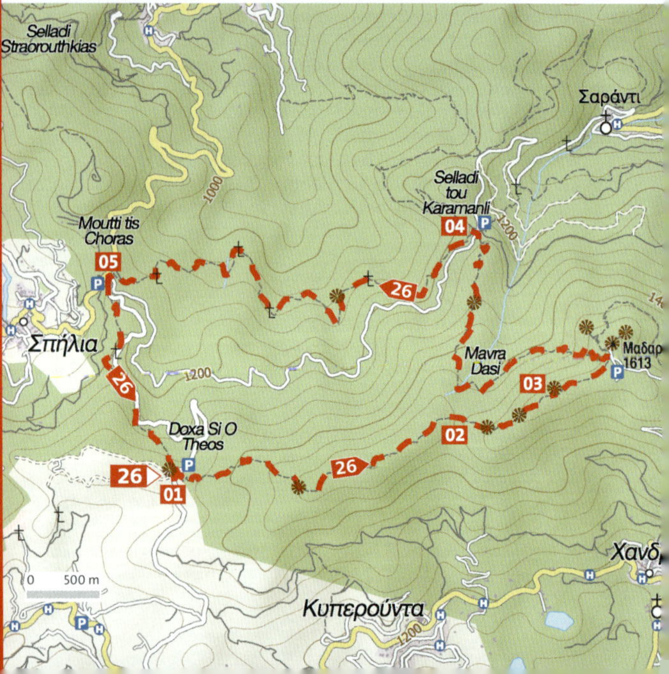

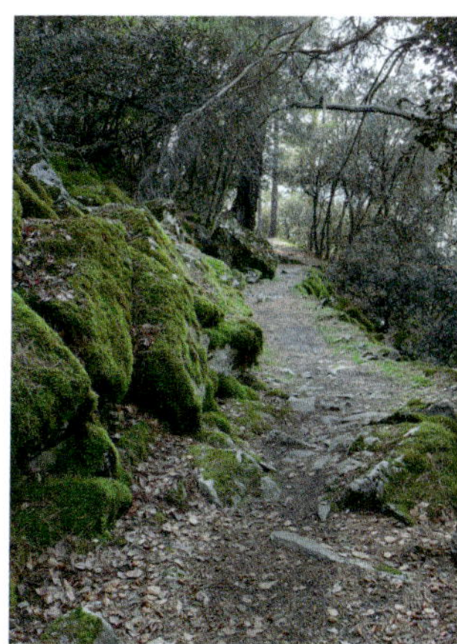

Der Pfad führt durch einen magischen Zauberwald.

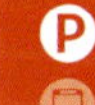

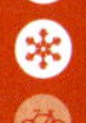

01 **Doxa Sio Theos (1326 m)** vor. Dort verlassen wir die Straße in östliche Richtung auf den ausgezeichneten Madari Circular-Trail. Schon nach einigen Metern treffen wir bei einer Bank und einem Unterstand auf eine Gabelung. Wir wählen den halblinken Arm, der ist auch ausgeschildert Richtung Madari 3,7 km. Im Zickzack steigen wir durch einen lichten Wald auf. Den Pfad zum Mountain Adventure Park beachten wir nicht und orientieren uns an dem breiten und angelegten Wanderweg, der kontinuierlich bergauf führt. Nach einer Anhöhe und kurzem Abstieg kommen wir beim 02 **Madari Sattel (1486 m)** an. Besonders auffällig sind hier die endemische Zypern-Zedern mit ihren waagrechten Ästen sehr unterschiedlicher Länge. In Kehren steigt der Pfad über einen felsigen Bergrücken bis zu einem 03 **Vorgipfel (1588 m)** des 1613 m hohen Madari. Neben oft stark wehenden Winden genießt man eine grandiose 360°-Panoramaaussicht. Es folgt der Abstieg zur Einsattelung unterhalb der Funkmasten. Für den sportlich ambitionierten Wanderer empfiehlt sich der Aufstieg zum 1613 m hohen Madari mit dem Feuerwachturm, der hier an der Einsattelung und 6-Wege-Gabelung beginnt. Mit der gepflasterten Straße im Rücken beginnen wir hinter der Informationstafel mit dem Abstieg. Der Pfad ist auch ausgezeichnet Richtung Selladi Karamanli, der nächste Wegpunkt. Im Zickzack und auf einem steinigen Untergrund passieren wir zahlreiche monumentale Griechische Wacholder, bis dann über ein längeres Wegstück der Berghang gequert wird. Hinter einer prachtvollen Allee mit Zypern-Zedern durchläuft der Pfad eine Rechtsbiegung. Eindeutig ist dann die Wegfindung bis zur asphaltierten Straße, dem 04 **Selladi Karamanli (1248 m)**. Nach der Straßenüberquerung wählen wir den halblinken und bergabführenden Pfad. Dieser ist auch ausgeschildert Richtung Moutti Tis Choras 3,8 km. Vor der intensiven Sonneneinstrahlung geschützt (aufgrund der hohen Berge) konnte sich auf dem nächsten Wegstück eine dichte, ja urwaldartige Vegetation bilden. Auf dem Pfad durchwandern wir nach einem längeren Wegstück das Halbrund einer Schlucht. Anschließend endet der Wanderweg an einem breiten Forstweg. Hier marschieren wir nach rechts und wählen dann anschließend den halb links abzweigenden und mit E4 markierten Pfad. Bei dem Wegpunkt 05 **Moutti Tis Choras (1142 m)** wird schließlich die Straße überquert und wir beginnen hinter der Informationstafel mit dem Aufstieg zum Start und Ziel 01 **Doxa Sio Theos (1326 m)**.

KAP ASPRO

Spektakuläre Wanderung am Abgrund

 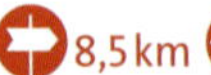 8,5 km 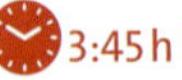 3:45 h 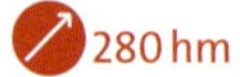 280 hm  280 hm

START | Parkplatz am südlichsten (Richtung Meer) Ende des Oberdorfs von Pissouri. 39 km östlich von Paphos. [GPS: 34.649189 32.699676]
CHARAKTER | Die Tour beinhaltet einen steilen und steinigen Abstieg, für den Trittsicherheit und Schwindelfreiheit benötigt wird. Beste Wanderzeit: Ganzjährig.
Art des Weges: 25 % Straße, 25 % Piste und 50 % Pfad.

Im Südwesten von Zypern befindet sich eine faszinierende durch Erosion entstandene Steilküste. Die Klippen bestehen überwiegend aus dem fast schneeweißen Kalkstein und ragen über 200 m steil aus dem Meer heraus. Am Rand dieser Klippen führt diese luftige Tour entlang. Hält man während des technisch anspruchsvollen Abstiegs mal inne, so sind wunderschöne und unerreichbare Kieselstrände zu entdecken. Auf einem ausgesetzten Wegstück – hinter einem riesigen Felsen – ergibt sich dann die schönste Szenerie entlang der steilen Klippen des Kap Aspros – „der Spot" zum „Schreiben mit Licht". Während der Wanderung das Mittelmeer immer vor Augen, ergibt sich dann am Pissouri Beach auch die Möglichkeit, sich in diesem zu erfrischen. Danach folgt der endgültige Rückweg.

Vom großen Parkplatz des Oberdorfs von 01 **Pissouri (236 m)** beginnen wir die Wanderung auf der Piste Richtung (Süden) Meer.

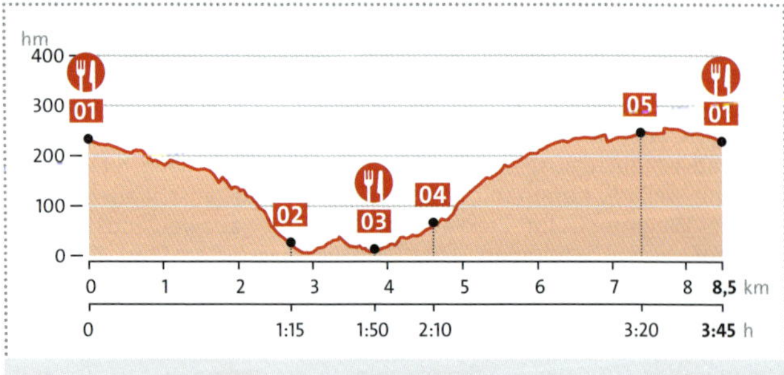

01 Pissouri, 236 m; 02 Kap Aspro, 54 m; 03 Pissouri Beach, 0 m; 04 Aussichtspunkt I, 39 m; 05 Aussichtspunkt II, 246 m;

Schon an der ersten Gabelung wählen wir den halbrechten Arm und gehen zwischen den überdachten Wohnwagen (kleinen Häusern) hindurch. An der sofort darauffolgenden Gabelung wandern wir nach halb links und bei der Verzweigung führt der halbrechte Fahrweg bis zur circa 200 m hohen Klippe. Am Rand der Steilklippe wandern wir auf dem Pfad in östliche Richtung. Eine rechts bergabführende Fahrspur führt zu einem schönen Punkt mit Blick auf die Steilwand der Klippen. Nach dem Abstecher marschieren wir auf dem Küstenpfad weiter bis zu einer Ziegenhaltung, diese kann auf der rechten sowie auch der linken Seite umlaufen werden. Dahinter beginnt der steinige und steile Ab-

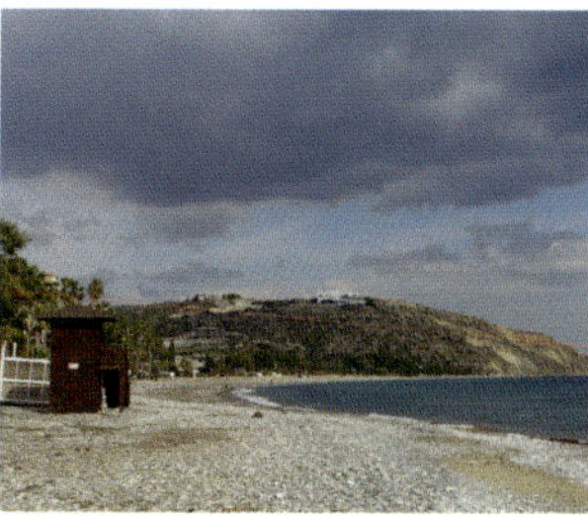
Der Pissouri Beach.

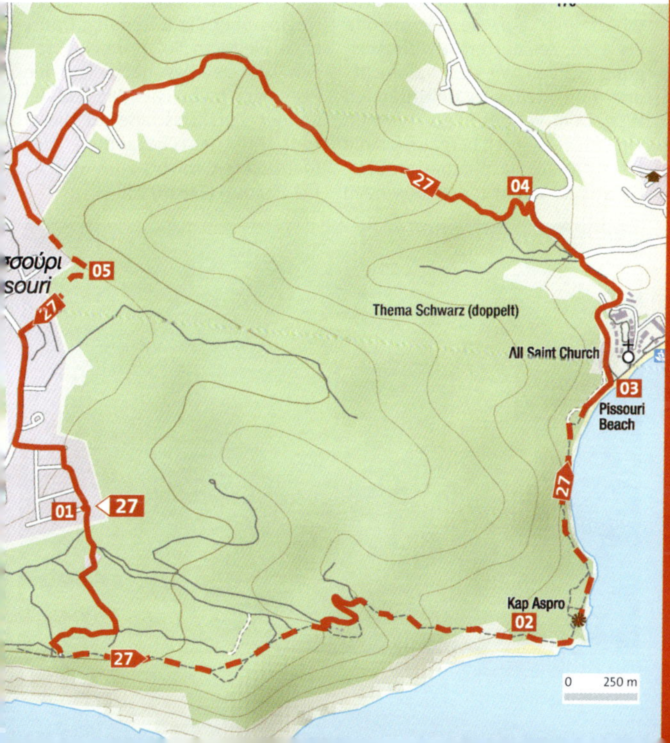

stieg über einen Bergrücken zum **02 Kap Aspro (54 m)**. Wir erreichen das östliche Ende der Landspitze, steigen die verbleibenden Meter bis zum steinigen Strandabschnitt hinunter und orientieren uns auf einen der zahlreichen Küstenpfade. Die Stränge vereini-

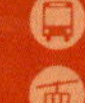

gen sich zu einem ausgetretenen Pfad, der an einigen Stellen ausgesetzt ist. Hinter einer Informationstafel führt die beginnende Piste bis zu einem Parkplatz weiter. Über eine rechts abzweigende Stichstraße gelangt man zum **03 Pissouri Beach (0 m)**. Die Gelegenheit, ein erfrischendes Bad im Meer zu nehmen. Auf der Zufahrtsstraße zum Strand passieren wir das Columbia Beach Resort. Am nachfolgenden Stoppschild wandern wir links weiter. Nach etwa 250 m auf dieser Straße erreichen wir den **04 Aussichtspunkt I (39 m)**. Dies ist eine Schlüsselstelle, da es hier keine Wegmarkierungen gibt und der Abzweiger leicht zu übersehen ist. Also, in der Rechtskurve der Straße zweigen wir nach scharf links auf die beginnende Piste ab. An der ersten Verzweigung wählen wir den halbrechts und nun steil bergaufführenden Weg. Dem Verlauf folgen wir nun ein längeres Stück bergauf, bis die Piste an einer asphaltierten Straße endet. Wir wenden uns nach rechts, biegen dann bei der ersten Möglichkeit links ab, wandern durch die Ferienhaussiedlung, bis auch diese Straße endet, wo wir rechts gehen. Auch die Straße Odisseus endet an der querenden Omirou Ave. Hier halten wir uns links und gehen an der nachfolgenden Straßenkreuzung links. Aber diese verlassen wir in der nächsten Rechtsbiegung der Straße nach halb links. Am Ende der asphaltierten Straße beginnt eine Fahrspur. Dort wo sie sich gabelt orientieren wir uns auf den halbrechts bergauf weiterführenden Pfad. Dessen Verlauf folgen wir rund 150 m bis zu einem weiteren **05 Aussichtspunkt II (246 m)**. Von dort ist die Skyline von Limassol zu erkennen. Hier verlassen wir die Piste nach rechts und steigen weglos über die Böschung. Dann, nach weiteren 50 m weglos, folgen wir bei der nachfolgenden Piste nach halbrechts. Diese endet an der Zufahrtsstraße zu dieser Tour. Auf dem bekannten Weg marschieren wir bis zum Start in **01 Pissouri (236 m)** vor.

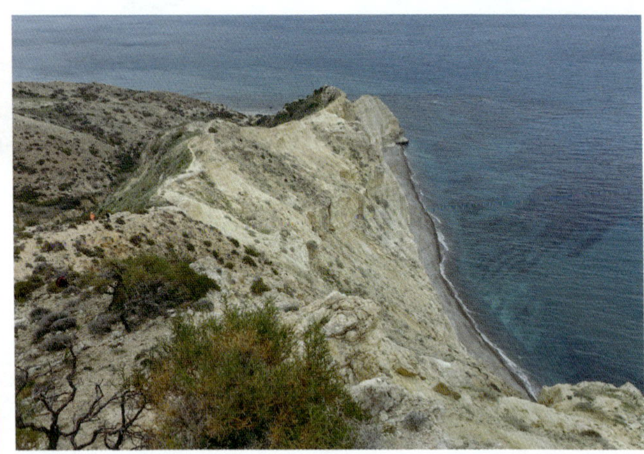

Das südliche Kap Aspro.

KAP ASPRO BEACH

Szenerie, die dieses Naturspektakel wie ein Kunstwerk umrahmt

  13,7 km 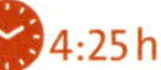 4:25 h 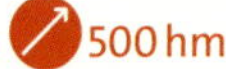 500 hm 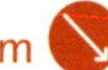 500 hm

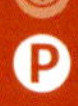
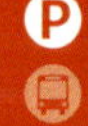
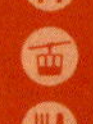

START | Parkgelegenheit hinter der Leitplanke in einer Stichstraße (Dog Beach) an der Straße B6 (Richtung Sehenswürdigkeit Petra tou Romiou). 28 km südöstlich von Paphos.
[GPS: 34.659103 32.650415]
CHARAKTER | Viele sich verzweigende Pfade erschweren die Orientierung. Wählt man einen Pfad (hier gibt es zahlreiche Pfade) am Rand der Klippen, so muss man schwindelfrei sein. Für den Abstieg zum Strand wird Trittsicherheit auf dem stark erodierten und steinigen Weg benötigt.
Beste Wanderzeit: Ganzjährig.
Art des Weges: 15 % Piste und 85 % Wanderweg.

Das Kap Aspro ist eine Reihe von faszinierenden Kalksteinklippen aus Sedimentschichten und abgestorbenen Lebewesen. Diese Tour führt am Rand der Klippen bis zu einem circa 200 m hoch über dem Meeresspiegel liegenden Plateau. Dort ergibt sich eine faszinierende Aussicht entlang der Steilküste und über das Mittelmeer. Dann erfolgt der Abstieg durch eine Schlucht zu einem abgelegenen Kieselsteinstrand ohne jegliche touristische Infrastruktur. Bei Ebbe, in der Trockenzeit (kein Regen in den vorhergehenden Tagen) und bei Windstille (Steinschlag) ist es ein wunderschönes Erlebnis, an

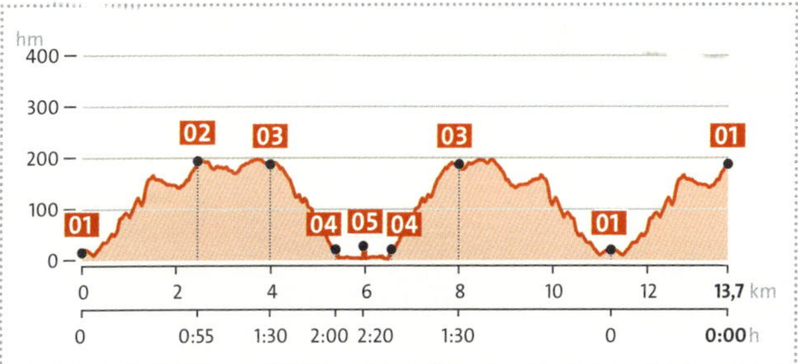

01 B6, 30 m; 02 Felsdurchbruch, 129 m; 03 Kreuzung, 199 m;
04 Kap Aspro Beach, 12 m; 05 Kap Aspro Beach, 0 m

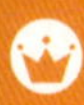

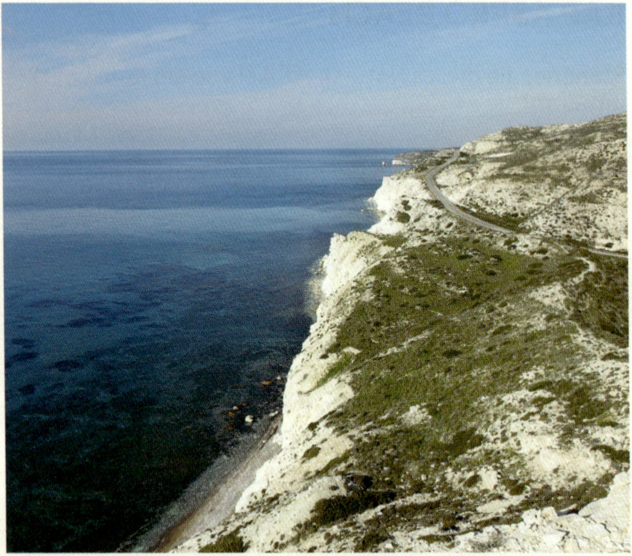

Vom Pfad ergibt sich nach kurzem Aufstieg eine schöne Aussicht.

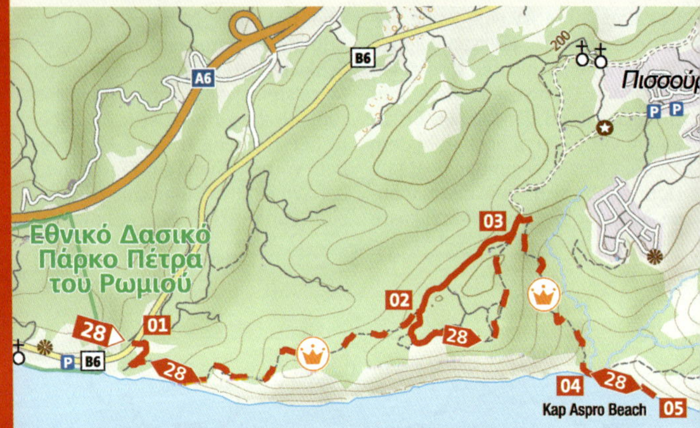

diesem Kieselsteinstrand – am Fuße dieser mächtigen Klippen – noch entlangzuwandern und eventuell auch ein erfrischendes Bad im Meer zu nehmen.

Von der Parkgelegenheit an der 01 **B6 (30 m)** folgen wir der Schotterpiste Richtung des ausgeschilderten Hundestrands Richtung Meer. Bei einer Informationstafel und Bank verlassen wir die Piste nach links. Von dem steil ansteigenden Pfad ergibt sich schon bald eine schöne Aussicht auf das Troodos-Gebirge (Richtung Nordosten) und in gegenüberliegender Blickrichtung über das endlos erscheinende Mittelmeer. Einige rote Markierungspunkte, verblasste hölzerne Wegweiser und Steinhäufchen helfen nun bei der Orientierung durch das Wirrwarr zahlreicher Pfade. Die anschließende kleine Bergspitze wird an ihrer linken Flanke umlaufen. Wenige Schatten spendende Olivenbäume stehen am Wegesrand. Bei einer Art Einsattelung beachten wir die nach rechts abzweigenden Pfade nicht und umlaufen danach ein weiteres Mal einen Berg an seinen linken Hängen. Hinter einem kleinen 02 **Felsdurchbruch (129 m)** und noch vor einer Sitzbank verlassen wir den Pfad nach halbrechts. Nach einem kurzen, weglosen Abschnitt marschieren wir dann auf einer Piste über das Hochplateau. Die Piste Richtung Meer geht in einen Pfad über. Dann geht man am Rand der Steilküste und schließlich oberhalb einer Schlucht weiter, durch die wir anschließend zum Strand absteigen werden. Der Pfad geht wieder in eine Piste über und an der nachfolgenden 03 **Kreuzung (199 m)** (scharf links beginnt unser endgültiger Rückweg) marschieren wir noch ein kurzes Stück bergab, um dann bei dem roten Punkt auf einem Stein und einer Schranke mit dem Abstieg durch die Schlucht zu beginnen. Es folgt ein Abstieg mit Hindernissen, denn das dornige Gestrüpp reicht weit in den stark erodierten Weg hinein, der im Verlauf des Abstiegs zum schmalen Pfad wird. An ein paar Stellen versperrt das Gestrüpp in Gänze das Weiterkommen. Diese Stellen kann man aber ohne Probleme umlaufen. Dann kommen wir zum westlichen 04 **Kap Aspro Beach (12 m)**. Ein besonderes Erlebnis ist es noch die 500 m am 05 **Kap Aspro Beach (0 m)** entlangzuwandern oder auch ein erfrischendes Bad im Meer zu nehmen. Auf dem bekannten Hinweg wandern wir zur 03 **Kreuzung (199 m)** zurück, wählen nun aber den halbrechten Weg für den weiteren Rückweg. Nach einem längeren Wegstück gelangen wir wieder zur bekannten Sitzbank, hinter dieser befindet sich der 02 **Felsdurchbruch (129 m)**. Ab hier laufen wir nun endgültig auf dem bekannten Hinweg bis zum Start und Ziel an der 01 **B6 (30 m)** zurück.

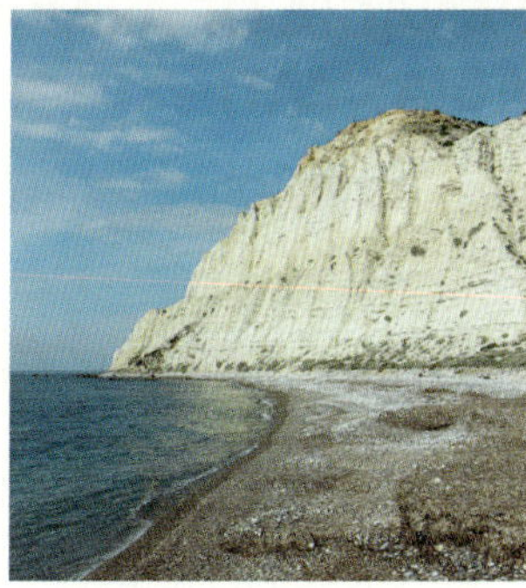
Der faszinierende Kap Aspro Beach.

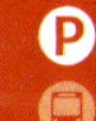

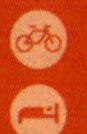

PANAGIA OF ARAKAS – STAVROS TOU AGIASMATI

Landschaftliche Höhepunkte zwischen zwei byzantinischen Kirchen

 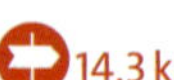   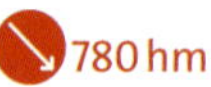

14,3 km 5:30 h 780 hm 780 hm

START | Parkplatz unter einer großen alten Eiche vor der Kirche Panagia of Arakas in Lagoudera. 46 km nördlich von Limassol. [GPS: 34.964357 33.006954]
ÖPNV: Die Buslinien 75 und 405 von Nikosia.
CHARAKTER | Aufgrund der Länge und zu absolvierenden Höhenmeter hat die Tour den Schwierigkeitsgrad Rot.
Beste Wanderzeit: Ganzjährig.
Art des Weges: 10 % Straße und 90 % Wanderweg.
Öffnungszeiten: Panagia of Arakas: Winter 9–13 Uhr und 15–16 Uhr, Sonntag 10–13 Uhr. Sommer; 9–13 Uhr, 15–18 Uhr, Sonntag 10–13 Uhr, 15–18 Uhr. Die Kirche Stavros Tou Agiasmati kann nur nach vorheriger Anmeldung unter derTelefonnummer +35799677216 besichtigt werden, denn sie ist sonst immer verschlossen.

Die „Scheunendachkirchen“ auf Zypern haben schon eine eigentümliche Architektur. Bei diesem Baustil sind die klassischen Elemente einer steinernen Kirche unter tief heruntergezogenen Satteldächern aus Holz- oder Steinschindeln verborgen. Dann auch noch ohne Glockenturm erinnern sie eher an landwirtschaftlich

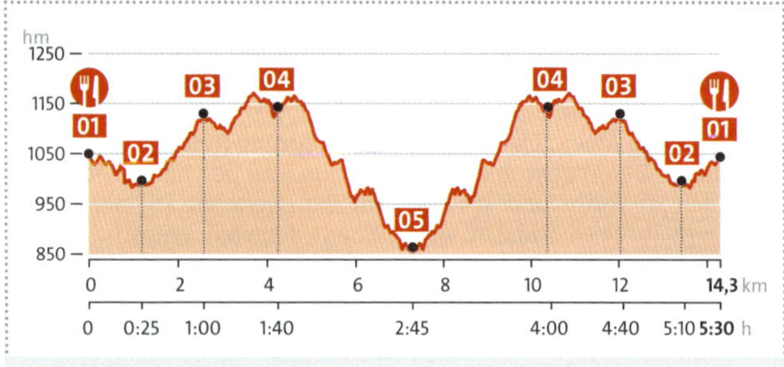

01 Panagia von Arakas, 1035 m; 02 Bachlauf, 992 m; 03 Kreuzung, 1132 m
04 Einsattelung, 1143 m; 05 Stavros Tou Agiasmati, 865 m

genutzte Scheunen als ein Gotteshaus. Es wird vermutet, dass die steilen Dächer zum Schutz vor Umwelteinflüssen über die Kirchenkuppeln konstruiert wurden. Im Inneren schmücken prächtige und einmalige Fresken die Wände und Gewölbe der Kirchen. Mit ein Grund, warum sie in die Liste des UNESCO-Weltkulturerbe aufgenommen worden sind. Die Wanderung beginnt bei der Panagia of Arakas aus dem 12. Jahrhundert mit beachtenswerten Fresken, unter anderem dem Abendmahl. Ein historischer Verbindungsweg führt durch abgelegene Seitentäler östlich des Troodos-Gebirges. Landschaftliche Höhepunkte sind die sanfte und unberührte Hügellandschaft auf einem streckenweise wunderschönen und aussichtsreichen Höhenweg. Das Ziel ist die abgelegenste aller Scheunendachkirchen, die Stavros Tou Agiasmati, aus dem 14. Jahrhundert.

Vom Parkplatz vor der **01** **Panagia of Arakas (1035 m)** (siehe Wikipedia) marschieren wir auf der Zufahrtsstraße zum Ortskern des Bergdorfes Lagoudera. An der Kreuzung biegen wir links auf die Straße Richtung Lefkosia-Nikosia ab, passieren noch das örtliche Kulturzentrum, nehmen dann aber bei der nächsten Möglichkeit den nach links abzweigenden Weg über Treppen. Die nachfolgende Ortsdurchgangsstraße überqueren, dann führen weitere Treppen zu einer querenden Straße hinunter. Hier gehen wir rechts weiter. An der ersten Straßengabelung wählen wir den halblinken Arm, hier steht rechts vom Weg eine Palme. Zum ersten Mal stoßen wir auf einen Wegweiser Richtung

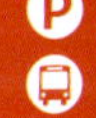

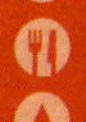

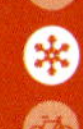

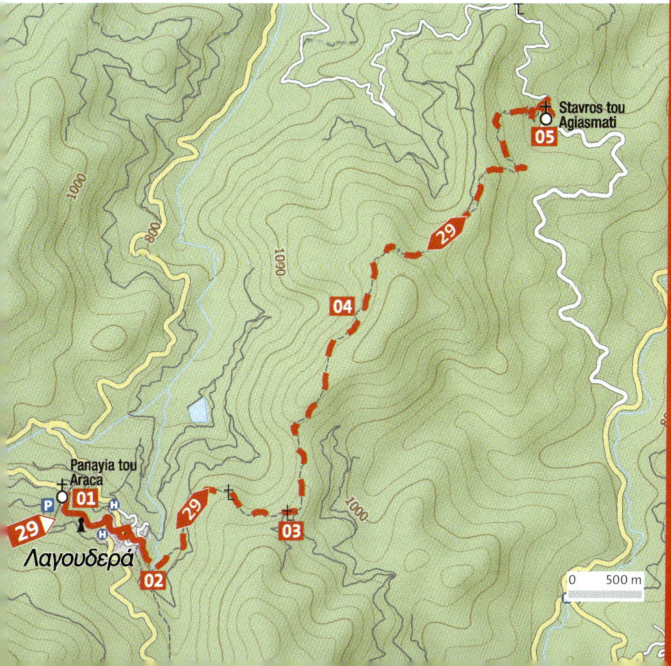

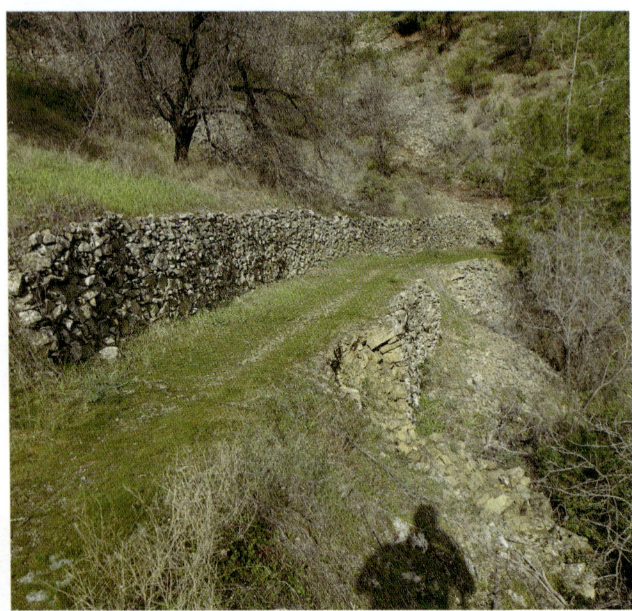

Ein uralter Verbindungspfad zwischen zwei historischen Kirchen.

Stavros Tou Agiasmati. Hinter einem einzeln stehenden Haus geht dann die Straße in einem Pfad über und in der nächsten Linksbiegung überqueren wir einen **02 Bachlauf (992 m)**. Nun sehen wir auf der linken Talseite die Häuser des Dorfes Lagoudera. Der Pfad überquert eine Schotterpiste. Nach einem längeren Stück mündet der Pfad in eine **03 Kreuzung (1132 m)** – auch gleichzeitig Einsattelung. Hier wandern wir links an einer Bank vorbei und auf dem beginnenden Pfad weiter. Bei gutem Wetter bietet sich auf dem nachfolgenden Wegstück eine wunderschöne Fernsicht. Hinter einer weiteren Einsattelung schlängelt sich der Wanderweg über einen Bergrücken. Bei einer inzwischen dritten **04 Einsattelung (1143 m)** wurde eine weitere Sitzbank aufgestellt. Hinter einer riesigen Kalabrischen Kiefer wird ein Bergrücken überschritten und es geht durch einen urigen Eichenwald bergab. Bei zwei weiteren Bänken wählen wir zuerst den halbrechten Arm und dann beachten wir den links abgehenden Weg (auch ein rot bemalter Stein) nicht. An seiner linken Seite säumt den Pfad eine alte Steinmauer und führt entlang zahlreicher Mandelbäume. An einer weiteren Gabelung entscheiden wir uns für den halbrechten und kürzeren Abstieg. Hinter der anschließenden Straße befindet sich dann die Scheunendachkirche **05 Stavros Tou Agiasmati (865 m)**. Auf dem bekannten Hinweg kehren wir zur **01 Panagia of Arakas (1035 m)** zurück.

OLYMPOS • 1952 m

Alpenidylle und mediterranes Flair – gibt es hier nicht!

  8,7 km 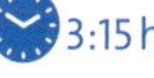 3:15 h 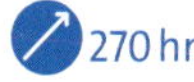 270 hm  270 hm

START | Zahlreiche (aber nur in den frühen Morgenstunden) öffentliche Parkplätze am höchsten Punkt der Straße B8. 46 km nordwestlich von Limassol. [GPS: 34.923611 32.881007]
ÖPNV: Buslinie 64 von Limassol.
CHARAKTER | Technisch einfach und Orientierung problemlos. Öffnungszeiten Informationszentrum des Nationalparks Troodos: Montag – Freitag 8 – 15:30 Uhr.
Hinweis: Möglichst nicht am Wochenende diese Wanderung planen, da kommt gefühlt ganz Zypern auf den Gipfel.

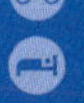

Möchte man der zwanghaften Notwendigkeit nachgegeben, den höchsten Punkt einer Destination zu besteigen, dann ist diese Tour natürlich ein Muss. Aber dies gleich vorweg: Den Gipfel des 1952 m hohen Olympos kann man nicht final erklimmen – der befindet sich unter einer Radarkugel. Aber der Reihe nach: Als erstes steht auf dem Programm (also alles freiwillig) das Besucherzentrum des Nationalparks Troodos. Vermittelt werden dort Informationen über Geologie, Fauna und Flora, sowohl in Schauräumen als auch auf einem 250 m langen Naturlehrpfad. Die weitere Tour ist dann eine Kombination aus dem Atalante- und Artemis-Trail. Die Wanderung führt an einer etwa 500 Jahre alten Schwarzkiefer vorbei und hoch zum Gipfelplateau des Olympos. Den klassi-

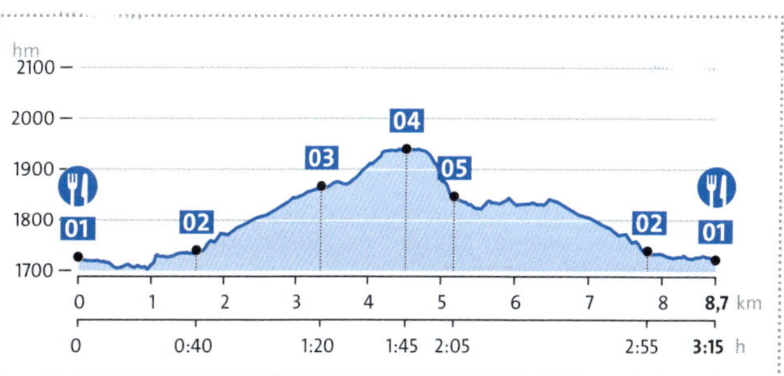

01 Troodos-Platz, 1725 m; 02 Atalante-Trail, 1722 m; 03 F935, 1855 m; 04 Olympos, 1939 m; 05 Aussichtspunkt, 1842 m

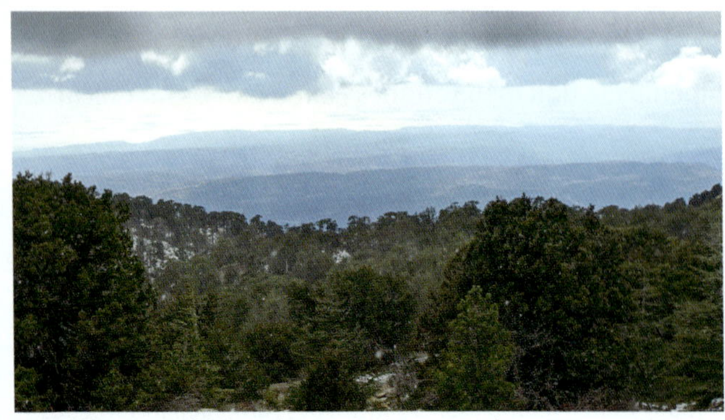

Der Blick vom Gipfel des Olympos Richtung Nordzypern.

schen und trotzdem einzigartigen 360°-Rundblick von einem Gipfel erhält man nur nach einmaliger Umrundung des militärischen Sicherheitsbereiches. Der Abstieg erfolgt dann an den Hängen des einzigen Skigebiets auf Zypern. Hier befindet sich eine Abfahrt mit 120 m Höhenunterschied und einer Länge von 370 m. Die wurde auch vom internationalen Skiverband anerkannt.

Vom 01 **Troodos-Platz (1725 m)** mit der Bushaltestelle und Parkplatz marschieren wir in südliche Richtung entlang der Hauptstraße, um dann vor dem Hotel rechts über einen weiteren Parkplatz in eine Senke und weiter zum Besucherzentrum des Nationalparks Troodos zu gelangen. Sehr empfehlenswert ist die kurze Rundwanderung auf dem Naturlehrpfad. Nach dem Schlaumachen spazieren wir nur einige Meter auf dem Hinweg zurück, um dann bei der Gabelung hinter dem Tennisplatz sich nach links zu wenden und nach einigen Metern auf einer Piste geradeaus und weglos Richtung eines Steinhauses mit einem grünen Dach zu gehen. Von dort wandern wir in nördliche Richtung auf einem schwach ausgetretenen Pfad circa 100 m leicht bergauf, bis wir dann auf den querenden Atalante-Trail stoßen. Auf dem marschieren wir links weiter. Dessen Verlauf führt in einer lang gezogenen Linksbiegung (hier kann man auch auf einen der vielen Pfade abkürzen) durch ein Trockenbachbett. Nach einigen Metern gabelt sich der Pfad. Hier verlassen wir den geradeaus weiterführenden 02 **Atalante-Trail (1722 m)** und biegen nach halbrechts ab. Der breite Schotterweg schlängelt sich durch eine kleine Schlucht gemächlich bergauf. Dort wo die Piste in einen querenden Weg mündet wenden wir uns nach halbrechts. Nach einem längeren Stück bergauf durchläuft die Piste eine Linkskurve, in der von rechts unser Rückweg, der Artemis-Trail, einmündet. Den unmittelbar darauffolgenden linken Weg lassen wir aus und gehen weiter, bis diese Piste endet. Rechts auf der querenden Piste passieren wir eine etwa 500 Jahre alte Schwarzkiefer. Anschließend endet der Weg an der 03 **F935 (1855 m)**. Auf der anderen Straßenseite laufen wir dann halb links und parallel zur Straße auf einer breiten und steinigen Fahrspur. Diese Spur tangiert einmal kurz die Straße und führt dann auf einer breiten Erosionsrinne halbrechts weiter bergauf. Durch den lichten Wald steigen wir so lange auf, bis wir links die Radarstation sehen. Der höchste erreichbare Punkt (für uns Wanderer) des **04 Olympos (1952 m)** befindet sich auf der Rückseite des Sicherheitszauns. Von der Bergstation des Doppelsessellifts steigen wir nun parallel zum Sessellift rund 100 m ab, um dann rechts über eine Zubringerpiste zur Bergstation eines Schlepplifts zu gelangen. Von dort steigen wir abermals auf einer Piste (nordwestliche Richtung) ab. Wir gelangen dann zu einem **05 Aussichtspunkt (1842 m)**, der leicht zu übersehen ist. An dieser Schlüsselstelle biegen wir nach rechts auf den querenden Artemis-Trail ab. Auch befindet sich an dieser Stelle ein gelber Richtungspfeil auf einem Stein. Auf diesem Pfad unterqueren wir nach einigen Metern den Schlepplift, weiters eine Schotterpiste sowie die nachfolgende F935. Der weiterführende Pfad beginnt hinter der dort stehenden Informationstafel und mündet dann in die Linkskurve vom Hinweg. Auf dem nun bekannten Weg wandern wir zunächst zurück, verlassen dann aber nicht den Atalante-Trail, um zum Besucherzentrum abzusteigen, sondern gehen geradeaus weiter bis Informationstafel an der E910, um dort rechts die wenigen Meter bis zum **01 Troodos-Platz (1725 m)** zurückzukehren.

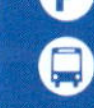
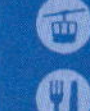

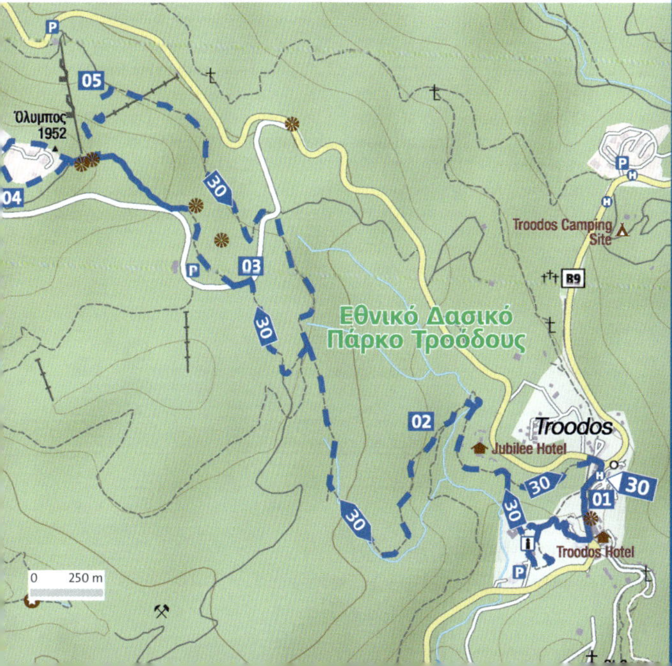

31

EZOUSA-TRAIL

Kulturlandschaft, die Geschichten über die Region erzählt

  8,4 km 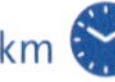 3:05 h  200 hm 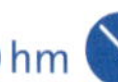 200 hm 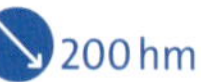

START | Parkplatz unmittelbar neben dem Environmental Information Centre an der E710 oberhalb des Dorfes Episkopi.
13 km nordwestlich von Paphos. [GPS: 34.791498 32.522926]
ÖPNV: Buslinie 609 von Paphos.
CHARAKTER | Wanderung für die ganze Familie.
Beste Wanderzeit: Ganzjährig.
Art des Weges: 30 % Straße und 70 % Piste.
Öffnungszeiten: Environmental Information Centre Dienstag bis Samstag 8:30–14 Uhr und Sonntag 10–14 Uhr. Der Eintritt ist kostenpflichtig.

Idealerweise besucht man vor der Runde das Informationszentrum, es vermittelt Informationen über die Umwelt und die Artenvielfalt der Region. Die Tour führt dann durch eines der schönsten Täler auf Zypern mit seiner sehr abwechslungsreichen Flora wie Zypern-Alpenveilchen, der Immergrüne Bosea-Strauch, Oleander, Orientalische Erle, Morgenländische Platane, Gall-Eiche oder auch Färber-Eiche, Johannisbrotbaum, Terpentin-Pistazie und Kermeseiche. Aber auch zwei Persönlichkeiten prägen die Geschichte der Region: Zum einen ist da der 290 in Palästina geborene heilige Hilarion, einer der bedeutendsten altchristlichen Eremiten seinerzeit. Das Wahrzeichen des Dorfes Episkopi, die Agios Hilarion Kirche, wurde nach ihm benannt. Aber auch die Ruine der denkmalgeschützten spätbyzanti-

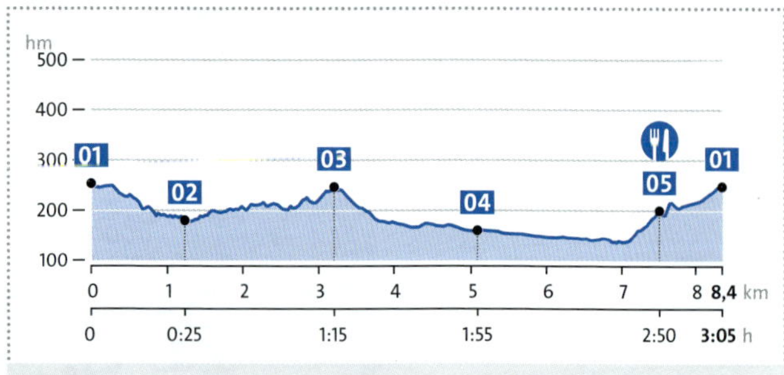

01 E710, 250 m; 02 Links, 181 m; 03 Agios Gennadios Church, 242 m; 04 Ezousa Fluss, 157 m; 05 Episkopi, 186 m;

nischen (1100) Steinbogenkirche im Ortszentrum beherbergt eine Ikone des heiligen Hilarion. Zum anderen ist da der heilige Gennadios. Er war Presbyter in Konstantinopel und machte aufgrund seiner harten Kirchenzucht Anfang der 430er-Jahre auf sich aufmerksam. Zum Ende seines Lebens wählte er Zypern als asketischen Rückzugsort. Die Ruinen Agios Gennadios erinnern an ihn, dort wurde er auch begraben. Eine der faszinierendsten Wanderungen der Region verknüpft kulturelle und landschaftliche Höhepunkte.

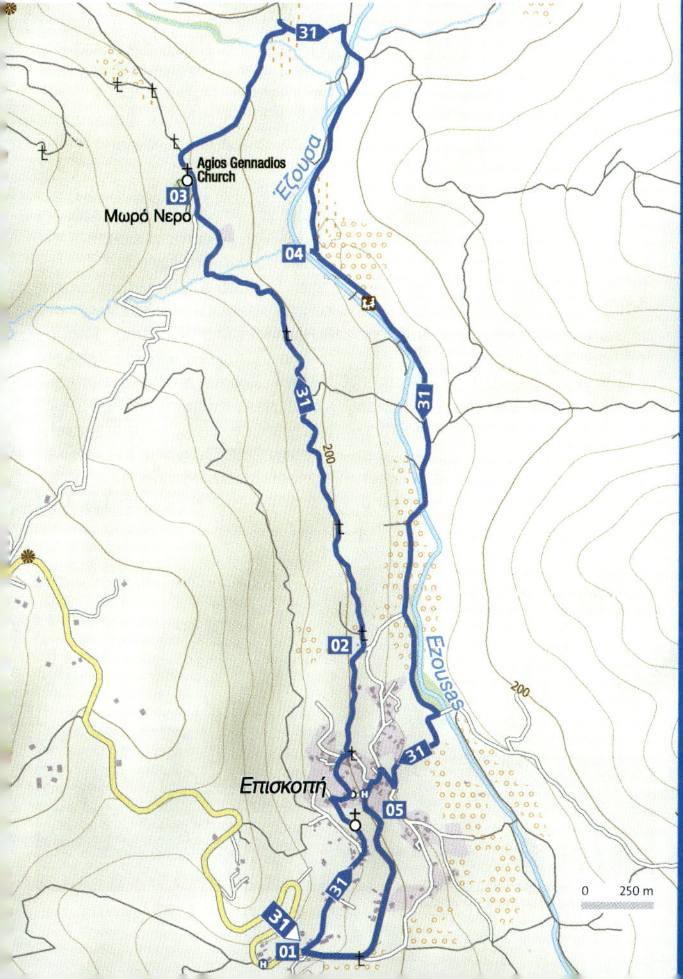

▶ Ausgehend vom Parkplatz an der **01 E710 (250 m)** wandern wir am Environmental Information Centre vorbei (nordöstliche Richtung) in Richtung der Häuser des Dorfes Episkopi. Auf Höhe einer einzelste-

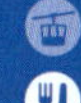
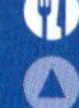

henden Palme wählen wir bei der Gabelung den halbrechten Weg durch die Gasse. Ein Stück weiter des Weges befindet sich die Agios Hilarion-Kirche, die nach dem verheerenden Erdbeben von 1953 auf den Ruinen der ursprünglichen Kirche erbaut wurde. Das Wahrzeichen des Dorfes ist kein Höhepunkt, aber der Panoramablick auf das fruchtbare Tal schon. An der nächsten querenden Straße biegen wir nach rechts ab, folgen deren weiteren Verlauf durch die Linksbiegung und noch weiter bis zu einem alten Gebäude, wo wir nun nach 02 **Links (181 m)** abbiegen. Auf der breiten betonierten Straße, verlassen wir das Dorf. Auf Höhe von hochgewachsenen Kakteen beginnt eine Schotterpiste. Bei der anschließenden Gabelung marschieren wir halb links. Es folgt ein längeres Wegstück entlang einheimischer Pflanzenarten, bis wir dann vor einer riesigen Eiche den links abzweigenden Weg nicht beachten und danach die Ruinen der 03 **Agios Gennadios Church (242 m)** erreichen. An der nachfolgenden Gabelung wählen wir den halbrechten Arm und überqueren hinter Weinreben den Bachlauf. Bei einer weiteren Gabelung führt links ein interessanter Abstecher zu den Ruinen einer Wassermühle. Wieder zurück auf dem Hauptweg passieren wir noch eine weitere Ruine einer Wassermühle und wählen bei der Kreuzung die rechts weiterführende Piste. Der Ezousa-Fluss wird überquert und durch eine Allee aus extrem hoch gewachsenen Schilfgras wandern wir parallel zum Flusslauf. Rechts am Weg liegt eine kleine Brücke über dem 04 **Ezousa Fluss (157 m)**. Weiter geht es an einem Picknickplatz vorbei, der liegt romantisch unter riesigen Platanen. Auf einer asphaltierten Straße überqueren wir dann den Flusslauf. Eine rechts abzweigende Piste ignorieren wir und gehen bis zur Ortsdurchgangsstraße vor. An der gehen wir rechts weiter. Vor uns erhebt sich nun die Felswand von Episkopi, auf der die Agios Hilarion-Kirche thront. Durch Kehren bergauf folgen wir der Ausschilderung Richtung Paphos bis zum Ortskern von 05 **Episkopi (186 m)**. Rechts am Weg befindet sich dort die Ruine einer alten Steinbogenkirche aus der spätbyzantinischen Zeit. Dem Verlauf der wenig befahrenen Straße folgen wir bis zum Parkplatz an der 01 **E710 (250 m)**.

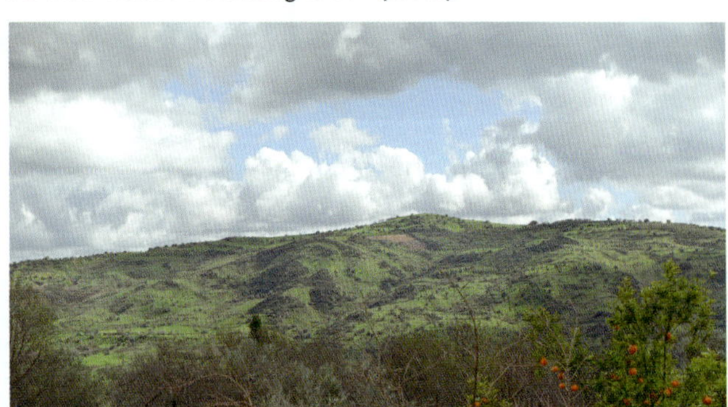

Der Ezousa-Trail führt durch eines der schönsten Täler auf Zypern.

GIALIAS FLUSS

Unberührtes Zypern

 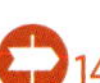 14,3 km 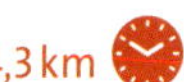 5:30 h 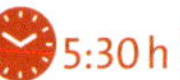 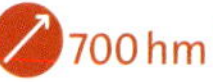 700 hm  700 hm

START | Parkplatz am riesigen Picknickplatz Kionia. 55 km westlich von Larnaka. [GPS: 34.920794 33.197685]
CHARAKTER | Lange und anstrengende Wanderung, für die man einen sehr guten Orientierungssinn benötigt.
Beste Wanderzeit: Ganzjährig.
Art des Weges: 15 % Piste und 85 % Wanderweg.
Achtung! Beim Aufstieg ist mit entgegenkommenden Mountainbikern zu rechnen.
Tipp Zusatzausrüstung: Aufgrund der Länge der Tour Trinkwasser und Proviant für einen ganzen Tag

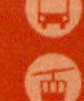
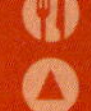

Um den 1423 m hohen Berg Kionia breitet sich der Machaira National Forest Park aus, mit circa 600 bestimmten und 27 endemischen Pflanzenarten. Die beiden wichtigsten Flüsse auf Zypern entspringen an seinen Berghängen. Mit 100 km Länge der Pedieos und etwas südlich davon liegt die Quelle des 88 km langen Gialias. Entlang des Gialias verläuft ein wunderschön angelegter Pfad durch eine faszinierende Schlucht mit einer unberührten Natur. Am Ende der Tour steht noch ein Aussichtspunkt auf dem Programm. Der Blick von dort schweift über die Schlucht, die wir zuvor durchquert hatten und weiter über das westliche Zypern. Diese Wanderung ist besonders an heißen Sommertagen geeignet, da sie

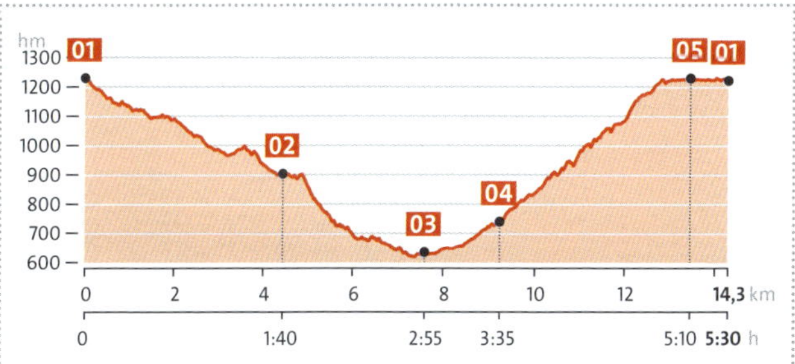

01 Kionia, 1221 m; **02** Pfad, 905 m; **03** Gialias Fluss, 609 m;
04 5-Wege-Kreuzung, 731 m; **05** Kakotziefalos, 1240 m

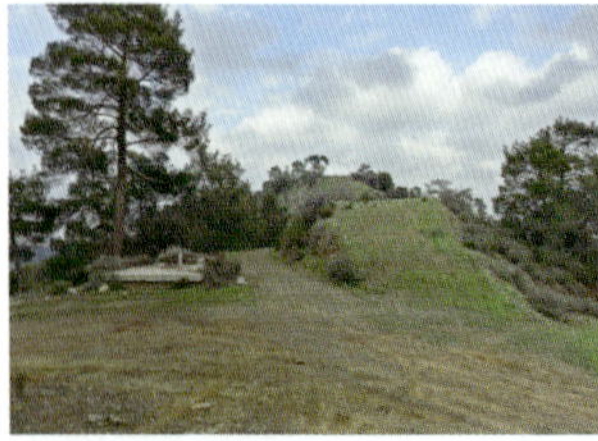

Zwei unübersichtliche 5-Wege-Gabelungen erschweren die Orientierung.

größtenteils durch schattigen Wald verläuft und aufgrund der Höhenlage sowieso schon einmal 8 ° C weniger Lufttemperatur als am Meer vorherrscht.

▶ Jeweils am nördlichen und südlichen Ende des Picknickplatzes von 01 **Kionia (1221 m)** sowie in der Mitte beginnen bergabführende Pfade, die sich nach einigen Metern zu einem Strang vereinigen. Auf den ersten Metern durch eine Schlucht lichtet sich der Wald. Hier tritt irgendwo das Quellwasser des Gialias aus dem Erdreich. Die zuvor enge Schlucht öffnet sich und es ergibt sich ein wunderschöner Fernblick. Als Nächstes mündet von rechts ein Pfad in den unsrigen. Bei der nächsten Gabelung sind beide Wege zielführend. Der Pfad passiert das Wasserreservoire und wir erreichen das Ende einer Forststraße, wo wir geradeaus weiterwandern. Immer mal wieder folgen leicht bergaufführende Teilstücke. Hinter einem mit wenigen Bäumen bestandenen Bergrücken folgt ein Wegstück mit sehr wenig Gefälle. Dort wo wieder der Pfad ansteigt zweigen wir nach scharf links auf einen unscheinbaren 02 **Pfad (905 m)** ab. Auch befindet sich an dieser Abzweigung ein E4-Richtungspfeil, in dessen

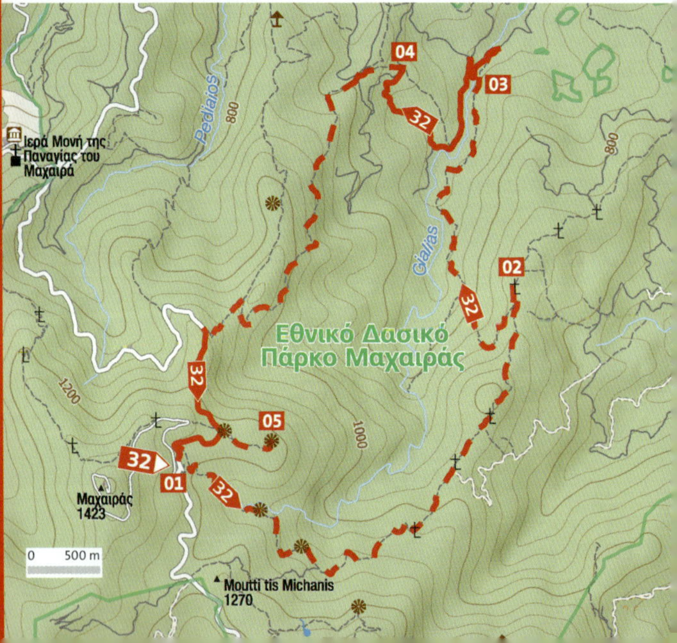

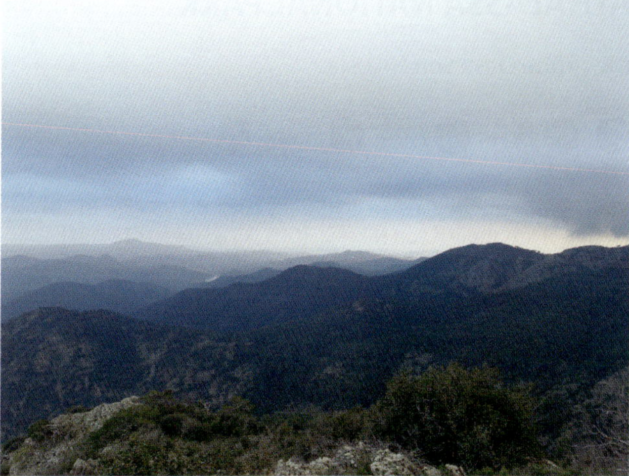

Vom Aussichtspunkt Kakotziefalos ergibt sich eine wunderschöne Fernsicht – wenn es das Wetter zulässt.

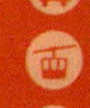
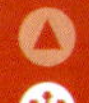

ausgewiesene Richtung wir aber nicht gehen. Vom Pfad sehen wir nun auf dem 1423 m hohen Kionia sehen die Radarkugel. Nach einer längeren Hangquerung durchläuft der Pfad eine lang gezogene Rechtskurve. Je weiter wir absteigen, je deutlicher dringen die Geräusche des Bachlaufes bis zu uns. Auch ist auf dem gegenüberliegenden Berghang eine Piste zu sehen, aber wir folgen dem Verlauf des Pfades noch ein längeres Wegstück, bis dieser an einer Piste endet und wir uns nach scharf links wenden. An der nachfolgenden kleinen Staumauer überqueren wir den 03 **Gialias Fluss (609 m)**, der aufgrund seiner Breite eigentlich laut Definition noch ein Bachlauf ist. An der nächsten Kreuzung wählen wir die nach scharf links weiterführende Piste, der Flusslauf liegt nun links von uns. Hinter einer Rechtsbiegung der Piste nehmen wir an der Gabelung die halbrechts bergaufführende Piste. Nach längerem Aufstieg mündet diese in eine unübersichtliche 04 **5-Wege-Kreuzung (731 m)**. Wir wählen die halblinke und extrem steil bergaufführende Brandschneise. Diese mündet abermals in eine 5-Wege-Gabelung, auch hier steigen wir über die breite Brandschneise auf. Aber nur ein kurzes Stück, dann beginnt halbrechts ein kombinierter Wander-/Mountainbike-Weg. Gemächlich, dafür aber beständig, schraubt sich der Pfad über ein sehr langes Wegstück in die Höhe. Dort wo der Pfad endet wenden wir uns nach links und erreichen anschließend die asphaltierte Straße. Links entlang dieser gelangen wir zur ebenfalls links abzweigenden Piste. Diese führt zum überdachten Aussichtspunkt 05 **Kakotziefalos (1240 m)**. Wieder an der asphaltierten Straße angekommen marschieren wir links weiter und erreichen den Picknickplatz 01 **Kionia (1221 m)**.

ATHALASSA NATIONAL PARK

Die grüne Oase von Nikosia

 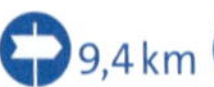 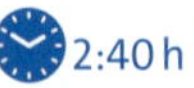 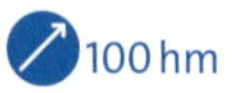 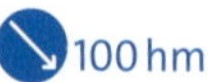

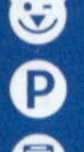

START | Großer Parkplatz an der Straße L022, die von der B1 abzweigt. 11 km südlich von Nikosia. [GPS: 35.125040 33.384187]
ÖPNV: Buslinien 25, 26, 31 und 42 fahren bis zum Krankenhaus, dann müsste man noch 1,2 km bis zum Park vorgehen.
CHARAKTER | Leichter Spaziergang für die ganze Familie.
Beste Wanderzeit: Ganzjährig.
Art des Weges: 25 % Straße, 25 % Piste, 25 % asphaltierter Wanderfahrradweg und 25 % Wanderweg.
Öffnungszeiten: Visitor Center Athalassa National Forest Park wochentags von 7:30–15 Uhr.
Hinweis: Am Wochenende ist der Park sehr gut besucht! Wenn möglich die Tour wochentags planen, dann ist auch das Besucherzentrum geöffnet.

Ähnlich wie ein Volksgarten oder Volkspark ist der 840 ha große Athalassa National Forest Park zu verstehen. Die wunderschön gestaltete Grünanlage liegt am südöstlichen Rand der Stadt Nikosia und sein Wegenetz erstreckt sich über 20 km. Bei den Einheimischen ist es ein sehr beliebter Ort zum Radfahren, Nordic-Walking, Joggen, Wandern und auf einem eigens für Hunde ausgewiesenen Pfad. Nach dem informativen Besucherzentrum des Athalassa National Forest Parks erkunden wir dann noch die Ruinen der

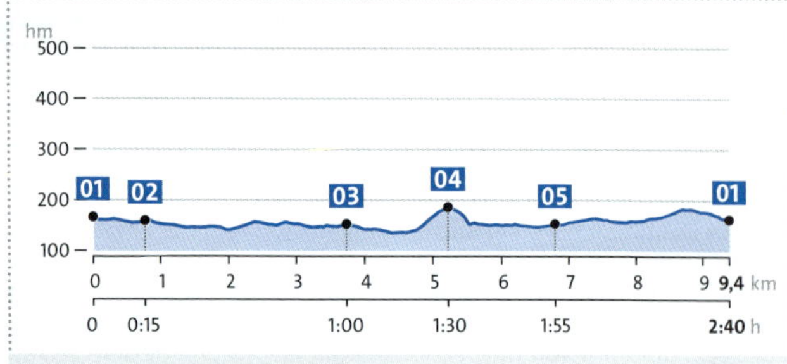

01 Athalassa-Park, 165 m; 02 Athalassa-See, 158 m; 03 Visitor Center,146m
04 La Cava Medieval Castle, 189 m; 05 Asphaltierter Wanderweg, 146 m

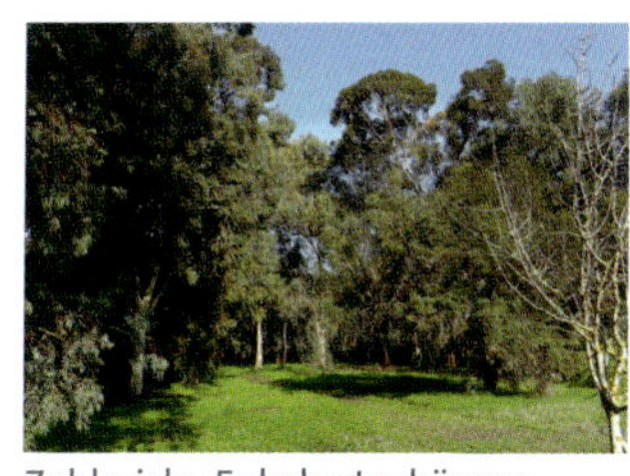

Zahlreiche Eukalyptusbäume säumen den Wanderweg durch den Athalass National Forest Park.

1385 erstmals erbauten und unter Denkmalschutz stehenden Burg La Cava, bevor es dann auf einem der zahlreichen Wege durch den Park zurückgeht.

▶ Den ersten Parkplatz unmittelbar hinter der Zufahrt zum **01 Athalassa-Park (165 m)** verlassen wir in nordwestliche Richtung, passieren eine Trinkwasserquelle und überqueren auch die Brücke. Vor dem nächsten Eukalyptusbaum schwenken wir nach rechts und folgen dem breiten Weg. Hinter einer weiteren Brücke verlassen wir den Hauptweg auf den halb rechts beginnenden Pfad. Gelegentlich ist durch die sonst dicht beieinanderstehenden Bäume der **02 Athalassa-See (158 m)** zu sehen. Nach einer Linksbiegung mündet der Pfad in eine 5-Wege-Gabelung. Von den zwei nach rechts weiterführenden Wegen wählen wir den linken. Wir laufen noch durch die nächste Linkskurve, um dann aber nach ein paar Metern den asphaltierten Weg nach rechts durch die Zaunöffnung zu verlassen. Nach ein paar Metern rechts am Feldrand entlang wandern wir bei der nächsten Möglichkeit links auf die Piste über die Felder weiter. Nun immer geradeaus passieren wir eine Viehhaltung sowie einen Palmenhain und überqueren auch noch die breite Straße. Der beginnenden

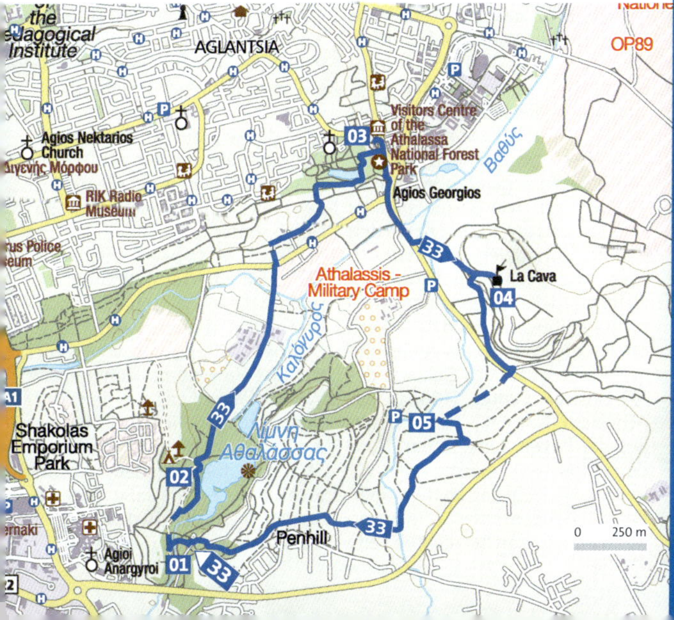

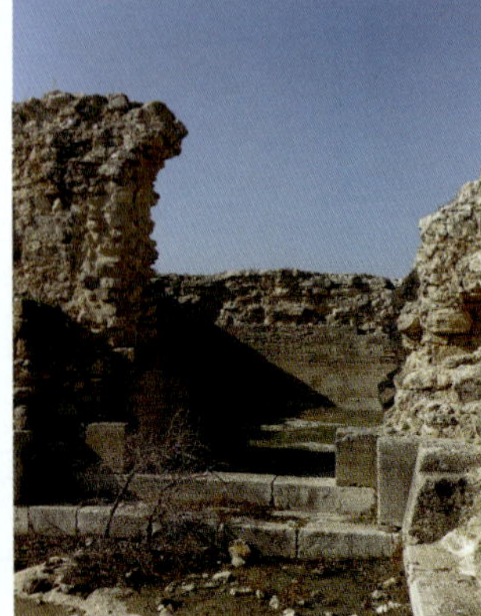
La Cava Medieval Castle

Piste folgen wir solange bergauf, bis sie endet. Dort wenden wir uns nun nach rechts. Wir überqueren eine asphaltierte Straße. Von links mündet eine Piste in die unsrige und dann endet die Piste. Ein Stück links gehen wir bis zu einer Kreuzung vor, um zwischen dem Picknickplatz und dem Reservoir rechts in den Wanderfahrradweg zu biegen. Auf Höhe von Straßenlampen folgen wir dem Verlauf durch die Rechtskurve. Dort wo die Hecke links von uns einen Durchlass hat gelangen wir auf den dahinterliegenden Weg. Hier wandern wir rechts und parallel zum See und erreichen wieder den Wanderfahrradweg, wo wir uns nach links orientieren. Hinter der kleinen Brücke folgen wir den halb rechts weiterführenden Arm. Auch der endet wo wir rechts gehen und dann schon bald das Gelände des **03 Visitor Center (146 m)** des Athalassa National Forest Parks auf der linken Seite sehen. Nach dessen Besuch marschieren wir in südliche Richtung an dem überdachten Studentenwohnheim vorbei, halten uns an der rechten Seite des Kreisverkehrs und überqueren hinter der Kirche die Straße. Auch benutzen wir den Fußgängerstreifen nach links über die zweispurige Straße. Entlang dieser marschieren wir, bis links eine Schotterpiste ihren Anfang nimmt. Hinter einer Absperrung queren wir das Trockenbachbett und folgen dem Verlauf der Piste nun kontinuierlich bergauf. Kurz vor dem höchsten Punkt stoßen wir auf die Reste eines Zaunes. Ein Pfad führt an seiner linken Seite vorbei. Nun auf der Anhöhe angekommen, befindet sich auf der linken Seite das **04 La Cava Medieval Castle (189 m)**. Es ergibt sich eine sehr schöne Aussicht über Nikosia. Wir gehen einige Meter auf dem Hinweg zurück. Dabei lassen wir den Zaun hinter uns, beachten eine scharf links abzweigende Piste nicht und zweigen dann aber auf den nach links beginnenden Mountainbikepfad ab. Dieser überquert eine erste Schotterpiste. Aber bei der zweiten Schotterpiste – vor einem Wald aus Eukalyptusbäumen – wandern wir nun links entlang an einem längeren Wegstück bis zu einer querenden Piste mit dunkelgrauem Untergrund. Dort überqueren wir die Hauptstraße und gehen geradeaus auf der breiten Piste weiter. Wir spazieren unter einer Stromleitung hindurch und beim querenden **05 Asphaltiertern Wanderweg (146 m)** biegen wir scharf links ab. Im Folgenden queren wir eine asphaltierte Straße und von rechts mündet ein weiterer kombinierter Wanderfahrradweg in den unsrigen. Auf dem Teilstück, wo wir ein kurzes Stück parallel zu einer Straße laufen, wenden wir uns Richtung dieser Straße und gelangen so zu den Parkplätzen im **01 Athalassa-Park (165 m)**.

KAKKARISTRA – APALOS-TRAIL (AGIOS GEORGIOS)

Fossilien im Landesinneren von Zypern

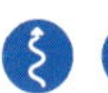  7,6 km  2:45 h  170 hm 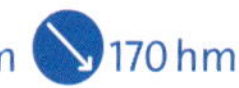 170 hm

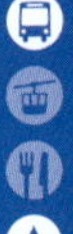

START | Parkplatz University of Cyprus und Cyprus Pedagogical Institute neben der A1. Achtung! Die Zufahrt führt unmittelbar vor Hauptgebäude vorbei! 10 km südlich von Nikosia.
[GPS: 35.097648 33.369975]
ÖPNV: Buslinie 29 von Nikosia.
CHARAKTER | Ohne Probleme begehbar für Kinder jeden Alters (siehe auch Varianten).
Beste Wanderzeit: Ganzjährig.
Wegmarkierungen: Auf dem ersten Teilstück, dann aber nicht mehr.
Hinweis: Kann im Sommer sehr heiß werden, da es keinen Schatten gibt. Hingegen wehen öfters starke Winde.
Varianten: Bei den Wegpunkten 02 oder 03 besteht jeweils die Möglichkeit, mit dem Rückweg zu beginnen.
Art des Weges: 15 % Piste und 85 % Wanderweg.

Über Jahrtausende hat sich das Wasser des Bachlaufes Kakkaristra – einem Nebenarm des Flusses Kalogyros – in den Untergrund eingeschnitten und so eine Schlucht gebildet. Bei diesem Vorgang wurden auch die eingelagerten Fossilien (hauptsächlich versteinerte Muscheln) an den Wänden der Schlucht freigelegt. Sie stammen aus der letzten Phase der Erhebung (Plattentektonik) der Insel Zypern aus dem

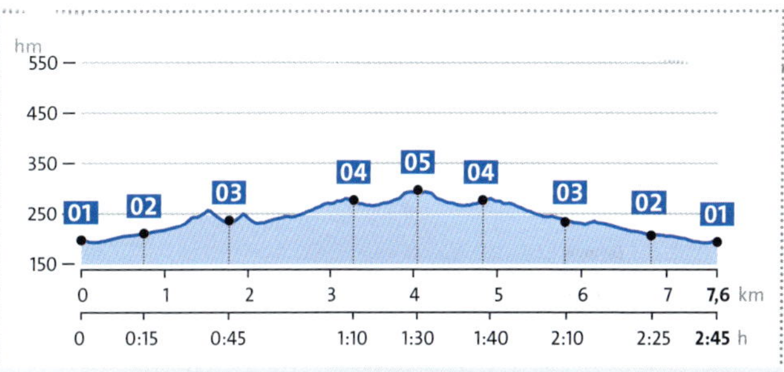

01 Informationstafel, 191 m; 02 Schotterstraße, 199m; 03 Kreuzung, 219 m
04 Pfad, 271 m; 05 Aussichtspunkt, 293 m

Meer vor 1,8 Millionen Jahren. Eine fantastische Themenwanderung für alle, die sich für die Entstehung der Insel interessieren. Auch führt die Tour zu zwei Aussichtspunkten. Zum einen über Nikosia bis hin zum Besparmak-Gebirge in Nordzypern. Zum anderen Richtung Westen bis zu den Ausläufern des Troodos-Gebirges. Besonders beeindruckend ist diese Tour, wenn die am Weg liegenden Sandsteinformationen von dem rötlichen Abendlicht angestrahlt werden.

Hinter der **01 Informationstafel (191 m)** verlassen wir den Parkplatz in südliche Richtung. Gleich bei dem ersten Richtungspfeil wählen wir den halb rechts in die Schluchtführenden Pfad. Rechts und links des Weges liegen verstreut versteinerte Muschelreste. Im Weiteren verlässt der Pfad die Schlucht wieder und wir laufen leicht erhöht über dieser. Immer tiefer hat sich der Bachlauf in die Umgebung gegraben. In den bis zu 5 m hohen Wänden der Schlucht

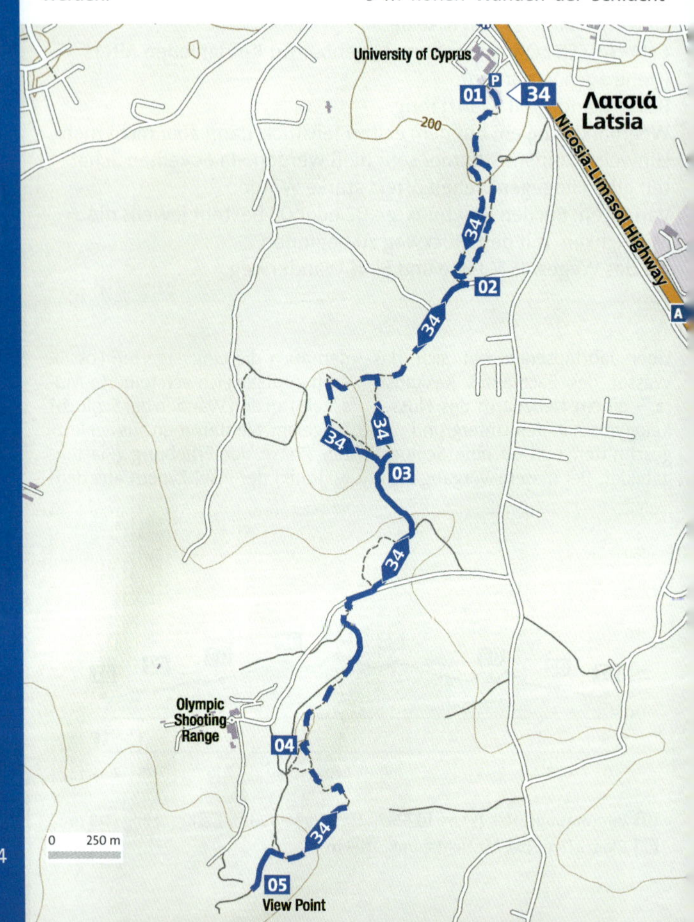

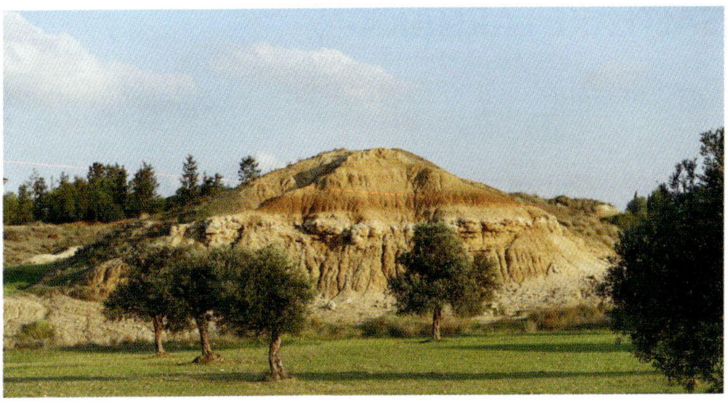

Abendstimmung am Kakkaristra-Canyon.

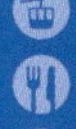

sind nun die verschiedenen Sedimentschichten gut zu erkennen. Am Ende der kleinen Schlucht mündet der Pfad in eine breite 02 **Schotterstraße (199 m)**, auf der wir halb rechts weiterwandern. Zur Information: An dieser Stelle besteht die Möglichkeit, die Strecke zu verkürzen und auf dem Rückweg weiterzugehen. Hinter der Ebene einiger Olivenbäume gabelt sich der Weg. Beide Wege sind zielführend, wir wählen den halblinken Arm. An der nachfolgenden Kreuzung – von links mündet der Rückweg ein – steigen wir geradeaus bis zu einer Einsattelung auf, um nach wenigen Metern über einen Bergrücken den aussichtsreichen Gipfel des Apalos zu erreichen. Nachdem wir den Berg überschritten haben, folgen wir an der ersten Gabelung den halb links bergabführenden Arm. An einer weiteren 03 **Kreuzung (219 m)** wenden wir uns nach rechts.

Zur Information: Auch an dieser Stelle besteht die Möglichkeit, die Strecke zu verkürzen und auf dem Rückweg weiterzugehen. Es geht durch eine Schlucht und nach einem kurzen Stück an einem Zaun entlang endet die Piste. Auf der querenden Piste wandern wir halb rechts an den Häusern eines Metall verarbeitenden Betriebes vorbei und gelangen so an eine Straße. Hier wenden wir uns nach rechts, verlassen die Straße aber bereits nach 80 m wieder auf den links bergaufführenden Pfad. Dieser ist auch ausgeschildert Richtung Liaka. Dort wo er endet marschieren wir halb links weiter. Gut 100 m vor einem Verbotsschild mit der Aufschrift „Achtung Schießstand" zweigen wir links auf einen nicht markierten 04 **Pfad (271 m)** ab. Auf dem Weg durch die Senke und beim nachfolgenden Aufstieg auf einem Bergrücken sind dann wieder Wegmarkierungen vorhanden. Der Pfad mündet in eine Piste, die wir nach einem kürzeren Stück nach links verlassen, um auf ein Hochplateau und zu einem 05 **Aussichtspunkt (293 m)** zu gelangen. Wir wandern auf dem bekannten Hinweg zurück. Nur beim Wegpunkt 03 **Kreuzung (219m)** marschieren wir geradeaus und beim Wegpunkt 02 **Schotterstraße (199 m)** halb rechts – nun auf der gegenüberliegenden Seite der Schlucht (vom Hinweg) – bis zur 01 **Informationstafel (191 m)** zurück.

SALTLAKE LARNAKA

Passt die Jahreszeit, so trifft Minarett auf Rosaflamingos

 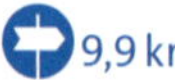 9,9 km  3:30 h  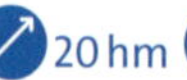 20 hm 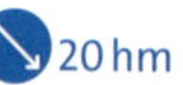 20 hm

START | Parkplatz an der Straße B4 nördlich vom Flughafen Larnaka und unmittelbar am Salzsee. 7 km südlich von Larnaka. [GPS: 34.880142 33.617018]
ÖPNV: Buslinie 430 vom Stadtzentrum in Larnaka zum Flughafen von Larnaka.
CHARAKTER | Leichter Spaziergang. An einigen Stellen muss man intuitiv den Weg finden, da der Pegelstand des Sees nicht immer gleich ist. Beste Wanderzeit: Ganzjährig.
Art des Weges: 20 % weglos, 20 % Straße, 20 % Wanderweg und 40 % Piste.
Tipp Zusatzausrüstung: Starkes Fernglas oder Teleobjektiv.
Hinweis: Je nach Pegelstand des Salzsees muss die Streckenführung am Seeufer und über die Salzwiesen angepasst werden.
Öffnungszeiten Hala-Sultan-Tekke-Moschee: Samstag bis Sonntag 8:30–17 Uhr, Montag bis Donnerstag 8:30–17 Uhr und Freitag 8:30–13 Uhr, 15–17 Uhr.

Der Salzsee bei Larnaka ist eines der wichtigsten europäischen Feuchtbiotope und beherbergt über 85 verschiedene Arten von Zug-, Wasser- und Greifvögeln. Auf ihren winterlichen Wanderzügen lassen sich dann noch bis zu 12.000 Rosaflamingos in der Lagune nieder.

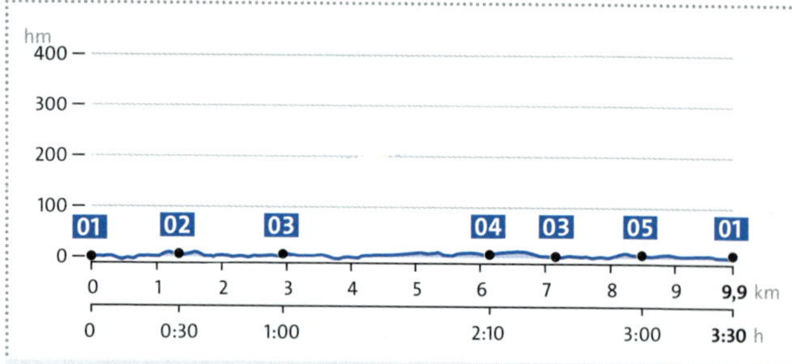

01 B4, 4 m; **02** Hala-Sultan-Tekke-Moschee, 11 m; **03** Salzsümpfe, 10 m; **04** Kreuzung, 15 m; **05** Straße, 10 m

Die sind mit einem Teleobjektiv oder Fernglas gut zu beobachten. Auf der Tour passieren wir auch die idyllisch in einem Palmenhain stehende Hala-Sultan-Tekke-Moschee. Das wichtigste Heiligtum des Islams auf der Insel Zypern wird in einem Atemzug mit den heiligen Städten Mekka (der heiligsten Stadt des Islams) und Medina (der zweitwichtigsten heiligen Stadt des Islams) sowie der Al-Aksa-Moschee (die drittwichtigste Moschee des Islams) genannt. Eine paradoxe Geräuschmischung aus startenden Flugzeugen am Flughafen, plätschernden Wellen des Salzsees, den Fahrzeuggeräuschen von der am anderen Ende des Sees liegenden Straße und singenden Vögeln begleitet uns bei der Wanderung.

▶ Den großen Parkplatz an der **01** **B4 (4 m)** verlassen wir in nordwestliche Richtung auf dem mit Steinen eingefassten Wanderweg parallel zur Straße. Dieser führt Richtung des weithin sichtbaren Minaretts der **03** **Hala-Sultan-Tekke-Moschee (11 m)**. Noch vor der Moschee verlässt ein Pfad den Uferweg und man gelangt von der Rückseite auf das eingezäunte Gelände um die Anlage zu besichtigen. Wieder am Salzsee angekommen gehen wir in nördliche Richtung (links) auf einem Pfad weiter. Je nach Pegel des Sees kann man nun unmittelbar an der Uferzone wandern oder steigt nach halb links zur höher liegenden Piste auf einen Damm hoch. Nach starken Regenfällen kann die Bucht vom Salzsee – rechts vom Weg – nicht überquert werden, da sie überflutet ist. Nach eigenem Ermessen muss man so lange auf dem Damm gehen, bis die

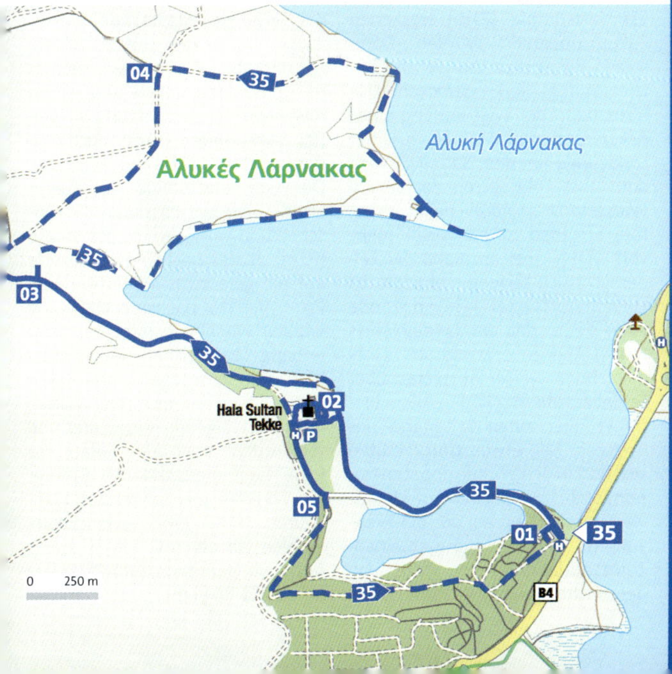

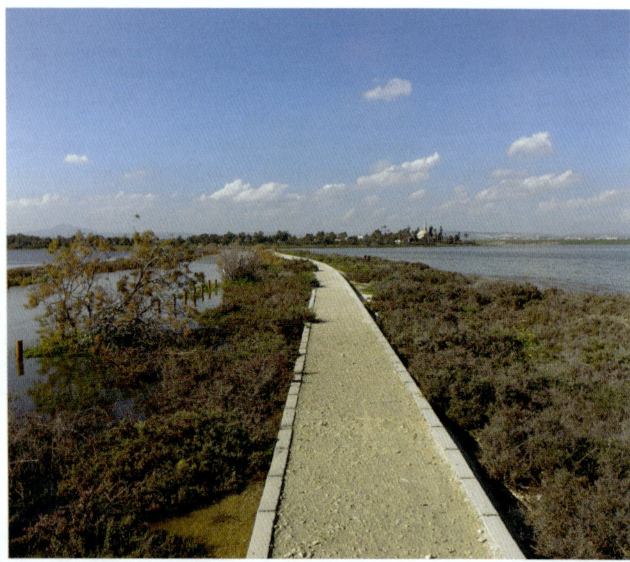

Ein befestigter Wanderweg entlang des Salzsees von Larnaka.

03 **Salzsümpfe (10 m)** trockenen Fußes überquert wurden. Dann setzen wir unsere Wanderung am Uferstreifen fort. Streckenweise führt dann der Weg entlang eines Ackers und schließlich bis zu einer Landzunge in den Salzsee. Nach dem Abstecher setzen wir unsere Wanderung in nördliche Richtung fort. Ein Pfad ist nun nicht mehr vorhanden, aber am Rand der Felder lässt sich bequem gehen. Nach kurzem Aufstieg erreichen das Ende einer Piste, der wir landeinwärts folgen. Aber zuvor bringt uns rechts ein lohnenswerter Abstecher über Felder zu einem schönen Aussichtspunkt über einen Seitenarm des Salzsees. Mit etwas Glück halten sich dort in den Wintermonaten Flamingos auf. Wieder auf dem Hauptweg nehmen wir bei der 04 **Kreuzung (15 m)** die links und an einem Zaun entlangführende Piste. Von der nachfolgenden Anhöhe ist in der Ferne das Stavrovouni-Kloster (siehe Wanderung 36) zu sehen. Als nächstes erreichen wir mehrere Straßenkreuzungen und gehen hier nach der Abzweigung zu den 03 **Salzsümpfen (10 m)** Richtung der weithin sichtbaren Moschee. Die Piste geht in eine asphaltierte Straße über, wir passieren die Moschee und verlassen die 05 **Straße (10 m)** in der nächsten Linkskurve auf die geradeaus weiterführende Piste. Bei der nächsten Gabelung wählen wir den halbrechten Arm entlang zahlreicher Eukalyptusbäume. In dem sogenannten Tekke Forest lassen wir noch zwei weitere links abzweigende Wege aus und folgen dann aber dem Verlauf der Piste durch die Linkskurve. Es folgt ein Wirrwarr aus zahlreichen Fahrspuren. Hinter einer Picknickbank wählen wir den zweiten Stichweg und gelangen dann zum Parkplatz an der 01 **B4 (4 m)**.

STAVROVOUNI KLOSTER

Aufstieg zum Kreuzesberg

 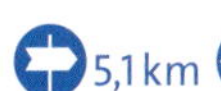 5,1 km  1:50 h  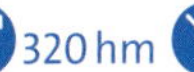 320 hm 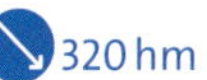 320 hm

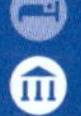
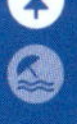

START | Parkplatz – gut zu erkennen an einem dort aufgestellten Heiligenschrein – an der Zufahrtsstraße F108 zum Stavrovouni-Kloster. 38 km westlich von Larnaka. [GPS: 34.880242 33.432025]
CHARAKTER | Leichte Bergwanderung ohne besondere Anforderungen.
Beste Wanderzeit: Ganzjährig.
Art des Weges: 15 % Piste und 85 % Wanderweg.
Öffnungszeiten Stavrovouni-Kloster: September bis März 7:00–11 Uhr und 14–17 Uhr; April bis August 8–12 Uhr und 15–18 Uhr.

Der 660 m hohe omnipräsente Berg mit dem Stavrovouni-Kloster auf seinem Gipfel hebt sich gut 300 Höhenmeter aus der Ebene und ist aus allen Himmelsrichtungen im östlichen Nord- und Südzypern gut zu erkennen. Aufgrund seiner bevorzugten Lage genießt man aber auch von dort oben einen wunderschönen Blick bis in das ferne Besparmak-Gebirge in Nordzypern, im Westen zu den Ausläufern des Troodos-Gebirges und auch zur Bucht von Larnaka. Der Legende nach war Flavia Iulia Helena, auch Helena von Konstantinopel – also die Mutter des römischen Kaisers Konstantin I. – 326 nach Christi mit Teilen des Kreuzes Christi auf der Rückkehr aus dem Heiligen Land und machte auf Zypern Zwischenhalt. An dem heutigen Ort des Klosters hinterließ

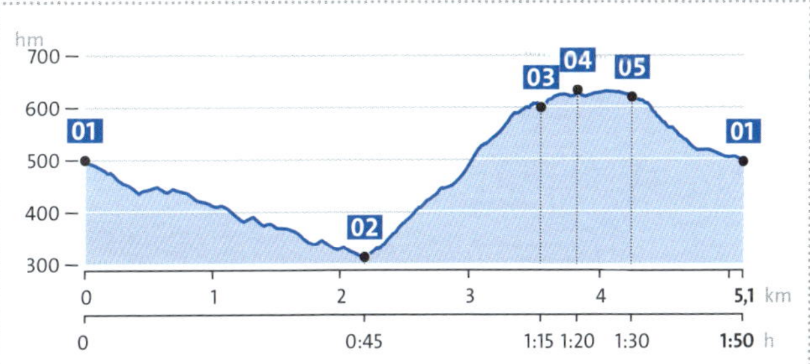

01 F106, 508 m; 02 Pfad, 303 m; 03 Kreuz, 601 m
04 Stavrovouni-Kloster, 630 m; 05 Straße, 612 m

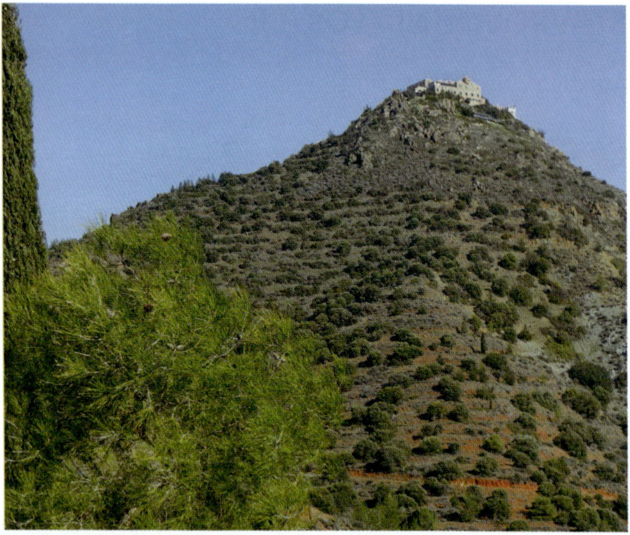

Die Grundsteinlegung des Klosters Stavrovouni war zwischen 327 und 329.

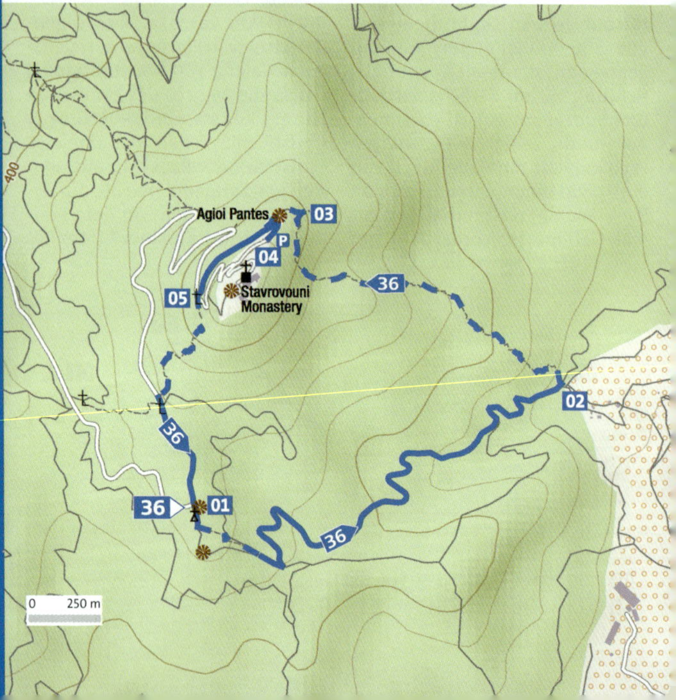

sie Holzsplitter des Kreuzes. Ihre Tat war praktisch die Grundsteinlegung des Klosters zwischen 327 und 329, das seitdem den Namen Stavrovouni (= Kreuzesberg) trägt. Die Anlage ist seither einer der wichtigsten christlichen Wallfahrtsorte auf der Insel. Die klösterliche Bruderschaft ist außergewöhnlich fromm und hält strenge Gelübde, so sind Frauen im Kloster nicht erlaubt – obwohl es ohne Helena kein Kloster gegeben hätte?! Die kurze Wanderung führt über Forstwege zu diesem historischen Ort.

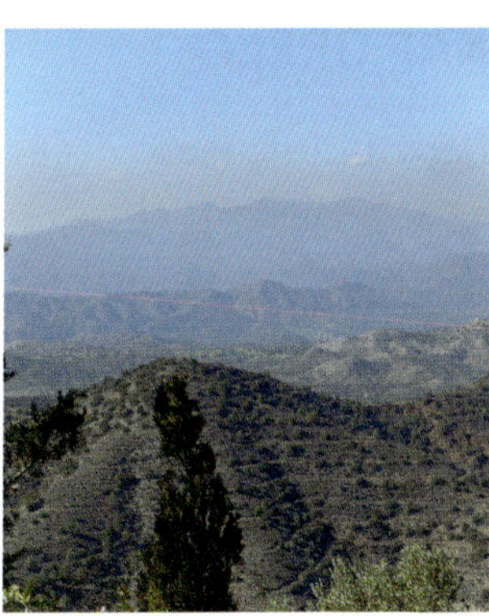

Die Ausläufer des Troodos-Gebirges sind vom Wanderweg zu sehen.

Ausgehend von der 01 **F106 (508 m)** gehen wir in südliche Richtung am Heiligenschrein vorbei und verlassen die Piste bei der nächsten Möglichkeit auf den halb links beginnenden Pfad. Dieser schlängelt sich über Holzbohlen bis zu zwei zusammenlaufenden Schotterpisten. Nach einem kurzen Stück bergab wählen wir an der Gabelung den halblinken Arm, dem wir zunächst bergab folgen. Am Horizont ist das Häusermeer von Larnaka zu sehen. Auch ergeben sich wunderschöne Aussichtspunkte auf die gut 300 m höher gelegene Klosteranlage. Eine rechts abzweigende Piste lassen wir unbeachtet. Aber vor einem verschlossenen Grundstück mit zahlreichen Feigenbäumen und Palmen sowie einer Informationstafel verlassen wir die Piste nach links auf den beginnenden 02 **Pfad (303 m)**. Über einen fast baumlosen Bergrücken geht es zunächst im Zickzack steil bergauf. Während des Aufstiegs passieren wir das rechts vom Weg stehende hölzerne Kreuz und überqueren einen Pfad. Eine Sitzbank am Wegesrand lädt zum Verschnaufen ein. Die heiligen Mauern hoch über uns vor Augen queren wir eine Schlucht und machen einen Abstecher Richtung eines weiteren hölzernen 03 **Crosses (601 m)** und auch schönen Aussichtspunkt. Am Zaun der Kapelle Agioi Pantes entlang führt der Pfad bis zur Straße hoch, an der wir uns nach links orientieren und so zum 04 **Stavrovouni Kloster (630 m)** gelangen. Nach der Besichtigung gehen wir zunächst auf der Zufahrtsstraße des Klosters bergab, passieren noch den Hinweg und verlassen die 05 **Straße (612 m)** bereits in der ersten Rechtsbiegung. Dort zweigen wir auf den halb links beginnenden Pfad (siehe auch Wegmarkierung E4) ab. Bei einer Bank mit Aussicht auf die östlichen Ausläufer des Troodos-Gebirges beginnt dann der steile Abstieg über Holzbohlen. An der nächsten Gabelung nehmen wir den halbrechten Arm Richtung der asphaltierten Straße. Dort gehen wir auf einem Trampelpfad parallel zur Straße – hinter der Leitplanke – bis zum Parkplatz an der 01 **F106 (508 m)**.

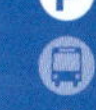
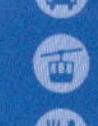

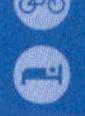

KAP GRECO

Der östlichste Punkt der Republik Zypern

 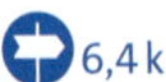 6,4 km  2:00 h 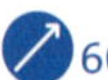  60 hm 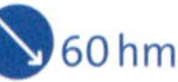 60 hm

START | Parkplatz beim Kap Greco – Informationszentrum. 53 km östlich von Larnaka. [GPS: 34.970388 34.070570]
ÖPNV: Buslinie 102 vom Stadtzentrum Larnaka.
CHARAKTER | Prinzipiell leichte Rundwanderung, nur an einer Stelle führt der Weg weglos über felsigen Untergrund. Zahlreiche Trampelpfade erschweren streckenweise die Orientierung.
Beste Wanderzeit: Ganzjährig.
Art des Weges: 5 % weglos, 20 % Piste und 75 % Wanderweg.

Am Anfang dieser Erkundungsrunde gibt es Gelegenheit, sich im Kap Greco – Informationszentrum über den 385 ha großen Nationalpark Cap zu informieren. Unter den rund 400 unterschiedlichen Pflanzen die hier wachsen befinden sich 14 endemische Arten. Die Wege sind von Kalabrischen Kiefern und Phönizischem Wacholder gesäumt. Die Tour führt dann durch eine atemberaubende und nahezu unberührte Naturlandschaft. Vom Küstenwanderweg oberhalb der Kalksteinklippen ergeben sich immer wieder spektakuläre Ausblicke über das kristallklare Meer. Einer der schönsten Felsbögen der Insel, eine Höhle und die kleine, weiß getünchte Kapelle Agioi Anargyroi gestalten die Wanderung extrem abwechslungsreich. Auch gibt es zahlreiche Bademöglichkeiten, so ist zum Beispiel die Blaue Lagune ideal zum Schwimmen und Schnorcheln.

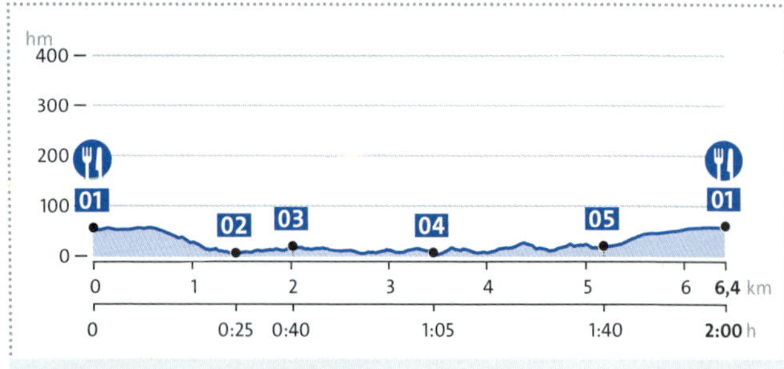

01 Kap Greco Infozentrum, 62 m; 02 Ayioi Anargyroi Höhle, 7m; 03 Felsbogen Kamara Tou, 14 m; 04 Wegloser Abschn., 4 m; 05 Kap Greco, 9 m

Nachdem wir das 01 **Kap Greco – Informationszentrum (62 m)** in östliche Richtung passiert haben, biegen wir bei der nächsten Möglichkeit links auf den Pfad. Dort wo mehrere Sitzbänke am Wegesrand stehen wählen wir bei der Gabelung den halbrechten Pfad Richtung Meer. Bei der anschließenden Kreuzung nehmen wir den rechten Pfad und bei der sofort darauffolgenden Gabelung den halbrechten Arm. Wir tangieren den nachfolgenden Picknickplatz, marschieren nur einige Meter auf der Straße, um diese nach halb links und Richtung Meer zu verlassen. Bei dem anschließenden quadratischen Markierungsstein wählen wir den rechts parallel zum Meer verlaufenen Pfad. Unser nächster Orientierungspunkt ist das blaue Dach der Ayioi Anargyroi Kapelle. Ein angelegter Pfad Richtung Meer führt von dort zur 02 **Ayioi Anargyroi Höhle (7 m)**. Nach der Besichtigung verlassen wir bereits nach einigen Metern hinter der Kapelle die Teerstraße nach links, um auf einen Pfad parallel zur Küstenlinie zu gelangen. Dort wo der Pfad in eine weitere Straße mündet ist die nächste Top-Sehenswürdigkeit zu bestaunen, der 03 **Felsbogen Kamara Tou (14m)** (Kamara Tou Arch Natural Bridge). Auch ab hier führen zahlreiche Trampelpfade in südlicher Richtung weiter. Bei Orientierungsproblemen folgen wir dem Verlauf der Küstenlinie.

Eine Richtung Straßeführende Piste lassen wir aus und folgen einem weiteren Trampelpfad, um etwas

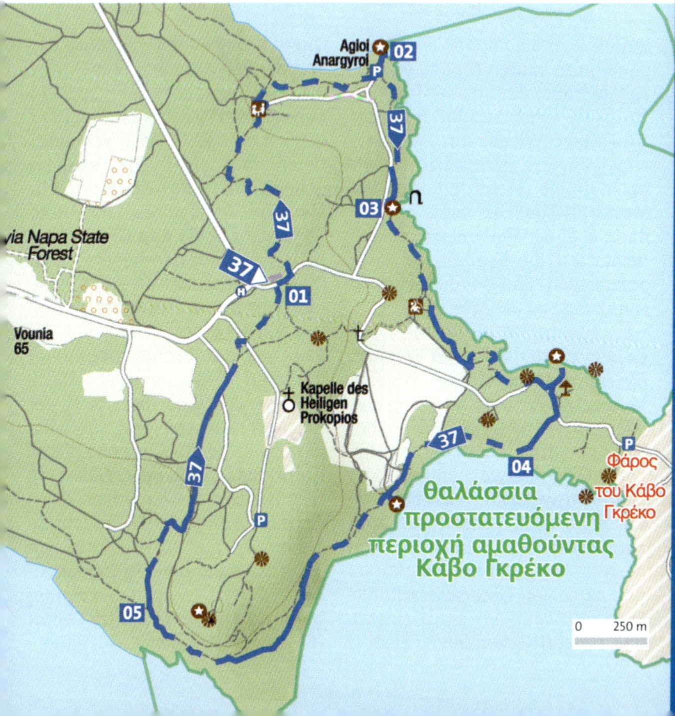

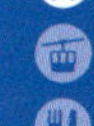

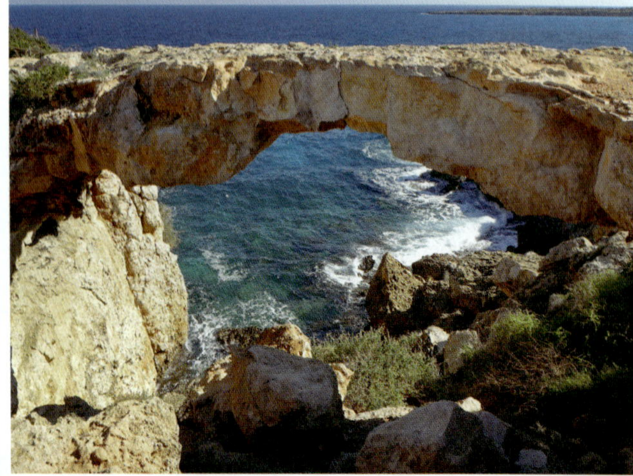

Der Felsbogen Kamara Tou (Kamara Tou Arch Natural Bridge).

erhöht über die Klippen an der sogenannten Blauen Lagune vorbeizugehen. Bei dem nachfolgenden Parkplatz führt ein Pfad hinunter zum Meer. Wieder am Parkplatz angekommen marschieren wir noch einige Meter entlang der Straße in südliche Richtung, um dann aber bei den Absperrpfosten rechts auf die beginnende Piste abzubiegen und so die schmale Landzunge zu überqueren.

Es beginnt der kurze 04 **Weglose Abschnitt (4 m)**. Unsere gedachte Wegtrasse führt Richtung des höchsten Punktes der 5 bis 7 m hohen Klippen. Auf dem dahinterliegenden Wanderweg geht es dann weiter in westliche Richtung. Ein Abstecher führt noch hinunter zum Meer. Über eine Treppe gelangen Taucher hier ins Wasser und zu einer Unterwasserhöhle. Für uns Wanderer eine Gelegenheit zum erfrischenden Bad. Ohne Orientierungsprobleme führt der Wanderweg durch eine lange Rechtsbiegung um ein bis zu 95 m hohes Felsmassiv herum. Der Pfad geht in eine Piste über. Wir ignorieren noch einen links abzweigenden Pfad und wandern dann aber am Anfang der Linkskurve der Piste am 05 **Kap Greco (9 m)** halb rechts auf den beginnenden Pfad. Dieser endet an einer Piste, hier wenden wir uns nach links. Wir folgen deren Verlauf, bis die Piste in die Rechtskurve einer breiteren Piste mündet. Diese verlassen wir aber bereits in der nächsten Linksbiegung auf die geradeaus weiterführende Piste. An der anschließenden Gabelung wenden wir uns nach halb links. An der nachfolgenden Teerstraße gehen wir gut 30 m rechts, um dann links auf einen unscheinbaren Pfad abzuzweigen und wieder beim 01 **Kap Greco Visitor Center (62 m)** anzukommen.

NORD-NIKOSIA – (LEFKOŞA)

Erkundung der weltweit einzigen geteilten Hauptstadt

 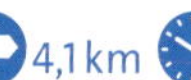 4,1 km  1:55 h 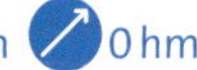 0 hm 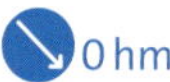 0 hm

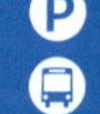
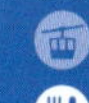

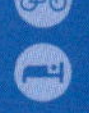

START | Parkmöglichkeiten links vom Girne-Tor (Nordzypern) hinter der alten Stadtmauer. Das Finden eines Parkplatz ist schwierig! [GPS: 35.181469 33.362242]
ÖPNV: Sammeltaxis fahren aus allen Himmelsrichtungen Nordzyperns zum Kuğulu Park in Nikosia.
CHARAKTER | Einfacher Stadtspaziergang, für den ein guter Orientierungssinn benötigt wird.
Beste Wanderzeit: Ganzjährig.
Art des Weges: 100 % Fußgängerwege und Straßen.

Nikosia (Lefkosia), dessen Ursprünge bis in die Bronzezeit zurückreichen, stieg in spätbyzantinischer Zeit (11. Jahrhundert) zur Hauptstadt der Insel auf. Ab 1192 verlieh die westfranzösische Adelsfamilie Lusignans ihr eine prachtvolle Aura als Residenzstadt. 1570–1878 folgte die osmanische Herrschaft, die durch die britische Kolonialzeit abgelöst wurde. Die neueste türkische Invasion Zyperns ereignete sich am 20. Juli 1974. Seitdem ist die Hauptstadt geteilt. In der von der venezianischen Stadtmauer umgebenen historischen Altstadt liegen Museen, Moscheen, Denkmäler, zahlreiche Beispiele byzantinischer sakraler Architektur und mittelalterliche Bauten. Auf diesem beschriebenen Rundgang ist die gemütliche Atmosphäre längst

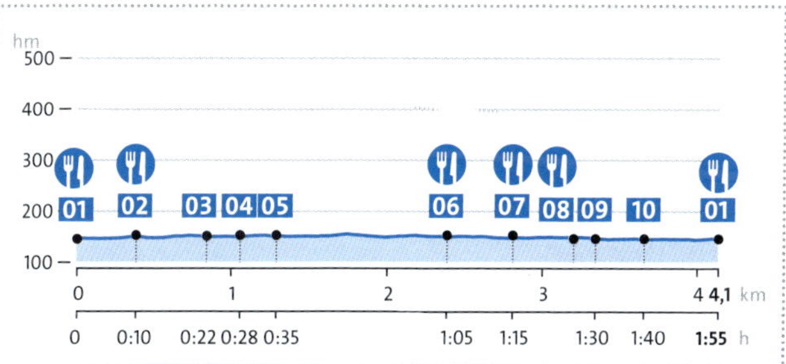

01 Kyrenia Tor, 147 m; 02 Samanbahçe, 132 m; 03 Supreme Court, 140 m; 04 Arab. Ahmed Moschee, 142 m; 05 Arabahmet Häuser, 140 m; 06 Büyük Han, 139 m; 07 Belediye Pazarı, 142 m; 08 Haydarpasha - Moschee, 137 m; 09 Lusignan House - Museum, 134 m; 10 Ayluka Kilisesi Kirche, 132 m

vergangener Zeiten immer noch zu spüren. Aber Nikosia ist trotz seiner zahlreichen Glanzpunkte kein klassischer Touristenmagnet. An vielen Ecken präsentieren morbide verlassene Häuserblocks oder der obskure Grenzzaun das unverfälschte Gesicht einer umtriebigen türkisch-zyprischen Großstadt. Eine Besichtigung zu Fuß ist die reizvollste Art und Weise, die Altstadt kennenzulernen.

Das **01** **Kyrenia Tor (147 m)** (Girne-Tor) – der nördliche Zugang durch den mächtigen Stadtwall – wurde 1567 bis 1568 von den venezianischen Machthabern erbaut. Entlang der Hauptverkehrsstraße mit seinen zahlreichen Geschäften spazieren wir in südliche Richtung. Hinter dem Mevlevi Lodge Museum (linke Straßenseite) biegen wir dann rechts in die Gasse mit den Sitzgelegenheiten und gelangen zu den dahinterliegenden historischen Häusern von **02** **Samanbahce (132 m)**. Die Anlage wurde im 19. Jahrhundert erbaut (2003 und 2004 renoviert), um der wachsenden Nachfrage an Wohnraum für einkommensschwache Gruppen nachzukommen – sozusagen das erste soziale Wohnungsbauprojekt auf Zypern. Nach dem Abstecher geht es auf der Hauptverkehrsstraße weiter und in der nach-

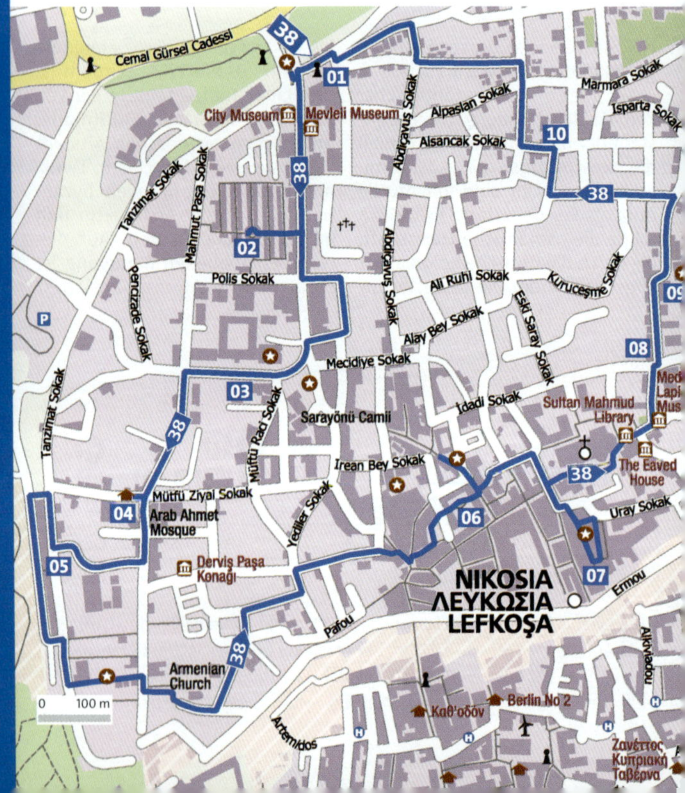

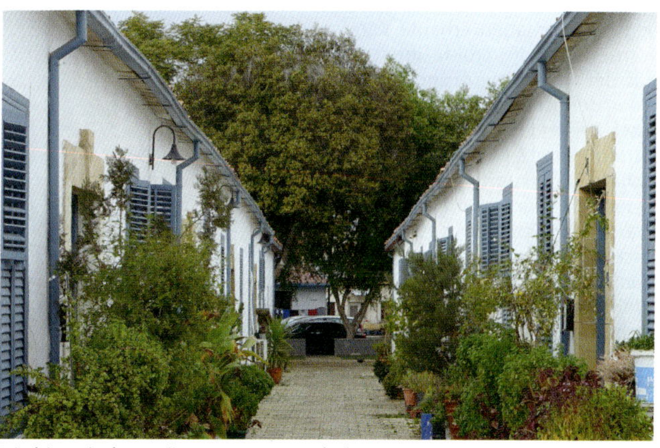

Die historischen Häuser von Samanbahce.

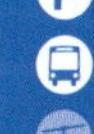

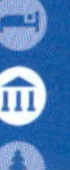

folgenden Rechtskurve steht auf dem dahinterliegenden Atatürkplatz eine venezianische Stehle aus Granit. Weiter entlang der Hauptstraße befindet sich auf der rechten Seite das Gebäude des Obersten Gerichtshof, der **03 Supreme Court (140 m)**. Auf der gegenüberliegenden Straßenseite können in der Post Briefmarken erworben werden! Bei der nächsten Möglichkeit biegen wir links in die Gasse und gehen nun direkt auf die **04 Arab Ahmed–Moschee (142 m)** zu, die Zentralkuppelmoschee im klassischen hochosmanischen Stil. Durch das Altstadtviertel marschieren wir weiter entlang der Mahmut Paşa Sk, um dann rechts in die Şerabioğlu Sk (zweite Straße nach der Moschee) zu biegen und an der nachfolgenden querenden Straße uns nach rechts zu wenden und entlang der historischen **05 Arabahmet Houses (140 m)** zu gehen. Ende des 19. Jahrhunderts entwickelte sich dieses Viertel, als sich zyperntürkische und armenische Familien ansiedelten und zahlreiche zweigeschossige Hofhäusern entstanden. Nach einem kurzen Stück in nördliche Richtung folgen wir der blauen Linie auf dem Boden links durch eine Gasse und gelangen an die Greenline. Abermals links folgen wir dem Verlauf der Grenzstraße entlang der Pufferzone in südlicher Richtung. Anweisungen türkischer Militärangehöriger sollten hier nun besonders ernst genommen werden! Am Ende der Fußgängerzone gehen wir noch vor dem Parkplatz links und biegen dann sofort rechts in die Straße, um bei dem Haus mit den türkisverblassten Fensterläden nun links in die Gasse zu schwenken. Auf dem Weg in das Altstadtzentrum von Nikosia folgen nun zahlreiche Straßen. Am Ende der Gasse rechts, sofort wieder links, vorbei an den Ruinen einer armenischen Kirche, links in die Demirkent Sk, rechts in die Şehit Mustafa Margili Sokak, links in die Yediler Sk, rechts in die Beliğ Paşa Sk und dann den blauen Streifen auf dem Fußboden folgend durch die Fußgängerzone weiter. Hinter dem kleinen Platz gelangen wir durch das Westtor der **06 Büyük Han (139 m)**. Die 1572 von den Osmanen erbaute Karawanserei ist die größte ihrer Art auf der Insel Zypern und gilt als eines der schönsten Gebäude der Insel. Reisende und Kaufleute fanden im Schutz ihrer Mauern eine sichere Unterkunft und bewachte Stauräume für die oft kostbaren Waren. Verlassen wir das quadratische Gebäude durch das Osttor und gehen dort sofort links, so führt die Fußgängerzone zu einer weiteren Herberge aus osmanischer Zeit, der Karawanserei Kumarcilar Hani. Sie entstand im 17. Jahrhundert, als die große Herberge mit ihren 68 Zimmern den Bedarf an Unterkünften nicht mehr decken konnte. Wir spazieren wieder bis zum Osttor der Büyük Han zurück und hier nun links durch die überdachte Gasse und Richtung der Selymiye-Moschee, die ehemalige Hl.-Sophien-Kathedrale und Krönungskirche der Könige des Hauses Lusignan. Seit 1570 ist sie Hauptmoschee der Muslime von Nikosia (siehe Wikipedia). Wenden wir uns vor einem der eindrucksvollsten gotischen Baudenkmäler Zyperns (die Moschee ist gemeint) nach rechts, so gelangt man zum Eingang der überdachten Markthallen **07 Belediye Pazarı (142 m)** (Bandabuliya Municipal Market). Wir gehen ein Stück auf dem Hinweg zurück und rechts in die Gasse zwischen der Selymiye Moschee und dem historischen Gebäude Bedesten (ehemals Saint Nicholas Kirche), um den nachfolgenden Platz mit den Palmen zu überqueren und links durch die Einbahnstraße Kirlizade Sk bis zu dem mittelalterlichen Sakralbau der heutigen **08 Haydarpasha-Moschee (137 m)** vorzugehen. Wie viele Bauten wurde auch sie nach der Eroberung durch die Osmanen in eine

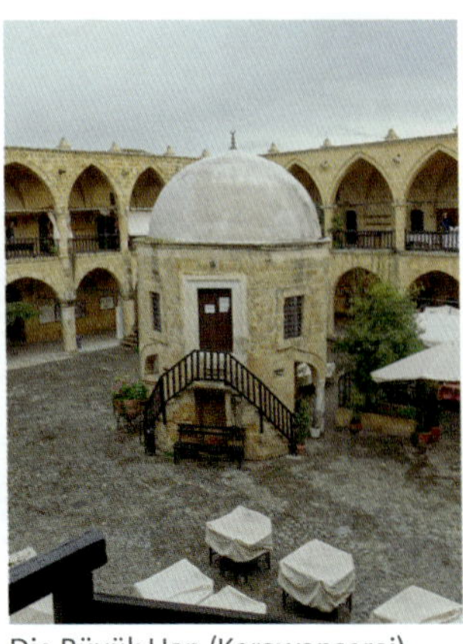

Die Büyük Han (Karawanserei).

Moschee umgewandelt. Ein Minarett überragte bald den Bau, sein einschiffiger Kirchenraum wurde bis hinauf in die Kreuzgewölbe weiß getüncht. Weiter in nördliche Richtung geht es auf der Kirlizade Sk, die auf Höhe des **09 Lusignan House-Museum (134 m)** in die Yenicami Sk übergeht. Dieser große Quadersteinbau ist eines der wenigen in Nikosia erhaltenen spätmittelalterlichen Stadtpalais (siehe Wikipedia). Hinter der Yeni Cami-Moschee, einst eine wunderschöne gotische Kirche – zweigen wir links in die Fuzuli Sk und an dessen Ende wenden wir uns nach rechts und gehen bis zur querenden Alsancak Sk und dahinterliegenden **10 Ayluka Kilisesi Kirche (132 m)** vor, die 1758 unter Erzbischof Philatheos erbaut und nach Lukas dem Evangelist (Aziz Luka) benannt wurde. Am westlichen Ende der Alsancak Sk geht es rechts in die Toros Sk, links in die Celaliye Sk, links in die Abdi Çavuş Sk und immer geradeaus gelangen wir zum Start und Ziel beim **01 Kyrenia Tor (147 m)**.

KUMYALI – KARPAZ BEACH

Ein versteckter Traumstrand

 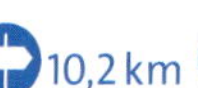 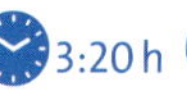 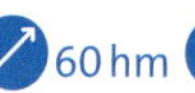 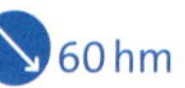

START | Großer Parkplatz im Dorfkern von Kumyalı. Auf der gegenüberliegenden Straßenseite befindet sich ein Café. 84 km nordöstlich von Nikosia (Nordzypern). [GPS: 35.427177 34.130453]
ÖPNV: Zu keinen bestimmten Zeiten Sammeltaxis.
CHARAKTER | Leichte Wanderung.
Beste Wanderzeit: Ganzjährig.
Art des Weges: 15 % Piste und 85 % Wanderweg.

Die Tour auf der südlichen Karpaz-Halbinsel führt zunächst über einen felsigen Höhenzug. Von dort ergibt sich Richtung Landesinneren eine schöne Aussicht auf eine fruchtbare Ebene mit ihren sattgrünen und bestellten Feldern (im Frühjahr). Richtung Süden ist der Blick auf die Weiten des Mittelmeers einzigartig. Hinter einer Brackwasserlagune entdecken wir dann den wunderschönen hellbraunen Karpaz-Strand, die perfekte Sonnen- und Badegelegenheit. Die nachfolgende Küstenwanderung führt dann an einem wunderschönen und unberührten Strandabschnitt – ohne jegliche touristische Infrastruktur oder Häuser von Anwohnern – entlang. Auch Dünenfelder und romantische kleinere als auch größere Buchten liegen noch am Wegesrand.

▶ Auf der Zufahrtsstraße durchqueren wir das Dorf **01 Kumyalı (38 m)** in nordwestliche Richtung. Nach einem kurzen Stück bergauf und durch eine Allee aus Oleanderbüschen zweigen wir kurz vor der Hauptstraße scharf

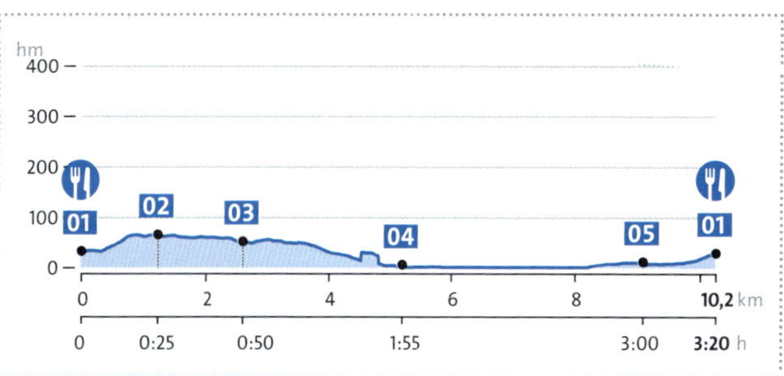

01 Kumyalı, 8 m; **02** Kapelle, 77 m; **03** Schotterstraße, 61 m; **04** Karpaz Beach, 1 m; **05** Straße, 112 m;

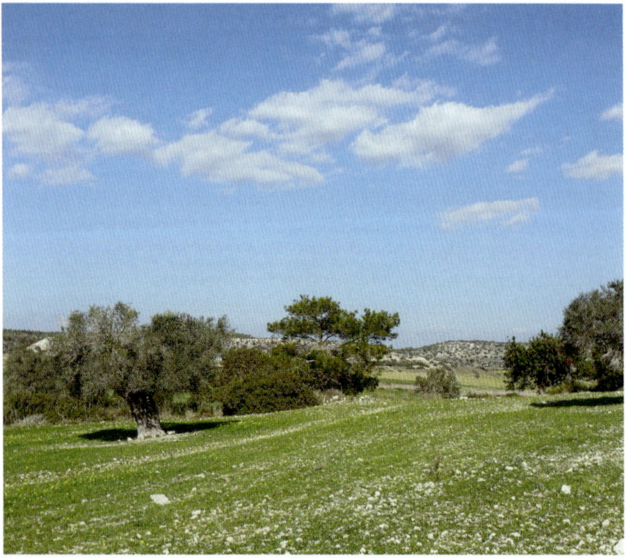

Grün präsentiert sich die Landschaft im Frühjahr.

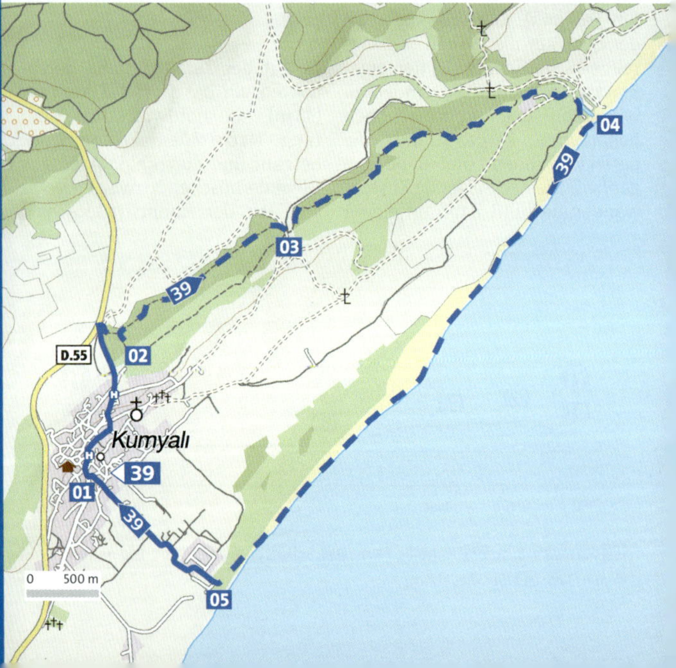

D.55
02
39
03
04
39
Kumyalı
39
01
39
05
0 500 m

rechts auf den Pfad ab. Kurz darauf führt rechts ein Abstecher zu einer unspektakulären **02 Kapelle (77 m)**. Danach geht es auf dem weiteren Wanderweg durch niedrig gewachsene Mittelmeerzypressen. Hinter einer Sitzbank durchläuft der Pfad eine Rechtskurve und führt einige Meter bergab. Auf der nachfolgenden **03 Schotterstraße (61 m)** wenden wir uns einige Meter nach rechts und vor einer weiteren Sitzbank queren wir das Feld nach links bis zum lichten Waldrand. Von dort wandern wir abermals links – nun am Waldrand entlang – bis zu einem betonierten Pfeiler. Ab hier ist dann der weiterführende Pfad wieder klar ersichtlich. Zahlreiche rote Wegmarkierungen und Steinmännchen erleichtern die Orientierung auf streckenweise blanken Fels. Hinter dem nachfolgenden Steinbruch orientieren wir uns halb rechts Richtung der Ruine einer Kapelle und gelangen kurz dahinter auf eine Piste. Auf dieser marschieren wir halb links weiter. An der nächsten Gabelung wählen wir den halbrechten Arm, der anschließend an einer Brackwasserlagune vorbeiführt. Auf Höhe einer einzeln stehenden Bank marschieren wir dann weglos bis an den abgelegenen **04 Karpaz Beach (1 m)**. Rechts entlang diesem endet der sandige Strandabschnitt nach etwa 100 m. Nun wandern wir zwischen der felsigen Sandsteinküste und dem beginnenden Vegetationsstreifen 3,5 km durch eine nahezu unberührte Landschaft. Am Horizont ist bereits ein Haus auszumachen. Sobald wir 150 m vor diesem angekommen sind verlassen wir den Strandabschnitt und gehen nun direkt auf das nun gut zu erkennende zweistöckige weiße Gebäude zu, um dort auf der beginnenden **05 Straße (12 m)** landeinwärts zu wandern Richtung des weithin sichtbaren Minaretts einer Moschee. Noch einmal endet die Straße, wir wandern einige Meter nach links und biegen sofort rechts ab und gelangen so zum Parkplatz in **01 Kumyalı (38 m)**.

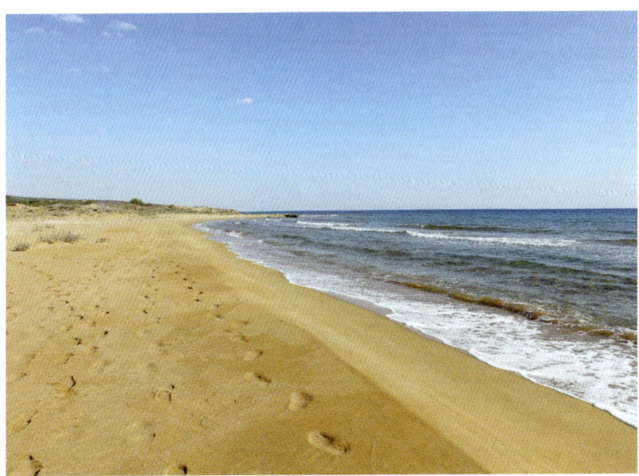

Der einsame Kumyali Beach.

GOLDEN BEACH

Der schönste Strand der Insel

 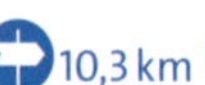 10,3 km 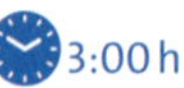 3:00 h 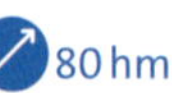 80 hm 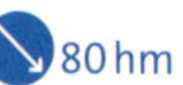 80 hm

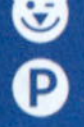
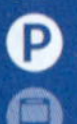

START | Parkgelegenheit an einer Sackgasse am Feldrand gelegen an der Verbindungsstraße vom Dorf Rizokarpaso/Dipkarpaz zum Apostolos-Andreas-Kloster. Am Ende der Sackgasse ist auch ein großes Verbotsschild angebracht. 140 km nordöstlich von Nikosia (Nordzypern). [GPS: 35.639317 34.517668]
CHARAKTER | Leichte Wanderung. Im Hinterland auf abgelegenen Schotterpisten wird ein guter Orientierungssinn benötigt.
Art des Weges: 40 % Strand und 60 % Schotterpisten.
Beste Wanderzeit: Ganzjährig.

Die Karpaz-Halbinsel bietet sowohl ursprüngliche Landschaften als auch viele besondere Sehenswürdigkeiten. Zu den schönsten Landschaftszielen gehören die einsamen, naturbelassenen, teils kilometerlangen "Puderzucker" – Sandstrände, wie zum Beispiel der Golden Beach. Knapp 3,4 km dieser Tour führen entlang dieses schönsten Strandes auf der Insel Zypern. Aber auch eine vegetationslose, bis zu 50 m hohe und 500 m ins Festland hineinragende Sanddüne liegt am Weg. Mit etwas Glück treffen wir dann bei der Durchquerung des Schutzgebietes auf wild lebende Esel – eine ganz besondere Begegnung mit dem sehr neugierigen und auch frechen Langbeiner mit dem großen Kopf. Entlang abgelegener Wirtschaftswege, durch seichte Hügelketten und den sattgrünen bewirtschafteten Feldern (im Frühjahr) machen wir uns auf dem Rückweg.

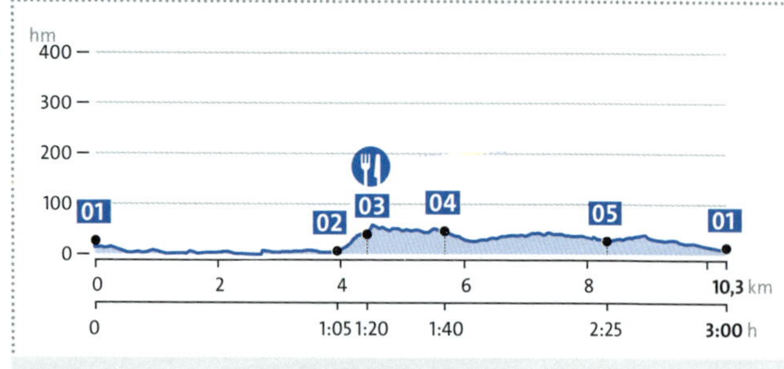

01 Sackgasse, 21 m; 02 Golden Beach, 5 m; 03 Straße, 40 m;
04 Aussichtspunkt, 53 m; 05 Schotterstraße, 27 m

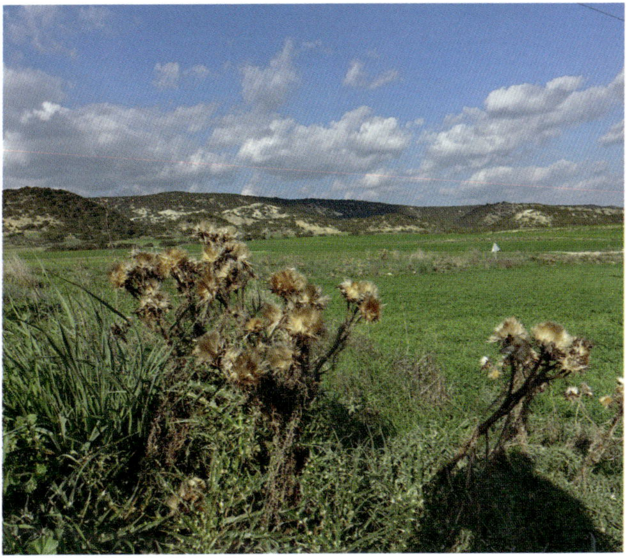

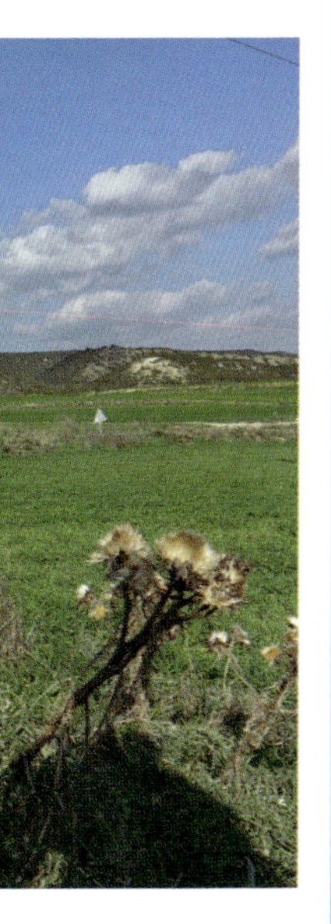

Naturimpression bei Start und Ziel.

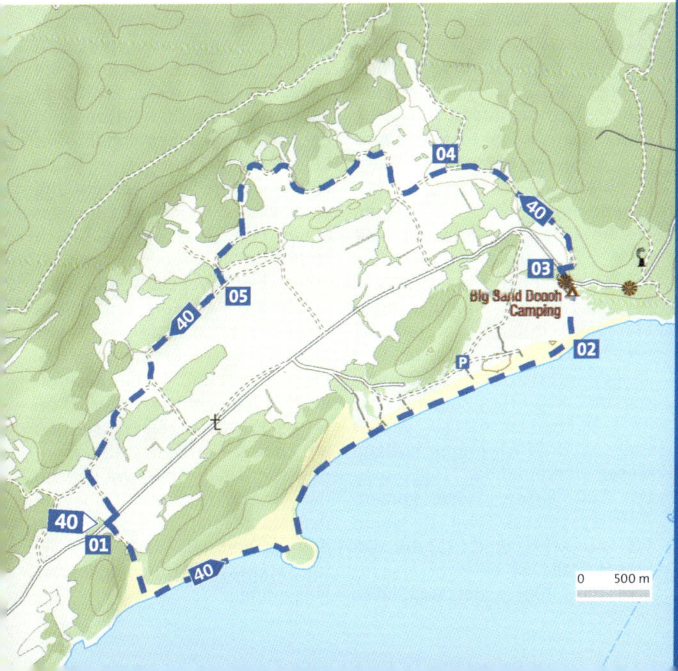

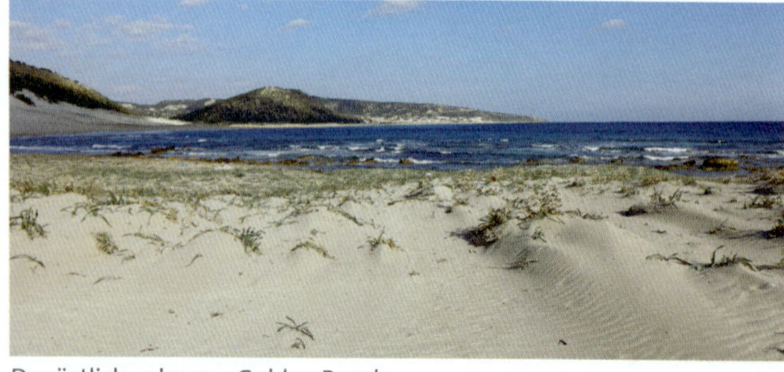

Der östlich gelegene Golden Beach.

Entlang von Feldern folgen wir dem Verlauf der 01 **Sackgasse (21m)** über eine kleine Düne und dann weglos bis zum Strand am Mittelmeer hinunter. Dort spazieren wir Richtung Osten (links) und passieren dabei die größte Sanddüne der Insel, queren eine Landzunge und spazieren an dem wieder beginnenden Strandabschnitt weiter. Kurz vor dem Ende des 02 **Golden Beachs (5 m)** verlassen wir den Uferbereich und steigen auf einem der zahlreichen Trampelpfade Richtung eines Hauses mit Restaurant und mehrerer Hütten (ein Campingplatz) auf. Auf der dahinterliegenden Straße marschieren wir links bergab, verlassen aber bereits nach einigen Metern die 03 **Straße (40 m)** nach rechts. Bei den zwei übereinander angebrachten Leitplanken öffnen und verschließen wir das Gatter und steigen auf dem vom Regenwasser stark erodierten Weg auf. Nun im Schutzgebiet für die wilden Esel spazieren wir immer entlang dieser übereinander angebrachten Leitplanken. Nach kurzem Aufstieg gelangen wir zu einem 04 **Aussichtspunkt (53 m)**. An dieser Stelle ist es nicht ersichtlich, dass hinter der doppelten Leitplanke ein Pfad neben einem Stacheldrahtzaun seinen Anfang nimmt. So steigen wir über die Leitplanke und laufen dort auf dem Pfad oberhalb der Felder weiter. Je nachdem wie gut der Bauer seine Felder bestellt hat, ist der links am Feldrand weiterführende Pfad besser oder schlechter zu erkennen. Dieser Pfad mündet in einer Piste, rechts entlang dieser parallel zu einem Acker verlaufenden Piste gehen wir weiter. Ein zweites und drittes Mal endet die Piste vor einem Feld, auch hier gehen wir jeweils am linken Rand des Feldes und auf einer halb links beginnenden Piste weiter. Nach einem längeren Feldweg entlang eines Zauns wenden wir uns vor einem bewachsenen Hügel nach rechts und überqueren nach einem kurzen Wegstück – diesmal gerade aus – ein Feld. Auf der dahinterliegenden Piste gehen wir links durch zwei bewachsene Hügel hindurch und bei der nachfolgenden 05 **Schotterstraße (27 m)** rechts. Wir passieren Häuser und am Ende dieser Piste wenden wir uns nach halb links, wählen an der darauffolgenden Gabelung den halbrechten Arm und sehen dann schon aus der Ferne die 01 **Sackgasse (21 m)** und die Parkgelegenheit.

INCIRLI MAĞARA

Die größte Höhle Zyperns

  7 km  2:30 h  100 hm 100 hm

START | Parkplatz direkt vor der Höhle. Ab dem Dorf Çınarlı ist die Straße zur Höhle ausgeschildert. 50 km nordwestlich von Nikosia (Nordzypern). [GPS: 35.324967 33.769291]
CHARAKTER | Ohne Probleme begehbar für Kinder jeden Alters. Beste Wanderzeit: Ganzjährig.
Öffnungszeiten: Incirli Mağara Höhle: Außer Montag und Mittwoch täglich von 08–15 Uhr. Der Eintritt ist kostenpflichtig

Im Umfeld der Hügellandschaft des Dorfes Çınarlı liegt versteckt eine 5 Millionen Jahre alte und hochinteressante Höhle. Sie ist circa 311 m lang, 70 m davon sind für Besucher freigegeben. Ein gut beleuchteter Weg führt über Treppen und Stufen vorbei von fast schneefarbenen rauen Stalaktiten und flachen Stalagmiten. Auf der anschließenden Rundwanderung am Fuße der südlichen, felsigen Ausläufer des 160 km lang gestreckten Besparmak-Gebirges ergeben sich immer wieder schöne Aussichtspunkte bis zum Mittelmeer und über faszinierende grüne, fruchtbare Ebenen im Frühjahr. Im Hochsommer und Herbst ist die Landschaft dann verdorrt. Umso überraschter sind wir bei einem grünen Vegetationsfleck. Dank des hier reichlich vorhandenen Grundwassers kann sogar eine Zitrusplantage bewässert werden. Und das ist auch nötig, denn für ein Kilo Orangen müssen im Schnitt 86 Liter Wasser fließen.

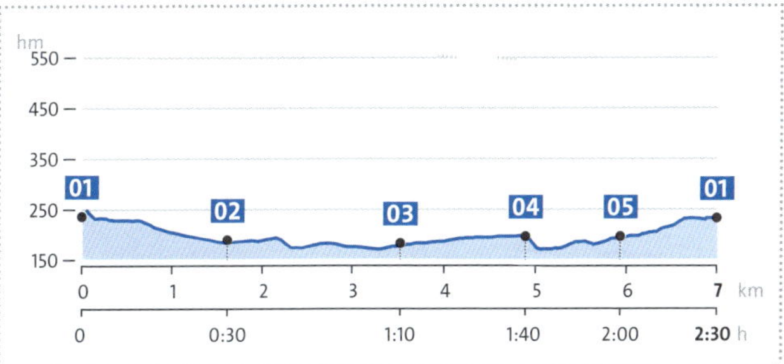

01 Parkplatz, 235 m; 02 Schotterstraße, 182 m; 03 5-Wege-Kreuzung, 177m
04 Schlüsselstelle I, 195 m; 05 Schlüsselstelle II, 193 m

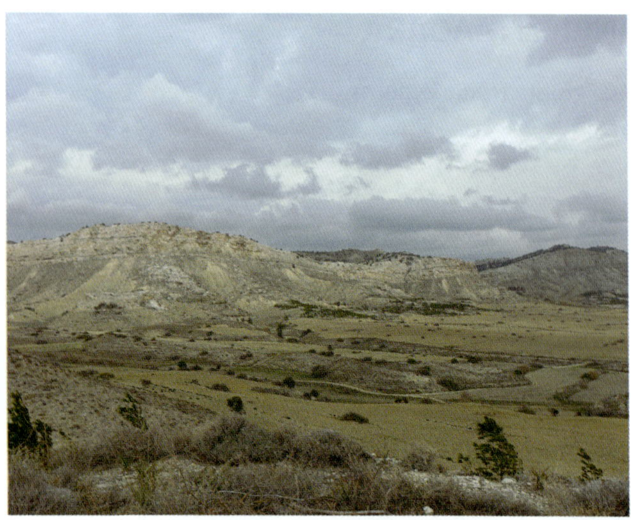

Verdorrte Landschaft im Sommer und Herbst.

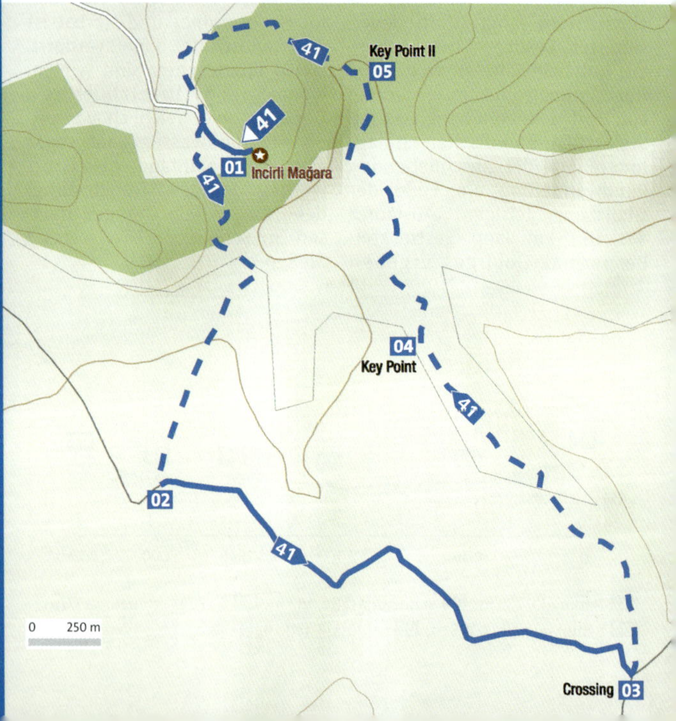

Nach der Besichtigung der Höhle wandern wir vom **01 Parkplatz (235 m)** ein kurzes Stück auf der Anfahrtstraße und zweigen bei der nächsten Gelegenheit links in die beginnende Schotterpiste. Am Ende dieser wenden wir uns auf der querenden Piste nach rechts und wandern entlang einer Wasserleitung. Es folgt die erste Gabelung, auf dem halblinken Arm passieren wir zahlreiche Felder. Unmittelbar hinter einem kleinen Anbaugebiet mit Mandel- und Feigenbäumen biegen wir in die links weiterführende **02 Schotterstraße (182 m)**. Es folgt ein 2-spuriges Wegstück und auf einer Anhöhe lassen wir den Pfad nach rechts unbeachtet. Auf dem Hauptweg durchwandern wir eine Linkskurve, gelangen danach in eine Senke, passieren hochgewachsenes Schilfgras und einen einzelnen großgewachsenen Baum. Hinter einer Linksbiegung der Piste folgt noch ein längerer Abschnitt, bis wir dann bei einer **03 5-Wege-Kreuzung (177 m)** ankommen. Hier gehen wir scharf links und nicht die breitere Piste durch die Felsöffnung. Ist die nachfolgende Ackerfläche bestellt, so ist der Fahrweg nur schwer zu erkennen und wir queren diese fast weglos. Eine Piste mündet von rechts in unseren Weg. Wir gehen in der eingeschlagenen Richtung noch weiter. Auf dem ersten kurz bergabführenden Wegstück bei einem Steinhaufen am Wegesrand kommen wir zu einem **04 Schlüsselstelle I (195 m)**, verlassen die Piste nach halb rechts und steigen weglos zur Piste hinunter. In nördliche Richtung (halb links) orientieren wir uns Richtung riesiger Dattelpalmen und folgen an der nächsten Gabelung der scharf rechts weiterführenden Piste für

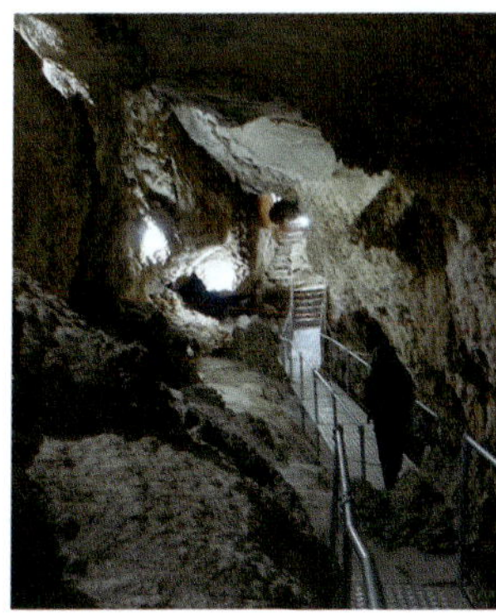

Die größte Höhle Zyperns, die Incirli Mağara.

ungefähr 20 m, um dort nach halb links zum rechten Feldrand zu queren. Es folgt ein kurzes Stück auf einer Piste, danach queren wir fast weglos die Felder Richtung einer Piste – die Zufahrt zu einer Zitrusplantage mit den riesigen Dattelpalmen. Dieser Zufahrt folgen wir ein kleines Stück in den beginnenden Wald und erreichen die zweite **05 Schlüsselstelle II (193 m)**. Eine nur schwach ausgeprägte Fahrspur nimmt nach links ihren Anfang durch den lichten Kiefernwald. An der nächsten Gabelung wählen wir den halblinken Arm. Bei einer Steinmauer endet die Fahrspur und es folgt ein kurzes Stück auf einem Pfad. Auch der endet und wir wandern durch das Trockenbachbett, bis dort Äste das Weiterkommen versperren. Rechts vom Bachbett beginnt ein Ziegenpfad, der kontinuierlich bergauf bis zu Ziegenställen führt. An der linken Seite der Ziegenhaltung wandern wir vorbei und gehen dahinter nach links. Bald ist die Zufahrtsstraße zur Höhle zu sehen, auf der geht es bis Richtung Start und Ziel zum **01 Parkplatz (235 m)** zurück.

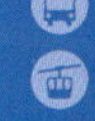

BURG KANTARA

Aufstieg zu einer mittelalterlichen Burgruine

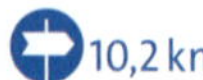

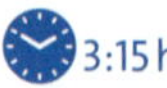

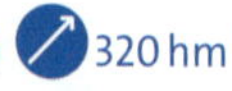

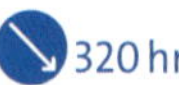

START | Zahlreiche Parkgelegenheiten am Pass der Verbindungsstraße von Kaplıca nach Turnalar. 80 km nordwestlich von Nikosia (Nordzypern). [GPS: 35.387711 33.898168]
CHARAKTER | Kann ohne spezifische Übung von jedem absolviert werden. Nur an einer Schlüsselstelle ist die Wegführung unklar und man muss intuitiv oder mit dem heruntergeladenen GPS-Track den Weg finden.
Beste Wanderzeit: Ganzjährig.
Öffnungszeiten: Burgruinen Kantara 9–16:45 Uhr.
Art des Weges: 15 % Piste und 85 % Wanderweg.

Die Ursprünge der Burgruine Kantara gehen wahrscheinlich bis ins 10. Jahrhundert zurück. Im 12. Jahrhundert folgte bereits ein weiterer Bauabschnitt, die erweiterte Burganlage hatte nun einen Beobachtungsposten der Byzantiner gegen arabische Invasoren. Dass die Fernsicht von dort oben faszinierend ist, stellen auch wir fest. Praktisch zu Füßen liegt uns die Mittelmeerküste Nordzyperns. Richtung Osten schweift der Blick über das lang gezogene Besparmak-Gebirge bis hin zur Karpaz-Halbinsel. Richtung Süden erstreckt sich die Bucht Famagusta. Richtung Südwesten ist sogar bei guter Sicht der Berg Stavrovouni (siehe Wanderung 36) bei Larnaka zu sehen. Richtung Westen schweift der Blick über die

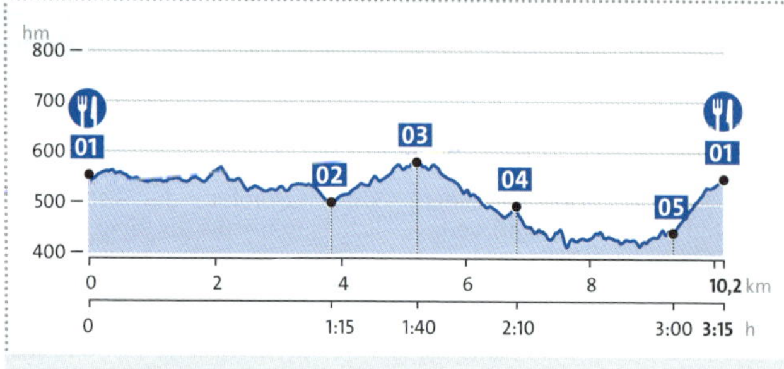

01 Pass, 550 m; 02 180°-Rechtskurve, 505 m; 03 Burg Kantara, 627 m; 04 Schlüsselstelle I, 462 m; 05 Schlüsselstelle II, 432 m

zahlreichen Gipfel des westlichen Besparmak-Gebirges. Der Wanderweg zur Höhenburg führt über einen Höhenzug, immer wieder ergeben sich schöne Aussichtspunkte. Wie aufgetürmte Riesen erheben sich zahlreiche durch Verwitterung zersetzte Kalksteinfelsen am Weg, den auch Erdbeerbäume, Fichten und Zypressen säumen.

▶ An der breiten Straßenkreuzung am 01 **Pass (550 m)** gehen wir an der Taverne vorbei und folgen der Ausschilderung Richtung Kantara in östliche Richtung. Bereits nach 50 m verlassen wir die Straße nach links. Nach kurzem Aufstieg – hinter den letzten Ruinen – ergibt sich von der breiten Schotterpiste ein wunderschöner Ausblick über die Küste von Nordzypern. Immer auf dem Hauptweg bleibend ignorieren wir links und rechts abzweigende Wege. Auch an einer Wegkreuzung gehen wir geradeaus weiter Richtung Funkmasten auf einem Berg in unserer Marschrichtung. Unterhalb dieser Funkmasten angekommen führt die Schotterpiste durch eine Links- und Rechtskurve noch einmal ein Stück bergab. An der anschließenden Weggabelung folgen wir nicht der halb rechts bergaufführenden Piste, sondern gehen halb links Richtung eines einzeln stehenden Felsens. Nach kurzem steilen Abstieg – in der Ferne sieht man den markanten Berg Yudi Dağı (siehe Wanderung 43) – gehen wir nicht geradeaus weiter, sondern durch die 02 **180°-Rechtskurve (505 m)** der Piste. Auf dem felsigen Gipfel der sich vor uns erhebt sind bereits die Ruinen der Burganlage zu sehen. Dort wo die

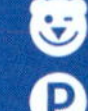
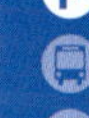

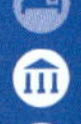

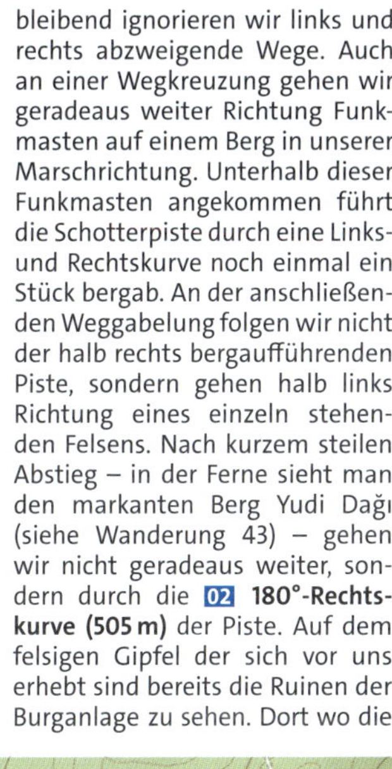

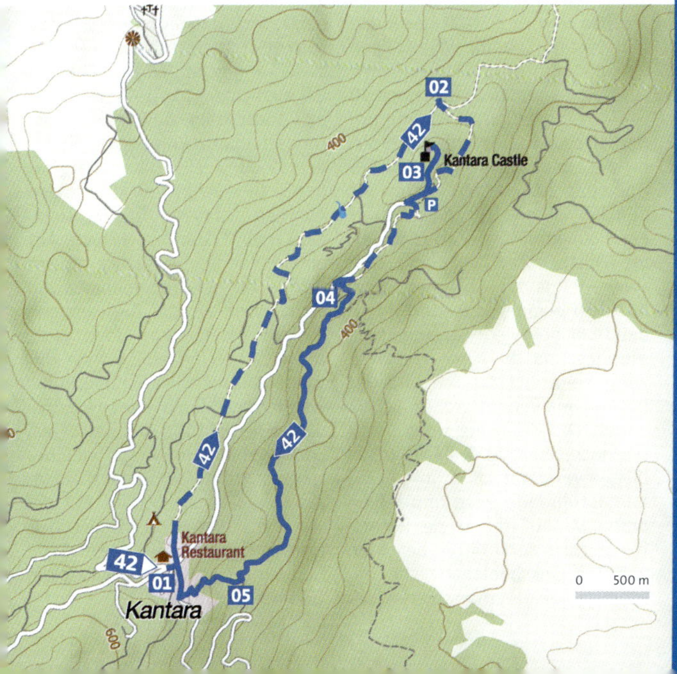

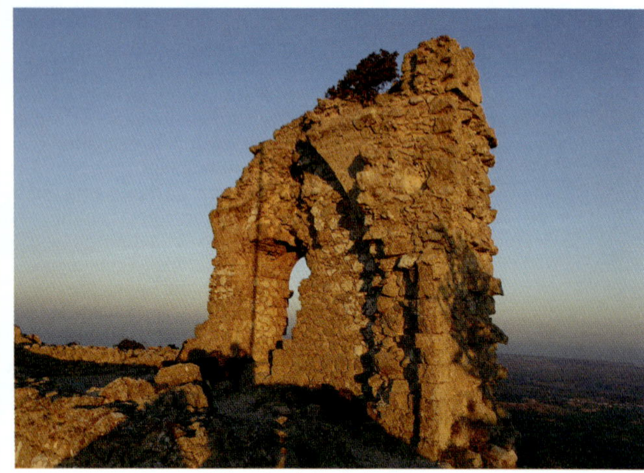

Sonnenuntergang auf der mittelalterlichen Burgruine Kantara.

Piste auf der wir wandern in eine asphaltierte Straße mündet, wählen wir den nächsten rechten Abzweiger und erreichen nach vielen Treppen den Gipfel mit der Ruine **03 Kantara (627 m)**. Wir steigen bis zum nun links abzweigenden Hinweg ab, wandern hier noch 30 m nach rechts (also Westen), um dort nach links auf eine Schotterpiste zu biegen. An der nächsten Gabelung entscheiden wir uns für den halblinken Arm, dieser führt nach einigen Metern an einer Ruine (Hütte) vorbei. Auf Höhe einer zweiten Ruine bleiben wir dann auf dem geradeaus weiterführenden Pfad, der wieder in einen Weg mündet und an einer Wegkreuzung beim **04 Aussichtspunkt I (462 m)** mit einem großen Felsen endet. Die Kreuzung überqueren wir noch, aber vor den Sitzbänken biegen wir dann sofort links in die bergabführende Piste und folgen deren Verlauf durch die Rechtskurve. Nach rund 140 m beachten wir den Linksabbieger nicht. Immer geradeaus marschieren wir nun Richtung eines Funkmastens. Dabei ist die schlangenförmig verlaufende Piste gut nachzuverfolgen. Wir ignorieren zunächst abgehende Pisten. Nun haben wir den Funkmast bereits hinter uns gelassen und gelangen zum Zweiten **05 Aussichtspunkt II (432 m)**. Da es hier sonst keine aussagekräftigen Landschaftsmerkmale gibt, ist die Verwendung eines heruntergeladenen GPS-Tracks sinnvoll, um den Aufstieg sicher zu finden. Trotzdem mein Erklärungsversuch: Auf einem ebenen Wegstück zweigt halb rechts ein unscheinbarer und steiler Weg ab, der nach einigen Metern bereits zum Pfad wird. Auch versperren einige Äste das Weiterkommen. Vor einer Ruine wandern wir durch eine Linkskurve über eine Lichtung und schließlich endet der Pfad im Vorgarten eines Hauses. Auf dessen Zufahrt gelangen wir links zur Straße, auf der wir rechts aufsteigen, bis sie endet. Links entlang der querenden Straße befindet sich der Parkplatz am **01 Pass (550 m)**.

YUDI DAĞI • 248 m

Auf den Spuren einer Legende

 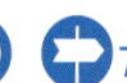 7,5 km 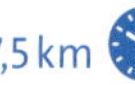 2:30 h 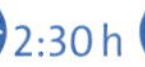 250 hm  250 hm 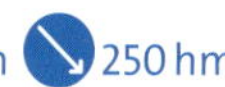

START | Parkgelegenheit an der Kreuzung der Küstenstraße mit der Straße Richtung Yedikonuk. 87 km nordöstlich von Nikosia (Nordzypern). [GPS: 35.466875 34.032388]
CHARAKTER | Leichte Wanderung ohne besondere Anforderungen. Beste Wanderzeit: Ganzjährig.
Art des Weges: 20 % Straße, 20 % Pfad und 60 % Piste.

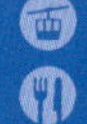

Die Legende berichtet, dass die Mutter des Neugeborenen Yudi ihn nicht säugen konnte, da nur Blut aus ihren Brustwarzen kann. So brachen die beiden auf, um bei der naheliegenden Farm um Essen zu bitten. Vor Erschöpfung verstarb seine Mutter. So nahm sich der Bauer Yudi an und zog ihn fortan auf. Yudi war sehr fleißig und die die Engel des Herrn unterstützten seine andauernden Gebete und verhalfen ihm zu Besitz und einer Ehe. Aber Yudi war so selbstverständlich unersättlich in seinen Gebeten zu Gott und trotzdem sehr unzufrieden, dass Gott ihn dafür bestrafte und ihn in einen Stein verwandelte. Der Sage nach verkörpert der Berg Yudi Dağı die versteinerte Form von Yudi. Nun denn, vom Gipfel dieser kurzweiligen Wanderung ergibt sich eine wunderschöne Aussicht. Auch gibt es an dem abgelegenen Strand beim Start der Tour eine perfekte Badegelegenheit.

▶ In westliche Richtung marschieren wir circa 50 m entlang der **01 D.10 (29 m)** Straße, um dort rechts in die Schotterpiste zu biegen. Bei der nächsten Mög-

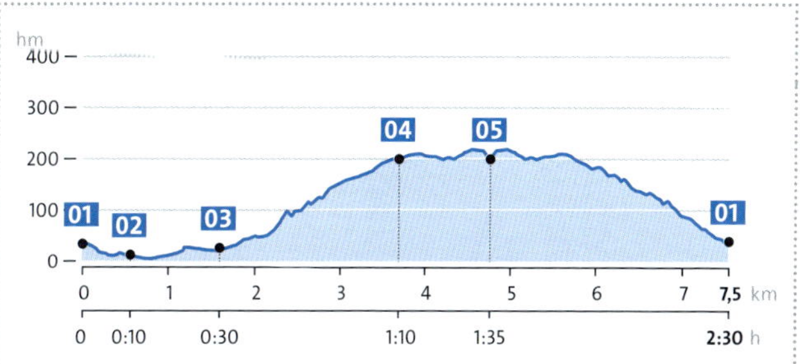

01 D.10, 29 m; **02** Yudi Beach, 10 m; **03** Schotterstraße, 18 m; **04** Asphalt Straße, 191 m; **05** Yudi Dağı, 248 m

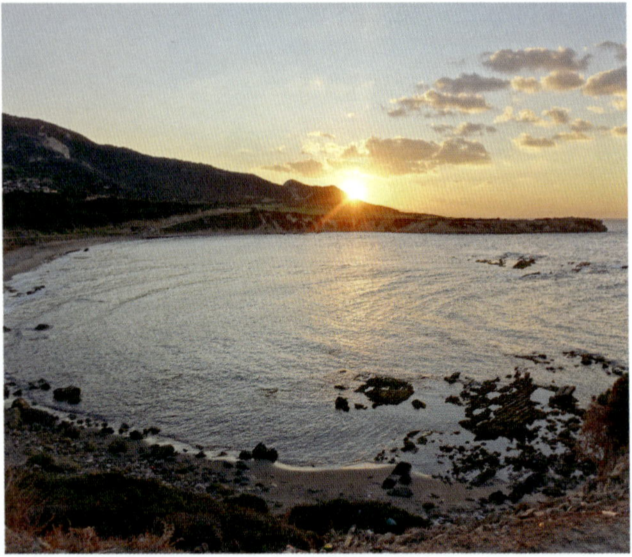

Eine perfekte Badegelegenheit am Yudi Beach.

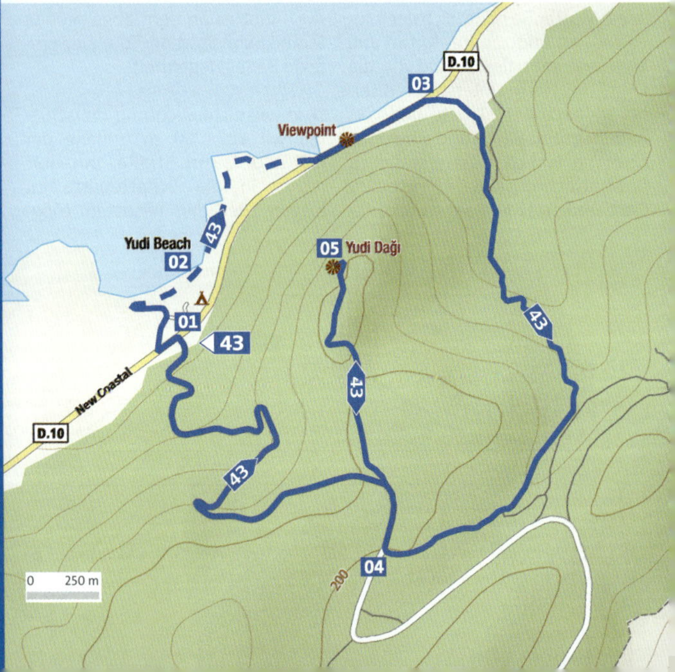

lichkeit nehmen wir dann die scharf rechts abzweigende Piste, diese führt hinunter zum **02 Yudi Beach (10 m)**. Wir durchqueren die romantisch gelegene Bucht, passieren eine kleine felsige Landzunge und gelangen wieder an die Straße D10, an der wir uns nach links wenden. Nach einigen Metern wechseln wir die Straßenseite und verlassen die Straße bei dem Verkehrszeichen „kurvige Strecke" auf die beginnende und zunächst parallel zur Straße verlaufende **03 Schotterstraße (18 m)**. Einen nach links abzweigenden Weg lassen wir unbeachtet und wandern durch die nachfolgende Senke. Durch eine unspektakuläre Schlucht führt die Schotterpiste bis zu einer Einsattelung. Danach passieren wir ein Wasserbecken und wählen bei der Gabelung den halb rechts bergaufführenden Arm. Eine rechts abgehende Piste lassen wir links liegen. Auf der anschließenden asphaltierten Straße marschieren wir rechts bis zu einem freien Platz und zwei abzweigenden Pisten. An dieser Stelle verlassen wir die **04 Asphalt Straße (191 m)** auf die halb links beginnende Piste. Nach einigen Metern ist unterhalb die Küstenstraße zu erkennen. Es folgt ein längeres Wegstück Richtung eines Gebäudes, das auf dem höchsten Punkt zu sehen ist. Schließlich endet die Piste und ein Pfad führt auf den Gipfel des **05 Yudi Dağı (248 m)** mit dem Gebäude (eine Ruine), wie wir beim Näherkommen sehen können. Zunächst einmal nehmen wir dieselbe Strecke wie auf dem Hinweg bis zur **04 Asphalt Straße (191 m)**, gehen dort aber rechts und folgen dem Verlauf der kaum befahrenen Straße durch die zahlreichen Kehren bis zum Start und Ziel an der **01 D.10 (29 m)**.

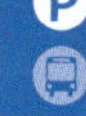

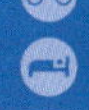

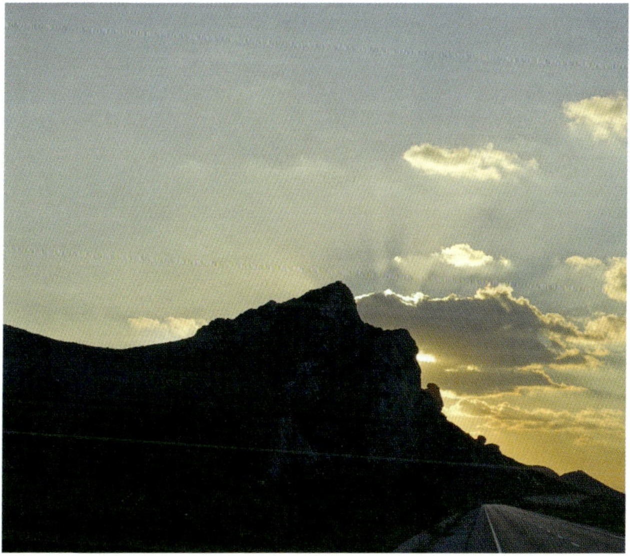

Abendstimmung am Yudi Dağı.

ALEVKAYASI

Ein Weg der Langsamkeit

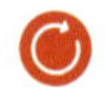  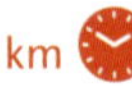   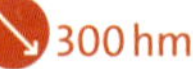

7,1 km 2:30 h 300 hm 300 hm

START | Zahlreiche Parkplätze im Umfeld der Forststation Alevkayası an der Straße GR.30. 27 km nordöstlich von Nikosia (Nordzypern). [GPS: 35.286053 33.533123]
CHARAKTER | Prinzipiell leichte Wanderung. Nur für den Aufstieg zum Aussichtspunkt benötigt man etwas Klettererfahrung, Trittsicherheit und Schwindelfreiheit. Ohne diese eine Kletterstelle hat die Tour den Schwierigkeitsgrad Blau. Beste Wanderzeit: Ganzjährig. Öffnungszeiten: Herbarium in den Sommermonaten täglich von 08–16 Uhr.
Art des Weges: 30 % Piste und 70 % Wanderweg.

Das etwa 160 km lange Besparmak-Gebirge mit seinen drei Burgruinen, reichem Waldbestand, kühleren Lufttemperaturen als in den Badeorten und schönen Aussichten bietet ideale Bedingungen zum gemütlichen langsam durch den Wald spazieren – sowie auf dieser beschriebenen Tour. Ruinenromantik kommt bei dem im 11. Jahrhundert gegründeten Kloster auf, das wahrscheinlich der koptisch-orthodoxen Kirche von Alexandrien (altorientalische Kirche Ägyptens) angehörte. 1425 soll die Anlage an die Armenier übergeben worden sein (siehe Wikipedia). Die weitere Ergründung des Kaputten lassen wir hinter uns und gelangen auf der Wanderung zu wunderschönen Aussichtspunkten. Zuerst über die Küste Nordzyperns und dann weiter des Weges Richtung Süden bis zum Küstenort Famagusta mit der gleichnamigen Bucht. Am Start und Ziel ist das Herbarium von besonderem Interesse, eine Sammlung konservierter (meist getrockneter und gepresster) Pflanzen bzw. Pflanzenteile. Die Einrichtung des Herbariums in Alevkayası geht auf Anregungen des englischen Botanikers Dr. Deryck Viney zurück und soll heute bis zu 1.100 Exponate zeigen.

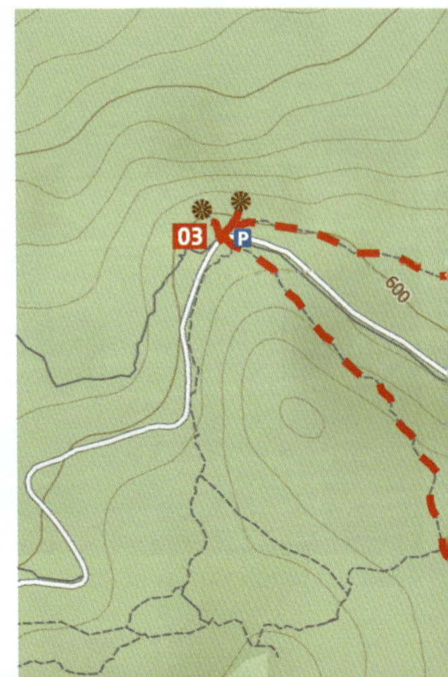

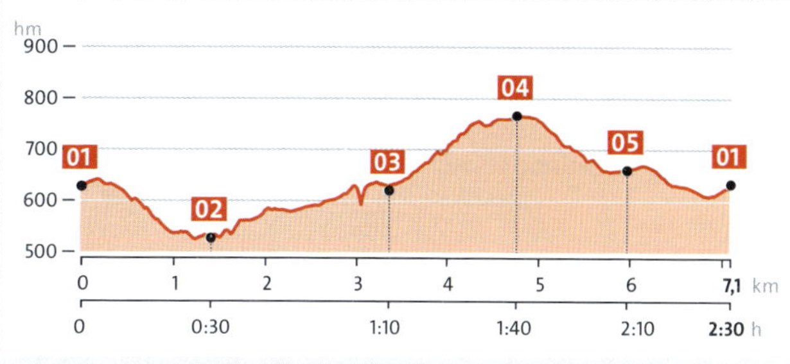

01 Alevkayası, 625 m; 02 Sourp Magar, 522 m; 03 Aussichtspunkt, 645 m; 04 Kreuzung, 749 m; 05 Links, 661 m;

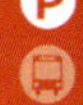
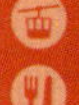

In der kleinen Streusiedlung mit der Forststation 01 **Alevkayası (625 m)** wandern wir vom Herbarium auf der GR.30 in westliche Richtung. Vor der Rechtskurve der Hauptstraße (bei einem Strommast) gehen wir geradeaus auf der Nebenstraße weiter. Hinter dem großen freien Platz wählen wir an der Gabelung der asphaltierten Straßen den halbrechten Arm und biegen dann vor der Sperrschranke auf den halb rechts beginnenden Pfad ab – dieser ist auch mit roten und grün-gelb-grünen Farbmarkierungen versehen. Kurz vor einer asphaltierten Straße durchläuft der Pfad eine Straße Rechtskurve. Wir passieren die Ruinen der armenischen Klosteranlage 02 **Sourp Magar (522 m)** und steigen dahinter auf dem mittleren der Pfade bis zu einer einzeln stehenden Straßenlampe auf. Der Verlauf des weiterführenden Pfads ist sporadisch mit roten Punkten markiert. Zahlreiche prachtvolle Erdbeerbäume säumen den Weg. Hinter einer Lichtung queren wir eine Piste. Nach

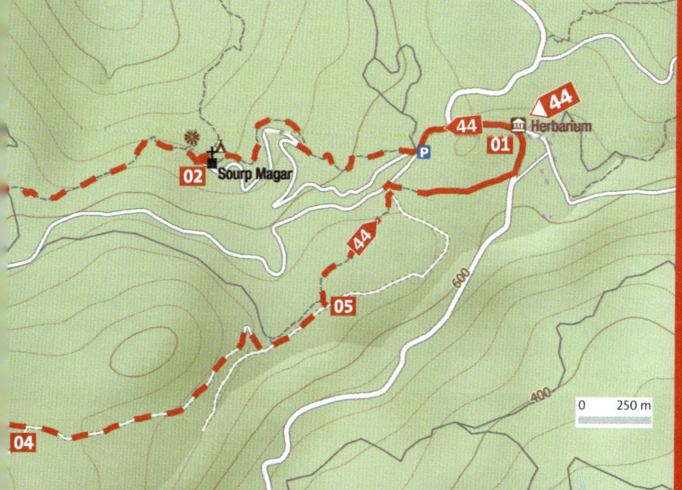

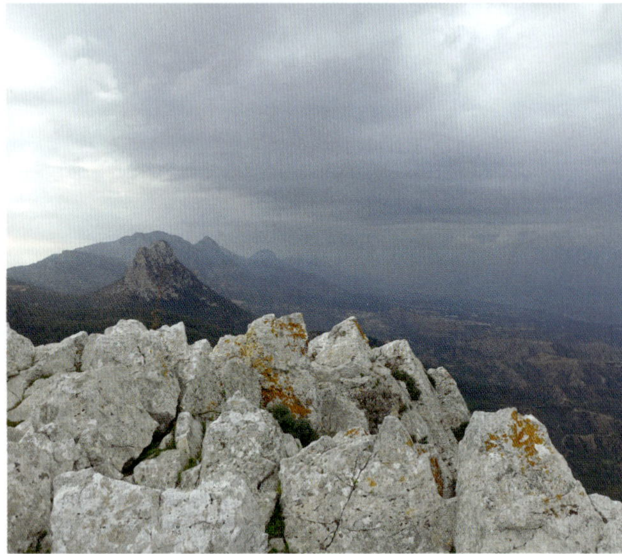

Eine faszinierende Aussicht von einem felsigen Gipfel.

einigen Metern mündet die Piste halb links in einen breiten Waldweg, auf dem wir weitergehen. Den nächsten nach rechts abzweigenden Fahrweg beachten wir nicht. Sobald wir einen Parkplatz mit dahinterliegender Straßen sehen, führt halb rechts ein Pfad zu einer wunderschönen Aussichtsplattform. Geht man bis zum Parkplatz vor und steigt hinter dem Picknickplatz (unter Zuhilfenahme der Hände) zum felsigen Gipfel auf, so hat man eine faszinierende Fernsicht von diesem **03 Aussichtspunkt (645 m)**. Wir steigen wieder zum Parkplatz hinunter, queren die Straße und gehen bei der ersten Gabelung der Pfade bei einem Betonstein nach halb links. An der unmittelbar darauffolgenden Gabelung gehen wir dann halb rechts. Dieser nun weiß-grün-weiß markierte Pfad führt gemächlich bergauf bis in felsiges Gelände und endet bei einer **04 Kreuzung (749 m)** mit einem Markierungspfeiler. Hier wenden wir uns nach links, es geht weiter Richtung Alevkayası. Nachdem der Pfad einen breiten Bergrücken überquert hat, laufen wir nun über Südhänge. Der Pfad geht in einen Fahrweg über und an der anschließenden Gabelung folgen wir den linken Arm. Aufgepasst: Bei einem grünen Punkt verlassen wir die Piste nach **05 Links (661 m)** und an der darauffolgenden Gabelung geht es halb rechts und bergauf weiter. Nach einem längeren Wegstück mündet der Pfad in eine Piste und die wiederum endet an der Straße. Nach nur 10 m rechts entlang dieser Straße biegen wir rechts in den Fahrweg, der uns bis an die GR.30 bringt, an der wir links bis zum Start und Ziel in **01 Alevkayası (625 m)** vorgehen.

TÜNEL PATIKA

Ein Tunnel irgendwo im Nirgendwo

  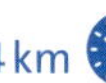 6,4 km 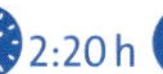  2:20 h 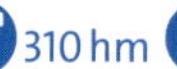 310 hm 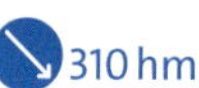 310 hm

START | Parkgelegenheit in der Stichstraße, die von der Küstenstraße D.10 abbiegt. Hier stehen zahlreiche Feigenbäume wie Perlen aneinandergereiht. 57 km nordöstlich von Nikosia (Nordzypern). [GPS: 35.361935 33.675543]
ÖPNV: Sammeltaxi von Kuğulu Park in Nikosia.
CHARAKTER | Einfacher Spaziergang für die ganze Familie.
Beste Wanderzeit: Ganzjährig.
Tipp Zusatzausrüstung: Eine lichtstarke Taschenlampe für den Tunnel.
Art des Weges: 30 % Wanderweg und 70 % Piste.

Das hochaufragende Gebirge wirft am Vormittag lange Schatten, so ist im oberen Bereich dieser Kurzwanderung die Sonneneinstrahlung noch gering – was die Tour an sonnendurchglühten Tagen gleich etwas angenehmer gestaltet. Natürlich könnte man auch im meist etwas kühleren Tünel Patika verweilen – dessen Sinn sich mir nicht ergründet hat. Ein Tunnel dient der Unterquerung von Hindernissen. Den Pfad hätte man ohne Probleme auf einer anderen Route anlegen können. Gewässer gibt es hier keine. Na ja, und Stollen haben nur eine Tagesöffnung. Nun denn, die Frage wird ungeklärt bleiben, außer einer der Leser dieses Buches klärt uns auf. Der Höhepunkt der Tour ist dann eine märchenhafte Schlucht mit einem plätschernden Bachlauf, einen 50 cm breiten Felsdurchbruch und

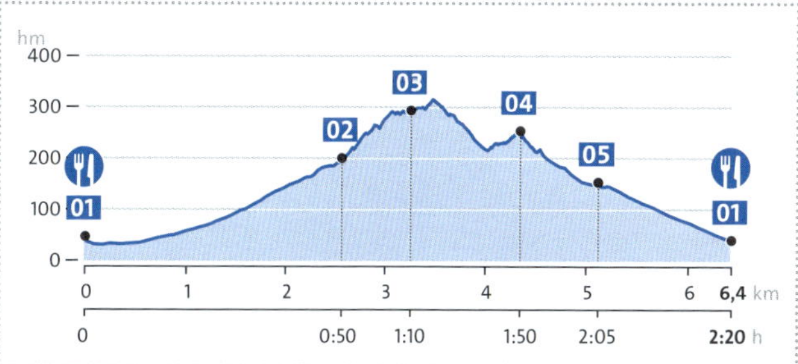

01 D.10, 57 m; 02 Tünel Patika, 172 m; 03 Aussichtspunkt, 300 m; 04 Felsdurchbruch, 220 m; 05 Rechts, 152 m

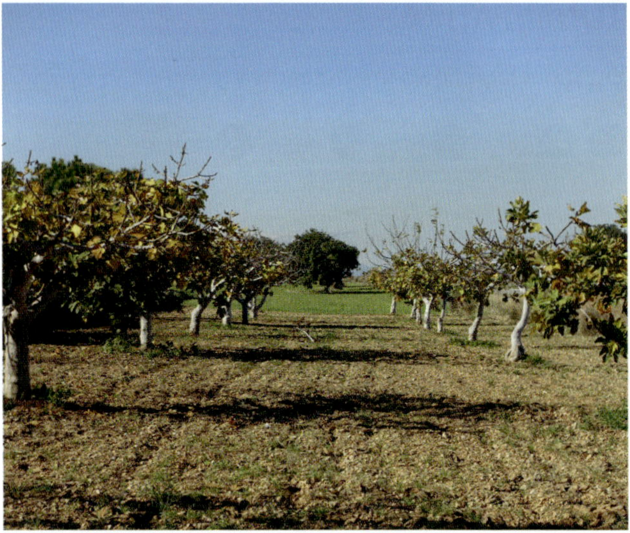

Am Start und Ziel stehenden zahlreiche Feigenbäume wie Perlen aneinandergereiht.

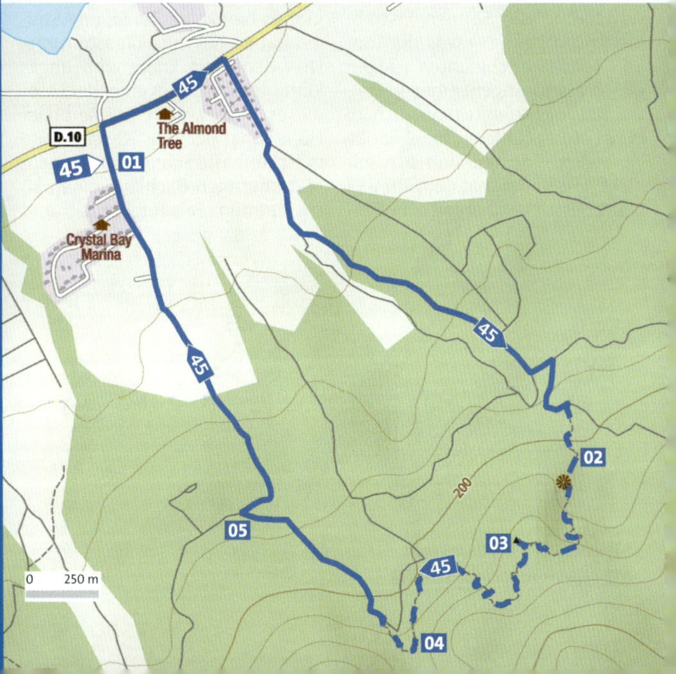

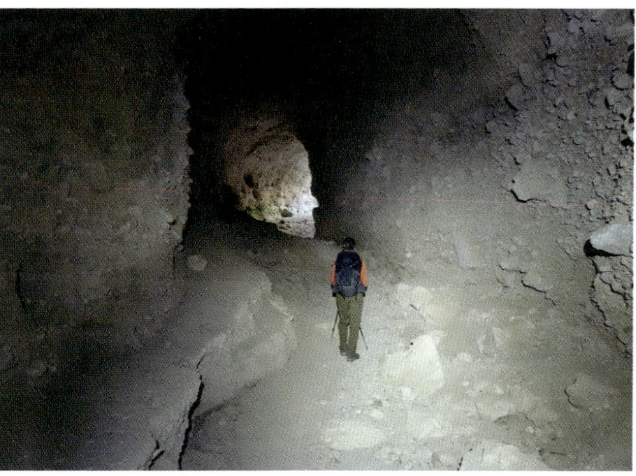

Der mysteriöse Tünel Patika.

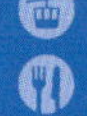

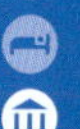

dem urigen Baumbestand. Nur die Fabelwesen fehlen noch.

Von der Parkgelegenheit wandern wir auf der Stichstraße bis zur Hauptstraße **01 D.10 (57 m)** vor und gehen dort rechts. Auf Höhe der Palmen vor den Villen wenden wir uns nach rechts und wandern auf der Stichstraße bis an das Ende der Anlage. Dort verlassen wir an der Gabelung die breite Piste auf den halb rechts weiterführenden Arm. Dort wo wir auf eine sehr breite links abzweigende Piste stoßen biegen wir auch nach links ab. Aber bereits nach circa 80 m wählen wir die scharf rechts bergaufführende Piste. Nach einer lang gezogenen Linkskurve – auf der linken Seite ist sehr schön das Meer zu sehen – verlassen wir bei einem Steinhaufen die Piste nach rechts auf einen beginnenden Weg, der nach einigen Metern zum Pfad wird. Wir durchwandern den mysteriösen **02 Tünel Patika (172 m)** und steigen dahinter im Schutz des Waldes weiter auf. Bei einem grünen Punkt auf einem Stein wandern wir durch die Linkskurve. Das nachfolgende rundliche Gipfelplateau ist ein wunderschöner **03 Aussichtspunkt (300 m)**. Auf dem nächsten Wegstück queren wir die nördlichen Berghänge der hoch aufragenden Felsen des Besparmak-Gebirges. Von dem kontinuierlich bergabführenden Pfad sehen wir (wenn die Bäume den Blick nicht versperren) eine tiefer liegende Piste. Die nachfolgende kleine Schlucht mit ihrem Bachlauf verlassen wir durch einen **04 Felsdurchbruch (220 m)** und gelangen so auf dem weiterführenden Pfad. An der nachfolgenden Piste wandern wir weiter bergab. Einen links abzweigenden Pfad lassen wir links liegen und an der nächsten Weggabelung (oberhalb auf dem Hügel steht ein Haus) biegen wir **05 Rechts (152 m)** ab. Hinter einer Ferienhaussiedlung erreichen wir dann den Parkplatz an der **01 D.10 (57 m)**.

FAMAGUSTA (GAZIMAĞUSA)

Ein einzigartiges Ensemble

 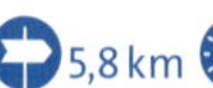 5,8 km 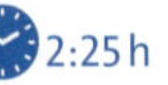 2:25 h 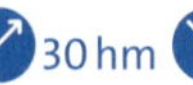 30 hm  30 hm

START | Parkplatz am Canbulat-Museum in Famagusta. 60 km westlich von Nikosia (Nordzypern). [GPS: 35.123022 33.946452]
ÖPNV: Sammeltaxi von Kuğulu Park in Nikosia.
CHARAKTER | Einfacher Stadtspaziergang für die ganze Familie.
Beste Wanderzeit: Ganzjährig.
Art des Weges: 100 % Fußgängerwege oder Straße.
Einkehr: Zahlreiche Tavernen an der Strecke.

Insgesamt 53 besondere Sehenswürdigkeiten gibt es in Famagusta. Dieser Rundgang beschreibt auf kürzestem Wege 12 der Top-Sehenswürdigkeiten im historischen Stadtkern.

▶ Den Parkplatz in 01 **Famagusta (7 m)** hinter dem sehr kleinen Naturkundemuseum Canbulat verlassen wir nach links. Wir passieren das Märtyrerdenkmal der verstorbenen Türken während des Konflikts in Famagusta. Bei der nächsten Möglichkeit wählen wir die rechts abzweigende Straße und spazieren unmittelbar an den Ruinen der 02 **Kirche Nikolaos Kilisesi (7 m)** vorbei. Hinter der Linkskurve biegen wir sofort nach rechts ab und gelangen am Ende der Straße zu den Ruinen der im 13. Jahrhundert erbauten

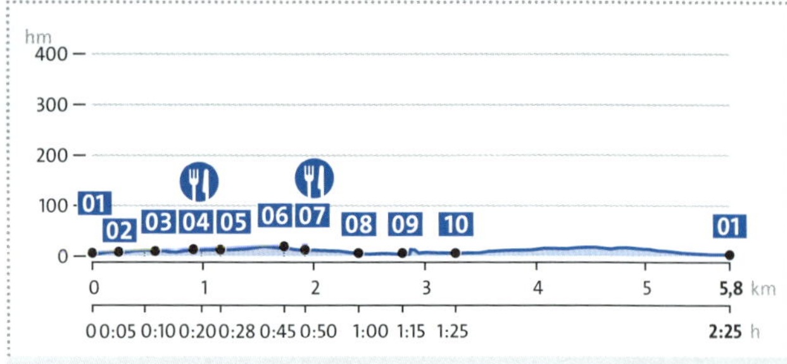

01 Famagusta, 7 m; 02 Kirche Nikolaos Kilisesi, 7 m; 03 Hl. George Kirche, 10 m; 04 Lala Mustafa Pasha Moschee, 17 m; 05 Hl. Francis Kirche, 19 m; 06 Nestorianische Kirche, 24 m; 07 Zwillingskkirchen, 15 m; 08 Latinlerin Hl. George Kilisesi, 13 m; 09 Othello Burg, 16 m; 10 Stadtmauer, 1 m

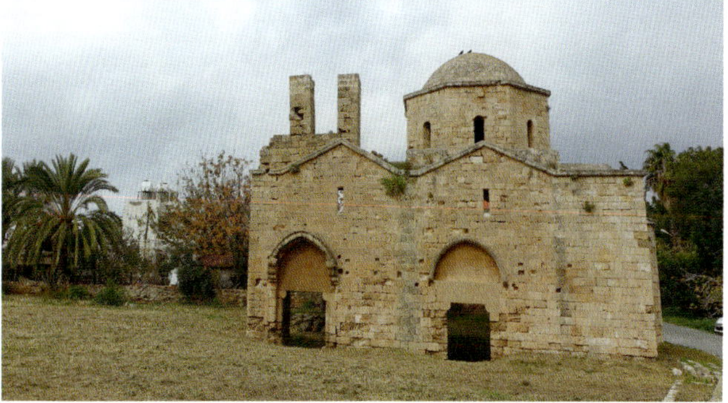

Die Kirche Nikolaos Kilisesi in Famagusta.

03 St. George Kirche (10 m), die wie viele Kirchen aus dieser Zeit dem Heiligen Georg gewidmet wurde. Mit dem zunehmenden Einfluss der Lusignans im 11. Jahrhundert wurden die damals orthodoxen Bischöfe der französisch-katholischen Kirche unterstellt. So bildete sich im südöstlichen Stadtteil von Famagusta ein griechisches Viertel mit eben dieser Kirche. Nach einem kurzen Stück entlang der Straße nördlich von dieser Ruine biegen wir links in die Straße und sehen eine riesige gotische Kirche. Um dorthin zu gelan-

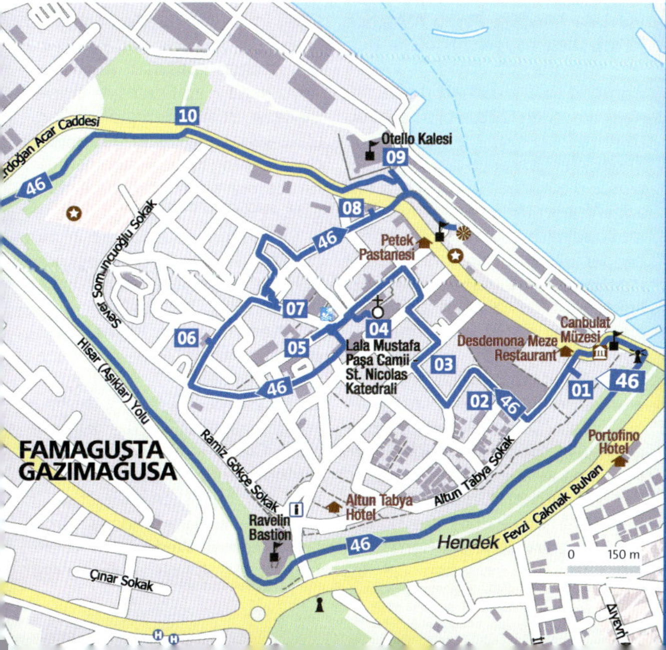

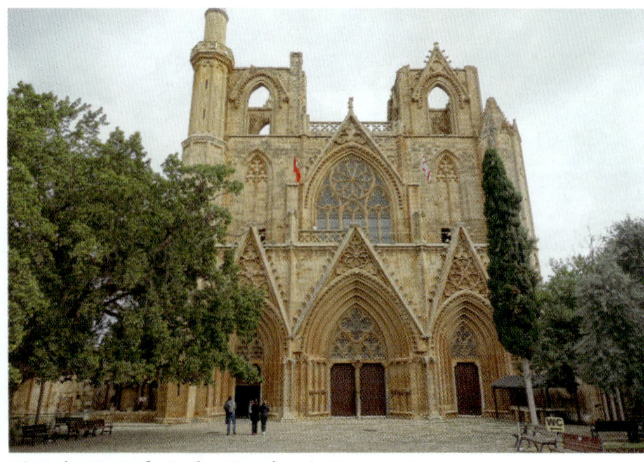

Die Lala Mustafa Pasha Moschee in Famagusta.

gen wenden wir uns am Ende der Straße rechts in die Einbahnstraße, spazieren bei der Sparkasse links – entlang der Straße mit zahlreichen Geschäften – und gelangen auf einen großen Platz mit der heutigen **04 Lala Mustafa Pasha Moschee (17 m)**. Die einstige christliche Heilige-Nikolaus-Kathedrale wurde während der Herrschaft der Lusignans zwischen 1298 bis 1312 erbaut. Unmittelbar nach der Eroberung durch die Osmanen im Jahr 1571 wurde die Kirche zur Moschee mit angefügtem Minarett umgewidmet und nach dem Oberbefehlshaber der Eroberer, Lala Kara Mustafa Pascha, benannt. Auf dem Vorplatz links vor der Kathedrale steht eine Mulberry Fig (monumentale Maulbeerfeige), die während der Bauzeit der Kathedrale gepflanzt wurde, der älteste lebende Baum auf Zypern. Den großen Platz überqueren wir in nordwestliche Richtung und gelangen zu den Ruinen der **05 Kirche Hl. Francis (19 m)**, die Klosterkirche der Franziskaner. Sie wurde während der Herrschaft der Lusignans zwischen 128 bis 1324 errichtet. Es geht zurück zum Vorplatz der Moschee und dann rechts in die Fußgängerzone mit ihren vielen Souvenirläden. Auf der nachfolgenden Straße spazieren wir noch bis zur (linken Straßenseite) im 13. Jahrhundert erbauten Kirche des St. Peter und Paul, eine der größten gotischen Kirchen in Famagusta – zu Ehren der beiden Heiligen erbaut. Den großen Parkplatz verlassen wir in nordwestliche Richtung in die Einbahnstraße. An der folgenden Straßengabelung geht es weiter Richtung Stadtmauer und unmittelbar vor dieser nun rechts in die Straße (links befindet sich ein Parkplatz). An der linken Straßenseite befindet sich die **06 Nestorianische Kirche (24 m)**, offiziell bekannt als die Kirche des Hl. Georg des Verbannten (siehe Wikipedia). Das Gotteshaus wurde ursprünglich für die östlichen Glaubenszweige des Christentums erbaut, dann aber während der britischen Herrschaft in eine griechisch-orthodoxe Kirche umgewidmet. Weiter geht es entlang der Straße bis zu einem gro-

ßen Parkplatz, an dessen rechter Seite sich die im 14. Jahrhundert erbauten und inzwischen restaurierten **07 Zwillingskirchen (15 m)** der Templer und Johanniter befinden. Wir überqueren noch einmal den Parkplatz bis zu seinem nördlichen Ende, um sich bei dem Design-Studio in die halb rechts beginnende Gassen zu wenden – die verläuft ein kurzes Stück parallel zum Parkplatz –, die nach einer Linkskurve endet. Hier gehen wir zweimal rechts und passieren das sogenannte Biddulph Tor (Steintor), benannt nach Sir Robert Biddulph; er war von 1879 bis 1886 Gouverneur von Zypern. An der nächsten querenden Straße gelangen wir links zu den Kirchenruinen der 1248 geweihten **08 Latinlerin St. George Kilisesi (13 m)**. Die gotische Kirche St. Georg der Lateiner war die erste lateinische Kirche in Famagusta. Daher trägt sie auch den Beinamen der Lateiner, da an ihr der lateinische Ritus gepredigt wurde und um sie auch von der gleichnamigen, aber orthodoxen **03 Kirche des Hl. Georg (10 m)** abzugrenzen. Wir überqueren die Hauptstraße, spazieren halb rechts durch den kleinen Park entlang der Befestigungsmauer und steigen über die Treppen zur Porta del Mare Bastion auf – ein wunderschöner Aussichtspunkt über den Hafen. Wir gehen wieder durch den Park zurück, aber nun geradeaus weiter entlang der Stadtmauer bis zum Haupteingang der im 14. Jahrhundert von den Lusignanern erbauten **09 Othello Burg (16 m)**. Nach der Besichtigung wenden wir uns an der Stadtmauer scharf rechts, spazieren dann durch den kleinen Garten mit den Palmen und weiter auf dem Fußgängerstreifen entlang der Hauptstraße. Unmittelbar hinter dem Hendek Tor biegen wir halb links in den Wallgraben und wandern an der **10 Stadtmauer (1 m)** (Stadtmauer) entlang. Angesichts der osmanischen Bedrohung wurden von 1491 bis 1567 die Befestigungsanlagen im Renaissancestil auf 17 m erhöht und bis auf 9 m verbreitert. Auf 2,3 km bestaunen wir das Paradebeispiel einer venezianischen Stadtfestung und passieren dabei die Bastionen: Mozzo Bastion, Martinego Bastion, Pulacazaro Bastion, Moratto Bastion, Diocare Bastion, Santa Napa Bastion, Andruzzi Bastion und Canbulat Bastion mit Leuchtturm. Am Ende des Wallgrabens biegen wir links in die Straße, gehen links am Naturkundemuseum Canbulat vorbei und gelangen zum Parkplatz in **01 Famagusta (7 m)**.

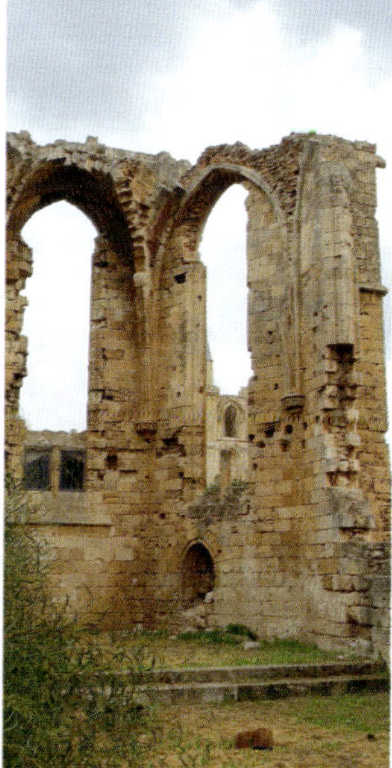
Die Kirche St. Francis in Famagusta.

SALAMIS

Vom 11. Jahrhundert v. Chr. bis in das 7. Jahrhundert

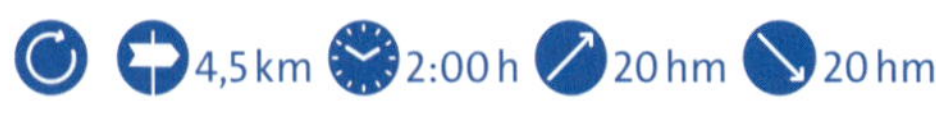

START | Parkplatz vor dem Gelände der archäologischen Stätten Salamis. Die Zufahrt ist ab der Hauptstraße D.55 ausgeschildert. 56 km östlich von Nikosia (Nordzypern). [GPS: 35.187550 33.903317] ÖPNV: Sammeltaxi von Kuğulu Park in Nikosia bis an die Hauptstraße D55.
CHARAKTER | Ohne besondere Anforderungen.
Beste Wanderzeit: Ganzjährig.
Art des Weges: 15 % Strand und 85 % angelegter Wanderweg.
Öffnungszeiten der antiken Stätten: Sommer 8–19 Uhr, Winter 8–17 Uhr; Eintrittspflicht.

Die einst größte und reichste Stadt Zyperns gehört zu den bedeutendsten Sehenswürdigkeiten auf Nordzypern. Die Grundsteinlegung von Salamis erfolgte mit dem Bau des Zeustempels, um den die Stadt entstanden sein soll. Seit dem 11. Jahrhundert vor Christi hatte Salamis dann bereits die Führungsrolle unter den zypriotischen Stadtkönigtümern inne. Auch in der geometrischen, archaischen und klassischen Epoche, sowie in der Zeit des Hellenismus, als römische Kolonie und im byzantinischen Reich ändert sich nichts an ihrer Bedeutung, Wichtigkeit und ihrem Einfluss. Auf dem Höhepunkt ihrer Macht zählte die Stadt über 100.000 Einwohner. Die zahlreichen archäologischen Ausgrabungen lassen den

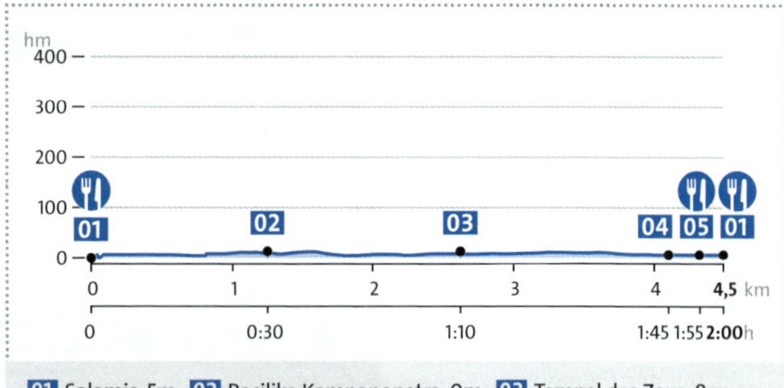

01 Salamis, 5m; 02 Basilika Kampanopetra, 9m; 03 Tempel des Zeus, 8 m
04 Antikes Theater, 4 m; 05 Haman-Gymnasium, 6 m

damaligen Wohlstand nur erahnen. Aber ab dem 7. Jahrhundert führten Naturkatastrophen und Überfälle zum Untergang der einstigen Handelsmetropole. Dann wurde die antike Stadt Salamis bei Ausgrabungen zwischen 1952 und 1974 wieder freigelegt. Funde der Grabungen aus Salamis sind im naheliegenden Museum des St.-Barnabas-Klosters ausgestellt.

▶ Da wir bei dieser Tourbeschreibung das Gelände über den Strandbereich betreten, muss zuvor am Haupttor eine Eintrittskarte gelöst werden. Vom Parkplatz vor den archäologischen Sehenswürdigkeiten in **01 Salamis (5 m)** spazieren wir danach zum Strand hinunter und in südliche Richtung an diesem entlang. Während der Recherchereise war der Strandabschnitt extrem verschmutzt! Nach 650 m verlässt ein ausgetretener Pfad die Küste und führt landeinwärts. Dieser mündet in einen breiten Weg. Nun links weiter gelangen wir zur **02 Basilika Kampanopetra (9 m)**, die Ende des 5. bis Anfang des 6. Jahrhunderts erbaut wurde. Ihre Länge wird auf 152 m geschätzt. Mit einer Breite von bis zu 38 m war die Basilika zu ihrer Zeit eines der monumentalen Bauwerke im Mittelmeerraum. Besonders beeindruckend sind die zahlreichen Bodenmosaike bei der dem Meer zugewandten Ausgrabungsstätte. Nach links spazieren wir auf dem angelegten Wanderweg weiter, wenden uns an der ersten Gabelung nach halb rechts und dort wo der Weg endet, orientieren wir uns nach rechts. Rechts vom Weg stand einst der **03 Tempel des Zeus (8 m)**

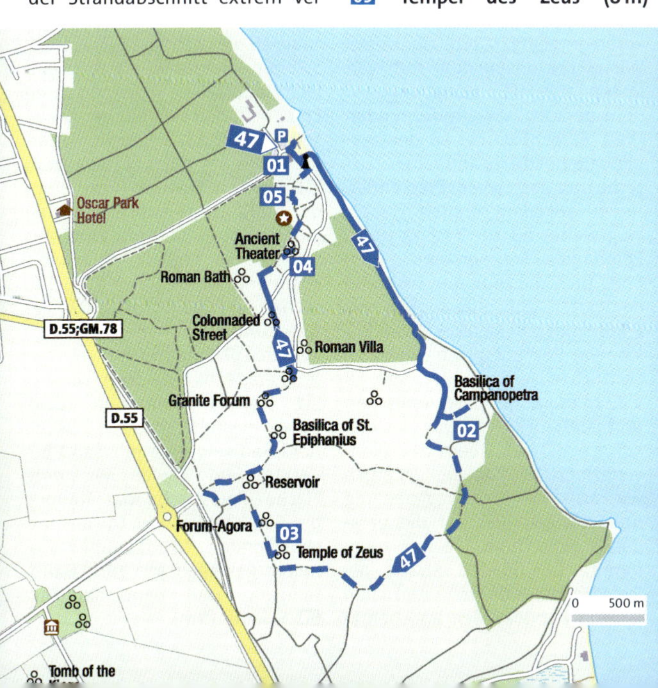

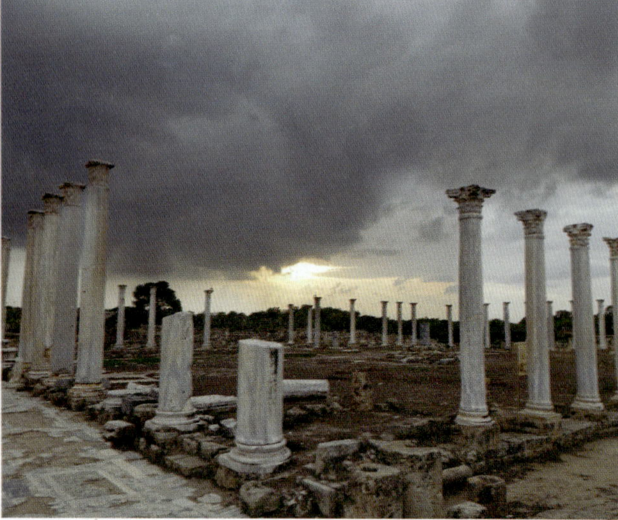

Das Haman Gymnasium in Salamis.

(Zeustempel), geblieben sind dekorative reliefverzierte Überreste. Wir setzen unsere Tour fort, verlassen aber den Hauptweg auf dem geradeaus weiterführenden Pfad. Es geht vorbei an den verbliebenen Überresten einer Zisterne und dort wo der Pfad endet, rechts auf dem breiten Hauptweg weiter bis zur Basilika of St. Epiphanios. Sie entstand gegen Ende im 4. Jahrhundert, während der letzten Amtsjahre des Bischofs Epiphanios von Salamis (siehe Wikipedia) und entsprach mit ihren stattlichen Außenmaßen von 58 x 42 m monumentalen römischen Vorbildern. Hinter einer Rechtskurve – bei den Überresten einer venezianischen Mauer – gelangen wir an eine Mehrweggabelung und zweigen hier auf die geradeaus weiterführende und sogenannte Colonnaded Straße ab. Die Straße aus der byzantinischen Epoche befindet sich im ehemaligen Zentrum der Stadt und war zugleich die wichtigste Straße von Salamis – heute würde man einfach Hauptstraße sagen. An deren Ende befinden sich auf der linken Seite die Roman Baths (Thermen). Rechts gelangt man zum **04** **Antiken Theater (4 m)**, eines der größten im östlichen Mittelmeerraum. Es bestand einst aus 50 Sitzreihen, ragte 20 Meter in die Höhe und bot mindestens 15.000 Menschen Platz. Nach 20-jähriger Ausgrabungszeit haben Archäologen circa 19 Ränge restauriert. Weiter geradeaus erreichen wir das **05** **Haman–Gymnasium (6 m)**. Dieses besteht klassisch aus einem Bad und eine mit Sand bedeckte und Säulen gesäumte Fläche (Palästr) für das Training der Ringkämpfe bzw. für die entsprechenden Wettkämpfe. Dahinter gelangen wir zum Haupteingang und dem Parkplatz **01** **Salamis (5 m)**.

AKDENIZ – MORPHOU BAY – AKDENIZ-DAMM

Der „Wilde Westen“ von Nordzypern

  17,3 km 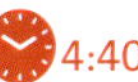 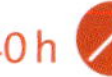 4:40 h 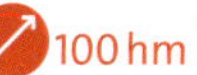 100 hm  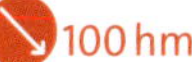 100 hm

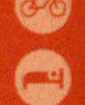

START | Parkplatz im abgelegenen Dorf Akdeniz an der Hauptstraße vor dem Dorfzentrum. 46 km nordwestlich von Nikosia (Nordzypern). [GPS: 35.299199 32.963776]
ÖPNV: Sammeltaxi von Kuğulu Park in Nikosia.
CHARAKTER | Lange Wanderung, für die eine gute Kondition und streckenweise guter Orientierungssinn benötigt wird.
Beste Wanderzeit: Ganzjährig.
Art des Weges: 15 % Strand und 85 % Schotterpiste.

Im Gegensatz zum klassischen „Wilden Westen“ in den USA sind auf dieser Tour keine Konflikte mit Indianern zu erwarten, eher die persönliche Auseinandersetzung mit der Streckenlänge. Die Tour führt über einen Strandabschnitt ohne jegliche touristische Infrastruktur oder Bebauung, na ja, ein Restaurant liegt am Weg. Ein wahrhaft menschenleeres Eck wie im „Wilden Westen“, aber in Nordzypern. Der weitere Weg orientiert sich am Lauf eines Baches. Vorbei geht es an Orangenplantagen, die mit dem Wasser des 325 m breiten und 900 m langen Akdeniz–Damm bewässert werden, den wir auch besichtigen. Immer wieder ergeben sich schöne Ausblicke auf den 1023 m hohen Berg Selvili Tepe – dem westlichsten

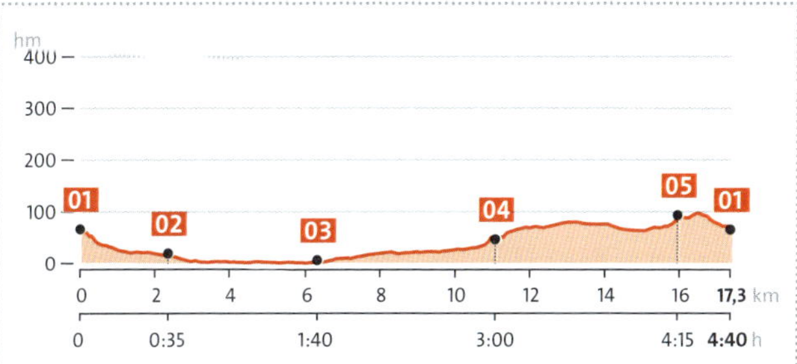

01 Akdeniz, 71 m; 02 Ekimov's Long Beach I, 14 m; 03 Ekimov's Long Beach II, 1 m; 04 Akdeniz–Damm, 40 m; 05 Kreuzung, 780 m;

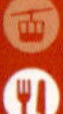

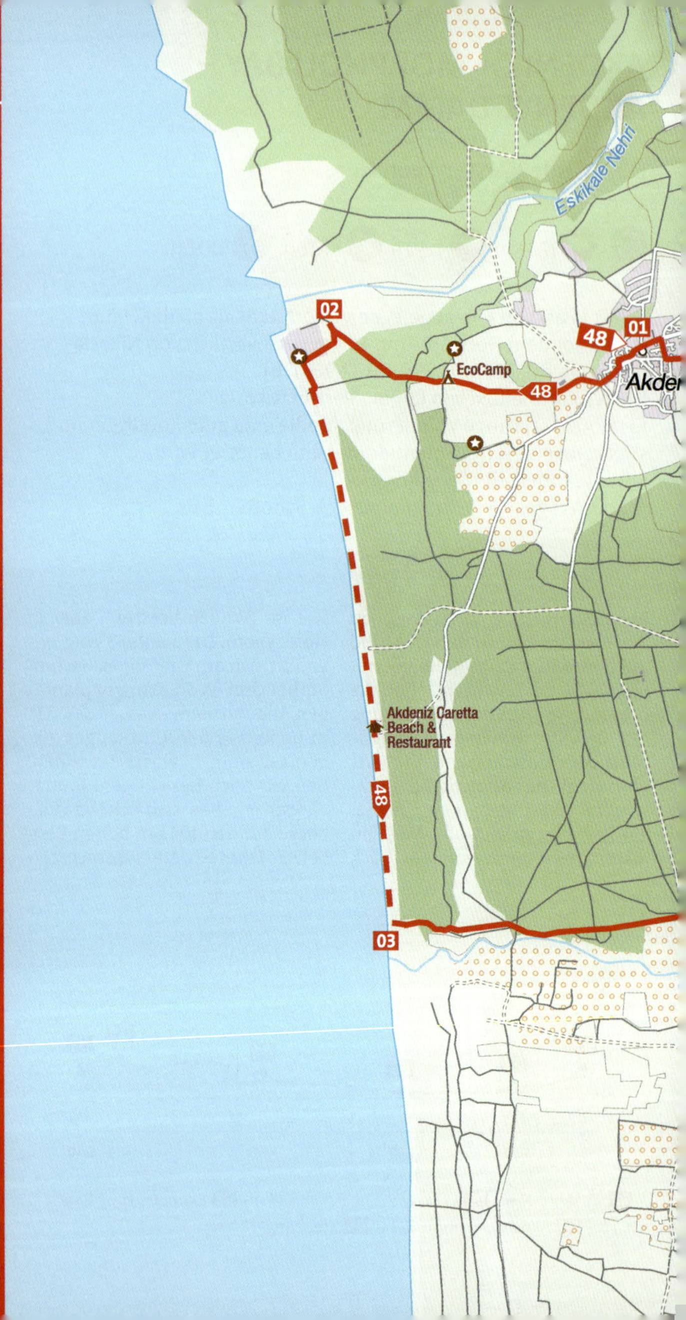

Eskikale Nehri

02

48

01

EcoCamp

48

Akder

Akdeniz Caretta
Beach &
Restaurant

48

03

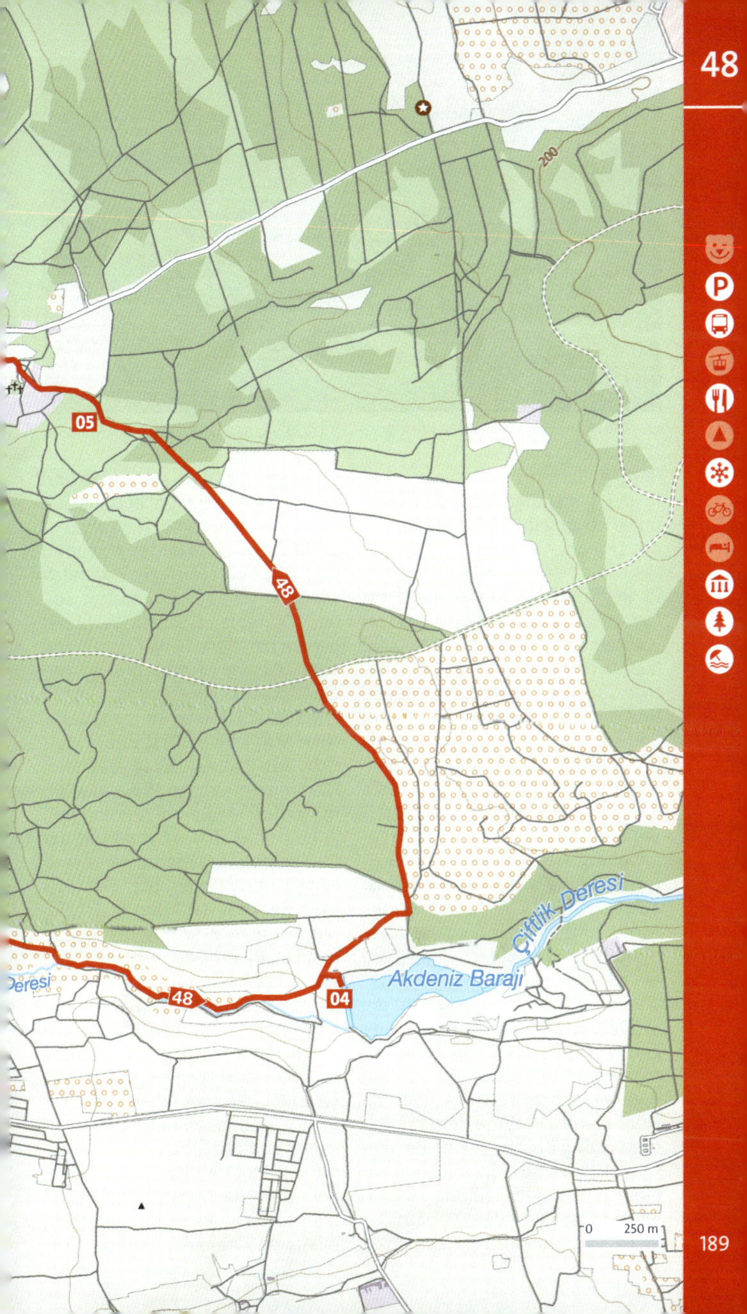
200
05
48
Çiftlik Deresi
Akdeniz Baraji
48
04
Deresi
0
250 m

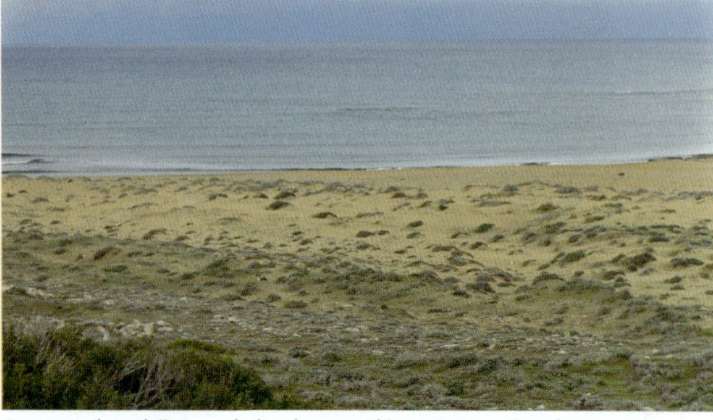

Der wunderschöne und abgelegene Ekimov's Long Beach I.

Berg im Besparmak-Gebirge – und in der gegenüberliegenden Himmelsrichtung im Süden die Höhen des Troodos-Gebirges.

Beginnend vom Parkplatz am Ortseingang in 01 **Akdeniz (71 m)** wenden wir uns Richtung Westen, lassen das Denkmal im Dorfzentrum auf der linken Seite liegen und biegen nach etwa 100 m am Ende der Straße links ab. Abermals am Ende der Straße angekommen, biegen wir nun nach rechts ab, lassen das Dorf hinter uns und orientieren uns bei der ersten Weggabelung auf den halb rechts weiterführenden Weg. Dieser ist auch ausgeschildert Richtung Kings Tomb. Hinter einem längeren Streckenabschnitt wählen wir die halb rechts weiterführende Schotterpiste (ein Abstecher) und nicht die asphaltierte Straße die nach einigen Metern endet. Von der nachfolgenden Anhöhe ergibt sich ein wunderschöner Ausblick über die Dünenlandschaft mit dem 02 **Ekimov's Long Beach I (14 m)**. Bei diesem Aussichtspunkt machen wir eine 180°-Kehrtwendung, folgen an der Gabelung dem Verlauf der Piste durch die Rechtskurve, marschieren links wo sie endet und gelangen hinter den betonierten Rohren (Absperrung für Fahrzeuge) an den Strand der Morphou Bay (Güzelyurt Körfezi). Eigentlich ein sehr schöner Strand mit seiner Dünenlandschaft. Während der Recherchereise war der Strand aber sehr verschmutzt. Es folgen ein 3,3 km langer Spaziergang entlang der Küste, nur unterbrochen von einem Restaurant, das sich auf halbem Weg befindet. Nach einem langen Wegstück, 50 m hinter weiteren betonierten Rohren und einem Schild mit der Aufschrift „Durchfahrt verboten“, verlassen wir den 03 **Ekimov's Long Beach II (1 m)** und marschieren landeinwärts auf der beginnenden Piste. Dort wo sie endet orientieren wir uns nach rechts, überqueren nach einigen Metern eine Kreuzung und passieren nach einem längeren Wegstück Häuser, die rechts am Weg liegen. Die Piste endet, hier wenden uns nach rechts und passieren eine markante Säulenzypresse mit einem grünen Markierungspunkt. Schon bei der nächsten Möglichkeit biegen wir links in die Piste und passieren Orangenplantagen. Die

Piste mündet in eine weitere Piste und erreicht kurz danach eine Kreuzung mit einer Pumpstation für Wasser. Wir wählen die geradeaus weiterführende Piste parallel zum Bachbett des Akdemiz Deresi. Den nachfolgenden Pfad durch die Senke mit dem Bachlauf beachten wir nicht. Es folgt ein längeres Wegstück. Nach kurzem Aufstieg mündet unser Weg in einen halb links weiter bergaufführenden Weg Richtung einer Viehhaltung. Bei einem Felsen am Wegesrand gehen wir jetzt aber über eine Piste und dann weiter weglos bis zur Dammkrone des **04 Akdeniz–Damm (40 m)**. Nach dem Abstecher geht es zum Felsen zurück, dann rechts bergauf und an der Viehhaltung vorbei und an der nächsten Gabelung halb rechts. Der Stausee befindet sich nun rechts unterhalb von uns. Unsere Piste mündet in eine weitere und die endet vor einem lichten Kiefernwald. Hier gehen wir links und den nächsten halbrechten Abzweiger ignorieren wir und gehen geradeaus weiter. Über ein sehr langes Wegstück folgen wir jetzt dem Verlauf der Piste. Zwischenzeitlich wird eine Brandschneise gequert, wir passieren ein rotes Haus, überqueren eine fruchtbare Hochebene mit Bewirtschaftungsflächen und marschieren geradeaus über eine Kreuzung. Hinter dem nachfolgenden Aufstieg – über dunklen Untergrund – erreichen wir eine **05 Kreuzung (780 m)**. Wir wählen den halblinken Arm. Das weithin sichtbare Minarett der Moschee ist unsere gedachte Wegmarkierung bis zum Dorf **01 Akdeniz (71 m)**.

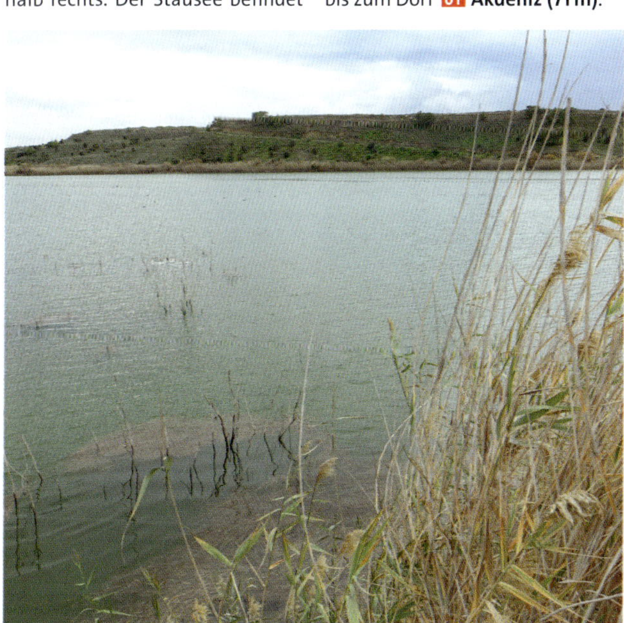

Der prallgefüllte Akdeniz–Damm.

49

ST. HILARION BURG

Aussichtspunkt und Gipfelburg

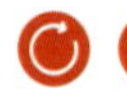  9,3 km  3:30 h 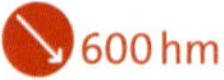 600 hm 600 hm

START | Parkplatz vor der Kapelle der Rast am Greenhill British Cemetery hinter dem Neubaugebiet. Aufgrund des Neubaugebietes hat Google wohl die falsche Kartenlage. Bitte darauf achten! 29 km nördlich von Nikosia (Nordzypern). [GPS: 35.320473 33.272626]
CHARAKTER | Anstrengender und steiler Aufstieg.
Beste Wanderzeit: Ganzjährig.
Art des Weges: 10 % Straße, 30 % Schotterpiste und 60 % Pfad.

Die auf einem 750 m hohen Felsplateau thronende Kreuzritterburg St. Hilarion ist der geschichtliche Höhepunkt dieser Wanderung. Bereits im endenden 9. und beginnenden 10. Jahrhundert wurde auf dem Berg ein Kloster errichtet und nach dem Eremit St. Hilarion benannt. Es begann eine sehr bewegte Zeit. Ihren Höhepunkt erreichte die Burg mit dem Ausbau zur Sommerresidenz der Lusignans 1232. Ende des 13. Jahrhunderts wurde die Festung ein letztes Mal ausgebaut, nahm aber wie viele andere Burgen auf Zypern das gleiche Schicksal. Anfang des 16. Jahrhunderts wurde sie nach dem militärischen Konflikt der griechisch-venezianischen Truppen gegen die Osmanen abgerissen (siehe Wikipedia). Der hier beschriebene Aufstieg zum Gipfel führt über abgelegene Pfade bis zum bewachsenen Hochplateau mit herrlichem Blick auf Kyrenia und den Küstenverlauf entlang des Mittelmeers. Nach dem Überqueren des Gebirgskammes führt der Pfad durch

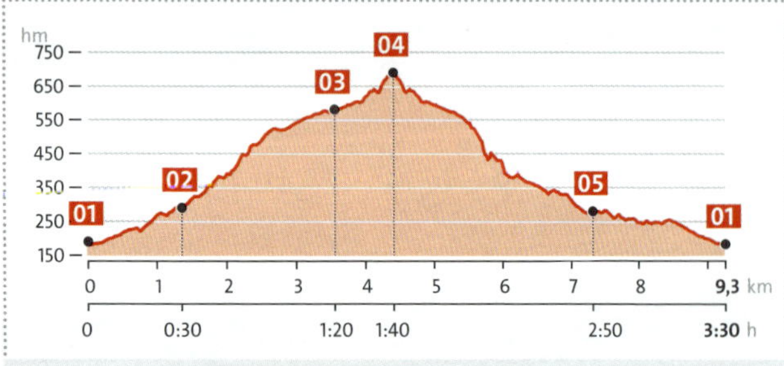

01 Kapelle der Rast, 190 m; 02 Rechts, 284 m; 03 Straße, 576 m; 04 St. Hilarion Burg, 750 m; 05 Links, 228 m;

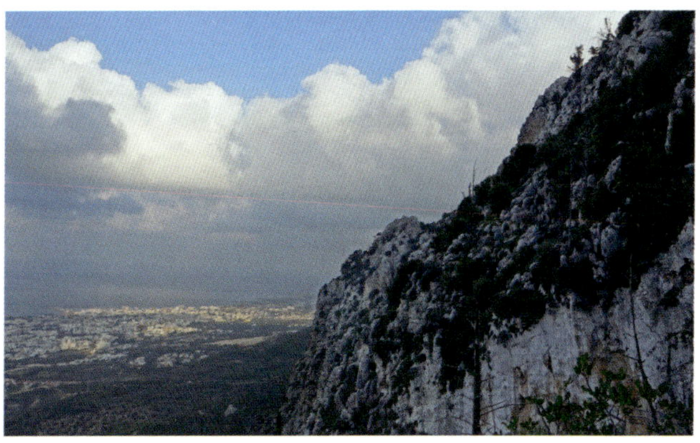

Spektakulärer Abstieg durch einen Felsdurchbruch mit Blick auf Girne.

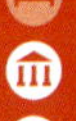

einen spektakulären Felsdurchbruch wieder talwärts.

Von dem kleinen Parkplatz bei der 01 **Kapelle der Rast (190 m)** gehen wir auf unserer Zufahrtsstraße durch das Neubaugebiet zurück und verlassen diese nach scharf links in der ersten Rechtskurve der Straße. Rechts vom Weg liegt eine Schlucht. Auf der gegenüberliegenden Talseite thronen eine riesige Villa und weitere neu erbaute Gebäude. Dort wo die Piste endet schwenken wir nach rechts und passieren die Ruinen

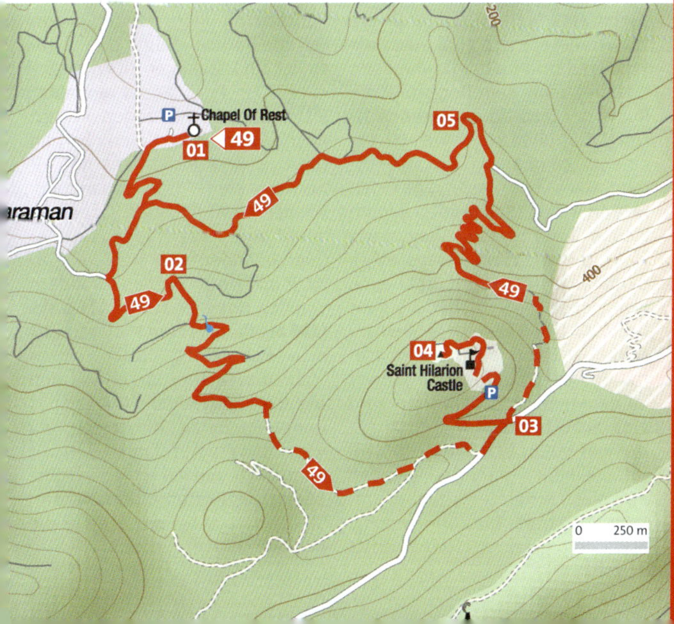

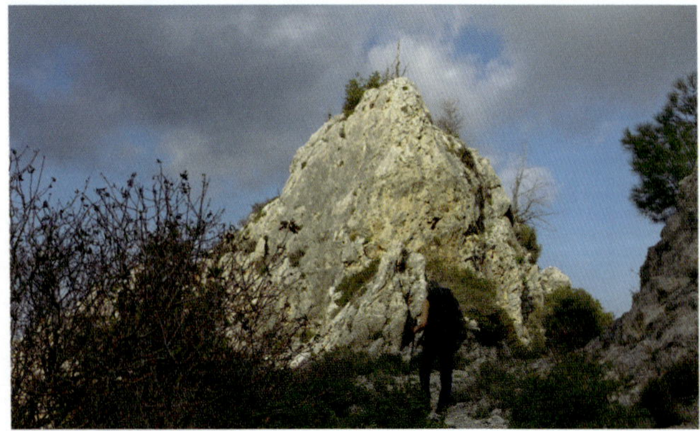

Zerklüftete Felsgipfel am Wegesrand.

einer Kapelle. Bei einer weiteren Weggabelung wählen wir den links weiterführenden Arm, markiert mit einem grünen B auf weißem Untergrund auf einem Stein. Neuerlich erreichen wir eine Wegverzweigung. In die Piste mit dem grünen B biegen wir nach 02 **Rechts (284 m)** ab und passieren eine weitere Ruine. Direkt vor uns erhebt sich eine mächtige Felswand und halb links daneben ist bereits auf dem Berggipfel die Ruine der Burg zu erkennen. Achtung! Die Piste verlassen wir bei einem Steinhaufen am Wegesrand nach halb rechts auf den beginnenden Pfad. Hinter einem kleinen Felsgipfel am Wegesrand führt der Pfad ein kurzes Stück bergab, bevor er dann durch eine kleine Schlucht wieder bergauf führt. Abschnittsweise geht es unmittelbar durch ein Trockenbachbett, dann ist der Pfad nur schwer zu erkennen. Aus dem Pfad wird eine Schotterpiste und diese endet bei einer 03 **Straße (576 m)** mit einem dahinterliegenden Parkplatz. Scharf links geht es entlang der Straße bis zum Eingang. Nach dem Entrichten des Eintritts gelangen wir über zahlreiche Treppen zum Gipfelplateau der 04 **St. Hilarion Burg (750 m)**. Auf dem bekannten Hinweg kehren wir zunächst bis zur 03 **Straße (576 m)** zurück, gehen dort aber links über den Parkplatz und weiter auf dem beginnenden Feldweg. Dieser ist mit zwei grünen Punkten markiert. Hinter einem Felsdurchbruch folgt dann ein steiler und steiniger Zickzack-Abstieg. Der Pfad endet an einer Piste, die nun in langen Kehren über einen Bergrücken bergab führt. Unsere Piste läuft mit einer weiteren Piste zusammen. An der nachfolgenden Gabelung gehen wir nicht geradeaus weiter (hier befinden sich weitere grüne Punkte auf Steinen), sondern wenden uns hier scharf 05 **Links (228 m)**. Parallel zum Weg verläuft eine Rohrleitung. Nach einem ebenen Wegstück lassen wir den rechten Abzweiger unbeachtet und sehen bereits die riesige Villa vom Hinweg. Auf den stoßen wir dann auch und gehen jetzt rechts bergab die letzten Meter bis zum Start und Ziel bei der 01 **Kapelle der Rast (190 m)** zurück.

ALEVKAYASI – SOURP MAGAR

Endlose Waldwellen wogen bis zum Horizont

 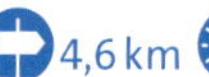4,6 km 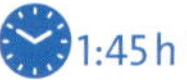1:45 h 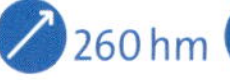260 hm 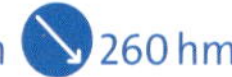260 hm

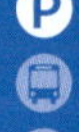

START | Parkplatz im Umfeld des Picknickplatzes oberhalb der Forststation von Alevkayası. 27 km nordöstlich von Nikosia (Nordzypern). [GPS: 35.285907 33.529640]
CHARAKTER | Keine besonderen Anforderungen.
Beste Wanderzeit: Ganzjährig.
Art des Weges: 15 % Piste und 85 % Wanderweg.
Variante: Bequem lässt sich die Wanderung ab dem Wegpunkt 04 mit Tour 44 verbinden. Die Gesamtstrecke ist dann ca. 9,5 km mit 440 Höhenmetern.

Bei dieser Rundwanderung durch die waldreiche und grüne Landschaft wirken die Kräfte der Natur auf Gesundheit und Wohlbefinden. Und da, wo der Wald dann auch noch den Blick freigibt, erfreuen wir uns an der wunderschönen Aussicht entlang der sanften Hügelketten des Besparmak-Gebirges. Ganz im Westen sogar bis zur Hafenstadt Kyrenia. Aber auch die zahlreichen Erdbeerbäume, die den Weg säumen, haben hier oben in den Bergen ihren bevorzugten Lebensraum. Übrigens, die Früchte können roh verzehrt werden. Die Frucht hat eine sehr geringe Toxizität. In zu großen Mengen roh verzehrt kann es aber zu leichten Koliken und Erbrechen führen!

▶ Den Abstellplatz des Fahrzeugs oberhalb der Forststation von

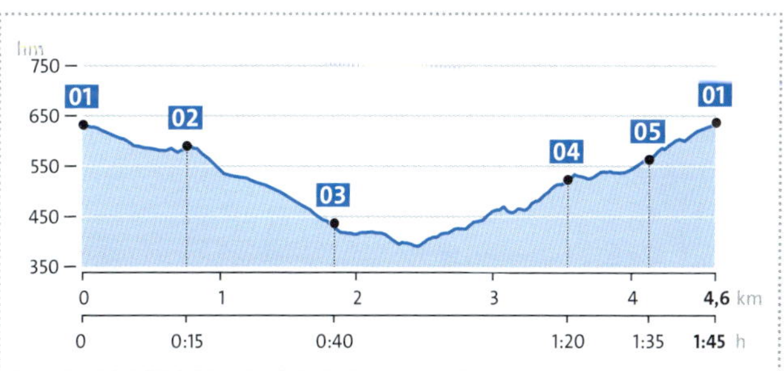

01 Alevkayası, 657 m; 02 Schotterstraße, 609 m; 03 Pfad, 454 m; 04 Sourp Maga, 552 m; 05 Asphalt Straße, 569 m

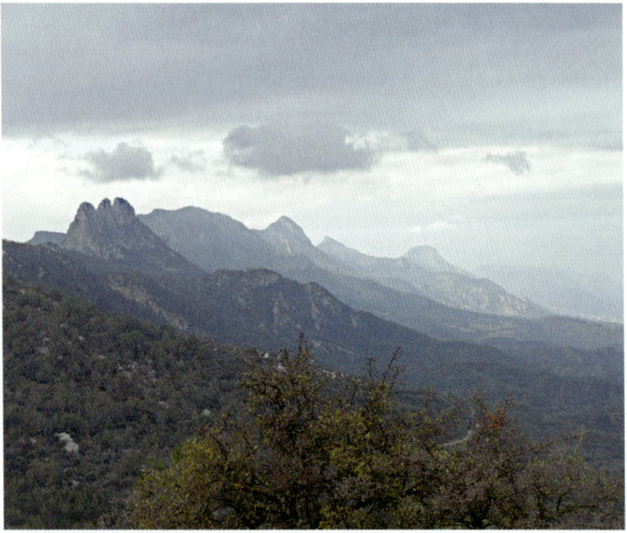

Wunderschöne Aussicht entlang der sanften Hügelketten des Besparmak-Gebirges.

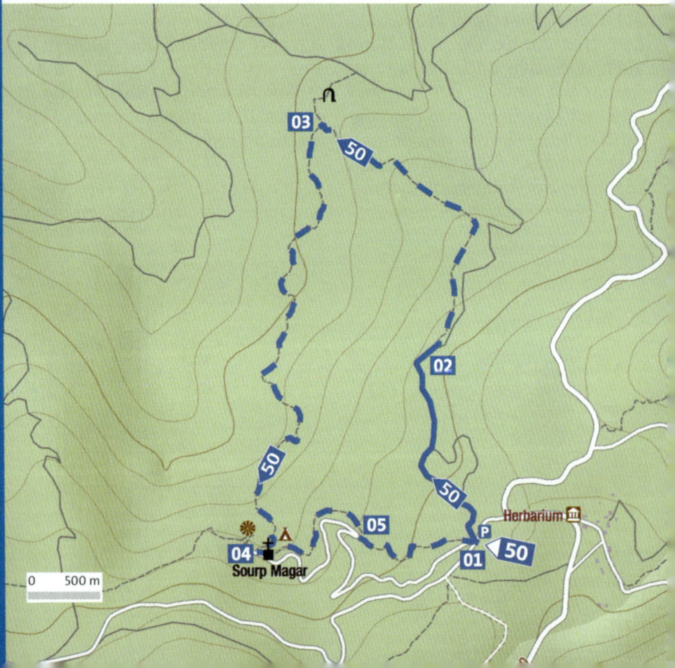

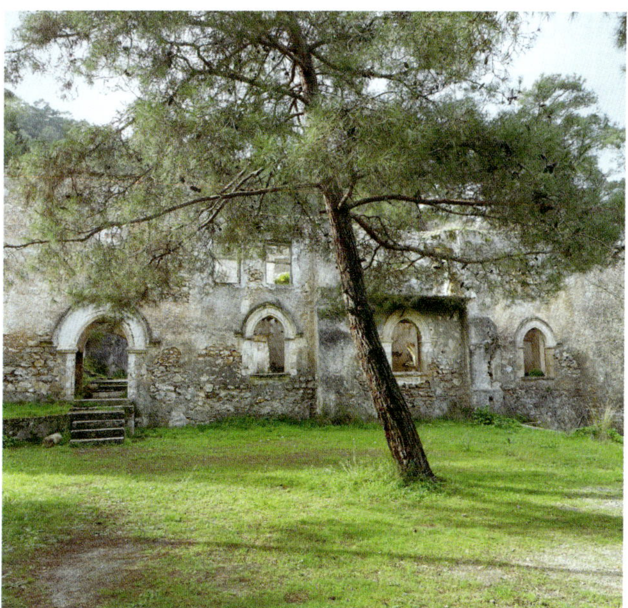

Die Ruinen von Sourp Magar.

01 **Alevkayası (657 m)** verlassen wir in nördliche Richtung über den Picknickplatz und orientieren uns dann an den weiß-grün-weißen Markierungen. Während wir den ersten abzweigenden Weg nicht beachten, führt der Waldweg gemächlich bergab. Sobald wir in 20 m Entfernung vor uns einen riesigen Felsen am Wegesrand sehen, verlassen wir die **02** **Schotterstraße (609 m)** auf einen scharf links abzweigenden Pfad. Der ist leicht zu übersehen! Hier befindet sich dann eine grün-gelb-grüne Markierung. Dort wo wir in 10 m Entfernung die Schotterpiste sehen biegen wir links ab, der Pfad führt an einem Erdbeerbaum vorbei und weiter durch eine Schlucht mit einem 4 bis 5 m hohen Felsen. Hinter zwei Lichtungen mündet der **03** **Pfad (454 m)** in einen Waldweg. Dort wo sich dann aber eine grün-gelb-rote Markierung auf einem Stein befindet zweigen wir links auf den beginnenden Pfad ab. Auf wenigen Abschnitten ragen Zweige in den Weg. Die lassen sich aber einfach zur Seite drücken. Nach einem längeren Abschnitt passieren wir ein Wasserreservoir und erreichen kurz danach die Ruinen von **04** **Sourp Magar (522 m)**, einst ein armenisches Kloster. Wir verlassen das Kloster über den Vorplatz, folgen der Piste durch die Rechtskurve und bei einem Markierungsstein verlassen wir die Piste nach links auf dem beginnenden Pfad. Noch vor der **05** **Asphalt Straße (569 m)** zweigen wir scharf links ab, um auf dem Pfad zu bleiben. Es folgt noch eine kurze Wegstrecke bergauf bis zum Start und Ziel **01** **Alevkayası (657 m)**.

MELOUNTA

Herrliche Panoramen auf einem Höhenweg

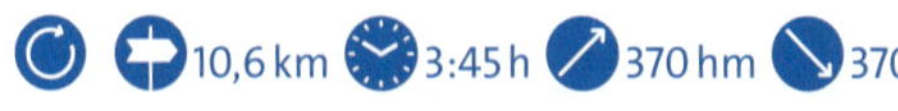

START | Parkgelegenheit am Denkmal am Ortseingang von Melounta. 56 km nordöstlich von Nikosia (Nordzypern) [GPS: 35.330296 33.690868]
CHARAKTER | Einfache Bergwanderung ohne besondere Anforderungen. Nur an einer Stelle wird ein guter Orientierungssinn benötigt. Beste Wanderzeit: Ganzjährig.

Die Mehrheit der circa 200 Einwohner von Melounta sind Zyperntürken. Vor 1974 wurden die Zyperntürken als Zyprer, die Zyperngriechen hingegen als Zyprioten bezeichnet. Interessanterweise leben heute mehr Zyperntürken im Ausland als auf Zypern selbst. Nun denn! Auf unserem Weg durch das Dorf bestaunen wir die regional typischen Weinlauben. Diese werden mit hängendem Wuchs bevorzugt als Schattenspender genutzt. In bunten Gärten sind zu sehen: Jasmin in Töpfen, Bougainvillea an den Hauswänden und Bäume mit Zitronen, Feigen, Granatäpfel, Mandeln, Mandarinen und Pfirsiche. Die Ackerflächen im Umland von Melounta sind für ihren hohen Ertrag bekannt. Hier werden unter anderem Gerste, Johannisbrot, Oliven und Wassermelonen angebaut. Dazu kommen je nach Jahreszeit Kapern, wilder Spargel, Thymian und eine Vielzahl essbarer Beeren. Nach der Erkundung des Dorfes folgt ein aussichtsreicher Höhenweg durch eine faszinierende Landschaft. Wie Miniaturen wirken die Häuser mit dem Mina-

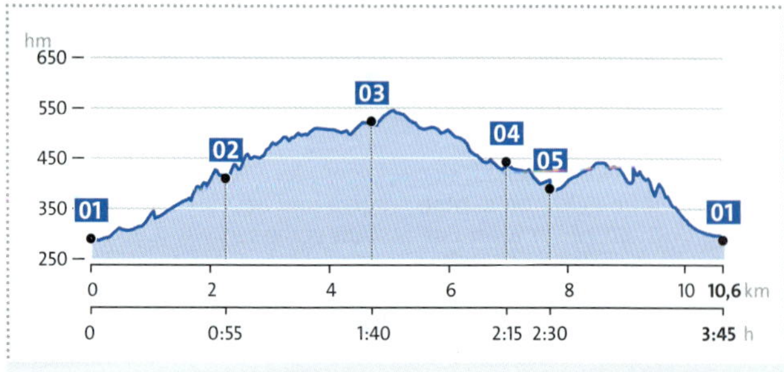

01 Melounta, 291 m; 02 Bergrücken, 413 m; 03 Schotterstraße, 523 m; 04 Umkehrpunkt, 448 m; 05 Schlüsselstelle, 386 m

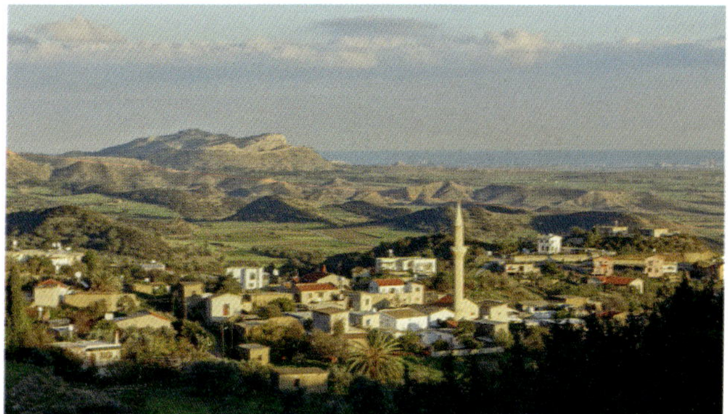

Das Dorf Melounta.

rett der Moschee weit unter uns. Auf dem ersten Teilstück der Tour blicken wir über die Nordküste Zyperns, dann auf dem Rückweg über die Bucht von Famagusta.

▶ Am Ortsanfang von 01 **Melounta (291 m)** lassen wir das Denkmal mit der Büste auf der linken Seite unbeachtet, gehen Richtung Norden und biegen bei der ersten Möglichkeit rechts in die Straße mit den Sagenfiguren ab. Hinter einem verrosteten Mähdrescher verlassen wir die Hauptstraße nach rechts und verlassen auch diese Nebenstraße vor einer Kiesgrube auf die beginnende Piste.

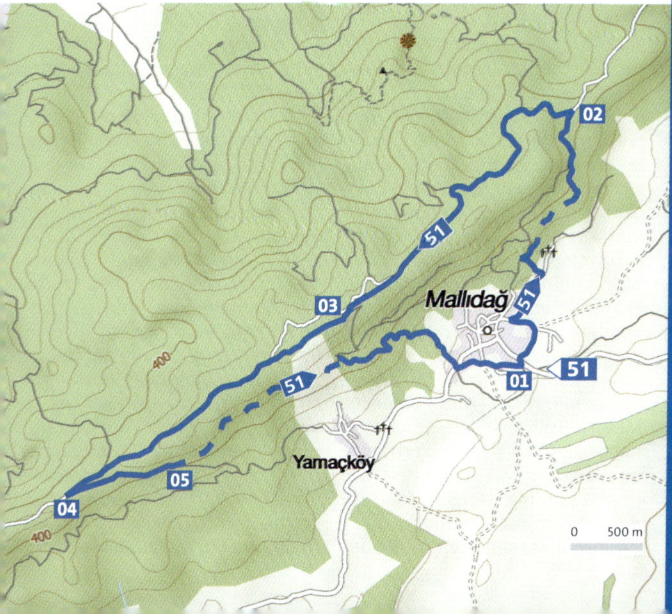

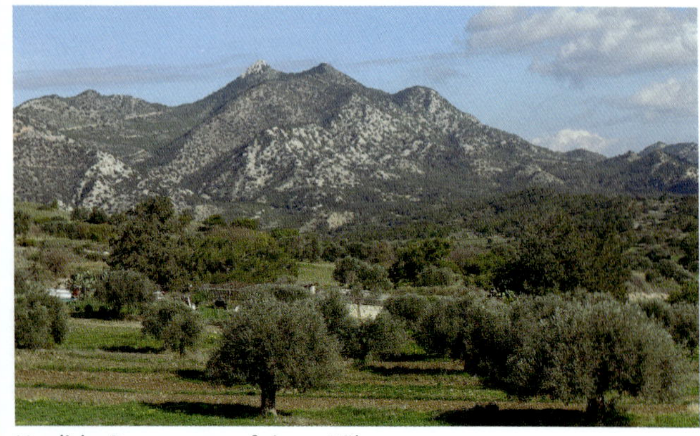

Herrliche Panoramen auf einem Höhenweg.

An deren Ende schwenken wir nach rechts und wandern durch den lichten Kiefernwald. Die nächste scharf links abführende Piste (hier befindet sich auch ein grüner Punkt) lassen wir unbeachtet und folgen dem Verlauf der Piste bis zu einem 02 **Bergrücken (413 m)**, wo die Piste endet. Dort wo Wald den Blick freigibt können wir bis zur Küste Nordzyperns schauen. Links und weiter bergauf marschieren wir jetzt auf der breiten Piste bis zu einer Einsattelung mit einem Steinhaufen, wo wir uns auf den halb links beginnenden Weg wenden und nun auf einem aussichtsreichen Bergrücken weiterwandern. Der Weg mündet wieder in die 03 **Schotterstraße (523 m)**. Nachdem wir den links abzweigenden Weg ignoriert haben zweigen wir sofort halb links auf den beginnenden Pfad ab. Nach wenigen Metern ist der Pfad vom Vieh nahezu unkenntlich zertreten. So wandern wir am Fuße der Felsen entlang, steigen dann einige Meter auf, um hinter niedrig gewachsenen Kiefern wieder auf den breiten Bergrücken zu gelangen. Hinter einem lichten Waldstück mündet dann der Weg wieder in eine Piste, der wir nun ein längeres Stück bergab folgen. Auf einem fast eben verlaufenden Wegstück erreichen wir den 04 **Umkehrpunkt (448 m)** (Umkehrpunkt). An dieser Stelle gehen wir scharf links und beginnen mit dem Rückweg. Aber aufgepasst, nach einem kurzen Stück bergab kann man die 05 **Schlüsselstelle (386 m)** schnell übersehen. Denn hier zweigt halb links und auch wieder Bergauf ein selten begangener Weg ab. Im stetigen bergauf und wieder Bergab, auch im Slalom durch sehr hochgewachsene Disteln, schlängelt sich der Weg durch den Südhang des lang gezogenen Bergrückens, den wir zuvor in umgekehrter Richtung auf einem Höhenweg überquert hatten. In einer versteckt liegenden Senke passieren wir dann noch uralte und monumentale Olivenbäume, bis wir die Ortsdurchgangsstraße erreichen und links entlang dieser bis zum Ortseingang von 01 **Melounta (291 m)** zurückkehren.

SADRAZAMKÖY-TRAIL

Schwelgen im Gesang der Meer- und Windgeräusche

  9,1 km 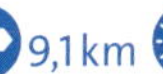 2:45 h 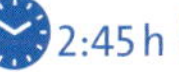 30 hm 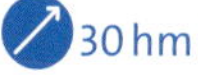 30 hm 

START | Parkgelegenheit an einem aufgestauten Wasserbecken mit ein paar Feigenbäumen. Hinter der letzten Linkskurve der Zufahrtsstraße fahren wir geradeaus auf eine Schotterpiste und nicht rechts bergab Richtung Meer und dem Ort Sadrazamköy. 52 km nordwestlich von Nikosia (Nordzypern).
[GPS: 35.387976 32.948309]
CHARAKTER | Leichte Wanderung, aber auf vielen Teilstücken ist der Weg nur schwach zu erkennen und es wird ein guter Orientierungssinn benötigt.
Beste Wanderzeit: Ganzjährig.
Art des Weges: 50 % Wanderweg und 50 % Piste.
Variante: Ab dem Wegpunkt 05 auf dem Hauptweg bleiben und so das Wirrwarr von Ziegenpfaden auslassen und auf direktem Weg bis zum Start und Ziel gehen.

Die westlichen Ausläufer des Besparmak-Gebriges enden hinter dem verschlafenen Küstendorf Sadrazamköy am Kap Kormakitis, dem nördlichsten Punkt der Morphou-Bucht. Ein Wanderweg führt durch meist menschenleeres Eck. Es gibt einige Bademöglichkeiten, aber definitiv keinen Schatten. Während der Recherchereise im Januar tobte ein heftiger Wintersturm. Die Gischt von den anbrechenden Riesenwellen wurde durch den starken Wind einmal

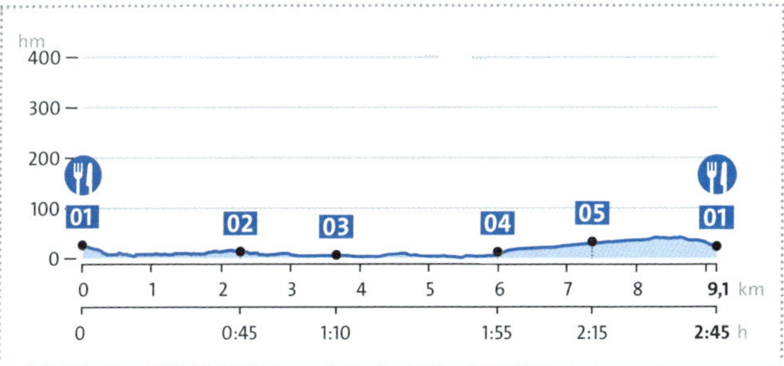

01 Sadrazamköy, 16 m; 02 Schotterstraße, 19 m; 03 Kap Kormakitis, 8 m; 04 Schotterstraße, 9 m; 05 Schlüsselstelle, 26 m

quer über die Halbinsel getrieben. Daher die etwas aufgewühlten Bilder.

Am Ortseingang von 01 **Sadrazamköy (16 m)** verlassen wir die Piste bei einem Wasserbecken über einen Feldweg Richtung Meer. Dieser geht nach einigen Metern in einen Pfad über. Je nachdem wie gut der Bauer sein Feld bestellt hat, ist der Pfad dann mehr oder weniger gut zu erkennen. Rechts von unserer Tour befinden sich die Häuser des Dorfes. Schließlich endet der Pfad an dem querenden Küstenpfad, dem wir links entlang Richtung Westen folgen. Weiß-grün-weiße Markierungen befinden sich auch am Wegesrand. Es folgt ein längeres Wegstück, bis dann eine erste und zweite 02 **Schotterstraße (19 m)** gequert werden. Ab hier ist der Weg auf dem sandigen Untergrund nur schwer auszumachen. So gehen wir geradeaus weiter Richtung eines Markierungssteins, wo der Pfad eine Rechtskurve durchläuft und sich wieder Richtung Meer wendet. Wieder auf dem Küstenpfad ist bereits in der Ferne ein Funkmast auszumachen. Der nachfolgende sandige Untergrund ist dann bis zum 03 **Kap Kormakitis (8 m)** mit zahlreichen Pfaden durchzogen. Nach der Erkundung des Kaps wandern wir auf dem Pflastersteinweg ein kurzes Stück Richtung Süden. Aber bei einer weiß-grün-weißen Markierung verlassen wir diesen nach halb rechts auf den beginnenden Pfad. Nach Regenfällen, nach starkem Wind oder wenn die Strecke nur selten gelaufen wurde, ist der Pfad schwer zu erkennen. Im Zweifelsfalle wandern wir immer parallel zur Küs-

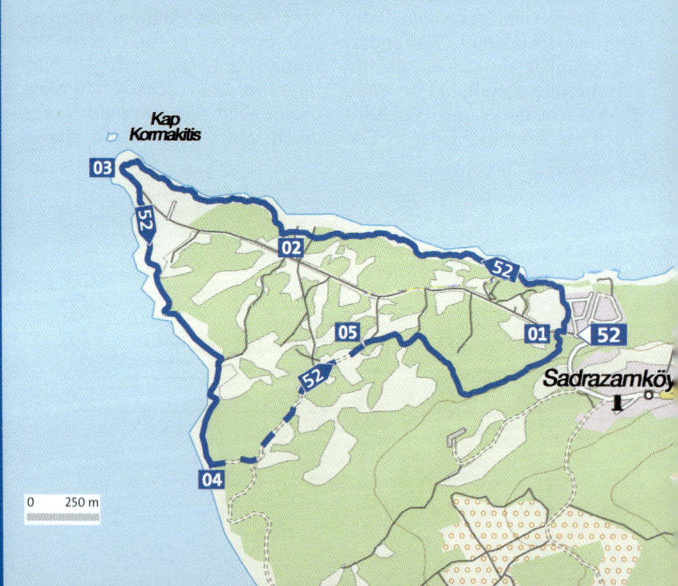

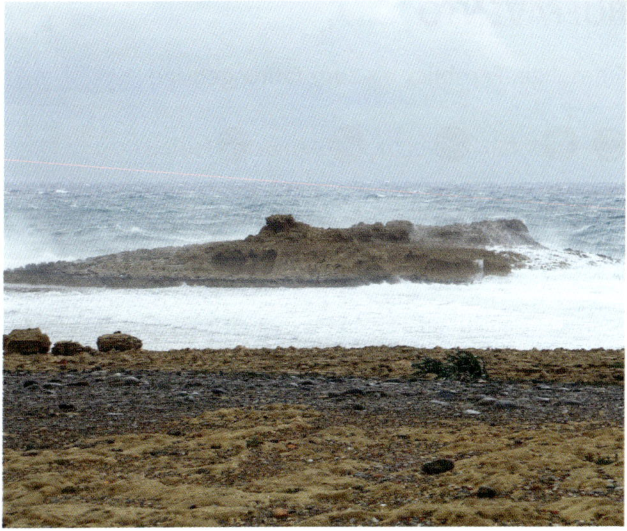

Das Kap Kormakitis.

tenlinie. Den nächsten vor uns liegenden Hügel umlaufen wir an seiner rechten Seite. Danach folgt wieder ein mit Steinen gesäumter Pfad. Dort wo eine Fahrspur endet umlaufen wir abermals einen Hügel an seiner rechten Seite. Zwischenzeitlich wird dann wieder der Pfad zu einer Piste. An einer Gabelung gehen wir halb rechts, bis wir dann bei einem großen Wendeplatz für Fahrzeuge ankommen. Hier folgen wir nun der landeinwärtsführenden **04 Schotterstraße (9 m)**. Abzweigende Piste lassen wir unbeachtet bis zur **05 Schlüsselstelle (26 m)**, die leicht zu übersehen ist. Da es sonst keine markanten Landschaftsmerkmale gibt, ist die Verwendung eines heruntergeladenen GPS-Tracks sinnvoll, um den halb rechts abzweigenden Pfad sowie auch den weiteren Weg zu finden. Die zahlreichen Ziegenpfade erschweren ungemein die Wegfindung. Erklärungsversuch: Der Pfad am Feldrand quert einen Verbindungsweg zwischen zwei Feldern. Wir biegen bei der nächsten Möglichkeit rechts ab. Dort wo die Piste endet orientieren wir uns nach links. Vor einem Steinhaufen verlassen wir die Piste nach halb rechts, stoßen nach einigen Metern auf einen weiteren Fahrweg, dem wir rechts entlang folgen. Wir marschieren nun direkt auf ein Gebäude mit einem Gerüst zu. Inzwischen wieder auf einen Pfad wenden wir uns an der Gabelung auf den halbrechten Pfad. Wir orientieren uns Richtung eines betonierten Brunnens und laufen durch die nachfolgende Linkskurve des wieder beginnenden Pfades. Zahlreiche Steinhaufen helfen bei der Orientierung. Die Häuser am Start und Ziel **01 Sadrazamköy (16 m)** sind bereits auszumachen, die wir auch kurz später erreichen.

53

BUFFAVENTO

Einmaliger Fernblick bis zum Taurusgebirge

 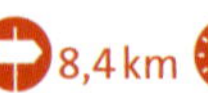

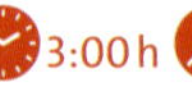

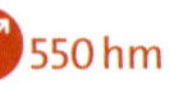

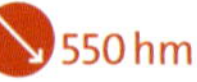

START | Riesiger Parkplatz am Gelände des Taskent Nature Parks. 16 km nördlich von Nikosia (Nordzypern) [GPS: 35.284293 33.388400]
CHARAKTER | Trittsicherheit und Schwindelfreiheit beim Aufstieg zum Hochplateau, auf dem die Burg thront. Sonst ohne besondere Anforderungen. Beste Wanderzeit: Ganzjährig.
Art des Weges: 15 % Piste und 85 % Wanderweg.

Gleich zum Auftakt der Tour entdecken wir die im 11. oder 12. Jahrhundert gegründete Klosterkirche Panagia Apsinthiotissa Kloster. Dann führt der Wanderweg zu einem Wunder aus Stein, die Rede ist von einen circa 9 m hohen Felsbogen, durch den wir hindurchwandern. Dann erfolgt der Aufstieg zur architektonisch kühnsten der drei Höhenburgen. Auf engstem Raum, in das zerklüftete und steil abfallende graue Kalkgestein, wurde unter großen Mühen ein wichtiger militärischer Beobachtungs- und Signalposten errichtet. Während der byzantinischen Epoche entstanden Wohngebäude und Lagerräume, Zisternen und Kerker. Schon in der Spätzeit der Lusignans vernachlässigt wurden dann die Bauten auf dem Buffavento unter venezianischer Herrschaft geschleift. Von der zweithöchsten Erhebung des Besparmak-Gebirges ergibt eine faszinierende Aussicht: Richtung Norden über das Mittelmeer bis zum türkischen Taurusgebirge Toroslar mit dem 3524 m hohen Berg Medetsiz Ziversi (bei

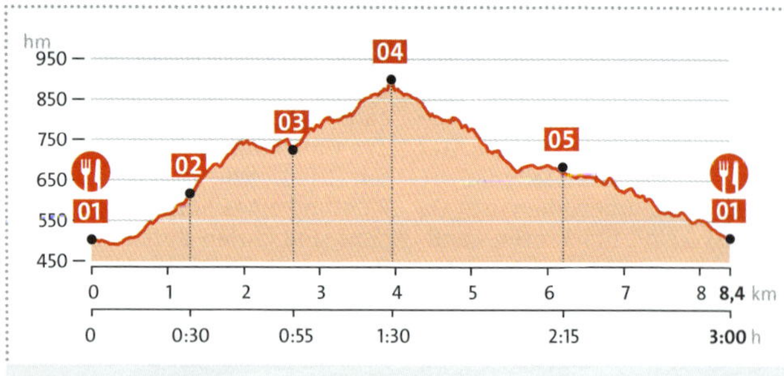

01 Taskent Nature Park, 507 m; 02 Kemerli Kaya, 614 m; 03 Parkplatz, 725 m; 04 Buffavento, 954 m; 05 Schlüsselstelle, 676 m

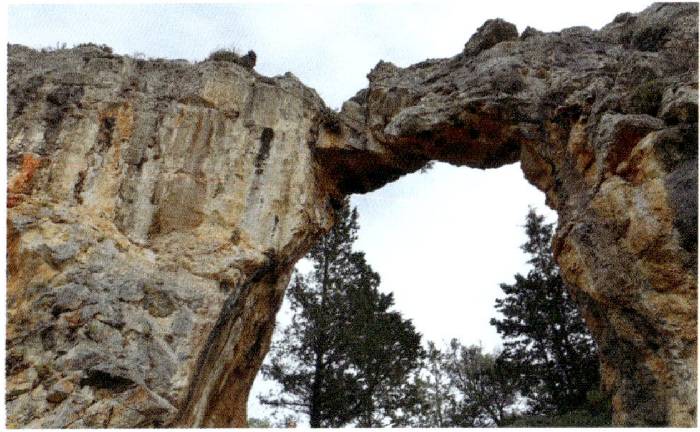

Der Felsbogen Kemerli Kaya.

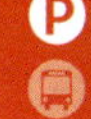

guter Fernsicht!). Richtung Süden schweift der Blick über die Mesarya-Ebene, weiter bis nach Nikosia und dem dahinterliegenden Troodos-Gebirge.

▶ Den großen Parkplatz am **01 Taskent Nature Park (507 m)** überqueren wir an der Panagia Apsinthiotissa Kloster vorbei in östliche Richtung. Auf Höhe des Restaurants, das in den Sommermonaten geöffnet ist, folgen wir nicht den halb links bergaufführenden Weg, sondern gehen geradeaus weiter. Nach wenigen Metern geht der gepflasterte Weg in eine Piste über. An der nächsten

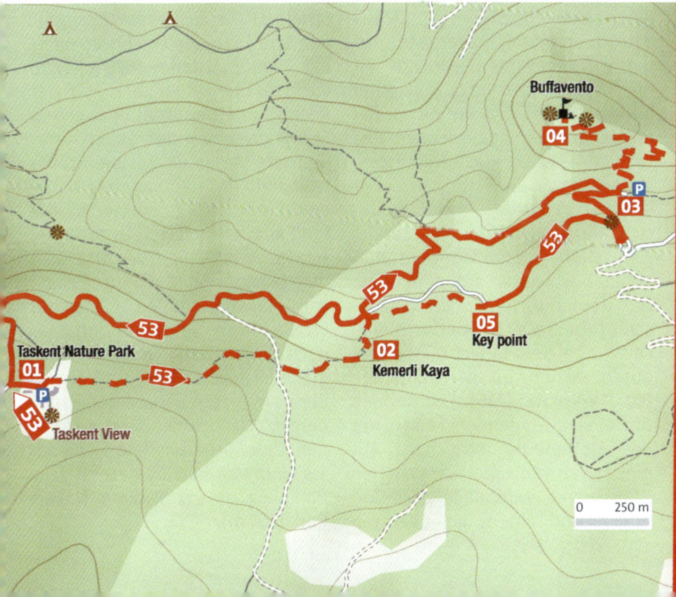

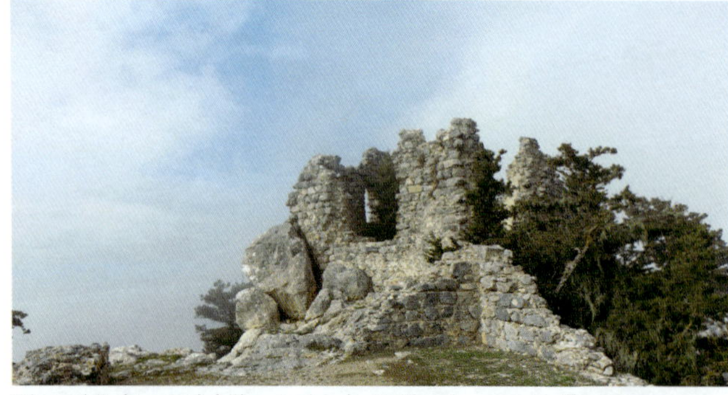

Die architektonisch kühnste der drei Höhenburgen: Buffavento.

Gabelung wählen wir den halb links beginnenden Pfad. Nachdem wir eine steil bergaufführende Piste überquert haben, verläuft der Pfad durch eine Linkskurve und führt unmittelbar durch den äußerst beeindruckenden Felsbogen 02 **Kemerli Kaya (614 m)** hindurch. Holztreppen erleichtern den anschließend sehr steilen Aufstieg. Hinter einem Markierungsstein erreichen wir nach einem kurzen Stück geradeaus eine querende Schotterpiste. Auf dieser marschieren wir nur einige Meter nach links und dann hinter einer Informationstafel rechts auf der beginnenden Piste weiter. Nach kurzem Aufstieg verlassen wir die Piste dann aber in der Linkskurve – hier befindet sich etwas versteckt ein Markierungsstein – und wandern nun geradeaus weiter auf dem Pfad. Auf dem nun folgenden Wegabschnitt balancieren wir durch eine Felswüste, der Pfad ist nur schwer auszumachen, bis wir dann den 03 **Parkplatz (725 m)** unterhalb der steil aufragenden Felsen mit der Höhenburg erreichen. Auf einem komfortabel angelegten Pflasterweg wird nach zwei Torbögen und einem geländergesicherten Treppenweg das Hochplateau mit den Ruinen der Burg 04 **Buffavento (954 m)** erreicht. Über dem bekannten Hinweg steigen wir wieder zum Parkplatz ab und folgen dem Verlauf der geteerten Straße bergab, bis sie endet. Hier wenden wir uns nach scharf rechts. Die geradeaus- und bergabführende Piste lassen wir unbeachtet und folgen dem Verlauf der querenden und auch asphaltierten Straße. Dieser fast eben verlaufenden Straße folgen wir bis zu einer 05 **Schlüsselstelle (676 m)**, die leicht zu übersehen ist. Hier in der Rechtskurve der Straße bei einem Steinhaufen an der linken Straßenseite verlassen wir die Straße nach halb links auf den beginnenden Pfad. Streckenweise ist der Pfad auf dem felsigen Untergrund schwer zu erkennen. Wir erreichen den bekannten Markierungsstein vom Hinweg, steigen wieder zur Straße hoch und wenden uns nach links. Dann passieren wir die Informationstafel und folgen dieses Mal dem Verlauf der Straße bergab. Nach einer lang gezogenen Linkskurve passieren wir das Tor und wandern bergab bis zum Parkplatz im 01 **Taskent Nature Park (507 m)**.

LEFKA

Zitrusplantagen und Kupferminen

 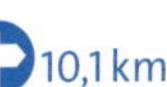 10,1 km 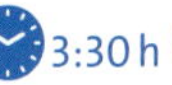 3:30 h 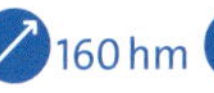 160 hm 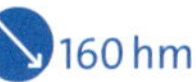 160 hm

START | Parkplatz beim Kreisverkehr unterhalb von Lefka, an dem die Bundesstraße D.30 endet. Gut zu erkennen an einer riesigen gelben ausrangierten Lokomotive. 56 km westlich von Nikosia (Nordzypern). [GPS: 35.129989 32.836816]
ÖPNV: Sammeltaxi von Kuğulu Park in Nikosia.
CHARAKTER | Wanderung ohne technische Schwierigkeiten. Einfache Orientierung. Beste Wanderzeit: Ganzjährig.
Art des Weges: 20 % Piste, 40 % Straße und 40 % Wanderweg.

Aufgrund der nie versiegenden Ströme aus dem Troodos-Gebirge gedeihen in diesem fruchtbaren Wandergebiet die besten Zitrusfrüchte auf Zypern. Diesen Wasserreichtum machte sich schon das Haus der Lusignans zunutze, zu ihrer Zeit befand sich in dieser Region die bedeutendste zyprische Produktionsstätte für Zuckerrohr und Baumwolle. Bei dem 1992 fertiggestellten Staudamm können wir dann feststellen, wie viel Wasser die Berge runterfließen muss, um das Becken mit einer Wasserspeicherkapazität von 4.000.000 Tonnen zu füllen. Mit dem Abbau von Kupfer in den benachbarten Minen entwickelte sich in den ersten drei Jahrzehnten des 20. Jahrhunderts Lefke extrem schnell zu einer Kleinstadt mit bis zu 10.000 Einwohnern. In den 1960er Jahren und endgültig Anfang der 1970er Jahre endete der Kupferboom. Zugmaschinen,

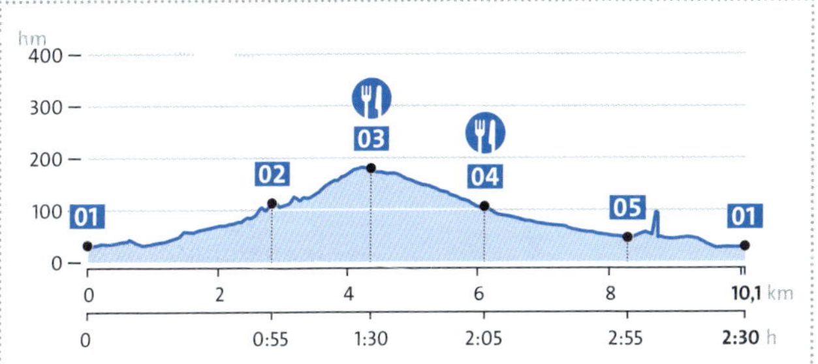

01 D.30, 37 m; 02 Gemikonagı-Damm, 94 m; 03 Kupferminen-Denkmal, 168 m; 04 Osmanischen Wasser Aquädukt, 136 m; 05 D.30, 37 m

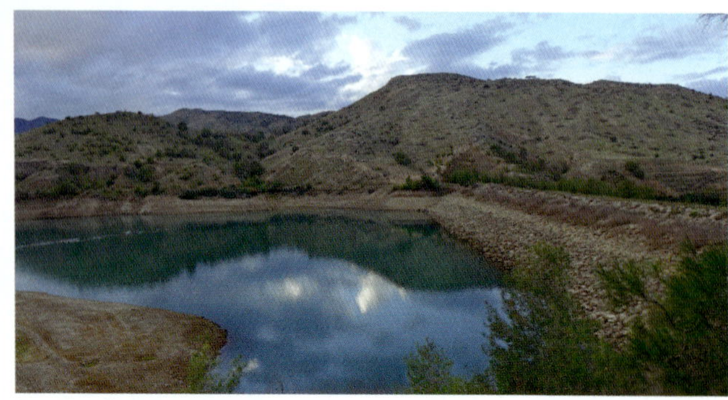
Der Gemikonagı-Damm.

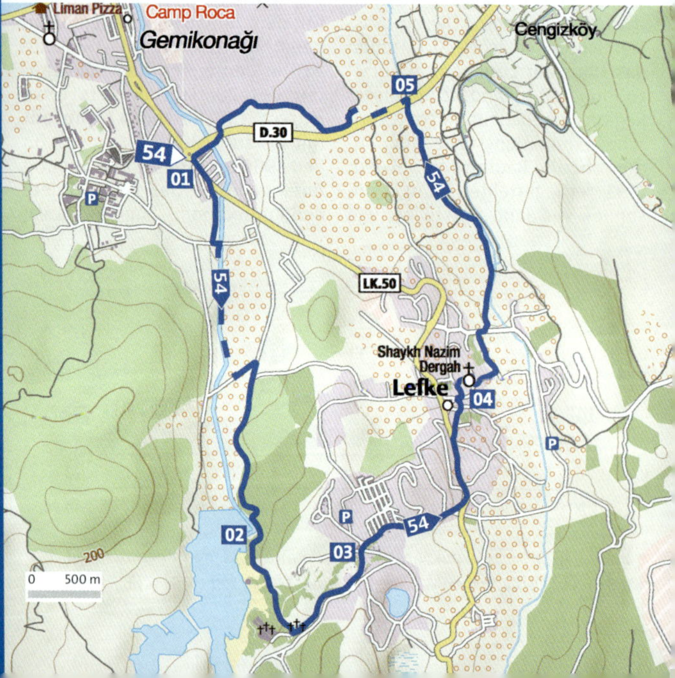

Loren, ein Denkmal und verwaiste Abbaugebiete sind stille Zeitzeugen und säumen den Wanderweg. Eine besondere technische Meisterleistung ist ein Aquädukt aus venezianischer Zeit mit seiner noch sehr gut erhaltenen zehnbogigen Brücke im Zentrum von Lefke. Der Ort entwickelte sich seit dem 16. Jahrhundert zu einem bevorzugten Wohnort, da viele Osmanen vom Festland übersiedelten. Auch wurde die Stadt von der englischen Kolonialzeit geprägt. Bei dem kurzen Spaziergang durch den Ort Lefke fällt die charakteristische, aber leider sehr in die Tage gekommene Architektur ins Auge.

▶ Vom Kreisverkehr am Ende (von Nikosia kommend) der Bundesstraße **01** **D.30 (37 m)** wandern wir Richtung Süden (Troodos-Gebirge) entlang der Straße. An der nächsten Gabelung der Straße wählen wir den halbrechten Arm, dieser führt vorbei an Villen. Wo die Straße endet wenden wir uns nach links und biegen sofort rechts auf die Piste und gehen danach 250 m durch das ausgetrocknete Flussbett. Dort steigen wir über die links den Flusslauf begrenzende Böschung hinauf, gehen 50 m weglos und parallel zum Fließgewässer, um dann auf eine Piste zu stoßen und deren Verlauf zu folgen. Zunächst entlang von Zitrusplantagen versperrt dann ein rotes Metalltor das Weiterkommen. Hier gehen wir links, dann durch die Öffnung im Zaun und auf der Piste links weiter. An der querenden Straße schwenken wir nach rechts, folgen deren Verlauf bis zum **02** **Gemikonagı-Damm (94 m)** und dann noch weiter, bis die Piste endet. Hier gehen wir links an der querenden Piste und kontinuierlich bergauf bis zu einer großen Kreuzung. Hier befinden sich ausgemusterte Loren und Züge und ein **03** **Kupferminen-Denkmal (168m)** aus der Zeit, wo hier noch Kupfer abgebaut wurde. In östliche Richtung orientieren wir uns am Verlauf der weiterführenden Straße. Hinter der Schule auf der linken und der Bushaltestelle auf der rechten Straßenseite biegen wir links in die Hauptstraße Richtung des Ortszentrums von Lefke. Noch vor dem Ortszentrum biegen wir halb rechts in die Einbahnstraße. Zur

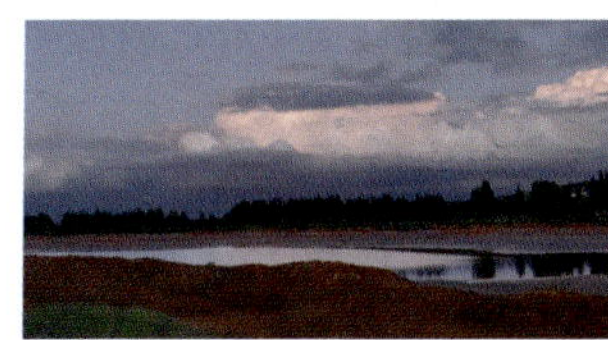

Verwaiste Abbaugebiete am Weg.

Orientierung: Hier befinden sich rechts vom Weg zahlreiche Palmen. Am Ende der Straße biegen wir rechts in die querende Straße und auf Höhe der Moschee links in die Straße ab. Bei der nächsten Möglichkeit zweigen wir rechts ab, dort wo auch diese Straße endet wenden wir uns abermals nach rechts und erreichen den **04** **Osmanischen Wasser Aquädukt (136 m)** (Osmanli Su Kemerleri). Vor dem Aquädukt wenden wir uns nach links, wandern am Ende dieser Straße links, marschieren zum Ende der nächsten Straße rechts und biegen dann sofort nach links ab Richtung der monumentalen Bäume. Der Wasserlauf rechts von uns fließt in einen kleinen Staudamm. Hinter diesem verläuft dann die Piste durch das Trockenbachbett, an dessen erster Gabelung wir den halblinken Arm wählen. Es folgt wieder ein Wegstück oberhalb des Trockenbachbetts, bis wir dann auf Höhe einer Anlage wieder in das Trockenbachbett gelangen, anschließend die **05** **D.30 (95 m)** unterqueren und hinter dem Tunnel scharf links gehen. Wir folgen kontinuierlich dem Verlauf der Piste entlang eines Zauns. Auf Höhe von Säulenzypressen wenden wir uns nach halb links Richtung D.30, um diese beim beginnenden Fußgängerweg zu überqueren und die wenigen verbleibenden Meter bis zum Start und Ziel zur Bundesstraße **01** **D.30 (37 m)** vorgehen.

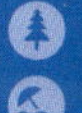

MORPHOU BAY

Abenteuer für Abenteurer

 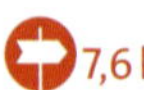 7,6 km   2:45 h 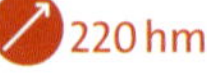 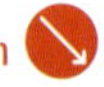 220 hm 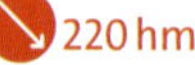 220 hm

START | Parkplatz im Dorf Yeşilırmak an der Grenze zur Pufferzone und dem dahinterliegenden Südzypern am westlichen Ende der Morphou-Bucht. 70 km westlich von Nikosia (Nordzypern) [GPS: 35.173892 32.741834]
CHARAKTER | Auf einem weglosen Abschnitt ragen zahlreiche Büsche in den Weg. An einer Schlüsselstelle ist die Wegführung unklar und man muss intuitiv den Weg finden. An einigen Felsen müssen die Hände zu Hilfe genommen werden.
Beste Wanderzeit: Ganzjährig.
Art des Weges: 10 % weglos 15 % Strandspaziergang und 75 % Piste.

Die nun beschriebene Wanderregion liegt im äußersten Westen der Bucht von Morphou, harmonisch eingebettet zwischen Mittelmeer und Troodos-Gebirge. Sie präsentiert sich je nach Sonneneinstrahlung und Jahreszeit in den Farben azurblau, sattgrün, braun und orange. Himmelblau ist das Meer, grün sind die Kiefern und Blätter der Orangenbäume, dunkelbraun bis hellbraun die verbrannte Landschaft und orange die Früchte der wohlschmeckenden Orangen. Die abenteuerliche Tour führt zu abgelegenen Sandstränden ohne jegliche touristische Infrastruktur. Abenteuerlich ist der Rückweg. Am Ende der Rundwanderung

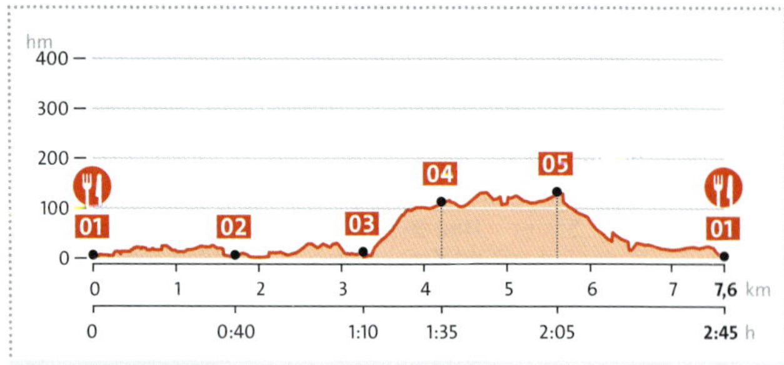

01 Yeşilırmak, 7 m; 02 Morphou Bay Beach I, 4 m; 03 Schlüsselstelle, 3 m; 04 Links, 98 m; 05 Schotterstraße, 108 m

gibt es mit dem Vouni King Restoran ein sehr empfehlenswertes Restaurant. Nach dem Essen lockt das Meer zu einem erfrischenden Bad. Auch die historische Stätte Vouni ist sehr sehenswert.

Von einem der Parkplätze in dem kleinen Feriendorf 01 **Yeşilırmak (7 m)** gelangen wir beim Restaurant Reşat Baba Dilirga Restoran zum Meer und spazieren links am schmalen Kieselsteinstrand entlang. In den Wintermonaten ist der Zugang zum westlichen Ende der kleinen Badebucht mit dem Asmali–Restaurant durch ein Tor versperrt. Dann gelangt man dorthin nur über einen schmalen betonierten Streifen, der am westlichen Kieselsteinstrand verläuft. In den Sommermonaten ist das Tor offen und vom Vouni King Restoran führt eine Straße Richtung Meer bis zum Asmali Restaurant. Hinter diesem und einem weiteren Wohnhaus beginnt dann ein sehr schöner Küstenpfad. An einigen Felsen müssen die Hände zu Hilfe genommen werden. Einige grüne Punkte helfen bei der Orientierung. Aus dem Meer erhebt sich die Felsinsel Petra Tou Limnitis. Sobald wir die Steilküste hinter uns gelassen haben beginnt eine Piste. In die mündet von links eine weitere Piste. Bei einer ersten Gabelung wählen wir den rechten Arm, der nach einer 180°-Kehrtwendung am östlichen Ende des 02 **Morphou Bay Beach I (4 m)** endet. Das westliche Ende dieses Strandabschnitts verlassen wir über eine Piste. An der sofort darauffolgenden Gabelung wählen wir den halbrechten Arm. Aussichtsreich oberhalb der Klippen bringt uns dann ein rechts bergabführender Abstecher zu einem zweiten schönen Strandabschnitt, dem Morphou Bay Beach II. Nach dem Abstecher gehen wir noch 180 m entlang des Küstenwanderwegs, um dann eine 03 **Schlüsselstelle (3 m)** zu erreichen. Achtung! Die geradeaus weiterführende Piste führt direkt in die von den Vereinten Nationen kontrollierte Pufferzone. Bitte auf keinen Fall weitergehen. Also an der Schlüsselstelle – gut zu erkennen an Schilfgras und einem Steinhaufen – beginnt eine schmale Schlucht, durch die wir

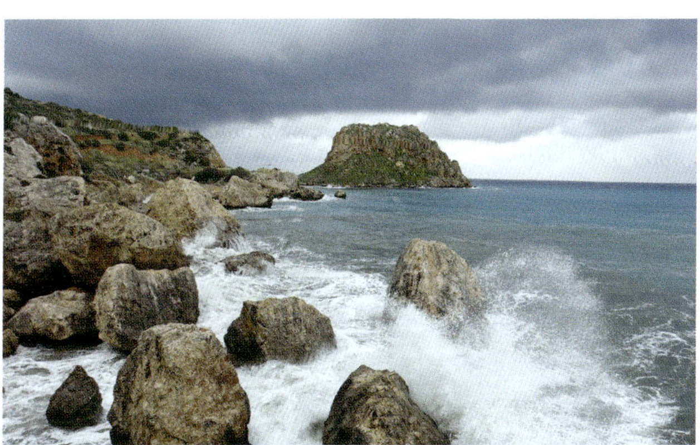

Im Meer erhebt sich die Felsinsel Petra Tou Limnitis.

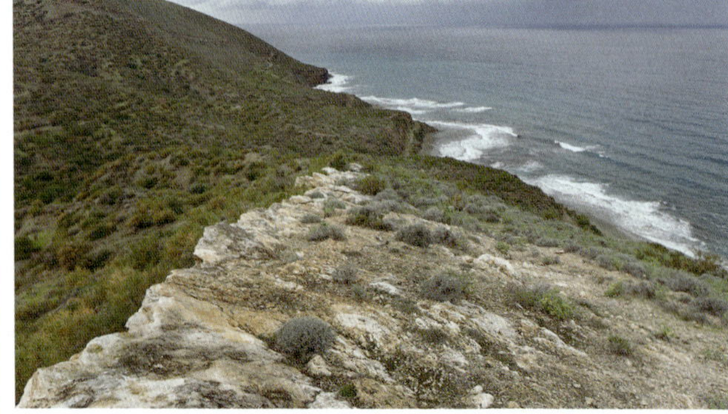

Aufstieg über einen vegetationsarmen Bergrücken.

100 m landeinwärts gehen. Bei einem weiteren Steinhaufen verlassen wir dann die Schlucht nach links über die rutschige und mit stacheligen Büschen bewachsene Böschung. Weiter geht es kurvenreich um die niedriggewachsenen Büsche Richtung eines markanten vegetationsarmen Bergrückens. Dessen Verlauf folgen wir nun weiterhin weglos bis zum höchsten Punkt, hinter dem sich eine Piste befindet. Diese bergaufführende Piste bringt uns hinter einer scharf links abzweigenden Piste bis zu einer Gabelung, an der wir nach **04 Links (98 m)** abbiegen. Schon bei der nächsten Gabelung nehmen wir den halbrechten Arm, lassen einen rechten und einen linken Abzweiger unbeachtet und klettern nachfolgend über die Leitplanke der Straße. Nach einem kurzen Stück entlang der Straße Richtung Westen nehmen wir bereits den ersten geradeaus weiterführenden Abzweiger. Durch eine Kette ist er für Fahrzeuge gesperrt, wir Wanderer dürfen den Weg benutzen. Nach circa 350 m – sobald die Piste in einer Linkskurve um einen Hügel herumführt – verlassen wir die **05 Schotterstraße (108 m)** auf die halb rechts beginnende Piste. Der nachfolgende Wegabschnitt ist extrem schwierig zu finden. Sobald wir im Tal die Häuser sehen, beginnt ein Pfad, der streckenweise zugewachsen ist, aber einfach umlaufen werden kann. Dann orientieren wir uns in Richtung einer Steinmauer im

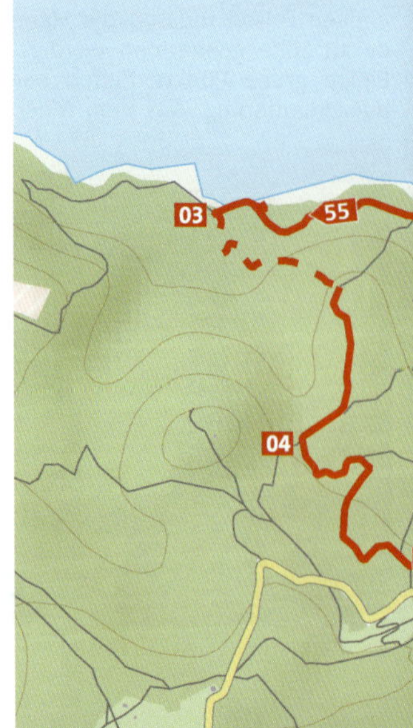

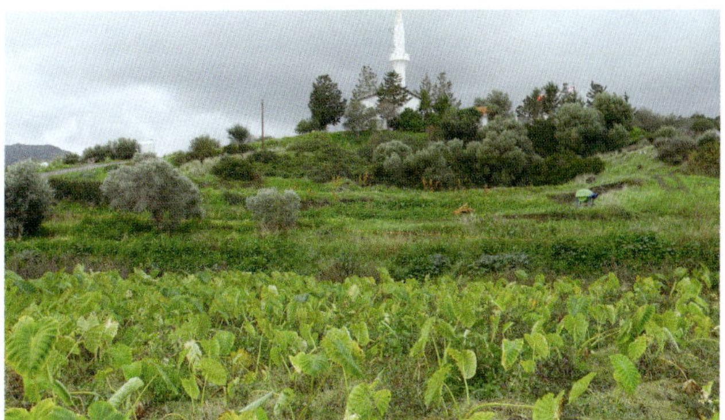

Sattgrüne Felder und die Moschee von Yeşilırmak.

halb links gegenüberliegenden Berghang, den wir nur über ein wegloses Stück erreichen. Dort beginnt wieder ein Ziegenpfad, der gemächlich bergab führt, dann aber von dichtem Gebüsch abrupt endet. Hier steigen wir steil nach links ab, um dann weiter zu einem einzeln stehenden Haus hinunterzugelangen und durch die fruchtbare Hochebene mit seinen zahlreichen Feldern und Wirtschaftswegen bis zur asphaltierten Straße vorgehen. Weiter links bergab entlang dieser und an der nachfolgenden Kreuzung abermals links gelangen wir zum Start und Ziel nach **01** **Yeşilırmak (7 m)**.

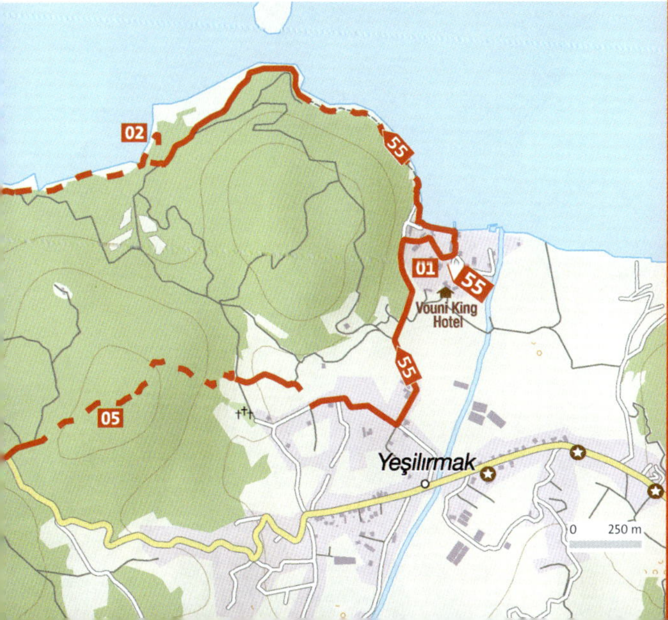

02
55
01
55
Vouni King Hotel
55
05
Yeşilırmak
0 250 m

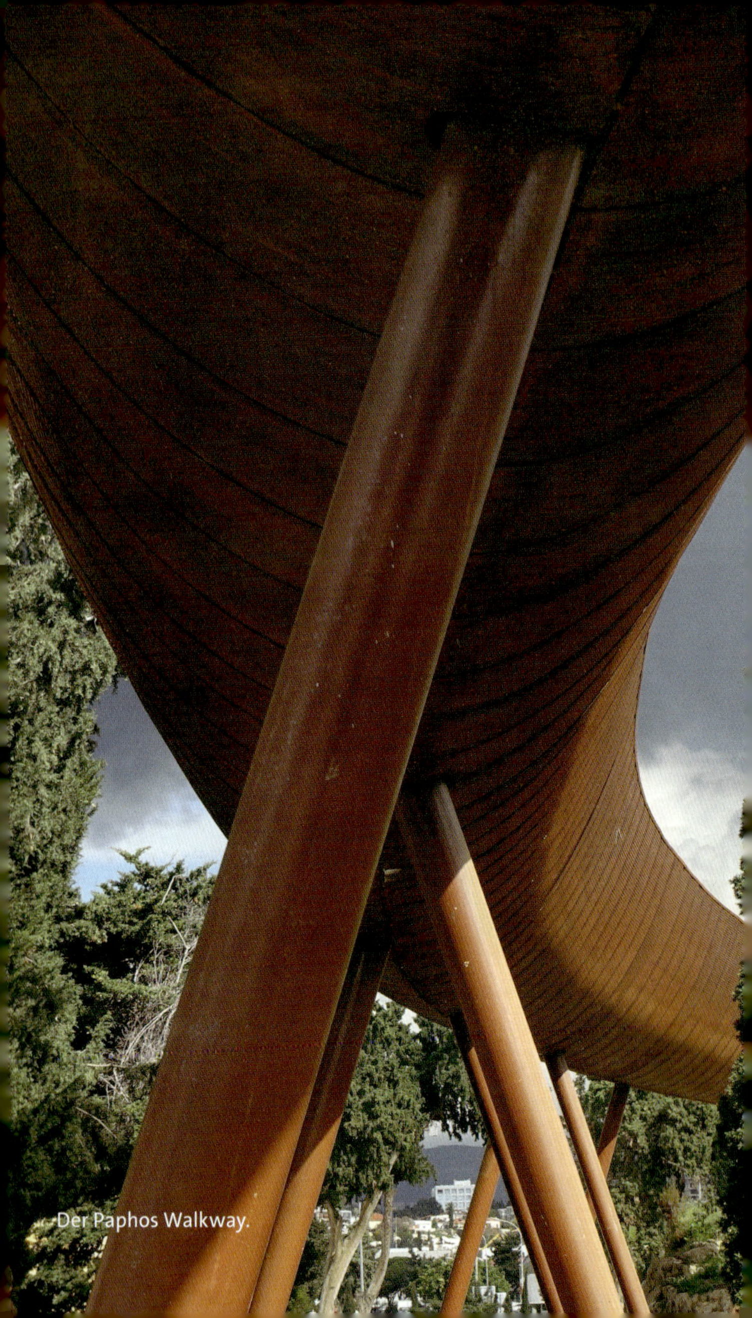
Der Paphos Walkway.

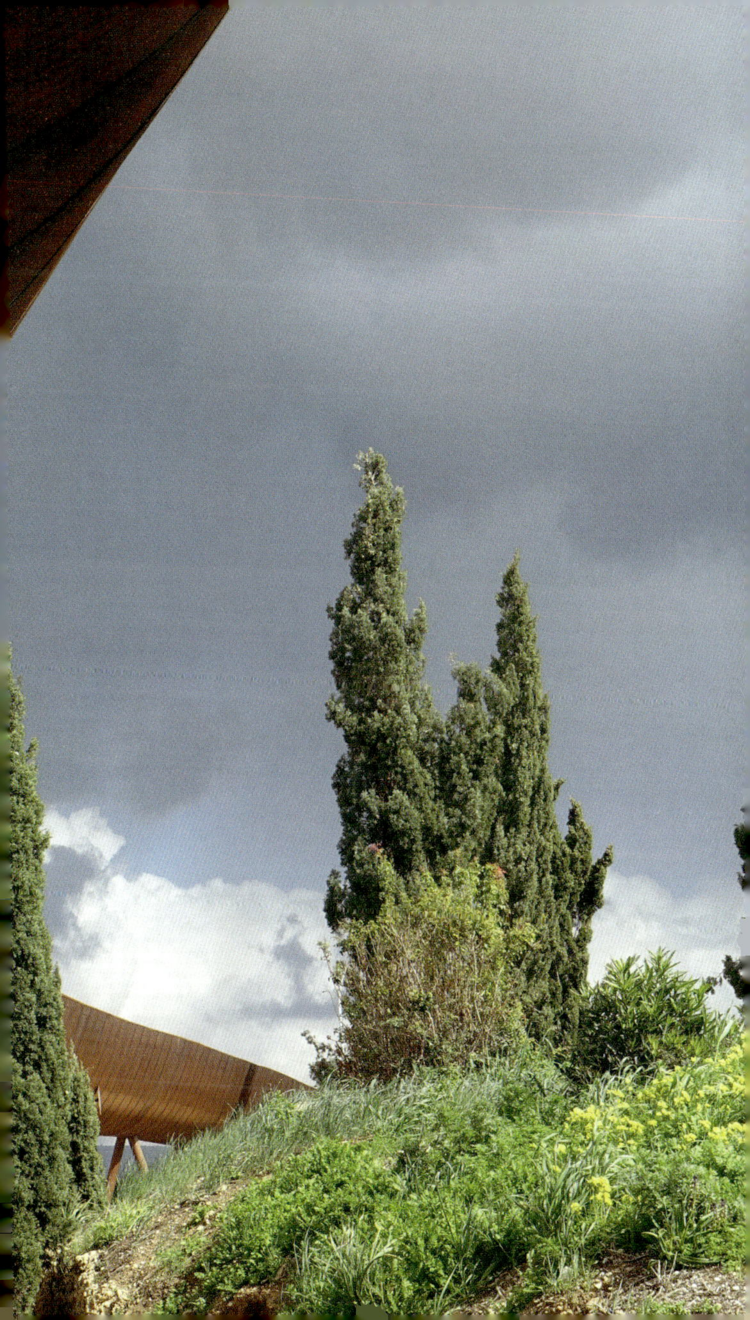

Anreise mit dem Flugzeug – Zypern

Der **Ercan International Airport** ist der größte Flughafen auf **Nordzypern**. Zur Google-Navigation: 35.157677 33.503363. Da sich der Flughafen in dem von der Türkei beanspruchten Teil Zyperns befindet, gibt es keine IATA-Kennung und somit keine internationalen Flüge, sondern nur Inlandsflüge mit Turkish Airlines www.turkishairlines.com/de-int/ von Ankara, Adana, Antalya, Istanbul und Izmir nach Nordzypern.

Auf **Südzypern** gibt es zwei internationale Flughäfen, der **Larnaca International Airport** (IATA-Kennung: LCA, Webseite www.larnaca-airport.com, zur Google-Navigation: 34.871122 33.608218) und **Paphos International Airport** (IATA-Kennung: PFO, Webseite www.airport-paphos.com, zur Google-Navigation: 34.711705 32.489114). Die Flughäfen sind international bestens angebunden!
Mit einem internationalen Direktflug beträgt die Flugzeit von Hamburg 3:55 Std. (Eurowings), von München 3:20 Std. (Lufthansa) und von Zürich 3:40 Std. (Edelweiß Air) nach Larnaka. Die Gesamtpreise liegen zwischen 350 und 450 Euro für den Hin und Rückflug. Reisen nachhaltig: Direktflüge buchen bedeutet weniger CO_2-Ausstoß! Mit einem Zwischenstopp fliegen alle namhaften Airlines als auch die Billiganbieter Zypern an.

Anreise mit dem Fahrzeug und der Fähre nach Nordzypern

Mit dem Fahrzeug sind es von Hamburg (3518 km), München (2900 km), Zürich (3200 km) oder Wien (2555 km) bis nach Kyrenia auf Nordzypern. Die Fährgesellschaft Akgünler Denizcilik akgunlerdenizcilik.com verbindet mehrmals wöchentlich die Passage von Tasucu (Zur Google-Navigation: 36.311219 33.898262) – türkisches Festland – mit Kyrenia. Larnaka auf Südzypern wird zwar von Athen angefahren, aber man müsste sein Fahr-

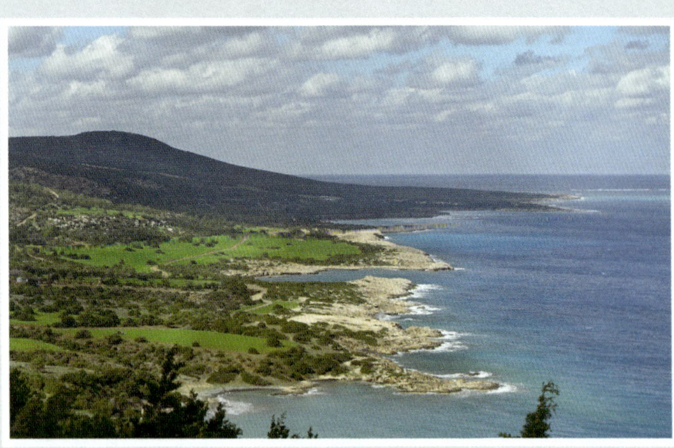

Die nördliche Küste der wilden und unberührten Akamas-Halbinsel.

zeug verschiffen und dann mit dem Flugzeug fliegen.

Zum Berechnen der Fahrstrecke mit den dazugehörigen Mautkosten und Ländern, in denen eine Vignette gekauft werden muss, liefert die Webseite vom ADAC maps.adac.de/ eine sehr gute Übersicht. Auf der nachfolgenden Webseite vom ADAC www.adac.de/reise-freizeit/maut-vignette/ gibt es zusätzlich eine sehr nützliche Übersicht zur Maut oder Vignette in dem jeweiligen Urlaubsland.

Die aktuellen Kraftstoffpreise befinden sich auf der Webseite avd.de/wissensbasis/rund-ums-auto/artikel/benzinpreise-europa des Automobilclubs von Deutschland.

Autovermietungen – Zypern

Ein Mietwagen ist sehr sinnvoll, da mit dem Bus die Wanderungen und Sehenswürdigkeiten teilweise gar nicht oder oft schwer zu erreichen sind. Im Nordteil der Insel angemietete Autos dürfen nicht im Süden gefahren werden. Genauso in Südzypern angemietete Wagen dürfen nicht in Nordzypern fahren. Möchte man jeweils eine Woche im Norden und eine weitere Woche im Süden der Insel Urlaub machen, so lässt es sich nicht vermeiden, zwei Mietwagenverträge abzuschließen!

Die gängigsten Mietwagenfirmen haben ihre Niederlassungen an den Flughäfen. Wer spontan ein Fahrzeug mieten möchte, wird in vielen Urlaubsregionen auch Mietwagenverleiher vor Ort vorfinden. In Zypern herrscht Linksverkehr. Die Straßen sind im Allgemeinen in gutem Zustand. Voraussetzung zur Anmietung eines Pkw sind eine gültige Fahrerlaubnis, ein Reisepass sowie ein Mindestalter von 18 Jahren, wobei man den Führerschein bereits ein Jahr besitzen muss. Bei Fahrern unter 25 Jahren kann eine „Young Driver Surcharge" verlangt werden. Die besten Angebote erhält man bei den klassischen Mietwagen–Vergleichsportalen von: billiger-mietwagen.de und CHECK24.

Für einen kleinen Pkw schwanken die Preise auf Südzypern in der Hauptsaison mit Vollkasko zwischen 60–90 Euro pro Tag. Folgende auf Südzypern ansässige Mietwagenfirmen gibt es:

7777Rentacar | Artemidos Avenue 97, CYBARCO D, office 7, 6027-Südzypern | Webseite 7777rentacar.com | Tel.: +35796570075 | Zur Google-Navigation: 34.901223 33.630849.

Petsas Rent a Car | PETSAS Desk, Arrivals Hall, Larnaka Airport | Webseite www.petsas.com.cy/en/ | Tel.: +35724643350 | Zur Google-Navigation: 34.871169 33.608035.

ASTRA Car Rentals | Larnaca International Airport (Arrival Hall) | Webseite www.astracarrentals.com | Tel.: +335722558120 | Zur Google-Navigation: 34.871169 33.608035.

Für die Anmietung eines Autos in Nordzypern ist der nationale Führerschein ausreichend. Da die Einreise mit dem Flugzeug nach Nordzypern nur mit Türkisch Airlines möglich ist, aber die meisten und auch günstigen Flüge nach Larnaka auf Südzypern angeboten werden, bieten die Mietwagenfirmen in Nordzypern ein Taxiservice an. Der kostet zwischen 60 und 80 Euro für die einfache Fahrt. Für einen kleinen Pkw schwanken die Mietpreise hier in der Hauptsaison mit Vollkasko zwischen 30–60 Euro pro Tag. Folgende auf Nordzypern ansässige Mietwagenfirmen gibt es:

Sun Rent A Car | Abdi İpekçi Caddesi 10, Lefkoşa 99010-Nordzypern | Webseite www.sunrentacar.com | Tel.: +903926007878 | Zur Google-Navigation: 35.185197 33.360067.

Oscar Rent Mietwagen | Şehit Adnan Mavi Demir Sokak No: 5 Kyrenia – Nordzypern | Webseite www.oscarrentacars.com | Tel.: +903928152272 | Zur Google-Navigation: 35.334431 33.339465.

Kyrenia Castle Mietwagen | Ugur Mumcu Avenue, Gamarez Street Shop 64/D, Ozankoy / Kyrenia–Nordzypern | Webseite www.kyreniacastle.com | Tel.: +905338418001, +905428514333 (Whatsapp) | Zur Google-Navigation: 35.325366 33.358258.

Botschaften – Zypern

Österreichische Botschaft | Dimosthenous Severi Avenue, 1st Floor, 34, Office 101, 1080 Nikosia | Webseite www.bmeia.gv.at/oeb-nikosia/ | Tel.: +35722410151 |

Botschaft der Bundesrepublik Deutschland | Nikitara 10, Nikosia | Webseite nikosia.diplo.de/ | Tel.: +35722790000 |

Schweizerische Botschaft | Prodromou / 2 Dimitrakopoulou Street, 2nd floor, 1090 Nikosia | Webseite www.eda.admin.ch/countries/cyprus/de/home/vertretungen/botschaft.html | Tel.: +35722466800 |

Briefmarken – Mobilfunknetz – Roaming-Gebühren – Zypern

Eine Postkarte von Nordzypern nach Deutschland, in die Schweiz oder Österreich hat eine Laufzeit von 2–4 Wochen und von Südzypern 2–4 Werktage. Die Briefmarke kostet 0,95 Euro Porto von Südzypern. Aufgrund der hohen Inflation erhöht sich der Preis für Briefmarken in Nordzypern ständig! Briefkästen gibt es an vielen Ecken und sind in Zypern gelb.

In Nordzypern und Südzypern gibt es ein dichtes Mobilfunknetz, man kann sogar von einigen Bergspitzen telefonieren. Nur in den abgelegenen Regionen ist die Netzabdeckung dann nicht mehr gewährleistet. Die Ländervorwahl in die Republik Zypern ist +357 und in die Türkische Republik Nordzypern +90. Die Vorwahl nach Deutschland +49, nach Österreich +43 und in die Schweiz +41.

2017 wurden die EU–Roaming-Gebühren abgeschafft. Wer in Südzypern mit dem Handy telefonieren, eine SMS oder MMS verschicken möchte oder mobiles Datenvolumen nutzen möchte, kann dies anbieterübergreifend zu den Konditionen seines normalen Inlandstarifs. Da Nordzypern nicht Teil der EU ist entstehen dort je nach Vertrag extreme hohe Roaming-Gebühren. Hier empfiehlt sich der Kauf einer Prepaid–Sim–Karte. Führender Mobilfunkbetreiber in Nordzypern ist Kuzey Kibris Turkcell, eine Tochtergesellschaft des türkischen Betreibers Turkcell.

Einreise – Zypern

Die Einreise für deutsche Staatsangehörige und EU-Bürger ist mit gültigem Personalsausweis oder Reisepass in die Türkische Republik Nordzypern möglich. Kinder können mit gültigem Kinderreisepass einreisen. Mit einem vorhandenen Eintrag in den Reisepass eines Elternteils ist die Einreise bis zum vollendeten 16. Lebensjahr möglich. Schweizer benötigen einen Reisepass. Die Einreise in das EU-Land Republik Zypern ist für Europäer und Schweizer problemlos.

Feiertage – Republik Zypern

01. Januar: Neujahr
6. Januar: Epiphanias (Heilige Drei Könige)
25. März: griechischer Nationalfeiertag
1. April: EOKA-Tag – Gedenken an eine griechisch-zypriotische militärische Widerstandsorganisation
März/April: orthodoxer Rosenmontag (grüner Montag) (jährlich wechselnd)
März/April: orthodoxer Karfreitag (jährlich wechselnd)
März/April orthodoxer Ostermontag (jährlich wechselnd)
März/April: orthodoxer Osterdienstag/ Bank Feiertag (jährlich wechselnd)
1. Mai: Tag der Arbeit
Juni: Pfingstsonntag orthodox (jährlich wechselnd)
Juni: Pfingstmontag orthodox (jährlich wechselnd)
15. August: Maria Himmelfahrt
1. Oktober: Unabhängigkeitstag Zypern
28. Oktober: Ochi-Tag ("Nein-Tag") – Ablehnung des von Benito Mussolini am 28. Oktober 1940 an Griechen-

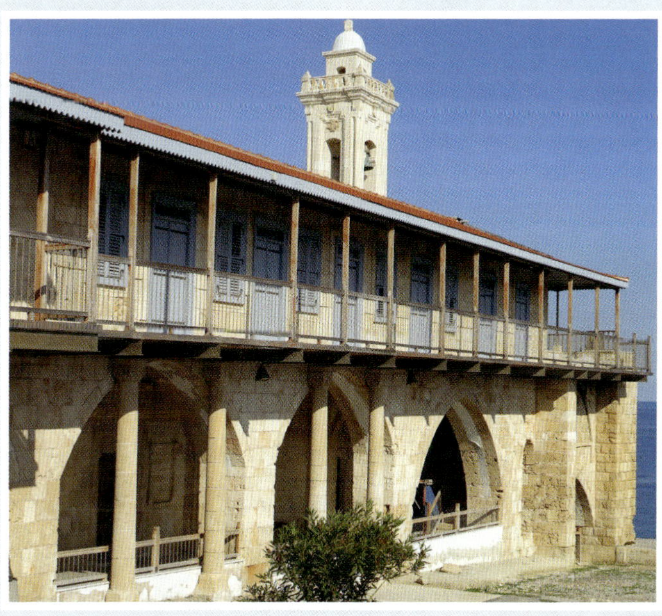

Apostolos-Andreas-Kloster

land gestellten Ultimatums vor dem Beginn des Griechisch-Italienischen Krieges
25. Dezember: 1. Weihnachtsfeiertag
26. Dezember: 2. Weihnachtsfeiertag

Feiertage – Türkische Republik Nordzypern

01. Januar: Neujahr
Februar/März: Tage des Ramadan richten sich nach dem Mondkalender (jährlich wechselnd)
23. April: Feiertag der Nationalen Souveränität und des Kindes
1. Mai: Tag der Arbeit
19. Mai: Feiertag der Jugend, des Sports und an das Gedenken an Mustafa Kemal Atatürk
20. Juli: Jahrestag der türkischen Intervention des Jahres 1974
1. August: Tag des Widerstands
30. August: Tag des Sieges über die Griechen 1922
29. Oktober: Gründung der Türkischen Republik 1923
15. November : Proklamation der (international nicht anerkannten) Türkischen Republik Nordzypern (1983)
Dezember: Höchster sunnitischer Feiertag, Gedenken an den Propheten Ibrahim, der bereit war, seinen Sohn Ismail zu opfern (siehe auch Opferung Isaaks). Abhängig vom islamischen Kalender Opernfest Kurban Bayramıı.

Interessante Webseiten – Republik Zypern

Eine Auflistung der Museen. *www.mcw.gov.cy/mcw/da/da.nsf/DMLmuseums_en/DMLmuseums_en?OpenDocument*
Eine Auflistung der Monumente und archäologischen Stätten. *www.mcw.gov.cy/mcw/da/da.nsf/DMLmonum_en/DMLmonum_en?OpenDocument*

Die von der UNESCO geführte Liste des Welterbes. *www.mcw.gov.cy/mcw/da/da.nsf/DMLunesco_en/DMLunesco_en?OpenDocument*

Informationsbroschüre über die Küche und ihre Köstlichkeiten. *www.visitcyprus.com/files/food_and_drink/Flavours_of_Cyprus_9_2015_GER.pdf*

Venezianische Brücken auf Zypern. *www.ridegaia.com/post/2016-2-1-venetian-bridges-of-cyprus-ce-95-ce-bd-ce-b5-cf-84-ce-b9-ce-ba-ce-ac-ce-b3-ce-b5-cf-86-cf*

Krankenversicherungsschutz – Ärzte – Krankenhäuser – Zypern

Ein Versicherungsschutz mit Ihrer EHIC (European Health Insurance Card - EHIC) besteht derzeit nicht in der Türkischen Republik Nordzypern. Eine private Absicherung ist notwendig. Hier bestehen keine Leistungsansprüche gegenüber Ihrer Krankenkasse.

Kamiloğlu Hospital in Kyrenia
Zur Google-Navigation: 35.336629 33.310333.
kamilogluhastanesi.com

Suchmaschine *shso.org.cy/en/anazitisi-iatrou/?wpv_view_count=79&wpv_post_search=&wpv-hospital-tax=0&wpv-specialty=0* für alle Gesundheitsdienstleister für die Insel Zypern.

In der Republik Zypern sind Sie dagegen mit der europäischen Krankenversicherungskarte geschützt. Empfehlenswert ist trotzdem der Abschluss einer privaten Auslandsreisekrankenversicherung, die weitergehende Leistungen übernimmt wie einen medizinisch notwendigen Rücktransport.

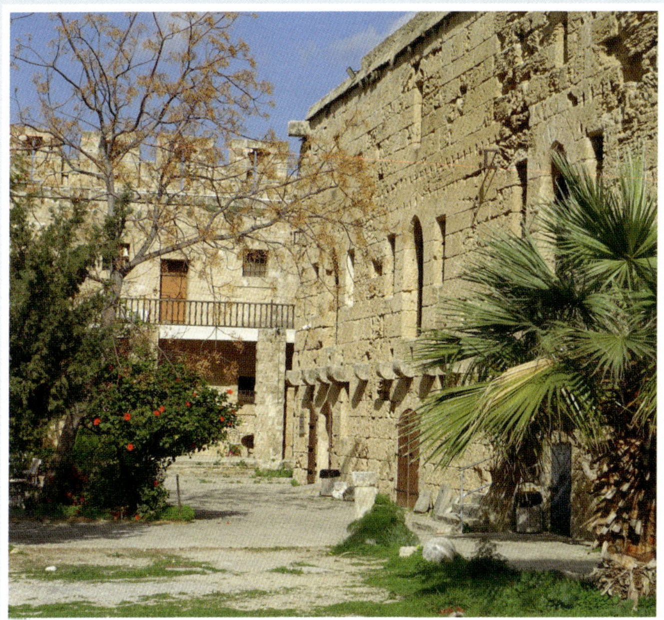

Schloss Girne.

Krankenhaus und Webseite
Zur Google-Navigation
Nicosia General Hospital
35.128173 33.377248

Archbishop Makarios III Hospital
35.062497 33.971761

Famagusta General Hospital / Amochostos General Hospital
35.062193 33.972381

Limassol General Hospital
34.706423 32.983595

Larnaca General Hospital
34.921293 33.605107

Paphos General Hospital
34.789319 32.445826

Polis Crysochous Hospital
35.038973 32.424505

Troodos Hospital
34.951142 32.952442

Suchmaschine Gesundheitsdienstleister www.knowyourdoctor.com.cy auf Südzypern.

Nicosia General Hospital
Zur Google-Navigation: 35.128173 33.377248.
shso.org.cy/en/hospital/geniko-nosokomeio-lefkosias/

Archbishop Makarios III Hospital
Zur Google-Navigation: 35.062497 33.971761.
shso.org.cy/en/hospital/geniko-nosokomeio-ammochostou/

Famagusta General Hospital/
Amochostos General Hospital
Zur Google-Navigation: 35.062193 33.972381.
shso.org.cy/en/hospital/geniko-nosokomeio-ammochostou/

Limassol General Hospital
Zur Google-Navigation: 34.706423 32.983595.
shso.org.cy/hospital/geniko-nosokomeio-le-mesou/

Larnaca General Hospital
Zur Google-Navigation: 34.921293 33.605107.
shso.org.cy/en/hospital/geniko-nosokomeio-larnakas/

Paphos General Hospital
Zur Google-Navigation: 34.789319 32.445826.
shso.org.cy/en/hospital/geniko-nosokomeio-pafou/

Polis Crysochous Hospital
Zur Google-Navigation: 35.038973 32.424505.
shso.org.cy/hospital/nosokomeio-polis-chrysochous/

Troodos Hospital
Zur Google-Navigation: 34.951142 32.952442.
shso.org.cy/en/hospital/nosokomeio-troodous/

Mit dem Bus unterwegs – Republik Zypern

Dank eines gut ausgebauten Netzes ist das Reisen mit dem Bus auf Zypern problemlos. Zu kleinen und abgelegenen Dörfern gibt es aber nur wenige tägliche Verbindungen. Dort wo ÖPNV zum Start der Wanderung genutzt werden können sind diese in der Tourbeschreibung mit angegeben. Bei allen anderen Wanderungen ist die Anfahrt mit dem Fahrzeug notwendig.

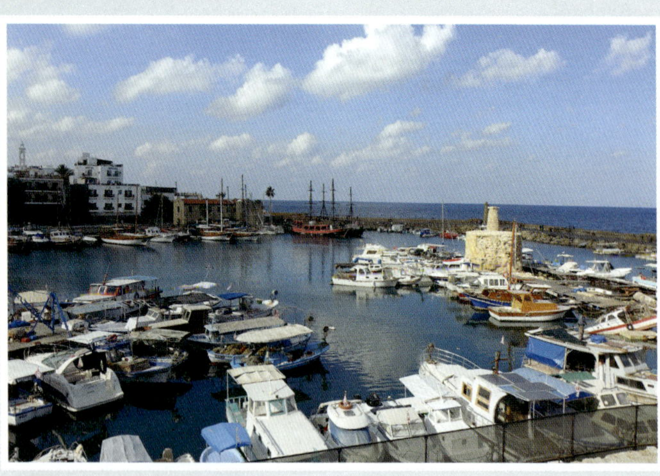

Der Girne Hafen.

Um Südzypern zu entdecken gibt es die Busunternehmen EMEL (Limassol), OSYPA LTD (Paphos), OSEL (Nicosia), Zinonas Buses (Larnaca), OSEA (Famagusta) und Cyprus Intercity Buses. Die Fahrpläne für alle Unternehmen und Buslinien befinden sich zusammengefasst auf der Webseite www.cyprusbybus.com von Cyprus By Bus. In dem Unterkapitel Cyprus Public Transport Bus Route Map www.cyprusbybus.com/busesmap.aspx wird dann unterschieden zwischen Stadtverbindungen (Intercity Busses) und von kleinen Dörfern und Gemeinden (Rural Buses) in die Stadt. Stadtbusse ermöglichen den Transport innerhalb der Städte (Limassol, Larnaka, Nikosia und Paphos Buses). Zusätzlich gibt es Pendelbusse vom Flughafen in die Stadt (Phapos airport busses and airport shuttles und Larnaka airport busses and aiport shuttles).

In den Sommermonaten verbindet noch zusätzlich der Busbetreiber Kapnos Airport Shuttle die Flughäfen Larnaka und Paphos mit Nikosia.

Mit dem Bus unterwegs – Türkische Republik Nordzypern

Ein sehr preisgünstiges Bus- und Minibusnetz verbindet die wichtigsten Städte in Nordzypern. Es gibt keine festen Abfahrtszeiten, aber die Busse fahren in regelmäßigen Abständen. Außerdem fahren Dolmus (Sammeltaxis) auf den gleichen Routen wie die Busse. Diese fahren aber nur los, wenn das Sammeltaxi bis auf den letzten Platz besetzt ist! Die Minibusse sind unterschiedlichster Bauart, einige älter, andere komfortabler und halten überall auf der Straße – wenn Sie dem Fahrer zuwinken, zurufen oder laut pfeifen. Etwas ungewohnt für uns taktgewohnte Europäer. Auch viele Bushaltestellen sind nicht eindeutig markiert, so muss man sich bei den Einheimischen durchfragen, wo der nächste Halt ist und sich auch sehr gut merken, wo man angekommen ist – wenn man denn die gleiche Buslinie wieder zurücknehmen möchte. Obwohl es in Nikosia (Nordzypern) öffentliche Busse gibt, bedienen diese nur die Vororte außerhalb der Altstadt. Die meisten Busse fahren an der Bushaltestelle Kuğulu Park in Nikosia (zur Google-Navigation: 35.181904 33.360803) ab.

Ein paar Fahrstrecken, die Frequenzen der Abfahrtzeiten und die Fahrzeit sind nachfolgend aufgeführt:

Nikosia–Famagusta: ca. alle 20 Min; Fahrzeit ca. 1 Std.
Nikosia–Kyrenia: ca. alle 60 Min; Fahrzeit ca. 30 Min.
Nikosia–Güzelyurt: ca. alle 30 Min; Fahrzeit ca. 45 Min.
Nikosia–Iskele: ca. 5 bis 6-mal täglich; Fahrzeit ca. 50 Min.
Güzelyurt–Lefke:
ca. alle 3 Min; Fahrzeit ca. 30 Min.
Kyrenia–Famagusta:
ca. stündlich; Fahrzeit ca. 1:30 Std.
Kyrenia–Güzelyurt:
Mehrmals täglich; Fahrzeit ca. 1 Std.
Kyrenia–Nikosia:
ca. alle 60 Min; Fahrzeit ca. 30 Min.
Famagusta–Kyrenia:
ca. alle 30 Min; Fahrzeit ca. 1:10 Std.
Famagusta–Nikosia:
ca. alle 30 Min; Fahrzeit ca. 1 Std.
Famagusta–Yeni Erenköy:
Mehrmals täglich; Fahrzeit ca. 1:15 Std.

Netzspannung – Adapter – Steckdose – Zypern

Die Stromspannung beträgt 240 Volt und 50 Hertz. Die Steckdosen in Zypern sind anders als in Deutschland, denn sie sind nach dem dreipoligen britischen Stecker (Typ G), auch BS 1363, „british 3-Pin", genormt. Für Geräte mit einem deutschen Stecker ist deswegen in Zypern ein Reiseadapter notwendig. Die hierzu erforderlichen Adapter sind überall im Handel erhältlich.

Öffnungszeiten – Türkische Republik Nordzypern

Öffnungszeiten der Banken: In der Regel montags bis freitags 8:00–12:30 Uhr und 13:30–17:00 Uhr.

Öffnungszeiten von Supermärkten: montags bis sonntags 7:30–00:30 Uhr.

Öffnungszeiten von Geschäften: montags bis samstags 9:30–18:00 Uhr.

Öffnungszeiten der Tankstellen an den Hauptverkehrsstraßen: täglich 24 Stunden.
Im Ballungszentrum und in der Hochsaison haben manche Souvenirläden von früh morgens bis Mitternacht geöffnet.

Öffnungszeiten Apotheken: montags bis samstags 8–13:30 Uhr.
Öffnungszeiten Postamt in Nikosia: montags bis freitags 8:15–12, 13–16 Uhr.

Die Öffnungszeiten der archäologischen Ausgrabungsstätten, Museen und Moscheen sind sehr verschieden: In der Regel von 8–15 Uhr. Viele sind montags oder dienstags geschlossen. Einige archäologische Stätten hingegen schließen erst bei Sonnenuntergang. Bei jeder Tour in diesem Führer entlang oder durch diese Stätten sind die jeweiligen Öffnungszeiten ergänzt.

Während des Ramadans weichen die genannten Öffnungszeiten ab.

Öffnungszeiten – Republik Zypern

Öffnungszeiten der Banken:
In der Regel montags bis freitags 8–14:30 Uhr.

Öffnungszeiten von Supermärkten: montags bis sonntags 7:30–21 Uhr

Öffnungszeiten von Geschäften: montags bis samstags 7:30–19:30 Uhr.

Öffnungszeiten der Tankstellen: An den Hauptverkehrsstraßen täglich 24 Stunden. In kleineren Orten ist sonntags geschlossen und samstags nur von 6–14 Uhr geöffnet.
Im Ballungszentrum und in der Hochsaison haben manche Souvenirläden bis in die späten Abendstunden geöffnet.

Öffnungszeiten Apotheken:
In der Regel montags bis freitags 8:30–18:30 Uhr, samstags nur bis 13:30 Uhr und sonntags geschlossen.

Öffnungszeiten der Postämter: montags bis freitags 8–14:30 Uhr.

Die Öffnungszeiten der archäologischen Ausgrabungsstätten, Museen und Kirchen sind sehr verschieden: In der Regel von 8–15 Uhr. Viele sind montags oder dienstags geschlossen. Einige archäologische Stätten hingegen schließen erst bei Sonnenuntergang. Bei jeder Tour in diesem Wanderführer entlang oder durch diese Stätten sind die jeweiligen Öffnungszeiten ergänzt.

Sicherheit – Zypern

Die aktuelle Weltkarte über Risiko-Länder 2023 (Quelle: Firma A3M) zeigt Zypern in Hellgrün = geringes Risiko und ist somit gleich klassifiziert wie Spanien, Italien oder Griechenland. Die Kriminalität ist sehr gering, die Region ist allenfalls mit kalkulierbaren Einschränkungen zu bereisen, über die Reisende sich im Vorfeld informieren könnten. Aktuelle Informationen liefert die Seite des Auswärtigen Amtes; Zypern: Reise- und Sicherheitshinweise. Trotzdem kommt bei vielen ein komisches bis bedrückendes Gefühl auf, wenn wir Urlauber uns der UN-Pufferzone nähern oder die zahlreichen militärischen Einrichtungen der Engländer in der Republik Zypern sowie auch die omnipräsenten türkischen Militärkräfte in der Türkischen Republik Nordzypern sehen.

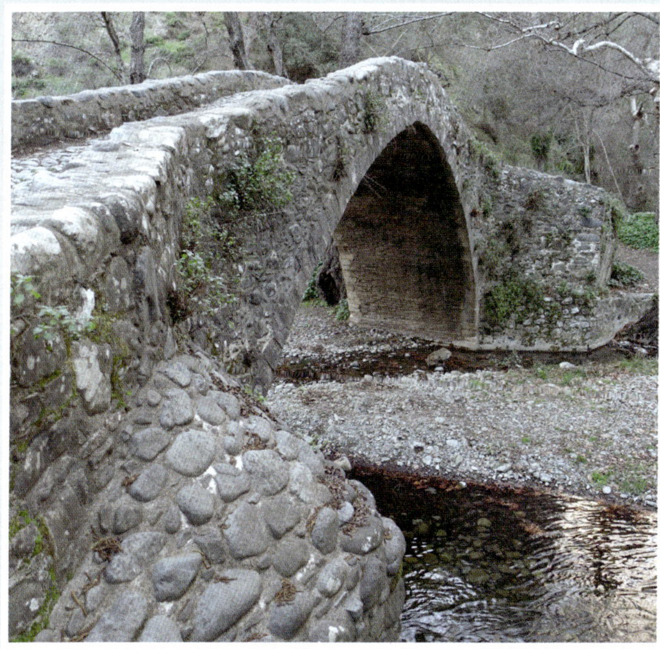

Die Kelefos–Brücke.

DIE SPRACHE

Sprache – Zypern

In der Türkischen Republik Nordzypern ist die alleinige Amtssprache Türkisch. Die meisten Einwohner sprechen aber auch Englisch. In einigen Hotels, Geschäften und Restaurants wird Deutsch gesprochen. In der Republik Zypern ist sowohl Griechisch als auch Türkisch Amtssprache. Durch die koloniale Vergangenheit der Insel sprechen die meisten Zyprioten – in den Supermärkten, Tankstellen, Banken, Restaurants und Cafés – ein sehr gutes Englisch. Daher erfolgt die Verständigung in der Regel auf Englisch. Da Englisch mehr verbreitet ist als Griechisch oder Türkisch sind in diesem Wanderführer die Überschriften zu den Wanderungen und die Wegpunkte in englischer Sprache formuliert. Nachfolgend befindet sich eine englisch-deutsche Übersetzung der wichtigsten Wörter.

MINIMAL BENÖTIGTER WORTSCHATZ – ENGLISCH – DEUTSCH

180°-curve	180°-Kurve
5-ways-crossing	5–Wegegabelung
aqueduct	Aquädukt
arch/natural bridge	Felsbogen
asphalt road	asphaltierte Straße
basilica	Basilica
bay	Bucht
beach	Strand
bench	Sitzbank
boat	Boot
bridge	Brücke
cape	Kap
castle	Burganlage
caves	Höhle
chapel	Kapelle
church	Kirche
cliff	Klippe
copper mining	Kupferminen
creek	Bach
crossing	Kreuzung
dam	Staudamm
dead end	Sackgasse
dunes	Dünen
end	Ende, Endpunkt
fence	Zaun
ferry	Fähre
forest	Wald
forest road	Waldweg
fork	Gabelung
gate	Tor
gorge	Schlucht

gravel road	Schotterpiste
harbor	Hafen
highest altitude	höchster Punkt
hill	Hügel
house	Haus
how far is it to...?	Wie weit ist es nach...?
information board	Informationstafel
island	Insel
key point	Schlüsselstelle
lake	See
lighthouse	Leuchtturm
main entrance	Haupteingang
market	Markt
medieval castle	mittelalterliches Schloss
mining tunnel	Bergbaustollen
momument	Denkmal
monastery	Kloster
mosque	Moschee
mountain	Berg
museum	Museum
nature park	Naturpark
north	Norden
oak tree	Eiche
old mill	Alte Mühle
one way street	Einbahnstraße
parking	Parken
parking spot	Parkplatz
pass in the mountains	Pass im Hochgebirge
path	Pfad
pathless	weglos
paved path	asphaltierter Wanderweg
pre peak	Vorgipfel
ridge	Bergrücken
river	Fluss
rock breakout	Felsdurchbruch
saddleback	Einsattelung
salt marsh	Salzmarschen
sea, ocean	Meer
south	Süden
spring	Quelle
square	Straßenkreuzung
start, beginning	Start, Ausgangspunkt
stream	Bach
street	Straße
supreme court	oberster Gerichtshof
temple of zeus	Zeustempel

terraced fields	Terrassenfelder
to the left	links
to the right	rechts
trail	Wanderweg
turning point	Umkehrpunkt
venetian bridge	Brücke aus venezianischer Zeit
View point	Aussichtspunkt
village	Dorf
village square	Dorfplatz
visitor center	Besucherzentrum
walkway	Fußgängerweg
waterfall	Wasserfall
watermill	Wassermühle
way	Weg
where is the road to	Wo ist die Straße nach?
winery	Weingut

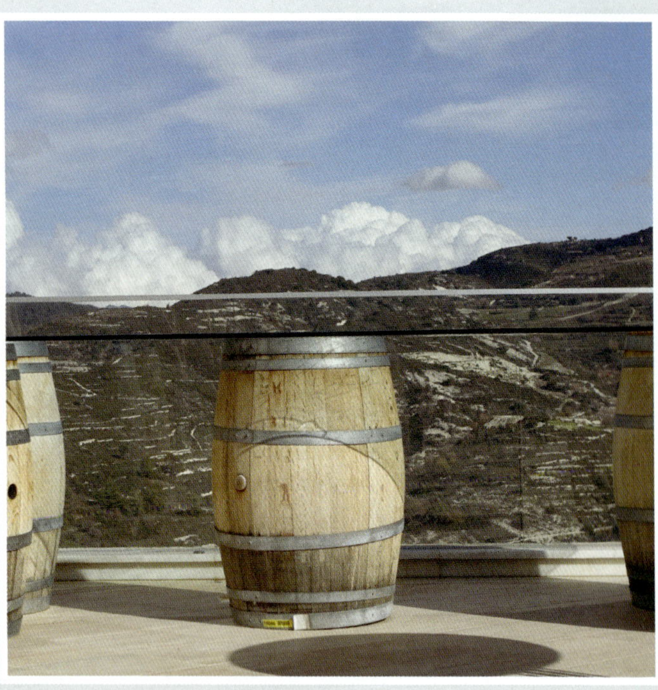

Playia Restaurant-Oenou Yi Ktima Vassiliades

MINIMALWORTSCHATZ – GRIECHISCH – DEUTSCH

Da der überwiegende Anteil der Bevölkerung auf Zypern Griechisch spricht, befinden sich nachfolgend deutsch-griechische Übersetzungen der wichtigsten Wörter.

nä	ja
ochi	nein
issos	vielleicht
kali mera	guten Tag
kali spera	guten Nachmittag/Abend
kali nichta	gute Nacht
signomi	Entschuldigung
efkaristo	danke
parakalo	bitte
oriste	bitte, wenn man etwas gibt
ti kanete	wie geht es Euch?
Ti kanis	wie geht es Dir?
kala / poli kala	gut/sehr gut
orea / poli orea	schön/sehr schön
jassu	Hallo, Moin, Servus und Tschüss
onomasomei	heiße
simera	heute
awrio	morgen
eki	dort
posso kostisi?	wie viel kostet es?
woithia	Hilfe
leoforio	Bus
aftokinito	Auto
jermanika	deutsch
ellinika	griechisch
ena, dio, tria, tessera	1, 2, 3, 4
pende, exi, epta, okto	5, 6, 7, 8
enja, deka	9, 10
peninda, ekaton, chielja	50, 100, 1000

RESTAURANT – GRIECHISCH – DEUTSCH

soupa	Suppe
psari	Fisch
sinagrida	Meerbrasse
tsipoura	Goldbrasse
barbunia	Rotbarbe
glossa	Seezunge
garides	Garnelen
xifias	Schwertfisch
chtapodi	Oktopus

kalmarakia	Tintenfisch
kreas	Fleisch
fruta	Obst
karpusi	Wassermelone
peponi	Honigmelone
stafilies	Weintrauben
rodakina	Pfirsiche
psomi	Brot
jaourti me meli	Joghurt mit Honig
pota	Getränke
kafe	Kaffee
me gala	mit Milch
me zachari	mit Zucker
kafe sketo	schwarzer Kaffee
tsai	Tee
nero	Wasser
portokalada	Orangenlimonade
lemonata	Zitronenlimonade
bira	Bier
ena bukali	eine Flasche
ena potiri	ein Glas
mono ligo	nur ein wenig
kali orexi	Guten Appetit
to logarjasmo	die Rechnung

TYPISCH GRIECHISCHE GERICHTE

dolmades	Weinblätter mit Reis und Hackfleisch gefüllt
feta	Schafskäse
paidakia arnisia	Lammkotelett
skordalia	Knoblauchcreme – kann sehr scharf sein
taramolsalat	Fischrogensalat, sehr gut auf Weißbrot
sutzukakia	Hackfleischröhrchen in einer Tomatensoße
bifteki	gehacktes vom Grill, eine Art Frikadelle
mousakas	Auberginenauflauf mit Kartoffeln, Hackfleisch,Tomaten und einer Becha-melsauße
stifado	Fleisch-Zwiebelgericht – meist mit Kalbfleisch
souflaki	Fleischspieß
psito arni	Lammbraten
uso	Anisschnaps
suma	Tresterschnaps, teilweise sehr hochprozentig
kokkino krasi	Rotwein
aspro krasi	Weißwein
retsina	geharzter Wein – gewöhnungsbedürftig

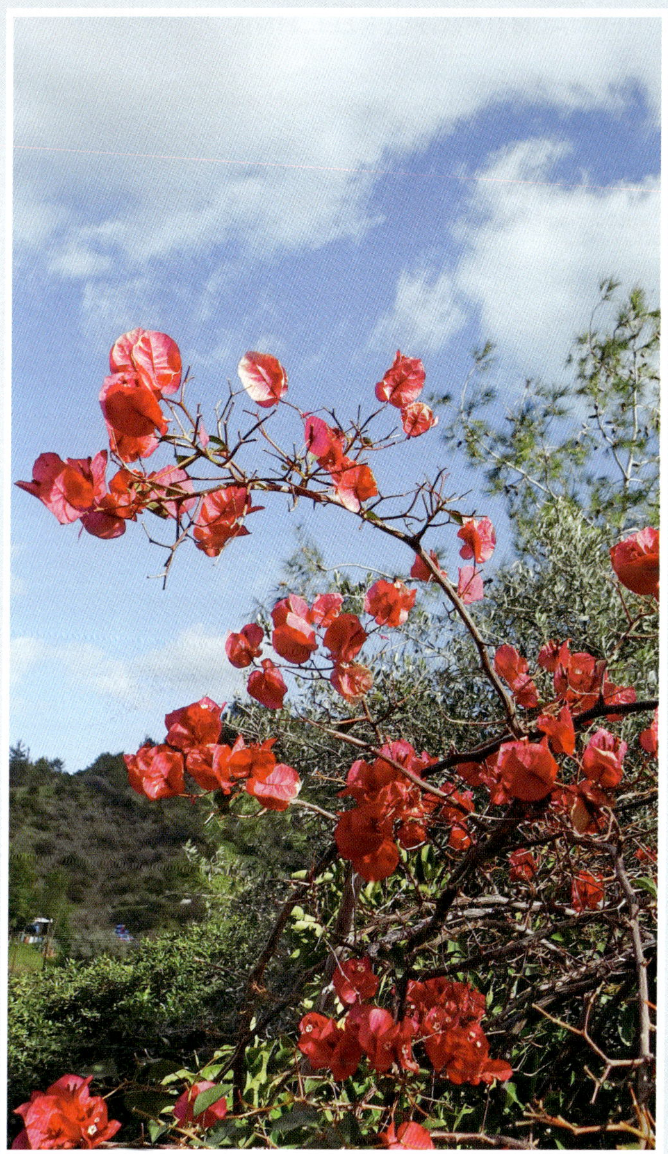

Eine wunderschön blühende Bougainville.

ÜBERNACHTUNGSVERZEICHNIS

Gute Hotels und Übernachtungsmöglichkeiten gibt es längst nicht nur in der gehobenen Klasse. Aber woran erkenne ich ein außergewöhnliches Haus? Das hängt natürlich größtenteils vom individuellen Geschmack ab. Die Empfehlungen des Autors basieren auf den Kriterien: Jedes Zimmer sollte individuell mit originellen Wohnaccessoires eingerichtet sein, ohne unnötigen Prunk, durch ein besonderes architektonisches Design herausstechen, man kulinarisch verwöhnt wird, ein warmherziger Service den Gast erwartet, möglichst ein Familienbetrieb, eine Unterkunft für nachhaltiges Reisen und eine geringe Bettenzahl. Wenn dann die Unterkunft noch an einem der schönsten Plätze der Insel liegt, dann spricht man aus meiner Sicht von einem außergewöhnlichen Haus. Anhaltswerte zu den Übernachtungskosten pro Person und Frühstück sind:

€ unter 30 EUR €€ 30 - 70 EUR €€€ über 70 EUR
(pro Pers/DZ/incl. Frühstück)

26 UNTERKÜNFTE AUF ZYPERN – ALLGEMEINE INFORMATIONEN

Außerhalb der offiziellen Campingplätze zu zelten ist in Zypern verboten! Eine gute Übersicht der Plätze gibt es auf der Webseite www.zypern-info.de/camping-zypern/.

8 besondere Unterkünfte – Türkische Republik Nordzypern

Tipp Unterkunft 35.330445 33.297082
Kemerli Konak Boutique Hotel.

Fantastisches Hotel in Nordzypern. | €€ | Webseite www.kemerlikonak.com | Zur Google Navigation: 35.330445 33.297082 | Siehe Tour(en): #38, #39, #40, #41, #42, #43, #44, #45, #46, #47, #48, #49, #50, #51, #52, #53, #54 und #55. |

Tipp Unterkunft 35.178841 33.367560
Palm Garden Guesthouse.

Eine Oase in der Altstadt. | €€ | Webseite palmgardens.net | Zur Google Navigation: 35.178841 33.367560 | Siehe Tour(en): #38, #39, #40, #41, #42, #43, #44, #45, #46, #47, #48, #49, #50, #51, #52, #53, #54 und #55. |

Tipp Unterkunft 35.180622 33.367392
Bougainvillea Garden.

Wunderbares, sehr schön eingerichtetes Zimmer, tolles Frühstück, sehr freundliche Gastgeber, ruhig, aber nah zu den Sehenswürdigkeiten. | € | Webseite begonvilgarden.com | Zur Google Navigation: 35.180622 33.367392 | Siehe Tour(en): #38, #39, #40, #41, #42, #43, #44, #45, #46, #47, #48, #49, #50, #51, #52, #53, #54 und #55. |

Tipp Unterkunft 35.177401 33.358089
TasEV Guesthouse.

Sehr schönes Boutique Hotel. Sehr freundliche und hilfsbereite Besitzerin, die Lage des Hotels ist sehr zentral. | €€ | Webseite www.tasevlefkosa.com/ | Zur Google Navigation: 35.177401 33.358089 | Siehe Tour(en): #38, #39, #40, #41, #42, #43, #44, #45, #46, #47, #48, #49, #50, #51, #52, #53, #54 und #55. |

Tipp Unterkunft 35.335231 33.344570
High Life.

Absolut ruhig und idylisch, ideal zum relaxen. | €€€ | Webseite www.highlifecyprus.com | Zur Google Navigation: 35.335231 33.344570 | Siehe Tour(en): #38, #39, #40, #41, #42, #43, #44, #45, #46, #47, #48, #49, #50, #51, #52, #53, #54 und #55. |

Tipp Unterkunft 35.335783 33.312405
Kyrenia Comfort Apartments.

Komfortables und hübsches Appartement. | €€ | Zur Google Navigation: 35.335783 33.312405 | Siehe Tour(en): #38, #39, #40, #41, #42, #43, #44, #45, #46, #47, #48, #49, #50, #51, #52, #53, #54 und #55. |

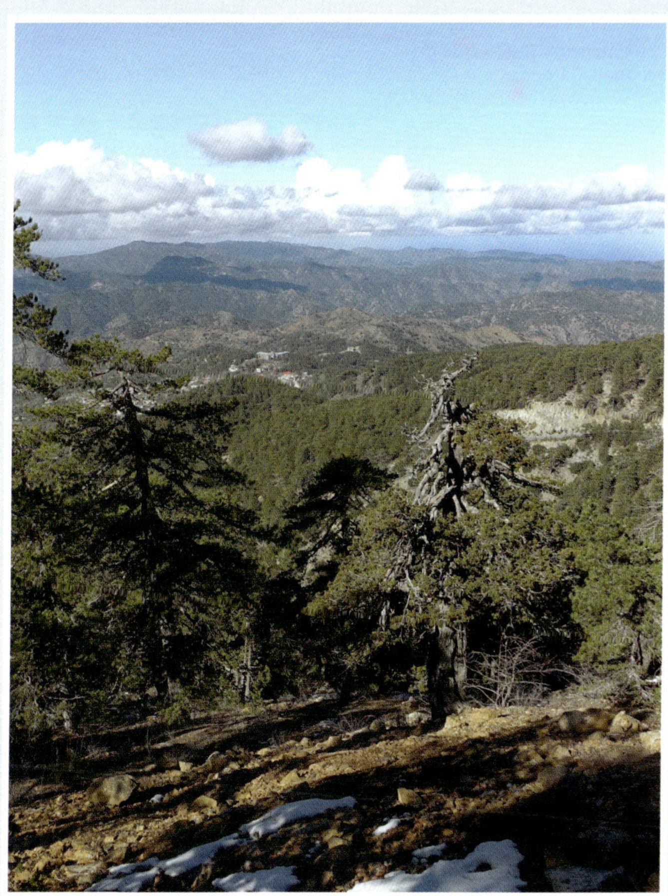

Das Besparmak-Gebirge in der Türkischen Republik Nordzypern.

ÜBERNACHTUNGSVERZEICHNIS

Tipp Unterkunft 35.343454 33.229844
Stilvolle Wohnung Kyrenia.

Sehr gepflegte und ruhige Anlage. | € | Zur Google Navigation: 35.343454 33.229844 | Siehe Tour(en): #38, #39, #40, #41, #42, #43, #44, #45, #46, #47, #48, #49, #50, #51, #52, #53, #54 und #55. |

Tipp Unterkunft 35.307471 33.354447
Bellapais Gardens.

Ein außergewöhnlich tolles Hotel im Grünen, super Lage mit Blick auf die Berge und mit einem wunderschönen Meerblick, sehr sauber und liebevoll gestaltet. | €€€ | Webseite www.bellapaisgardens.com/de/ | Zur Google Navigation: 35.307471 33.354447 | Siehe Tour(en): #38, #39, #40, #41, #42, #43, #44, #45, #46, #47, #48, #49, #50, #51, #52, #53, #54 und #55. |

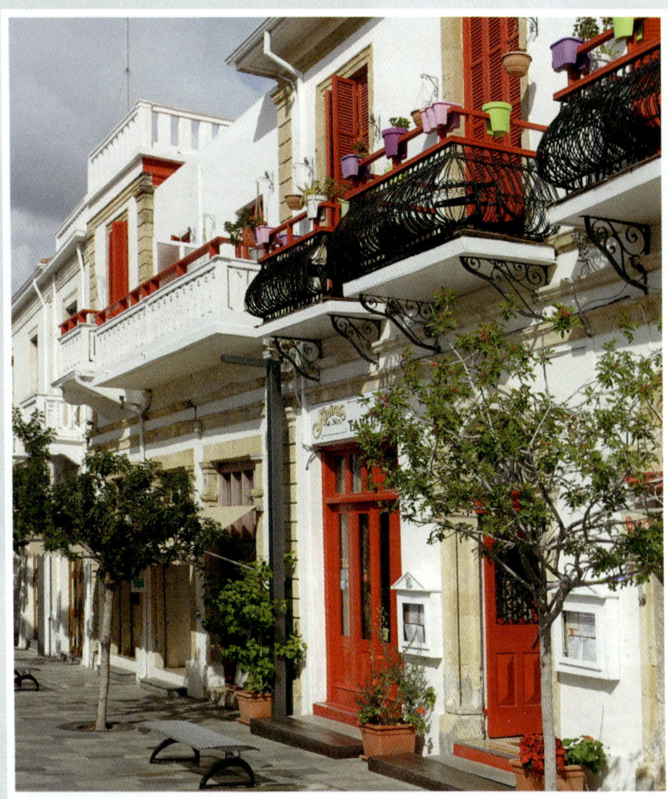

Die Altstadt Paphos.

Tipp Unterkunft 34.870924 33.301316
Archontiko Kiverniti.

Hübsche Lage, toller Pool und gigantische Aussicht. | €€ | Webseite archontikokiverniti.com | Zur Google Navigation: 34.870924 33.301316 | Siehe Tour(en): #07, #32, #33, #34, #36 und #37. |

Tipp Unterkunft 34.909049 32.991023
Ambelikos Agrohotel.

Super Lage in den Bergen, nette Gastgeber, traditionelles, köstliches Frühstück und eine sehr gute Küche. | €€ | Webseite ambelikos.com/ | Zur Google Navigation: 34.909049 32.991023 | Siehe Tour(en): #06, #09, #14, #17, #19, #21, #23, #26, #29 und #30. |

Tipp Unterkunft 35.168306 33.362483
MAP Boutique Hotel.

Sehr modernes, im minimalistischen Design eingerichtetes Restaurant und Hotel, definitiv empfehlenswert in Nikosia. | €€€ | Unterkunft für nachhaltiges Reisen | Webseite www.maphotel.com.cy | Zur Google Navigation: 35.168306 33.362483 | Siehe Tour(en): #33, #37, #34 und #38. |

Tipp Unterkunft 34.963713 32.399448
Droushia Heights.

Faszinierende Aussicht, sehr gemütlich und komfortabel eingerichtet – ein großartiges Hotel. | €€ | Unterkunft für nachhaltiges Reisen | Webseite www.droushiaheights.com | Zur Google Navigation: 34.963713 32.399448 | Siehe Tour(en): #1, #2, #3, #4, #8, #11, #12 und #22. |

Tipp Unterkunft 34.815218 32.872884
Oinoessa Boutique Houses.

Ein Ofen im Zimmer sorgt für wohlige Wärme an kühlen Tagen. Das Design der Zimmer ist der ansprechend. Leckerer Frühstückskorb. | €€ | Unterkunft für nachhaltiges Reisen | Webseite oinoessa.com | Zur Google Navigation: 34.815218 32.872884 | Siehe Tour(en): #6, #16, #17, #18, #23, #24 und #30. |

Tipp Unterkunft 34.909492 33.012462
Rodon Hotel and Resort.

Bevorzugte Lage in den Bergen. Zimmer sind modern, großes Frühstücksbuffet, aber die Qualität könnte besser sein. | €€ | Webseite www.rodonhotelcyprus.com | Zur Google-Navigation: 34.909492 33.012462 | Siehe Tour(en): #14, #17, #19, #21, #23, #26, #29 und #30. |

Tipp Unterkunft 34.934670 32.465043
Secret Forest.

Wunderschöne Lage. Top Ausstattung und Essen. | €€€ | Unterkunft für nachhaltiges Reisen | Webseite secretfo.rest/en/ | Zur Google-Navigation: 34.934670 32.465043 | Siehe Tour(en): #1, #2, #3, #4, #8, #11, #12, #22 und #25. |

Tipp Unterkunft 34.967208 32.830180
Aristotelio Boutique Hotel.

Das ganze Gebäude ist wunderschön, die Zimmer komfortabel, das Badezimmer ist ziemlich groß und es gibt einen Kamin. Wanderwege befinden sich in unmittelbarer Nähe. | €€ | Webseite www.aristotelioboutiquehotel.com | Zur Google-Navigation: 34.967208 32.830180 | Siehe Tour(en): #6, #9, #17, #19, #20 und #30. |

ÜBERNACHTUNGSVERZEICHNIS

Tipp Unterkunft 34.993307 32.829279
Casale Panayiotis

Außergewöhnliche Unterkunft! | €€€ | Unterkunft für nachhaltiges Reisen | Webseite www.casalepanayiotis.com | Zur Google-Navigation: 35.330445 33.297082 | Siehe Tour(en): #9, #17, #19, #20 und #30. |

Tipp Unterkunft 35.002580 32.518101
Paradisos Hills Hotel.

Der Name ist Programm. | €€ | Webseite paradisoshills.com | Zur Google-Navigation: 35.002580 32.518101 | Siehe Tour(en): #2, #8, #11, #12, #13, #15 und #31. |

Tipp Unterkunft 35.034351 32.424436
Polis 1907 by Louis Hotels.

Schön renoviertes historisches Stadthaus im Villenstil. | €€ | Webseite louishotels.com/de/polis-1907.html | Zur Google-Navigation: 35.034351 32.424436 | Siehe Tour(en): #2, #8, #11, #12, #13 und #31. |

Tipp Unterkunft 35.046202 32.433947
Natura Beach Hotel.

Top-Lage direkt am Meer, gutes Frühstück mit Naturprodukten. | €€ | Webseite natura.com.cy | Zur Google-Navigation: 35.046202 32.433947 | Siehe Tour(en): #2, #8, #11, #12, #13 und #31. |

Tipp Unterkunft 34.929526 33.077895
Lyhnos.

Sehr schönes Hotel in schöner Umgebung. | €€ | Unterkunft für nachhaltiges Reisen | Webseite www.lyhnos.com | Zur Google-Navigation: 34.929526 33.077895 | Siehe Tour(en): #7, #14, #21, #26, #29 und #32. |

Tipp Unterkunft 34.986874 32.901884
Maritsa Lodge.

Ein Traum direkt in der Altstadt. | € | Zur Google-Navigation: 34.986874 32.901884 | Siehe Tour(en): #17, #19, #26, #29 und #30. |

Tipp Unterkunft 35.330445 33.297082
Pachna Studios – Village Life.

Liegt unmittelbar an der Durchgangsstraße, möglichst das obere Zimmer buchen, hier ergibt sich eine wunderschöne Aussicht auf das Troodos-Gebirge. | € | Zur Google-Navigation: 35.330445 33.297082 | Siehe Tour(en): #10, #16, #23, #27 und #28. |

Tipp Unterkunft 34.866786 33.304221
Iosiphis Stonebuilt House.

Traditionelles Haus zum Wohlfühlen. | € | Unterkunft für nachhaltiges Reisen | Webseite iosiphisstonebuilthouses.reserve-online.net | Zur Google-Navigation: 34.866786 33.304221 | Siehe Tour(en): #7, #32, #33, #34, #36 und #37. |

Tipp Unterkunft 34.962383 32.397843
Sappho Manor House.

Sehr angenehm und persönlich. | €€ | Webseite www.facebook.com/SapphoManorHouse/ | Zur Google-Navigation: 34.962383 32.397843 | Siehe Tour(en): #1, #2, #3, #4, #8, #11, #12 und #22. |

Tipp Unterkunft 34.994562 32.827444
ATRATSA Mountain Suites.

Voll ausgestattetes Apartment in einem liebevoll renovierten Gebäude. | €€ | Zur Google-Navigation: 34.994562 32.827444 | Siehe Tour(en): #9, #17, #19, #20 und #30. |

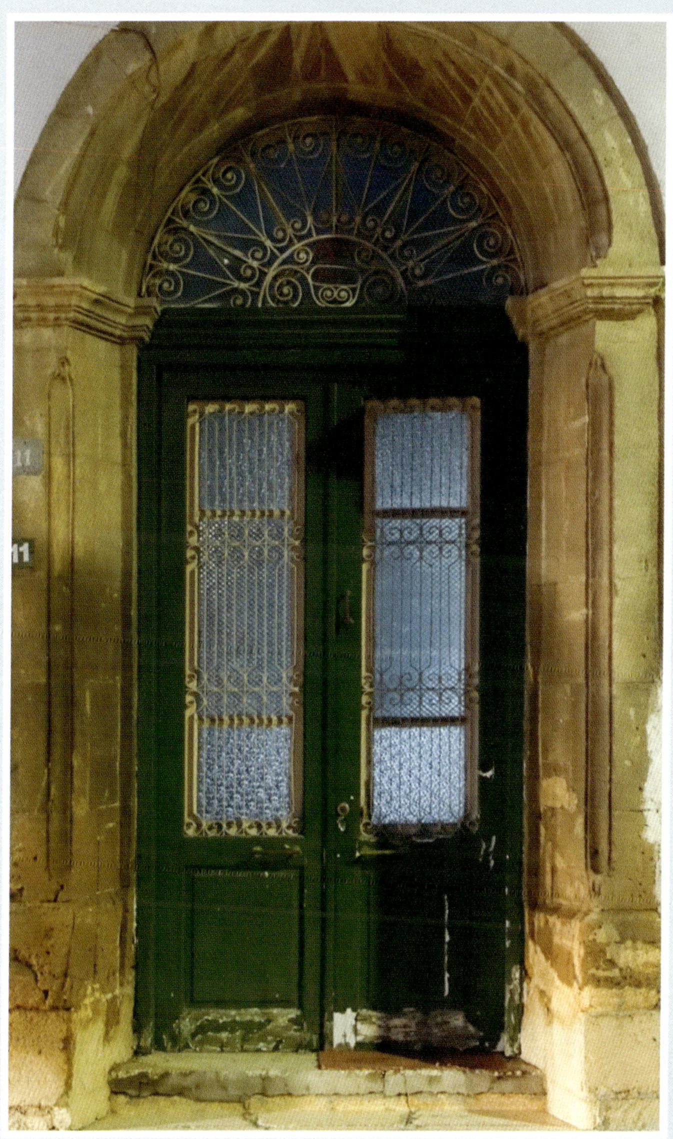

Türen bei Nacht in Nikosia.

Cape Aspro – „der Spot“ zum „Schreiben mit Licht“.

IMPRESSUM

© KOMPASS-Karten, A-6020 Innsbruck (24.01)
1. Auflage 2024 Verlagsnummer 5973 ISBN 978-3-99154-131-8

Titelbild: Herrliche Panoramen auf dem Höhenweg von Melounta.

Text und Fotos (soweit nicht anders angegeben): Michael Will

Grafische Herstellung und Wanderkartenausschnitte:
© KOMPASS-Karten GmbH
OpenStreetMap Contributors (www.openstreetmap.org)
Kartengrundlage für Gebietsübersichtskarte S. 14-15, U4:
© MairDumont, D-73751 Ostfildern 4

Wir aktualisieren unsere Karten und Touren in regelmäßigen Abständen. Dies kann unter Umständen dazu führen, dass sich die Inhalte der digitalen Version eines freigeschalteten Wanderführers bzw. einer Karte, von dem erworbenen Printprodukt unterscheiden. Diese Aktualisierungen sind aus rechtlichen oder sicherheitsrelevanten Gründen erforderlich und ein kostenloser Service mit Mehrwert für alle Nutzer.

Alle Angaben und Routenbeschreibungen wurden nach bestem Wissen gemäß unserer derzeitigen Informationslage gemacht. Die Wanderungen wurden sehr sorgfältig ausgewählt und beschrieben, Schwierigkeiten werden im Text kurz angegeben. Es können jedoch Änderungen an Wegen und im aktuellen Naturzustand eintreten. Wanderer und alle Kartenbenützer müssen darauf achten, dass aufgrund ständiger Veränderungen die Wegzustände bezüglich Begehbarkeit sich nicht mit den Angaben in der Karte decken müssen. Bei der großen Fülle des bearbeiteten Materials sind daher vereinzelte Fehler und Unstimmigkeiten nicht vermeidbar. Die Verwendung dieses Führers erfolgt ausschließlich auf eigenes Risiko und auf eigene Gefahr, somit eigenverantwortlich. Eine Haftung für etwaige Unfälle oder Schäden jeder Art wird daher nicht übernommen. Für Berichtigungen und Verbesserungsvorschläge ist die Redaktion stets dankbar. Korrekturhinweise bitte an folgende Anschrift:

KOMPASS-Karten GmbH
Karl-Kapferer-Straße 5, A-6020 Innsbruck
www.kompass.de/service/kontakt

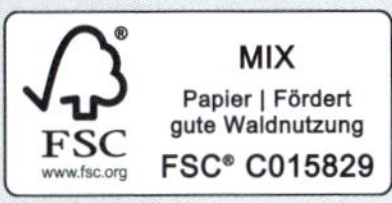

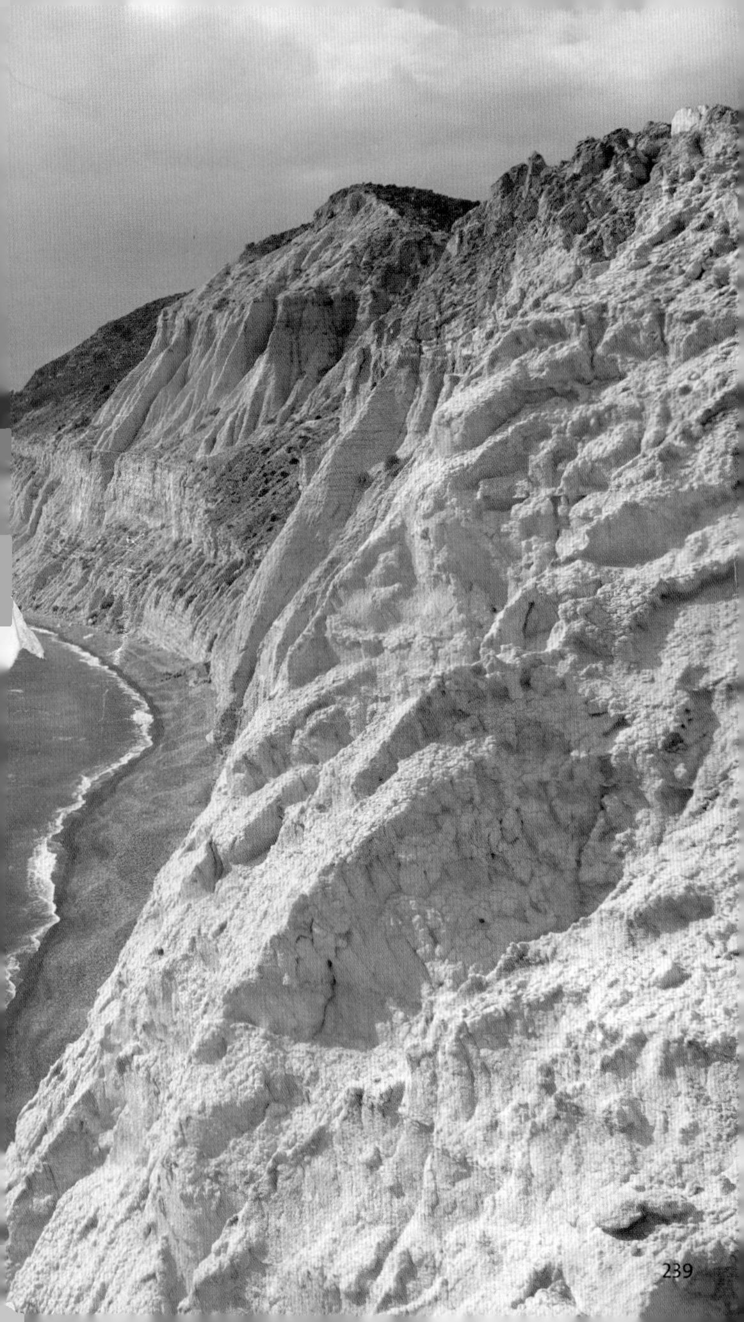